SHIYONG JINGJI YINGYONG XIEZUO

实用经济应用写作

吴瑞玲　主编

陈丽荣　王涌米　贾志刚　赵玲丽

陈飞　王文涓　参与编写

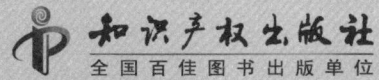

知识产权出版社

全国百佳图书出版单位

内容提要

　　本书详细、具体地介绍了最新的公务文书、事务文书、调查研究文书、经济策划文书、日常交际文书等一些在日常生活、工作当中经常用到的经济应用文的写作规范、格式，并辅以不少应用文实例，具有较高的实用性，便于相关经济应用文写作课程的教师、学生在教学中使用，也可供各行各业人员在进行相关应用文写作时参考。

责任编辑：彭小华　　　　　　　　责任校对：董志英

执行编辑：雷春丽　　　　　　　　责任出版：卢运霞

图书在版编目（CIP）数据

实用经济应用写作 / 吴瑞玲主编 . —北京：知识产权出版社，2012.12

ISBN 978 - 7 - 5130 - 1709 - 1

Ⅰ . ①实…　　Ⅱ . ①吴…　　Ⅲ . ①经济 - 应用文 - 写作　　Ⅳ . ①H152.3

中国版本图书馆 CIP 数据核字（2012）第 267884 号

实用经济应用写作

吴瑞玲　主编

出版发行：知识产权出版社

社　　址：北京市海淀区马甸南村 1 号	邮　　编：100088
网　　址：http：//www. ipph. cn	邮　　箱：bjb@ cnipr. com
发行电话：010 - 82000860 转 8101/8102	传　　真：010 - 82005070/82000893
责编电话：010 - 82000860 转 8115	责编邮箱：pengxiaohua@ cnipr. com
印　　刷：三河市国英印务有限公司	经　　销：新华书店及相关销售网点
开　　本：720mm×960mm　1/16	印　　张：21
版　　次：2013 年 1 月第 1 版	印　　次：2016 年 1 月第 2 次印刷
字　　数：434 千字	定　　价：38.00 元

ISBN 978 - 7 - 5130 - 1709 - 1/H · 094（4546）

目　　录

第一章 绪 论

第一节 应用文的性质及其特征

一、应用文的性质

应用文是指国家机关、企事业单位、社会团体及人民群众在日常工作、生活中办理公务和个人事务时经常使用的具有惯用格式的文书。它有别于以抒发主观感情、反映现实生活为主的文艺性创作。它主要是为了处理公务和私人事务而写的，是一种最直接、最有效地表达思维、交流思想、传播信息、解决问题、为社会服务的应用性文体。它的写作不仅能表现出作者的文化素养，还能体现出作者的职业素养。因此，应用文写作能力是衡量工作能力的重要标志。

美国未来学家阿尔温·托夫勒指出，信息时代家庭工作的任务是编制电脑程序、写作、远距离监测生产过程。信息时代社会家庭化，作为三项家庭工作任务之一的写作，自然不是文学写作而是文章写作，特别是应用写作。因为与社会生活、社会发展关系密切、直接的是文章而不是文学。从预见变化、促成变化这个角度来说，社会越是进步，应用文在社会发展中的地位就越重要。因此，我们要认真学习应用文写作知识。

二、应用文的特征

从写作的角度来说，对于一类文体的把握，在了解其特定概念的前提下，还要掌握其文体特征，我国古人对这方面的论述颇多。宋代倪思曾说："文章以体制为先，精工次之。失其体制，虽浮声切响，抽黄对白，极其精工，不可谓之文也。"说明任何文章的写作，首先要掌握文体特征。文体特征把握不准，文章体制不对，即使对声律和辞藻十分讲究，那也是不能称其为文章的。因此，对文体特征的掌握，就跟明代顾尔行在《刻文体明辩序》中说的"陶者尚型，冶者尚范。方者尚矩，圆者尚规"一样，舍此则难以入其门径。对文体特征的把握，确实是应用文写作中至关重要的一环。

应用文同其他文体一样，也有其自身明显的特征，主要表现为：

（一）明确的实用性

明确的实用性是应用文与其他文体写作的一个重要区别。文学写作的目的在于带给读者审美的愉悦，陶冶读者的情操，达到潜移默化的教育功能。但它不能立即解决现实生活中的实际问题。相反，应用文则是为了解决实际问题而写的，有很强的实用性。写一篇消息，就是为了向广大群众传递某一社会信息；写一则商品广告，就是为了给某一商品或企业做宣传；写一份通知就是为了告知读者需要周知的事项。应用写作的这一特征决定了从事应用写作时必须从实际出发，为事造文，因事生文，文随事立，杜绝内容空洞、不解决任何实际问题的文章。

（二）内容的真实性

应用文的真实性是指应用文中所涉及的人与事是确有其人、确有其事，任何情形、任意一个数字都不得虚构和捏造。如果说文学创作可以虚构，进行艺术再加工，"杂取种种、合成一个"的话，那么应用文创作就是以"真"服人，以"真"取信于人，让读者在阅读中了解实情。否则，应用文就不能达到解决实际问题的目的，甚至还会损害党和政府的威信，给群众留下极坏的印象，给工作带来极大的损失。

（三）作者和读者的特定性

一般来讲，应用文的作者和读者是特定的。

首先，作者是特定的。例如，新闻文书一般是由新闻单位的记者来写；公文是由行政机构的领导授权的文秘人员起草撰写；工作中的计划、总结，除个人性质的以外，一般都是由负责此项工作的负责人来完成。当然，作者的特定性并不一定是指某一个人。大多数应用文是群体合作的结晶，比如一份公文的诞生，作者在执笔之前，领导要交代写作意图；初稿写成之后，相关领导甚至一定范围内的群众要集体讨论、提出意见，执笔者再作修改；最后还需领导审核签字，方可定稿成文。可见，这份公文是一个集体劳动产品，执笔者虽然是参加这一活动群体中的具体一员，但公文反映的仍是群体的旨意，而这个群体又是一定范围内的群体，仍然是特定的。

其次，读者的特定性。应用文的读者范围与其他文体的读者范围有明显的区别。一般文体的读者是不定的，没有明确规定哪些人可读、哪些人不可读，不受职业、年龄、性别国籍的限制。但是，应用文却不同，尤其是一些具有秘密等级的公文，其读者对象只局限在一个很小的范围内，对读者的人数、身份、职务等有严格的限制。即使是经济文书、法律文书等，也是写给某些读者看的，针对性很强。

（四）较强的时效性

应用写作的目的是解决社会生活中的各种实际问题，因此，应用文的写作和实施对时间有很强的要求，必须在一定的时间内完成。时间一旦过去，应用写作就失去了意义。如会议通知一定要在会议召开之前下发，如果在会议闭幕后再写通知，就没有任何用途了。而且，会议通知只在会议召开期间有效，会议一结束，会议通知也就立刻失去其意义和效用，只能作为资料保存下来，存档备查。

因此，应用文的作者一定要在规定的时间内完成写作任务，不能拖拖拉拉，贻误时机，超越时限。否则，就不能服务于社会需求，不能满足解决实际问题的需求，也就失去了写作的意义，甚至还会造成严重损失。

（五）格式的规范性

格式是应用文与其他文体的标志性区别。每一个应用文文种，在长期的使用过程中，都形成了自己比较稳定的格式。格式一般是指书写、排版打印、结构层次、习惯用语、称谓、签署、装订等惯用的体式。这些固定的格式，有的由国家机关统一规定，比如公文写作的格式；有的是约定俗成，比如书信的写作格式。无论是国家规定还是约定俗成，其目的是相同的，都是为了写作、阅读、承办、归档、查询的方便和高效。

当然，随着时代的发展，应用文所谓的固定格式也会发生变化。譬如计算机应用的普及，使得公文的格式不得不变化，否则，办公自动化就会受到影响。但这也正好说明了应用文格式规范的重要性和必要性。

第二节　应用文的沿革

一般认为"应用文"概念最早出现在清代刘熙载的《艺概·文概》中，其中说道："辞命体，推之可为一切应用之文。应用文有上行，有平行，有下行，重其辞乃所以重其实也。"这里的"应用文"很显然是指公务文书。其后的徐望之在《尺牍通论》中说："有用于周应人事者，若书札、公牍、杂记、序跋、箴铭、颂赞、哀祭等类，我名之曰：'应用之文'。"而这里所说的"应用文"则主要是指私人事务文书。

但据周楚汉先生的研究，"应用文"概念的最早使用是在宋代，他在《唐宋八大家的应用文理论及其意义》一文中说：应用文作为应用意义的文体概念创始于"欧苏"，已有近千年的历史。欧阳修在《免进五代史状》（1060年）中说："自忝窃于科名，不忍忘其素习，时有妄作，皆应用文字。"他在《辞副枢密与两府书》（1064年）中又说：修"少本无于远志，早迫逮亲之禄，学为应用之文"。苏轼的《答刘巨济书》继承了欧阳修的思想，称"仆老拙百无堪，向在科场时，不得已作应用文"。于是应用文的文体概念诞生。这里"应用文字"指科举应试文章，可获取功名，含有"应用"之意。周先生的研究使我们对"应用文"概念的产生与演进轨迹看得更清楚了。

以上资料显示，"应用文"概念提出得相对较早，而且应用文的使用极其广泛。但是"实在名先"，应用文写作的历史更是源远流长。有关资料也表明：在我国，自从有了文字就有了应用文的写作，迄今为止，应用文写作大约有三千余年的历史。其实，在上古时期就已经有了应用写作。当时虽没有文字，但是仍然有人类活动，人们同样会用一种简单的方式（图画、结绳等）记载生活，这些记载更多地反映了先民的日常活动和生活，是一种表达思维、交流思想、传播信息、解决问题的原始"应用写作"，而非抒发主观感情的写作。

随着文字的产生，应用写作更加多见，殷商时期的甲骨文记载着大量的应用文。在甲骨文之后出现的钟鼎铭文，进一步证实了应用文的写作与文字的产生是同步的。被认为是我国第一部完整的散文总集的《尚书》，就有典、谟、训、诰、誓、命等应用文文种，这些应用文类似现代应用文中的命令、纪要、法律、规章、制度等，内容极其丰富，包括政治、经济、军事、司法等。它们无论从内容上还是从形式上都对后世应用文的发展与成熟起了积极的推动作用。

秦汉时期，应用文的写作更进一步发展，秦始皇为了更快地统一中国，提出"书同文、车同轨"，大大促进了应用文的规范化。"书同文"不仅包括文字的统一，也包括应用文格式、名称等方面的统一，如改"命"为"制"，改"令"为"昭"，改"书"为"奏"、"议"，这也说明应用文的种类在逐渐增多。

汉代继承和发展了秦代的公文体制，把秦代的奏、议又细化为章、表、奏、议四种。章用于谢皇恩；表用于陈述或汇报下情；奏用于弹劾揭发；议用于发表不同政见。此外，这个时期第一次确立了上行文和下行文的区别及各自的文体；还规定了密奏用封，用不同的封囊颜色区分文件的缓急，应用文写作进入了程式化的操作阶段 。尤其值得一提的是，当时的公文还产生了一些流传后世的名篇，如贾谊的《陈政事疏》、《论积贮疏》，晁错的《论贵粟疏》，司马相如的《上书谏猎》等。

魏晋南北朝时期，尽管社会战乱不断，但应用文写作仍有很大发展，一方面，体现在应用文新文种的出现，如贺表、列词、签、牒状、告身等；另一方面，对应用文写作理论的探索与研究也有了可喜的成就。曹丕在他的《典论·论文》中正式提出了文体问题，把文体归纳为奏议、书论、铭诔、诗赋四种类型，并把奏议列为文学四科之首。刘勰《文心雕龙》全书共有 20 篇文体论，论述了 34 种文体，大多是应用文，如颂、赞、祝、盟、铭、箴、诔、碑、哀、吊、诏、策、檄、移、章、表、奏、启、议、封禅等，并对它们的名称、功用、源流、构成要素、写作要求等做了详细论述，是我国第一部研究文体的理论著作，成为今天研究应用文的重要资料。但这一时期的应用文也受到了文坛雕饰浮华文风的影响。

唐代是文学发展的鼎盛时期，也是我国应用文发展的成熟时期，无论是数量还是质量都达到了历史的高峰，尤其是典章文件，品目繁多。在当时，下行文有册、令、符等；上行文有表、状、启、笺、辞等；平行文有关、移、刺等。实际上公文的种类还有很多，也足见唐代公牍文的繁多。此外，唐代还严格规定了公文的行文制度，如一文一事、公文的拟制与编撰、公文的用纸与折叠、公文的贴黄与编号等。

宋代，文坛主帅欧阳修大力提倡应用文的写作，主张应用文写作既要真实、质朴、自然，又要讲究文采。宋代在唐代的基础上，公文种类也有一些变化，如创设了诰命、御札、呈状、申状、公牒、剳子等体式。

元明清时期，应用文写作继续发展，应用文的分类更加详细，又出现了许多新的文种，如下帖、牌面、勘合、照会、揭贴、咨呈、谕、禀、折、谕帖等。同时，公文制度有了严格的规定限制，体式更趋于稳定。而且，这一时期应用文写作的理论研究也有了新的发展，涌现出了《文章辩体序说》（明代吴纳）、《文体明辩序说》（明代徐师曾）、《艺概》（清代刘熙载）等专门研究文体的理论专著，尤其值得推崇的是《艺概》，首次把应用文作为一种文体确定下来。

民国时期，绵延了数千年的封建文书发生了巨大的变化，尤其是公文的变化更为明显。1912 年，南京临时政府颁布了公文程式条例，制定了一些新的文种，废除了大部分旧的公文文体，公文种类大大减少。其中有沿前代名称且用法相近的令、咨、批等；也有几近于今天公文文种的令、布告、公函等，这正说明了应用文发展的继承性。

1928 年，国民党中央政府对公文程式又作了一些新规定，其中比较重要的一点是规定公文的写作要用白话文，使用新式标点符号。

中国共产党成立后，从建立自己的机关开始，就有了自己的公文。1942 年，陕甘宁边区政府颁布了《陕甘宁边区新公文程式》，为以后文书工作的健全和发展奠定了基础。

中华人民共和国成立后，中国共产党和中央人民政府对公文写作十分重视，并进行了一系列改革和健全工作：1951 年，中央人民政府政务院颁布了《公文处理暂行办法》；1955 年，中共中央批准了《中国共产党中央和省（市）级机关文书处理工作和档案工作暂行条例》；1957 年，国务院印发了《关于公文名称和体式问题的几点意见（稿）》；1981 年，国务院办公厅发布了《国家行政机关公文处理暂行办法》；1987 年，国务院办公厅又发布了《国家行政机关公文处理办法》，1993 年 11 月 21 日国务院办公厅对这个办法作了修订，重新发布，自 1994 年 1 月 1 日起施行。为使国家行政机关的公文处理工作规范化、制度化、科学化，2000 年 8 月 24 日，国务院办公厅又制定了《国家行政机关公文处理办法》。这些规定对于提高机关公文质量和公文管理水平都起了重要作用。

在丰富的应用文宝库中，除了历代的公务文书外，还产生了适应社会生活需要的多种应用文，如书、记、志、序、跋、铭、箴、谥、碑文、墓志铭、祭文等。它们大大丰富了应用文，也为人类的生活提供了便利。

随着我国经济的发展和对外交往的日益频繁，各行各业的改革步伐加快，应用性文种也在悄然发生变化，这种变化在应用文中直接表现为新文种的出现，如“公示”、“申论”、“信息快报”、“个人网页”、“电子教案”、“电子邮件”、“网络广告”、“网络新闻”、“短信”、“声讯”、“课题申请书”、“自评书”、“课题评审”、“课题鉴定”等，这些新文种目前应用非常广泛，值得认真研究。

第三节　应用写作的意义及要求

一、应用写作的意义

随着时代和社会的发展，应用写作已成为一个重要的学科。据统计，在人们每日接触的书面文书中，有95%甚至更多的是应用文，它已成为整个社会乃至人类各方面信息的介绍者和传播者。它可以统一人们的行为规范，协调群体的行为，加深人与人之间的了解，促进彼此的合作，实现共同的需要。特别是在进入信息时代的今天，更需用应用写作来传递信息，沟通联系，加强合作。因此，应用写作具有十分重要的意义。

（一）应用写作是现代信息社会的需要

应用写作是信息社会中最常使用的文体，它讲究实用，重于应用。现代信息社会要求快、准、新地传递信息，从应用文与其他文体的比较来看，应用写作最能适应信息社会的这一要求。因为应用写作比较规范，有一定的格式，且行文要求比较严格，这是其他文体无法比拟的特点。特别是随着管理工作科学化、书写工作电脑化、知识经济全球化的到来，应用写作更趋向于文风的简洁明了、讲究实效、直截了当，更能适应现代信息社会的要求。所以说，应用文写作是世界了解中国、中国走向世界的途径之一。

（二）应用写作是信息社会人们竞争、谋生的手段

信息社会到处存在竞争，信息社会中的人们也必须有雄厚的实力才能取得竞争的胜利。而应用写作能力是竞争的手段之一，也是竞争取得胜利的关键。一份好的求职信会成为用人单位对你良好的第一印象，也会成为揣测判断你综合素质的依据。因此，随着应用写作的作用得到更多人的肯定，信息社会中的人必须掌握应用文的写作，要有足以应付日常工作和生活所需的写作能力。会写应用文不仅是一个人素质的体现，而且成为现代信息社会竞争、谋生的手段。正如叶圣陶先生在《作文要道》中所说的那样："大学毕业生不一定要会写小说诗歌，但是一定要能写工作中实用的文章，而且非写得既通顺又扎实不可。"

（三）应用写作可培养人的规范性思维

应用写作与其他文体最大的区别在于它的程式性。所谓程式是指应用文的体式和结构，它包括格式、书写规则、正文组织结构、专门用语、行文程序等。作者在写作时，为了写出符合要求的文章，必须要考虑这些程式。长此以往，作者的思维就会具有明显的规范性。此外，应用文是为解决实际问题而写的，作者在行文时要根据不同的对象使用不同的文种和表达方式体现行文关系，可见，应用文写作的特定规范要求，使作者的思维受到一定的约束，也培养了人们的规范性思维。但是，约束并不是桎梏，思维的规范也不同于思维的定势，实际生活中，我们要避免和克

服思维的定势，也要提倡思维的规范。

二、应用写作的要求

应用写作是一项综合性的实践活动，是作者多方面素质的综合体现。因此，要写出符合实际需要的应用文章，必须处理好以下几个方面的关系。

（一）理论与实践的关系

在长期的实践应用中，应用写作有了一定的程式，形成了自身完整的理论体系；同时，应用写作又具有很强的实践性，因此，只有在写作实践中用写作理论去指导写作行为，才能写出好的文章。那些认为应用写作只要记住写作格式或只要苦练即可见效的认识都是偏颇的。任何理论，如果没有实践的应用，将是毫无意义的理论；任何实践，如果没有正确的理论做指导，将是盲目的实践。只有认真学习应用写作的理论知识，把握写作的基本规律，并用以指导自己的实践写作，才能较快地提高自己的应用写作能力。

（二）范文与实际写作的关系

人们学习写作的过程都要经过"仿造"到"创造"两个阶段。在学习应用写作过程中，也不可回避这两个阶段。应用写作历史悠久，古今中外都有许多典范的文章，作为一个初学应用写作的人，一定要充分利用前人留给我们的宝贵资源，在阅读鉴赏中分析他们的写作思路，探讨他们的写作技巧、方法，甚至要模仿他们的写法。但是，模仿是短暂的，当我们积累了一定的写作方法、技巧之后，要立即形成自己的写作风格，绝不能把范文当成自己写作的至宝，不动脑子照搬照抄，以范文代替实际写作，以不变应万变。

（三）读和写的关系

如前所述，应用写作是一门集理论性与实践性于一体的学科，在学习应用写作的过程中，只学理论或只读典范文章是远远不能解决问题的。要提高应用写作能力，关键在于多练，这是理论知识转化为写作技能的唯一途径。欧阳修曾说："作文'无他术'，惟勤读书而为之，自工。"清人唐彪在谈到读和写之间的关系时，曾引用了一段谚语："谚云，读十篇不如做一篇，盖常做则机关熟，题虽甚难，为之亦易；不常做，则理路生，题虽甚易，为之亦难。"因此，我们要多写多练，练基本功，练文体写作，练熟练程度。只有"多为之"，才能写出好文章。

第四节　应用文的语言

任何文体都对语言有特别的要求，以体现文体、语体的特征，应用文也如此。它有自身的语言特征，也有最基本的要求。

一、应用文的语言特征

不同的语体，具有不同的语言特征，作为交流思想、传播信息、解决问题、为社会服务的应用性文体也有鲜明的语言特征。

（一）具有稳定的习惯用语

一般而言"文无定法"，但应用文写作应当遵循"惯例"，在语言方面应使用习惯的用语。比如标题中常用"关于……"的介宾短语概括发文主旨；开头常用"根据"、"遵照"、"按照"等阐明写作目的，有时也用来引出写作缘由；结尾又常用"为盼"、"即请查照"、"当否，请批示"、"此复"、"特此通知"、"特此证明"、"希遵照执行"等强调写作者的旨意。

这些习惯用语有助于提高行文速度，也有利于受文者的阅读理解，提高办事效率。

（二）保留了部分文言词语

应用文是为实用而作，讲究语言的规范、庄重、简洁，在使用中保留了部分文言词语，如兹、兹有、兹因、奉、谨悉、业经、为盼、为荷、贵、拟、承蒙、谨悉、谨启、惠存、恭请、敬请等词语，起到了白话文不能起到的作用。

（三）较多使用专业术语

应用文的适用范围非常广泛，可应用于各行各业，比如党政机关、团体组织、金融税务、财经外贸等。这些行业各有专用术语，尤其是一些专业性较强的企事业单位，其常用术语较为丰富，比如资金、发票、银行对账单、净利润、借、贷、抵押、索赔、保护关税、差别关税等。这些术语使用方便，表意确切，更能反映专业情况。

二、应用文的语言要求

从应用文的特点和作用看，平实、准确、简洁、得体是应用文语言的基本要求。

（一）平实

所谓"平"，即通俗易懂，平易；所谓"实"，就是质朴实在，朴实、不夸饰，不做作。孔子说："辞达而已矣"（《论语·卫灵公》）；沈约在《评〈颜氏家训〉》中说："文章当从三易：易见事，一也；易识字，二也；易读诵，三也。"强调的正是语言平实的问题。

平实是对应用文语言的基本要求。不同文种对语言的要求也不尽相同。运用还有其具体的要求。

（二）准确

应用写作语言的准确是指文意表达上要确切恰当，合乎真实。这就要求选择材料、使用语言讲究真实、准确，作者不得有艺术的加工和想象，也无须过分地使用形象、生动的词汇，更忌讳任意地夸大或缩小，以便更好地保证文章内容的真实性、语言的准确性。

1. 材料要准确

应用文写作时材料必须准确，必须符合客观事物的原貌和实际情况，不能夸大或缩小，更不能杜撰；"准确"即确凿无疑，无论记人记事还是引用解释，都要认真核对，做到准确无误。要防止张冠李戴、添枝加叶、马虎大意。如果偏离了材料准确这一原则，无论说得如何头头是道，也会给工作带来某些不必要的损失。如果要做一则商品广告，就要将其性能、特点、功用、使用方法等详细列出，万不可为了吸引消费者而发布虚假的信息。

2. 语言要准确

应用文要做到语言准确。具体来讲，要考虑词语的选用，句子的组合，修辞格的使用等。

（1）选用词语要准确。说话、写文章都离不开词，词是构成句子、篇章的最基本的语言单位，所以词语的选择就显得十分重要；再者，汉语语言词汇相当丰富，表达同样的意思可以选用不同的词语。因此，选择词义要准确。如：

"8月18日，通州分局接到受骗未遂的群众举报：有四个人在新华北街工商银行附近利用'掉钱'和'捡钱'的形式诈骗。"

显然，这里的"未遂"二字欠妥。未遂，一般指坏人干坏事没有达到目的或没有满足愿望，如"盗窃未遂"、"杀人未遂"和"强奸未遂"等，主体都是罪犯。这里用来说明群众受骗实属不妥，应删去。

（2）使用句子要合适。应用文句子的使用要做到以下几点：少用长句，多用短句；少用整句，多用散句；少用感叹句、疑问句，多用陈述句。选择合适的句子形式可以使读者更好地理解文章的内容，如果长句太多，既容易出现病句，也会给理解带来困难；而如果整句、感叹句、疑问句使用太多，也会使应用文失去其独有的平实、自然的文风，降低了作为应用文的存在价值。

（3）修辞运用要恰当。修辞有积极修辞与消极修辞之分。积极修辞讲究在表述中运用辞格，以达到语言生动形象、辞藻华美的目的。消极修辞与积极修辞相对，讲究运用规范词语，消除歧义，确保语言表达准确、简明。应用文写作主要运用消极修辞，而对辞格的运用则数量有限。常用辞格如借喻、排比、反问、设问、引用等，但基本不用夸张手法。因此，应用文中的修辞手法和修辞程度是有限的，在语言上要求直述其事，准确、简明和平实。这就决定作者在选择修辞时，不要一味追求形象性，少用或不用积极修辞，而更偏重于语言的锤炼和句式的选择，使应用文语言努力实现审美与实用的统一。

（三）简洁

简洁是指内容文字要简短扼要、直截了当。

应用文的写作目的可以说是以传递信息为主，因此应用文行文务必简洁。具体来讲，简洁在这里应包括以下一些内容。

1. 文字要简练，篇幅要短小

应用文写作要惜墨如金，要选用简洁的词语，要删去可有可无的段落，要实话实说，不穿靴戴帽。冗长的文章往往会淹没主题，浪费阅读时间，降低办事效率。

2. 扫除套话、空话、废话

文字是用来表情达意、传递信息的，如果为写作而写作就会废话连篇。应用文更要避免可有可无的废话，读者希望得到的是你提供给他的有用的信息。

3. 专用词语和习惯用语的应用

在长期的应用写作实践过程中，应用文在语言应用上逐步形成了自身的专用和习惯用语，如"收悉"、"接洽"、"为盼"、"为要"等；此外，应用文还常用富有概括力的成语和熟语。

需要注意的是，简洁是以明白为前提的，如果不顾语句的通顺、语意的明了，应该说的不说，应该用的词不用，结果语意不清、语气不连贯，那是不可取的。

（四）得体

应用文的语言要和作者的身份、读者对象、所要达到的目的以及客观环境和谐一致，恰到好处。说什么、不说什么、说到什么程度、用什么语气、选择什么词汇，都要考虑最后的效果。过去曾有一段时期，在我们党和国家领导人接待外宾的通讯报道中，常常使用"接见"两个字，周恩来总理看后，指示记者改成"会见"，即双方会见。这就避免了使外宾有我们居高临下的不愉快感觉，体现了大小国家一律平等的精神，改得非常得体。

要做到得体，语言的运用还应当和所写文件的体例相符。报喜祝捷要热烈欢快，颁布政策法令应庄重严肃，批驳错误观点要有理有力，提出希望要求应平和委婉等。比如请示性公文的结尾多用"望"、"请"等表示下级对上级的尊重，不能用"必须"、"如此"之类的口气很硬、很大的词；命令的用语必须斩钉截铁，毫不含混，不能模棱两可。

【思考练习】

一、下面是有关老舍个人的两段文字，试比较两者在语体上、语言上有什么特点。并模仿资料，写出不同体裁的个人介绍

资料一：老舍自传

老舍40岁时曾写了个质朴自谦、妙趣横生的自传：

舒舍予，字老舍，现年四十岁，面黄无须。生于北平。三岁失怙，可谓无父；志学之年，帝王不存，可谓无君。无父无君，特别孝爱老母，布尔乔亚之仁未能一扫空也。幼读三百篇，不求甚解。继学师范，遂奠教书匠之基，及

壮，糊口四方，教书为业，甚难发财，每购奖券，以得末彩为荣，亦甘于寒贱也。二十七岁发愤著书，科学哲学无所懂，故写小说，博大家一笑，没什么了不得。三十四岁结婚，已有一男一女，均狡猾可喜。闲时喜养花，不得其法，每每有叶无花，亦不忍弃。书无所不读，全无所获并不着急。教书做事均甚认真，往往吃亏，亦不后悔。如此而已，再活四十年，也许有点出息。

资料二：老舍简介

老舍（1899～1966），现当代文学作家。原名舒庆春，字舍予，另有笔名絮青、鸿来、非我等。满族，北京人。

老舍出生于一个贫民家庭。父亲是一名满族的护军，阵亡在八国联军攻打北京城的炮火中。母亲也是旗人，常替人洗衣裳做活计维持一家人的生活。1918 年夏天，他以优秀的成绩由北京师范学校毕业，被派到北京第十七小学去当校长。1924 年夏应聘到英国伦敦大学东方学院当中文讲师。在英期间阅读了大量英文作品，并开始文学创作。长篇小说《老张的哲学》是第一部作品，由 1926 年 7 月起在《小说月报》杂志连载，立即震动文坛。1926 年加入文学研究会。以后陆续发表了长篇小说《赵子曰》、《二马》。奠定了老舍作为新文学开拓者之一的地位。1930 年老舍回国后，先后在齐鲁大学和山东大学任教授。这个时期创作了《猫城记》、《离婚》、《骆驼祥子》等长篇小说，《月牙儿》、《我这一辈子》等中篇小说，《神威》等短篇小说。抗日战争爆发后南下赴汉口和重庆。1938 年中华全国文艺界抗敌协会成立，他被选为理事兼总务部主任，主持文协日常工作。在创作上，以抗战救国为主题，写了各种形式的文艺作品。1944 年开始，创作近百万字的长篇巨著《四世同堂》。1946 年应邀赴美国讲学一年，期满后旅居美国从事创作。中华人民共和国成立后不久应召回国，曾担任全国文联和全国作协副主席兼北京文联主席及全国人民代表大会和全国政协常委等职。参加政治、社会、文化和对外友好交流活动，注意对青年文学工作者的培养和辅导，曾因创作优秀话剧《龙须沟》而被授予"人们艺术家称号"。"文化大革命"初期因被迫害而弃世。

（本文来源：老舍纪念馆）

二、下面是一则顺口溜，形象地反映了当前社会存在裙带关系的一些问题。请分析它的语言特征

父子室，夫妻科，外甥打水舅舅喝，孙子开车爷爷坐，亲家办公桌对桌，亲家班子驸马团，太太小姨打字员。

第二章　公务文书

第一节　公务文书概述

公务文书简称公文，对其含义的理解有广义和狭义之分。广义的公务文书是指在一切公务活动中形成的文书材料。它包括中国共产党机关公文、国家行政机关公文、社会团体、企事业单位以及一切依法成立的组织在处理公务活动中所形成的规范性文书材料。狭义的公务文书就是指党政机关公文。根据 2012 年 4 月 16 日中央中央办公厅、国务院办公厅颁发的《党政机关公文处理工作条例》的规定："党政机关公文是党政机关实施领导、履行职能、处理公务的具有特定效力和规范体式的文书，是传达贯彻党和国家方针政策，公布法规和规章，指导、布置和商洽工作，请示和答复问题，报告、通报和交流情况等的重要工具。"是应用文的一个分支。

一、公务文书的种类

根据 2012 年 4 月 16 日中共中央办公厅、国务院办公厅颁发的《党政机关公文处理工作条例》的规定，公文种类主要有 15 种，分别是：

（1）决议。适用于会议讨论通过的重大决策事项。

（2）决定。适用于对重要事项作出决策和部署、奖惩有关单位和人员、变更或者撤销下级机关不适当的决定事项。

（3）命令（令）。适用于公布行政法规和规章、宣布施行重大强制性措施、批准授予和晋升衔级、嘉奖有关单位和人员。

（4）公报。适用于公布重要决定或者重大事项。

（5）公告。适用于向国内外宣布重要事项或者法定事项。

（6）通告。适用于在一定范围内公布应当遵守或者周知的事项。

（7）意见。适用于对重要问题提出见解和处理办法。

（8）通知。适用于发布、传达要求下级机关执行和有关单位周知或者执行的事项，批转、转发公文。

（9）通报。适用于表彰先进、批评错误、传达重要精神和告知重要情况。

（10）报告。适用于向上级机关汇报工作、反映情况，回复上级机关的询问。

（11）请示。适用于向上级机关请求指示、批准。

（12）批复。适用于答复下级机关请示事项。

（13）议案。适用于各级人民政府按照法律程序向同级人民代表大会或者人民代表大会常务委员会提请审议事项。

（14）函。适用于不相隶属机关之间商洽工作、询问和答复问题、请求批准和答复审批事项。

（15）纪要。适用于记载会议主要情况和议定事项。

此外，依据不同的标准，公文还可以分为不同的类别。

根据行文方向的不同，公文可以分为上行文、平行文、下行文三类。

上行文是下级机关向上级机关报送的公文，这类文种有请示、报告。有时向不相隶属的上级机关询问、答复、请示一般事项时，也可用函。

下行文是上级机关向下级机关发送的公文。这类文种主要有命令（令）、决定、公告、通告、通知、通报、批复、意见等。有时向不相隶属的下级机关询问、答复一般事项时，也可用函。

平行文是同级机关或不相隶属机关之间互相往来的公文，这类文种主要是函。有时，通报、通知、纪要也可作平行文。

根据公文的使用范围，公文可以分为专用公文和通用公文两类。

通用公文是在各个机关单位都可使用的公文，如通知、函、报告、请示等。专用公文是指在一些特定的机关单位使用的公文，如命令（令）、议案等。

总之，公务文书的种类较多，使用范围不同，难以一一详解。因此，本章主要讲述在国家各级行政机关、各级各类企事业单位和社会团体、组织内常用的几种公文文种的写作。

二、公务文书的特点

公务文书作为一种文字材料，与其他的文字材料相比有一定的共性，但也有自己的特殊性。具体而言，公务文书有以下显著特点：

（一）鲜明的政策性

公务文书是有关单位行使管理职能、办理具体事务的重要工具，对国家政治、经济和社会生活的各个领域都有着指导作用，是维护和发展社会主义制度、建设物质文明和精神文明的保障。各级有关单位制发的公务文书，都必须用来贯彻执行党和国家的有关政策，执行国家的法律和法令，丝毫不能偏离党和国家的政治目标和政策轨道。因此，公务文书具有鲜明的政策性。

（二）明确的实用性

公务文书是用来处理公务活动的文书，所以它总是根据现实需要，针对实际问题而制发，有着明确的写作目的，具有指挥、制约、沟通、联系的作用。

（三）法定的权威性

公务文书具有法定的权威和效力。首先，公务文书是由法定的作者制成和发布的，反映了制发机关的意志，并在规定的范围内行使职权。因此，具有强制性和约束力，有法定的权威性。它是人们办理公务的依据和准则。其次，无论是事实、数字还是各种意见、结论，一旦进入正式公务文书，就不能任意更改、解释、否定。

（四）作者的特定性

公务文书的作者是特定的。公务文书的作者是指依法成立的、能在一定的范围内行使职权并能承担义务的单位组织。在我国，各级党政机关和企事业单位、社会团体都属于法定的作者，它们具有制定发布公务文书的权利。此外，我国法定机关的法定领导人可以以自己的名义发布公务文书，比如国家主席、国务院总理都可以发布公务文书。但是，它们实际上仍然是作为法定机关的法定领导人的代表而发言的，如国家主席代表的是国家，国务院总理代表的是国务院。实质上作者仍然是他们代表的法定机关。

（五）体式的规范性

长期以来，为了实现国家行政机关公文处理工作的规范化、制度化、科学化，为了更方便、有效地办理公务，公务文书形成了自身特有的办理程序和写作格式。中央办公厅和国务院办公厅对公文的种类、用途、格式、行文关系、办理程序都作了统一的规定。另外，多数常用文种在结构、用语等方面，也有着约定俗成的程式。任何单位都必须按此办理，不得更改。

三、公务文书的作用

公务文书是党和国家管理政务、机关组织之间联系和处理工作的重要工具，其具体作用如下：

（一）法规作用

公务文书是法律规范的体现形式。在现行公务文书中，有相当一部分具有法规作用，即具有宣传、贯彻执行法律、法规、规章和制度的作用。任何国家，都必须有法律、法规来约束和规范人们的行为，而这些法律、法规都是通过公文的形式颁布实施的。这些法律、法规一经制定和颁发，在有效实施期限和范围内就具有了法定效力，任何人都不得违反。此外，很多公文虽不是国家正式的法规，但对人们的行为仍具有约束效力，是开展各项工作的依据，必须坚决执行，严格遵守，不得违反。

（二）指挥管理作用

党政机关、企事业单位、社会团体以及其他组织，都在特定的范围内担负着组织、指挥、管理的职责，而实施这些职责的基本工具就是公务文书。在党政公务文书中，命令、决定、决议、指示、批复等文种就属于指挥、管理性的下行公文。这些公务文书一经下发，下级机关必须执行。大到国家机器的运转，小到一个企事业单位内部工作有秩序的开展，都跟公务文书的指挥管理作用密切相关，离开了公务文书的这一作用，各方面的管理工作很可能陷入混乱状态。因此，我们应该意识到，相当多的公务文书的起草、定稿过程，实质上就是管理工作的实施过程。

（三）交流信息作用

公务文书还有一个重要的作用是交流信息。任何一个机关和单位都是国家的有机组成部分，机关单位之间要沟通情况、协调工作，就要用公务文书联系。公务文书可以把上级的意图传达给下级，也可以把下级的情况向上级反映，还可以和平行级单位互通情报，使得彼此之间保持联系，从而正常有序地开展工作。

（四）宣传教育作用

公务文书是国家发布法律法规、方针政策的主要工具。贯彻和实施公务文书中颁布的法律法规、方针政策不是简单的强迫命令，而是通过宣传教育，使党和国家的法律法规、方针政策深入人心，得到人民群众的支持和拥护，从而统一认识，统一行动，共同实现宏伟大业。此外，公务文书中的决议、公告、通报、纪要等文种都是针对现实生活中普遍存在的某一问题或认识的偏差而形成的，要摆事实，讲道理，启发诱导，使大家明白应该确立什么立场，应该坚持什么原则，进而知道自己应该做什么、怎样做。这就使公务文书具有了很明显的宣传教育作用。

（五）凭证依据作用

公务文书还有明显的凭证和依据作用。上级发布的公务文书，是下级机关开展工作的依据；下级上报的公务文书，是上级决策的依据；一个机关自己制作的公务文书，是自己履行职能、开展工作的真实记录和凭证。另外，当这些公务文书完成它的历史使命后，要经过整理、立卷、归入档案，作为资料保存，以备后查。因为这些公务文书是工作的历史记录，是评价过去工作的依据，对今后的工作有重要的参考价值。

第二节　公务文书的格式

公务文书的格式又称公务文书的体式，是公文的各部分内容按有关的规定置排起来的整体结构形式。根据中华人民共和国国家质量监督检验检疫总局、中国国家标准化管理委员会2011年6月29日发布的《党政机关公文格式》（GB/T 9704—2012）标准的规定，公文格式主要包括公文的纸张要求、排版印刷和装订要求、公文格式各要素编排规则。

一、公文纸张、排版、印刷和装订要求

公文的排版形式是指公文数据项目在文件版面上的标印格式，是指公文的外观形式。包括：公文版头设计，版面安排，字体字号，字行字距，天地页边，用纸规格等。国家质量监督检验检疫总局、中国国家标准化管理委员会2012年6月29日发布，2012年7月1日实施的《党政机关公文格式》（GB/T 9704—2012）对其作了明确的规定：

（一）公文用纸幅面尺寸及版面要求

1. 幅面尺寸

公文用纸采用 GB/T 148 中规定的 A4 型纸，其成品幅面尺寸为：

210mm×297mm。

2. 版面

（1）页边与版心尺寸

公文用纸天头（上白边）为 37mm ± 1mm，公文用纸订口（左白边）为 28mm ± 1mm，版心尺寸为 156mm×225mm。

（2）字体和字号

如无特殊说明，公文格式各要素一般用 3 号仿宋体字。特定情况可以作适当调整。

（3）行数和字数

一般每面排 22 行，每行排 28 个字，并撑满版心。特定情况可以作适当调整。

（4）文字的颜色

如无特殊说明，公文中文字的颜色均为黑色。

（二）印刷装订要求

1. 制版要求

版面干净无底灰，字迹清楚无断划，尺寸标准，版心不斜，误差不超过 1mm。

2. 印刷要求

双面印刷，页码套正，两面误差不超过 2mm。黑色油墨应当达到色谱所标 BL100%，红色油墨应当达到色谱所标 Y80%、M80%。印品着墨实、均匀；字面不花、不白、无断划。

公文应左侧装订，不掉页。两页页码之间误差不超过 4mm。裁切后的成品尺寸允许误差 ±2mm，四角成 90°，无毛茬或缺损。

二、公文格式各要素编排规则

《党政机关公文格式》（GB/T 9704—2012）标准将版心内的公文格式各要素划分为版头、主体、版记三部分。公文首页红色分隔线以上的部分称为版头；公文首页红色分隔线（不含）以下、公文末页首条分隔线（不含）以上的部分称为主体；公文末页首条分隔线以下、末条分隔线以上的部分称为版记。页码位于版心外。

（一）版头部分

1. 份号

公文份号是将同一文稿印制若干份时每份公文的顺序编号。如需标注份号，一般用 6 位 3 号阿拉伯数字，顶格编排在版心左上角第一行。涉密公文应当标注份号。

2. 密级和保密期限

密级和保密期限是指公文的秘密等级和保密的期限。涉密公文应当根据涉密程度分别标注"绝密"、"机密"、"秘密"和保密期限。如需标注密级和保密期限，一般用 3 号黑体字，顶格编排在版心左上角第二行；保密期限中的数字用阿拉伯数字标注。秘密等级和保密期限之间用"★"隔开。

根据《中华人民共和国保守国家秘密法》规定，国家秘密的密级分为绝密、机密、秘密三个等级。

绝密是指最重要的国家秘密，一旦泄密会使国家的安全和利益遭受特别严重的损失。

机密是指重要的国家秘密，一旦泄密会使国家的安全和利益遭受严重的损失。

秘密是指一般的国家秘密，一旦泄密会使国家的安全和利益遭受损失。

3. 紧急程度

紧急程度是对公文送达和办理时限的要求。根据紧急程度，紧急公文应当分别标注"特急"、"加急"，电报应当分别标注"特提"、"特急"、"加急"、"平急"。如需标注紧急程度，一般用3号黑体字，顶格编排在版心左上角；如需同时标注份号、密级和保密期限、紧急程度，按照份号、密级和保密期限、紧急程度的顺序自上而下分行排列。

4. 发文单位标志

发文单位标志由发文单位全称或者规范化简称加"文件"两字组成，也可以使用发文单位全称或者规范化简称。联合行文时，发文单位标志可以并用联合发文单位名称，也可以单独用主办机关名称。

发文单位标志居中排布，上边缘至版心上边缘为35mm，推荐使用小标宋体字，颜色为红色，以醒目、美观、庄重为原则。

联合行文时，如需同时标注联署发文单位名称，一般应当将主办机关名称排列在前；如有"文件"两字，应当置于发文单位名称右侧，以联署发文单位名称为准上下居中排布。

5. 发文字号

发文字号由发文单位代字、年份、发文顺序号组成。联合行文时，使用主办机关的发文字号。发文单位代字是指发文单位的简称；年份是指印发本份公文的年度；序号是指本单位在本年度所发公文的序号。

发文字号要编排在发文单位标志下空两行位置，用3号仿宋体，居中排布；年份、发文顺序号用阿拉伯数字标注；年份应标全称，用六角括号"〔〕"括入；发文顺序号不加"第"字，不编虚位（即1不编为01），在阿拉伯数字后加"号"字。

上行文的发文字号居左空一字编排，与最后一个签发人姓名处在同一行。

发文字号的作用：一是统计发文的数量，便于公文的管理；二是在查找和引用公文时可以作为该份公文的代号使用。联合行文时，只标注主办机关公文字号。

6. 签发人

上行文应当标注签发人姓名。由"签发人"三字加全角冒号和签发人姓名组成，居右空一字，平行排列于发文字号右侧（编排在发文单位标志下空两行位置）。"签发人"三字用 3 号仿宋体字，签发人姓名用 3 号楷体字。

公文的签发有严格的规定。一般由主要负责人或者主持工作的负责人签发；联合发文，须经所有联署公文的领导人会签。签发人姓名按照发文单位的排列顺序从左到右、自上而下依次均匀编排，一般每行排两个姓名，回行时与上一行第一个签发人姓名对齐。

7. 版头中的分隔线

发文字号之下 4mm 处居中印一条与版心等宽的红色分隔线。

（二）主体部分

1. 标题

标题由发文单位名称、事由和文种组成。一般用 2 号小标宋体字，编排于红色分隔线下空二行位置，分一行或多行居中排布；回行时，要做到词意完整，排列对称，长短适宜，间距恰当，标题排列应当使用梯形或菱形。

2. 主送机关

主送机关是公文的主要受理机关，应当使用机关全称、规范化简称或者同类型机关统称。编排于标题下空一行位置，居左顶格，回行时仍顶格，最后一个机关名称后标全角冒号。如主送机关名称过多导致公文首页不能显示正文时，应当将主送机关名称移至版记，标注方法见抄送机关。

3. 正文

正文是公文的主体，用来表述公文的内容。公文首页必须显示正文。一般用 3 号仿宋体字，编排于主送机关名称下一行，每个自然段左空两个字，回行顶格。文中结构层次序数依次可以用"一、""（一）""1. ""（1）"标注；一般第一层用黑体字、第二层用楷体字、第三层和第四层用仿宋体字标注。

4. 附件说明

附件说明是指对公文附件内容的说明。由公文附件的顺序号和名称组成。如有附件，在正文下空一行左空两字编排"附件"两字，后标全角冒号和附件名称。如有多个附件，使用阿拉伯数字标注附件顺序号（如"附件：1. ×××××"）；附件名称后不加标点符号。附件名称较长需回行时，应当与上一行附件名称的首字对齐。

5. 发文单位署名

发文单位署名是指署发文单位全称或者规范化简称。联合行文时，应当先编排主办机关署名，其余发文单位署名依次向下编排。

6. 成文日期

成文时间是公文生效的时间。以负责人签发的时间或会议通过的时间为准，联合行文以最后签发机关负责人的签发日期为准，电报以发出日期为准。

　　成文时间位于发文单位署名之下，一般右空四字，用阿拉伯数字将年、月、日标全，年份应标全称，月、日不编虚位（即 1 不编为 01）。

　　7. 印章

　　印章用红色，不得出现空白印章。

　　（1）加盖印章的公文。单一机关行文时，一般在成文日期之上、以成文日期为准居中编排发文单位署名，印章端正、居中下压发文单位署名和成文日期，使发文单位署名和成文日期居印章中心偏下位置，印章顶端应当上距正文（或附件说明）一行之内。联合行文时，一般将各发文单位署名按照发文单位顺序整齐排列在相应位置，并将印章一一对应、端正、居中下压发文单位署名，最后一个印章端正、居中下压发文单位署名和成文日期，印章之间排列整齐、互不相交或相切，每排印章两端不得超出版心，首排印章顶端应当上距正文（或附件说明）一行之内。

　　（2）不加盖印章的公文。单一机关行文时，在正文（或附件说明）下空一行右空两个字编排发文单位署名，在发文单位署名下一行编排成文日期，首字比发文单位署名首字右移两个字，如成文日期长于发文单位署名，应当使成文日期右空两个字编排，并相应增加发文单位署名右空字数。党的机关有特定发文单位标志的普发性公文可以不加盖印章。

　　（3）特殊情况说明。当公文排版后所剩空白处不能容下印章或签发人签名章、成文日期时，可以采取调整行距、字距的措施解决。

　　8. 附注

　　附注是对公文中某些内容或有关事项的注释。如有附注，居左空两个字加圆括号编排在成文日期下一行。"请示"件应在附注处注明联系人和电话。

　　9. 附件

　　附件是公文正文的说明、补充或者参考资料。附件应当另面编排，并在版记之前，与公文正文一起装订。"附件"两个字及附件顺序号用 3 号黑体字顶格编排在版心左上角第一行。附件标题居中编排在版心第三行。附件顺序号和附件标题应当与附件说明的表述一致。附件格式要求同正文。

　　如附件与正文不能一起装订，应当在附件左上角第一行顶格编排公文的发文字号并在其后标注"附件"两个字及附件顺序号。

　　（三）版记

　　1. 版记中的分隔线

　　版记中的分隔线与版心等宽，首条分隔线和末条分隔线用粗线（推荐高度为0.35mm），中间的分隔线用细线（推荐高度为 0.25mm）。首条分隔线位于版记中第一个要素之上，末条分隔线与公文最后一面的版心下边缘重合。

　　2. 抄送机关

　　抄送机关是指除主送机关外，还需要了解或执行公文内容的隶属或非隶属机关。如有抄送机关，一般用 4 号仿宋体字，在印发机关和印发日期之上一行、左右各空一字编排。"抄送"两个字后加全角冒号和抄送机关名称，回行时与冒号后的首字对齐，最后一个抄送机关名称后标句号。

如需把主送机关移至版记，除将"抄送"两个字改为"主送"外，编排方法同抄送机关。既有主送机关又有抄送机关时，应当将主送机关置于抄送机关之上一行，之间不加分隔线。

3. 印发机关和印发日期

印发机关是指发文单位的办公部门。

印发机关和印发日期一般用 4 号仿宋体字，编排在末条分隔线之上，印发机关左空一字，印发日期右空一字，用阿拉伯数字将年、月、日标全，年份应标全称，月、日不编虚位（即 1 不编为 01），后加"印发"两个字。

版记中如有其他要素，应当将其与印发机关和印发日期用一条细分隔线隔开。

（四）页码

页码一般用 4 号半角宋体阿拉伯数字，编排在公文版心下边缘之下，数字左右各放一条一字线；一字线上距版心下边缘 7mm。单页码居右空一字，双页码居左空一字。公文的版记页前有空白页的，空白页和版记页均不编排页码。公文的附件与正文一起装订时，页码应当连续编排。

公文各个要素标识顺序参见图 2 - 1 至图 2 - 6。

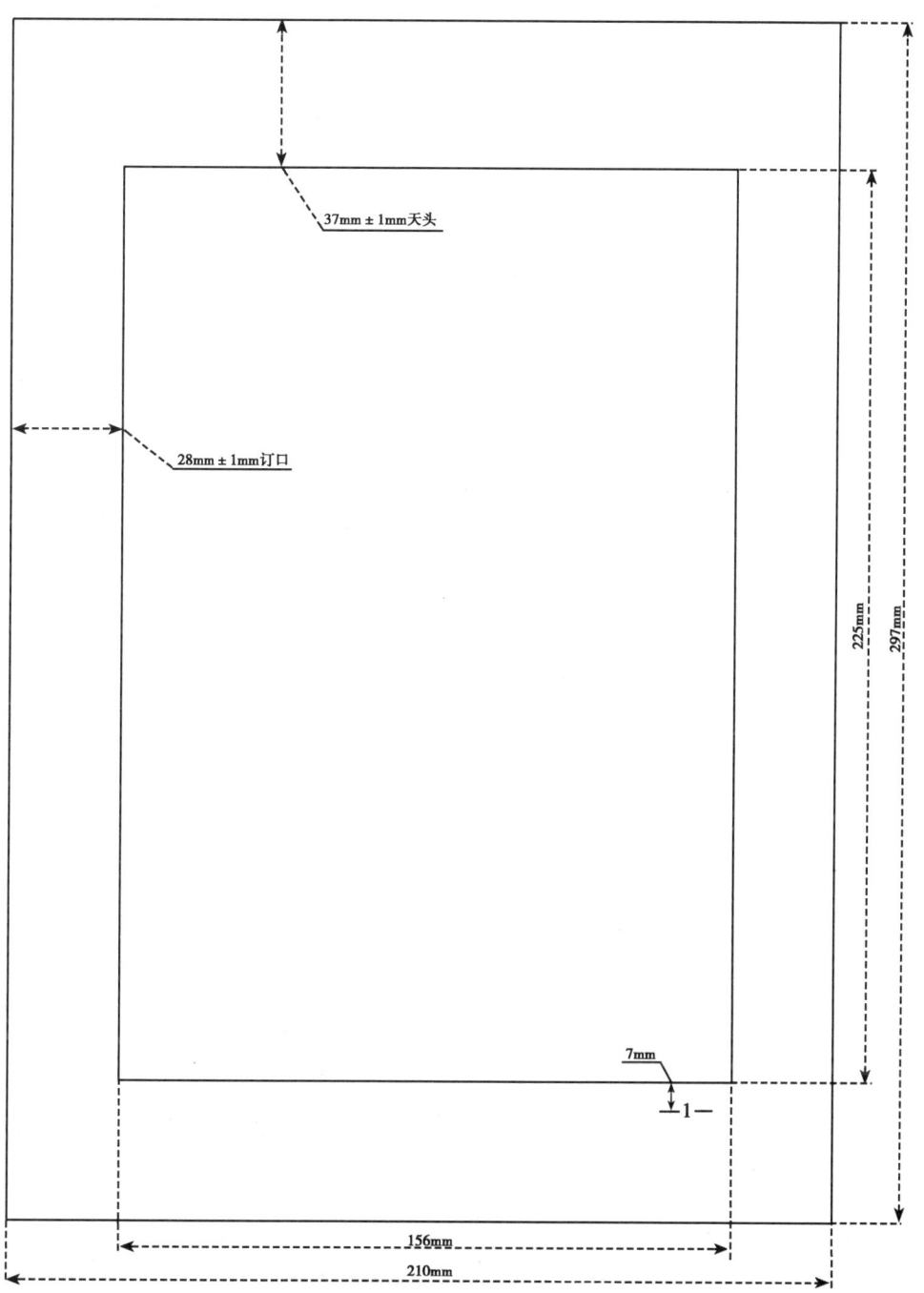

图2-1　A4型公文用纸页边及版心尺寸

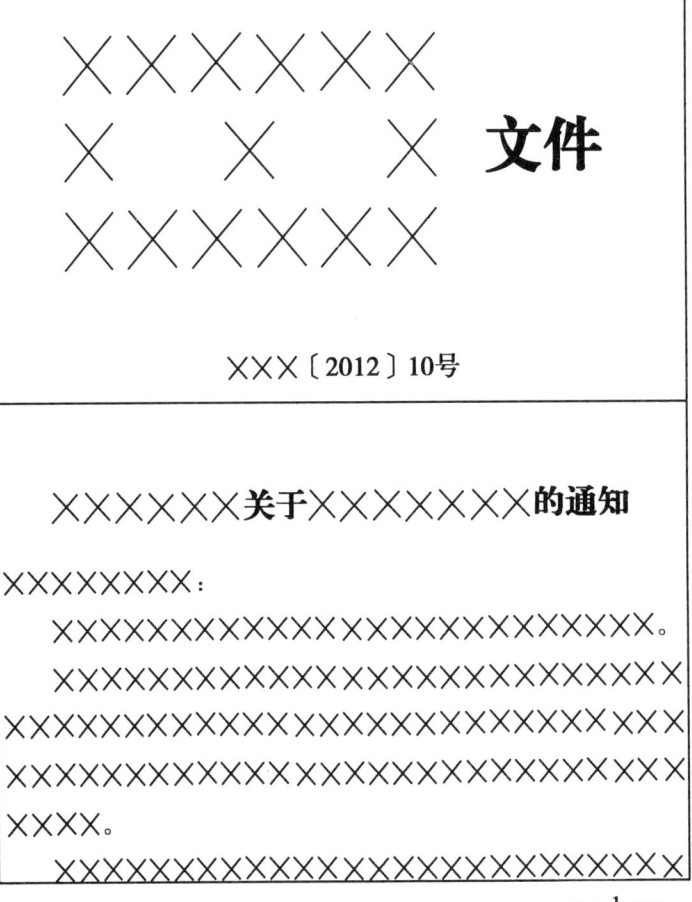

图2-2　联合行文公文首页版式1

注：版心实线框仅为示意，在印制公文时并不印出。

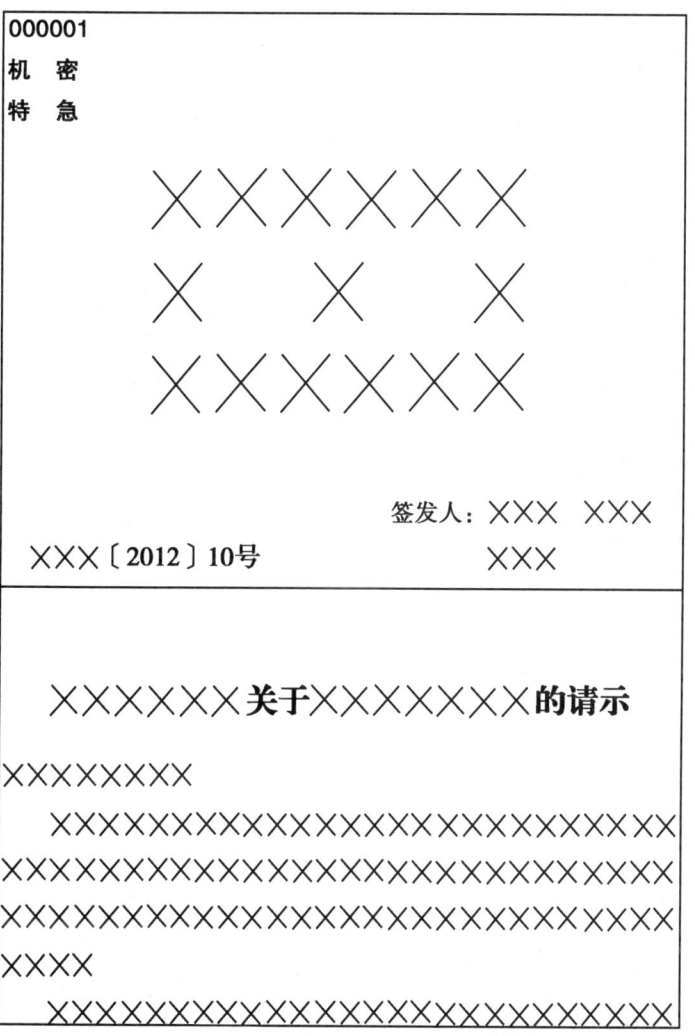

图2-3 联合行文公文首页版式2

注：版心实线框仅为示意，在印制公文时并不印出。

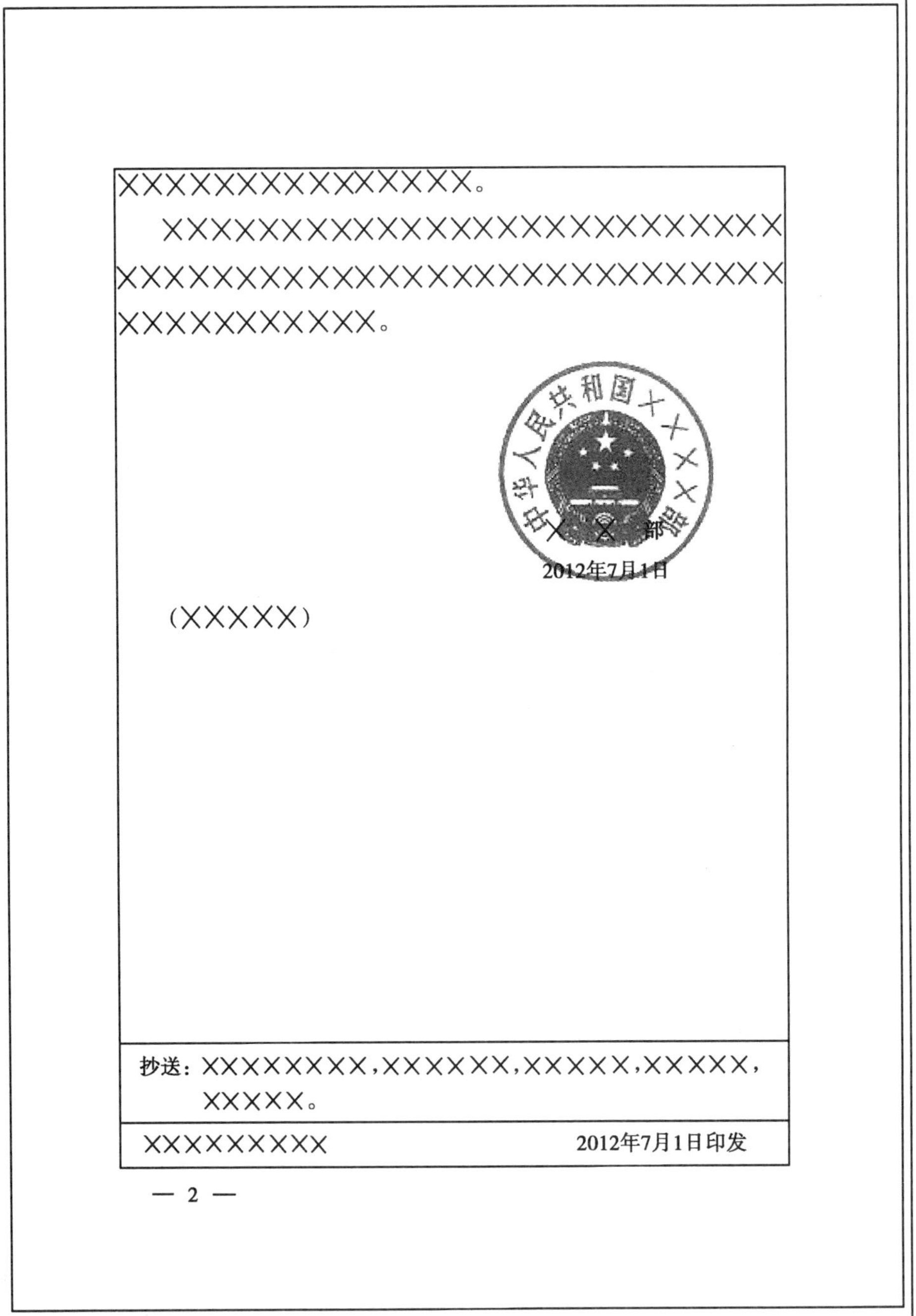
XXXXXXXXXXXXXXX。
XXXXXXXXXXXXXXXXXXXXXXXXX
XXXXXXXXXXXXXXXXXXXXXXXXXXX
XXXXXXXXXXX。
中华人民共和国XXXX
X X 部
2012年7月1日
（XXXXX）
抄送：XXXXXXXX，XXXXXX，XXXXX，XXXXX，XXXXX。
XXXXXXXXX　2012年7月1日印发
— 2 —

图2–4　公文末页版式1

注：版心实线框仅为示意，在印制公文时并不印出。

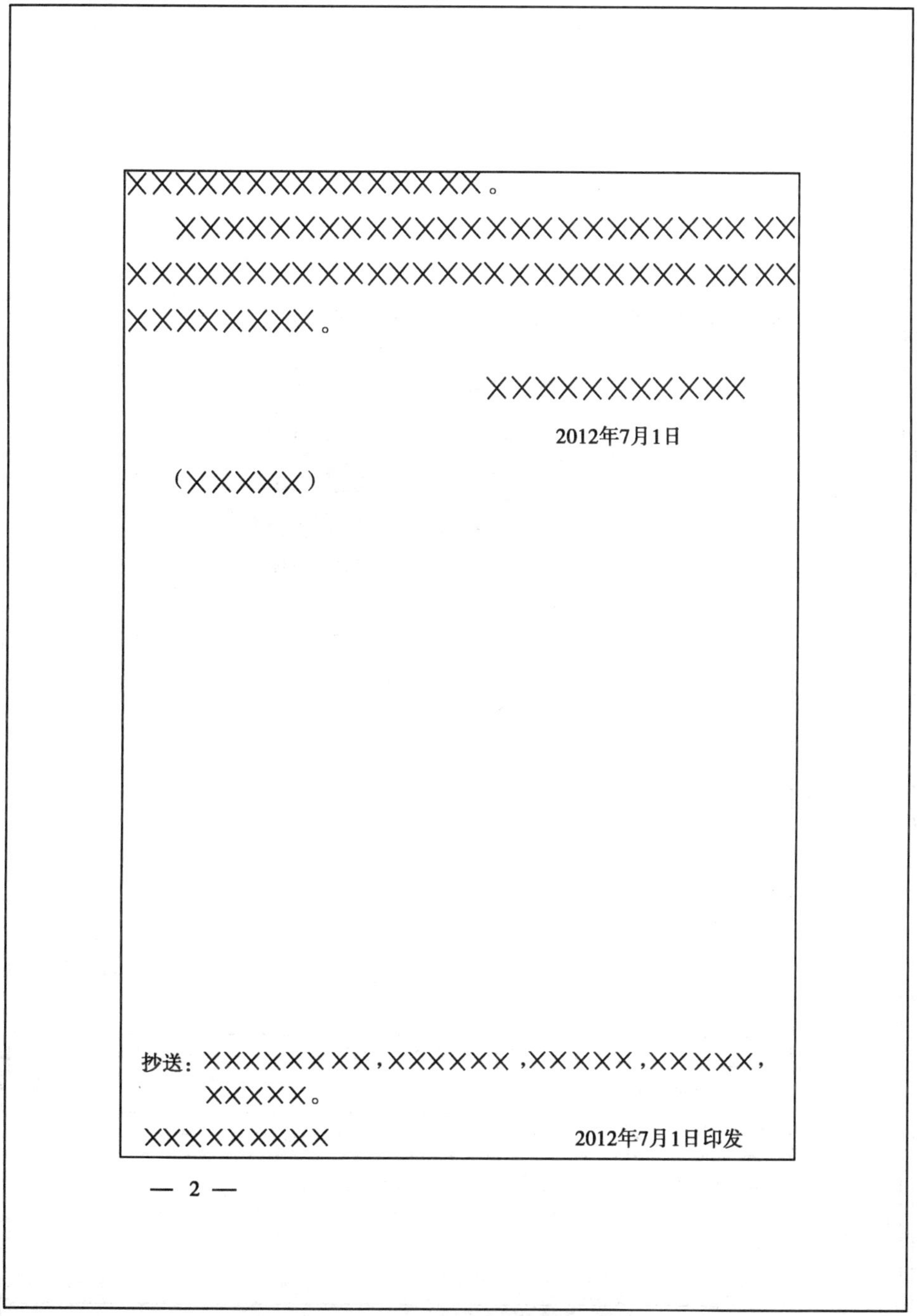
XXXXXXXXXXXXXXX。

XXXXXXXXXXXXXXXXXXXXXXXXX XXXXXXXXXXXXXXXXXXXXXXXXXX XXXXXXXXXXXXX。

XXXXXXXXXXX

2012年7月1日

（XXXXX）

抄送：XXXXXXXXX，XXXXXX，XXXXX，XXXXX，XXXXX。

XXXXXXXXX　2012年7月1日印发

— 2 —

图2-5　公文末页版式2

注：版心实线框仅为示意，在印制公文时并不印出。

×××××××××××××××。

　×××××××××××××××××××

×××××××××××××××××××××

×××××××××××。

2012年7月1日

（×××××）

抄送：×××××××,×××××××,×××××,×××××,
×××××。

×××××××× 　2012年7月1日印发

图2-6　联合行文公文末页版式

注：版心实线框仅为示意，在印制公文时并不印出。

三、公文的行文规则

公文是依法行政和进行公务活动的重要工具，各有关单位在公文行文中必须遵循一定的原则和要求，具体是：

（1）行文应当确有必要，讲求实效，注重针对性和可操作性。

（2）行文关系根据隶属关系和职权范围确定。一般不得越级行文，特殊情况需要越级行文的，应当同时抄送被越过的机关。

（3）向上级机关行文，应当遵循以下规则：①原则上主送一个上级机关，根据需要同时抄送相关上级机关和同级机关，不抄送下级机关。②党委、政府的部门向上级主管部门请示、报告重大事项，应当经本级党委、政府同意或者授权；属于部门职权范围内的事项应当直接报送上级主管部门。③下级机关的请示事项，如需以本机关名义向上级机关请示，应当提出倾向性意见后上报，不得原文转报上级机关。④请示应当一文一事。不得在报告等非请示性公文中夹带请示事项。⑤除上级机关负责人直接交办事项外，不得以本机关名义向上级机关负责人报送公文，不得以本机关负责人名义向上级机关报送公文。⑥受双重领导的机关向一个上级机关行文，必要时抄送另一个上级机关。

（4）向下级机关行文，应当遵循以下规则：①主送受理机关，根据需要抄送相关机关。重要行文应当同时抄送发文单位的直接上级机关。②党委、政府的办公厅（室）根据本级党委、政府授权，可以向下级党委、政府行文，其他部门和单位不得向下级党委、政府发布指令性公文或者在公文中向下级党委、政府提出指令性要求。需经政府审批的具体事项，经政府同意后可以由政府职能部门行文，文中须注明已经政府同意。③党委、政府的部门在各自职权范围内可以向下级党委、政府的相关部门行文。④涉及多个部门职权范围内的事务，部门之间未协商一致的，不得向下行文；擅自行文的，上级机关应当责令其纠正或者撤销。⑤上级机关向受双重领导的下级机关行文，必要时抄送该下级机关的另一个上级机关。

（5）同级党政机关、党政机关与其他同级机关必要时可以联合行文。属于党委、政府各自职权范围内的工作，不得联合行文。

党委、政府的部门依据职权可以相互行文。部门内设机构除办公厅（室）外不得对外正式行文。

第三节　常用公文的写作

一、报告

报告适用于向上级机关汇报工作、反映情况，回复上级机关的询问。

（一）报告的分类

报告是常见的上行文，根据不同的标准可分为不同的类别。本文主要依据以下两个标准划分，有意进一步深入了解的同学请查阅相关资料。

1. 按报告的内容分类，报告可分为工作报告、情况报告、答复报告、报送报告

（1）工作报告。工作报告是指用来向上级汇报工作的报告。工作报告又可分为综合工作报告和专题工作报告两种。综合报告是一个机关反映一定时期内全面工作情况或提出今后工作意见向上级汇报的报告。它涉及面宽，要把主要工作范围之内的方方面面都涉及，可以有主次的区分，但不能有大的遗漏。专题报告是一个机关就某一项工作或某一个问题、某一件事情向上级所作的报告。在日常工作中，这种报告经常使用。它的涉及面窄，只针对某一方面的工作或者某一项具体工作进行汇报。

（2）情况报告。情况报告是指用于向上级反映与本单位工作有关系的重要情况。在执行上级机关决策或部署工作时，本机关出现了正常工作秩序之外的新情况、新问题需向上级报告；工作中出现重大事故或失误，对工作产生了一定程度的影响，也应该及时向上级将有关情况原原本本的进行汇报。即使对工作没有太大影响，一些有倾向性的新动态、新风气，以及最近出现的新事物等，必要时也要向上级报告。凡此种种，都属于"情况报告"。作为下级机关，有责任做到"下情上达"，保证上级机关耳聪目明，对下面的情况始终了如指掌，这就是情况报告的意义。如果隐情不报，则是一种失职的表现。

（3）答复报告。答复报告是指用于答复上级机关询问的报告。这种报告内容针对性最强，上级询问什么就答复什么，不能答非所问。对待上级机关的询问一定要慎重，如果不了解真情，要经过深入的调查研究后再作答复。

（4）报送报告。报送报告是指用于向上级报送文件、物件时使用的报告。

2. 按报告的要求分类，报告可分为呈报性和呈转性报告

（1）呈报性报告以汇报工作，反映有关情况，提出意见、建议，答复上级询问为主要内容。是单纯反映情况，汇报工作，而不要求转发的报告。撰写这类报告的目的是使上级机关了解实际情况，从而据此制定工作方针，作出工作部署，给下级机关的工作以正确、切实的指导。

（2）呈转性报告是某些业务主管机关或部门，针对工作中存在的普遍性问题或在一定范围需要作出处理安排的事项，向上级机关汇报并请求批转有关部门参考或执行的报告。这类报告一经上级机关批转，便带有指示和决定的性质，有关部门必须严格贯彻执行。写这类报告，事先要替上级拟好批语，以供参考。

（二）报告的特点

1. 单向性

报告是下级机关向上级机关汇报工作、反映情况、提出建议时使用的单方向上行文，不需要上级机关给予批复。

2. 陈述性

报告在汇报工作、反映情况时，主要采用叙述说明的表达方式，语言具有明显的陈述性特征。

3. 建议性

报告的撰写目的是向上级汇报工作，反映情况，取得上级机关部门的理解和支持，也是上级机关更好地作出决策，指导下级工作的依据，因此，报告具有建议的特点。

（三）报告的主体结构与写法

报告的主体结构一般由标题、主送单位、正文、发文单位署名、成文时间和发文单位印章几个部分组成。具体写法如下：

1. 标题

报告的标题由发文单位、发文事由、文种三部分构成，如《中共中央纪律检查委员会关于清理党政干部违纪违法建私房和用公款超标准装修住房的报告》。

2. 主送机关

主送机关写法同其他公文。收文单位一般是上级主管部门或业务主管部门。

3. 正文

报告的正文由报告缘由、报告事项、报告尾语三部分组成。

报告缘由主要交代报告的起因、理由或目的、意义等，是正文的开头。

报告事项即正文的主体内容，主要写清基本情况、措施与办法 、成效与问题或者是经验与教训、打算与设想等。

报告尾语往往以"特此报告"、"以上报告如有不妥，请指正"或"以上报告如无不妥，请批转各地各部门执行"等语作结。

但是，不同种类的报告写法又不尽相同，分述如下。

（1）工作报告中的综合性报告和专题性报告在写法上略有区别。综合性报告的正文要把握三点：开头，概括说明全文主旨，开门见山，起名立意。将一定时间内各方面工作的总情况，如依据、目的，对整个工作的估计、评价等作概述，以点明主旨。主体，内容要丰富充实。作为正文的核心，将工作的主要情况、主要做法，取得的经验、效果等，分段加以表述，要以数据和材料说话，内容力求既翔实又概括。结尾，要具体切实。写工作上存在的问题，提出下步工作具体意见。

专题性报告的正文可采用"三段式"结构法。以反映情况为主的专题工作报告主要写情况、存在的问题、今后的打算和意见；以总结经验为主的专题工作报告主要写情况、经验，有的还可略写不足之处和改进措施；因工作失误向上级写的检查报告主要写错误的事实、产生错误的主客观原因、造成错误的责任、处理意见及改进措施等。

（2）情况报告的正文也分三部分。开头交代发文的缘由，概括介绍发生的情况和出现的问题，一般写得简洁利落。主体着重反映重要的情况或重大的问题，一般要对事情发生、经过和造成的后果以及原因作简要分析，并提出处理意见或对策。

（3）答复报告的正文比较简单。首先引述上级机关询问的来文，交代答复的缘由。然后针对询问，明确答复，写清事情的基本情况，分析原因，作出处理的具体意见。这类报告是被动行文，答复要谨慎，避免答非所问。结尾一般用"特此回复"、"以上答复请审阅"等用语。

（4）报送报告的正文通常非常简略，只需写明"现将×××报上，请指正（请查收）"即可。真正有意义的内容都在所报送的文件里。

4. 标识发文单位名称、成文时间，加盖发文单位印章

在报告正文的右下角标识报告的发文单位名称、成文时间，并加盖发文单位印章，以示生效。

（四）报告的写作要求

（1）严格使用文种，尤其应当注意不要与请示混用。报告事项不得夹带请示事项，否则会因"报告"不需批复而影响请示事项的处理和解决。

（2）材料要真实。向上级机关汇报工作应该本着实事求是的态度，如实汇报。无论是成绩还是失误，都应该全面、真实地反映，不能只报喜不报忧，也不能夸大和虚构。上报的公文应该在调查研究、全面掌握本单位情况的基础上撰写。

（3）主旨要鲜明。报告的内容，一般涉及的面宽而且复杂，很容易写的篇幅较长而又重点不够突出，形成泛泛而谈。这就要求在撰写时，力求写的观点鲜明，条理清楚、简洁、深刻。

【例文 2 -1】

山西省新闻出版局关于
我省 2010 年图书出版单位年度核验工作报告

新闻出版总署：

根据总署〔2010〕143 号《关于做好 2010 年图书出版单位年度核验工作的通知》（以下简称《通知》）要求，我们已经完成了对省内 8 家图书出版单位的年度审核工作。现将主要情况报告如下：

一、基本情况

为确保 2010 年图书出版单位年度审核工作顺利进行，我们主要做了三项工作：一是认真学习《通知》精神，周密部署年度核验工作。（以下内容略）二是督促相关部门通力协作，形成联动机制，为做好年度审核工作提供有利条件。（以下内容略）三是注意跟踪把关，以保证年检审核内容的真实准确。（以下内容略）

二、对各出版社的总体评价

通过检查，我们认为，我省 8 家图书出版单位在 2008 年、2009 年能够贯彻落实党的出版方针政策，深入贯彻落实科学发展观，牢牢把握先进文化的前进方向，坚持"二为"方向和"双百"方针，既弘扬主旋律，又能满足人民群众对出版物的多样性需求。主要体现在：一是正确处理社会效益与经济效益关系，出版了一大批思想性、艺术性、可读性俱佳的精品力作，获得了较好的经济效益。（以下内容略）二是各图书出版社均在 2009 年年底前完成了转企改制工作，并进一步深化内部机制改革，走内涵式发展道路，为实现我省新闻出版业加速发展打下了良好的基础。（以下内容略）三是各图书出版单位都制定了较完备的规章制度，能够认真落实选题论证制度、责任编辑制度、责任校对制度，认真履行重大选题备案程序。（以下内容略）

通过年检发现，我省 8 个图书出版社目前尽管都具备固定的工作场所，有适应图书业务的组织机构和编辑队伍等《出版管理条例》所规定的办社条件，经营水平和管理水平也有一定的提高，但对照年度核验内容认真检查，还有一些问题值得引起注意。（以下内容略）

三、存在的主要问题和改进措施

在年度核验中，我们还发现我省各图书出版社还存在一些管理上的漏洞和不足。主要表现在：一是"三审"制执行情况不好。（以下内容略）二是书稿档案缺失现象较为普遍。（以下内容略）三是个别图书出版单位不重视年度核验工作。（以下内容略）

经审核，我局同意山西人民出版社（书海出版社）、山西教育出版社、希望出版社、北岳文艺出版社、山西科技出版社、山西经济出版社、三晋出版社通过年度核验。

特此报告

附件：山西省 8 家图书出版单位年度核验材料

山西省新闻出版局（公章）

2010 年 7 月 9 日

【例文2－2】

××省人民政府关于××市第三棉花加工厂特大火灾事故检查处理情况的报告

国务院：

××××年4月21日，我省××市第三棉花加工厂发生一起特大火灾事故，烧毁皮棉101980担，污染1396担；烧毁籽棉5535担，污染72600担；烧毁部分棉短绒、房屋、机器等。造成直接经济损失20129000余元，加上付给农民的棉花加价款3669000余元，共损失23798000余元。

火灾发生后，虽然调集了本省和邻省部分地区的消防人员和车辆参加灭火，保住了主要的生产厂房、设备，抢救出部分棉花，但由于该厂领导组织指挥不力，加上风大、垛密，缺乏消防水源，致使火灾蔓延，给国家造成了巨大损失。事故发生后，省委、省政府立即采取紧急措施，派有关部门负责人赶赴现场，协助调查处理这一事故，做好善后工作。经过上下通力合作，该厂于4月30日正式恢复生产。

从调查核实的情况看，这次火灾是一起重大责任事故，其直接原因是该厂临时工李××违反劳动纪律，擅自扭动籽棉上垛机上的倒顺开关，放出电火花引燃落地棉所致。但这次火灾的发生，领导负有重大责任。一是长期以来，厂领导无人过问安全工作。从去年棉花收购以来，该厂有记录的火情就有十二次，并因仓储安全搞得不好，消防组织不健全，消防设施失灵等，多次受到通报批评。厂长段××严重丧失事业心和责任感，对火险隐患听之任之，对上级部门的批评置若罔闻，直至得知发生火灾消息后，也没有及时赶到现场组织抢救。因此，段××对这次火灾应负主要责任。分管安全生产工作的副厂长张××，工作不负责任，该厂发生的多次火情，从未研究、采取措施，对造成这次火灾负有重大责任。二是××市委、市政府对该厂的领导班子建设抓得不紧。19××年建厂以来，一直没有成立党的组织，班子涣散，管理混乱。这次火灾发生后，分管财贸工作的副市长×××同志，忙于参加商品展销招待会，直至招待会结束才到火灾现场，严重失职，对火灾蔓延、扩大损失负有重要领导责任。三是这次事故虽然发生在基层，但也反映出省政府、××市政府的领导在经济体制改革的新形势下，对安全生产工作中出现的新情况、新问题认识不足，抓得不力。

另外，近几年来，××市棉花生产发展较快，收购量大幅度增加，储存现场、垛距、货位都不符合防火安全规定的要求。再加资金缺乏，编制不足，消防队伍的建设跟不上，消防设施不配套，也给及时扑救、控制火灾带来了困难。

为了认真吸取这次特大火灾的沉痛教训，我们采取了以下措施：

（一）认真学习国务院关于搞好安全生产的有关规定，提高对新形势下搞好安全工作的认识。省政府于5月上旬发出了《关于加强安全生产工作的紧急通知》，要求各级政府、各部门认真学习有关安全工作的规定，牢固树立"安全第一，预防为主"的思想，迅速制订安全措施，建立健全安全生产、安全管理、安全监察等各项制度。××市第三棉花加工厂发生的火灾事故已通报全省。

（二）在全省开展安全生产大检查，及时消除事故隐患。从5月中旬开始，省政府确定由一名副省长负责，组织了四个检查组，到有关地市，对矿山、交通、棉储、化工、食品卫生等行业进行重点检查。各地市也分别组成检查组，进行安全检查。

（三）对××市第三棉花加工厂发生的这起特大火灾事故，省政府责成省供销社、省劳动局、省公安厅会同××市委、市政府核实案情，抓紧做好善后工作。××市委、市政府几次向省委、省政府写了检查报告，请示处分，并已整顿了企业领导班子，决心接受这次事故的教训。事故的性质和责任已经查明，对肇事者李××已依法逮捕，负有直接责任的厂长段××、副厂长张××依法处理。对××市政府分管财贸工作的副市长×××同志，给予行政撤职处分。

我们一定要在现有人力、物力、技术条件下，尽最大努力做好安全工作，防止此类事故的发生。

以上报告，如有不当，请指正。

××省人民政府（公章）

20××年×月××日

【例文2-3】

××市人民政府关于治理××河水质污染问题的报告

××省人民政府：

省政府转来×××××委员会提出的关于××河水质污染状况的报告，经市政府研究，对报告中提出的有关问题及解决方案报告如下：

一、解决××河水质污染问题的关键是尽快建成××区污水处理厂（略）

二、热电厂的粉煤炭也是污染源之一。解决方案……（略）

三、略。

特此报告。

××市人民政府（公章）

2009年×月×日

【例文2-4】

××县关于报送××年村办企业
财务检查整顿工作总结的报告

××市人民政府：

现将我县××年在全县范围内开展村办企业财务检查整顿工作的总结报上，请审阅。

特此报告，请审核。

附件：××县××年村办企业财务检查整顿工作总结

××县人民政府（公章）

××××年1月5日

二、请示

请示是适用于向上级机关请求指示、批准的公文。

（一）请示的分类

请示是常见的上行文，根据不同的标准可分为不同的类别。根据请示的内容、性质不同，请示可分为：

1. 请求指示的请示

它是指在工作中遇到重大或疑难问题、不好解决的关键问题、无章可循的新问题、意见分歧较大而无法统一执行的问题时，请求上级机关给予指示或裁决时使用的请示。

2. 请求批准的请示

它是指遇到经上级批准才能做的事项，或必须处理但其内容超出本机关、本单位处理范围的事项，或因情况特殊需要变通处理的事项时，请求上级机关批准、允许时使用的请示。

3. 请求帮助的请示

它是指本单位办理有关事项时，需一定人力、物力、财力，本单位难以解决，请求上级机关给予帮助。如请求增补经费、增加设备、调拨人员、下拨指标和款项等时使用的请示。

4. 请求批转的请示

它是指需要办理的重大事项带有普遍性，但该事项又超出发文单位职权范围，发文单位只能提出意见和建议，请求上级机关批转各地、各部门执行时使用的请示。

（二）请示的特点

1. 针对性

请示一般是本机关单位遇到在自己权限范围内无法决定的重大事项时才使用的一种上行文，如机构设置、人事安排、重要决定、重大决策、项目安排等问题，以及在工作中遇到新问题、新情况或克服不了的困难时，请求上级机关给予指示、决断或答复、批准。所以请示的行文具有很强的针对性。

2. 呈批性

请示是有针对性的上行文，是呈请上级批示的公文，上级机关对呈报的请示事项，无论同意与否，都必须给予明确的"批复"。

3. 单一性

为了便于解决问题或困难，请示应一文一事，且主送机关也只能标识一个，即使需要同时报送其他机关，也只能用抄送形式。

4. 时效性

请示是针对本单位当前工作中出现的情况和问题求得上级机关指示、批准的公文，只有及时发出，才会使问题得到及时解决，时效性要求严格。

（三）请示与报告的区别

请示与报告都属于上行文，但两者有明显的区别，不能混淆使用。

1. 行文时间不同

请示的事项是要等上级机关批复后才能处理实施，必须事前行文，不允许"先斩后奏"；报告所涉及的事项大都是过去的或正在进行中的，可以事后行文，也可以事中行文。

2. 行文目的和作用不同

请示的目的在于请求上级指示或帮助解决，为上级批复提供依据；报告的目的是向上级反映情况、汇报工作，为上级机关提供信息，不要求直接批复。

3. 篇幅容量不同

请示内容单一，一文一事，行文结构上要具备请示缘由、请示事项、请示结语三个部分，缺一不可，但篇幅相对较短小；报告虽也提倡一文一事，但像综合报告等显然多为一文数事且篇幅较长，行文结构上也不强求一律。

4. 对上级机关的要求不同

请示要求上级机关予以答复，上级无论同意与否均应以批复的形式给下级一个回复；报告一般不要求上级回复。

（四）请示的主体结构与写法

请示的主体结构一般由标题、主送单位、正文、发文单位署名、成文时间和发文单位印章几个部分组成。具体写法如下：

1. 标题

请示的标题由发文单位名称、发文事由、文种三部分构成。如《××市人民政府关于增拨抗震抢险救灾物资的请示》。

2. 主送单位

请示的主送单位只有一个,即直接解决问题的上级主管部门。即使其他单位需要了解请示内容,也只能用抄送形式告知。

3. 正文

请示的正文一般由请示缘由、请示事项和请示结束语三部分构成。

(1)请示缘由。它是请示事项能否成立的前提条件,也是上级机关批复的根据。故原因要客观、具体,理由要合理、充分,为上级机关有针对性地批复提供充分的依据。

(2)请示事项。这是请示的核心部分,主要说明请求事项。行文时要向上级机关提出具体请求,或向上级机关提出自己对解决问题的态度或意见。这部分内容要单一,只宜请求一件事,以便上级机关给予明确批复。

(3)请示结束语。这是请示的要求部分,应另起段书写,常用"当否,请批示","妥否,请批复","以上请示,请予审批"或"以上请示如无不妥,请批转各地区、各部门研究执行"等习惯用语明确提出请示要求。

4. 标识发文单位名称、成文时间,加盖发文单位印章

在请示正文的右下角标识请示的发文单位名称、成文时间,并加盖发文单位印章,以示生效。

(五)请示的写作要求

1. 一文一事

请示是要求上级解决实际困难和问题的,易给上级造成麻烦,也容易引起上级的推诿,为了避免因困难和问题过多而引起的不便,不能在一份请示中请示两个或两个以上问题,否则会影响请示事项的及时解决。

2. 不得多头请示

请示的性质决定了它不仅易给上级造成麻烦,也容易引起上级的推诿,尤其是受双重领导的单位,应根据内容只报一个上级主管机关,不能同时出现两个以上的主送单位。如请示内容涉及其他机关,可用抄送的形式,避免互相推诿。同时,请示也不能抄送下级机关。

3. 一般不能越级

请示一般不能越级,如果情况特殊,必须越级时,则应同时抄送被超越的上级机关。

4. 不得直接送交某个领导

除领导直接交办的事项外,请示一般不直接送某个领导。

5. 语气要平实，恳切

请示是以解决问题为主要目的，语气必须要谦恭，常用"请"、"拟"等词表达意愿。不能出言生硬，也不要低声下气。

【例文 2 - 5】

山西省文化厅关于请省政府转发
《关于全面完成全省非物质文化遗产普查工作的通知》的请示

省人民政府：

为了切实贯彻《国务院办公厅关于加强我国非物质文化遗产普查工作的意见》（国办发〔2005〕18号）和《文化部办公厅关于开展非物质文化遗产普查工作的通知》（文办社图发〔2005〕21号）文件精神，全面落实2008年12月中旬文化部在浙江省宁波市象山县召开的全国非物质文化遗产普查工作经验交流会议要求，进一步推进全省非物质文化遗产普查工作，尽快掌握全省非物质文化遗产资源状况，推动非物质文化遗产的研究、认定、保存和传播工作，促进非物质文化遗产保护工作迈上科学化、规范化和制度化的轨道。我厅起草了《关于全面完成全省非物质文化遗产普查工作的通知》，拟请以省政府名义转发至全省各市、县（区），以确保我省非物质文化遗产普查工作的全面完成。

妥否，请批复。

山西省文化厅（公章）

2009 年 2 月 5 日

【例文 2 - 6】

××市人民政府关于解决失业保险基金缺口的请示

省劳动和社会保障厅：

近几年来，随着我市经济结构调整和企业改制力度进一步加大，原国有、集体企业3万余名职工置换身份以至下岗失业，失业金发放累计达1.2亿元。我市地方财力十分有限，为保证失业人员生活费的发放，虽然采取许多措施，市财政仍难以承受，截至今年6月份，通过市财政借资等办法予以确保，目前已累计赤字达4500万元。市政府采取了多种措施，一是加大失业金的收缴力度，力争应收尽收；二是加大清欠力度，清欠率达90%以上；三是政府加大对失业保险基金的投入，今后计划每年还将投入400万元。鉴于我市财政基础薄弱，失业保险金收支赤字很严重，特恳请省劳动和社会保障厅予以补助，以减轻失业保险基金赤字压力。

××市人民政府（公章）

2010 年 10 月 3 日

【例文 2 - 7】

国家语言文字工作委员会关于
废止《第二次汉字简化方案（草案）》和
纠正社会用字混乱现象的请示

国务院：

　　在今年 1 月召开的全国语言文字工作会议上，与会同志对《第二次汉字简化方案（草案）》长期未作定论和当前社会用字的严重混乱现象提出了批评和建议。要求国家语言文字工作委员会尽快加以解决。现将有关问题请示如下：

　　一、由原中国文字改革委员会拟订的《第二次汉字简化方案（草案）》，经国务院批准，于 1977 年 12 月 20 日在中央和省、自治区、直辖市一级报纸上发表，在全国征求意见，其中第一表的简化字在出版物上试用。1978 年 4 月和 7 月，原教育部和中宣部分别发出通知，在课本、教科书和报纸、刊物、图书等方面停止试用第一表的简化字。但是，这个草案并未废止。几年来，原中国文字改革委员会采取各种方式广泛征求各方面人士的意见，并对这个草案进行了多次修订。但在这个过程中，无论社会上或学术界，对要不要正式公布、使用这批新简化字，一直存在着不同的意见。

　　我们认为，1956 年公布的《汉字简化方案》和 1964 年编印的《简化字总表》中的简化字已经使用多年，但有些字至今仍不能被人们准确使用，还需要经过一段时间的消化和巩固。同时考虑到汉字形体在一个时期内需要保持相对的稳定，这对社会应用和纠正当前社会用字的混乱现象较为有利。此外，当前规模最大的《汉语大字典》、《汉语大词典》、《中国大百科全书》以及其他多卷本工具书已经或即将出版；电子计算机的汉字库已采用固定掩膜体芯片存储，如现在再增加新简化字，将会造成人力、财力、物力上的巨大浪费。因此，我们建议国务院批准废止《第二次汉字简化方案（草案）》。

　　二、当前，社会上滥用繁体字和乱造简化字的现象比较严重，使用汉语拼音也有许多不准确的地方，已经引起国内外各方面人士的关注，纷纷提出批评意见。万里同志在全国语言文字工作会议上的讲话中指出："这种现象应该引起我们的注意，并采取切实有效的措施，加以干预和纠正。"为此，我们建议对社会用字作如下规定：翻印和整理出版古籍，可以使用繁体字；姓氏用字可以使用被淘汰的异体字。除上述情况及某些特殊需要者外，其他方面应当严格遵循文字的规范，使用规范汉字，不能随便使用被简化了的繁体字和被淘汰的异体字，也不能使用不规范的简化字。使用规范的简化字以 1964 年编印的《简化字总表》为准。具体要求如下：

（一）报纸、杂志、图书、大中小学教材应严格使用规范汉字；

（二）电影电视的片名、演员职员表和说明字幕要使用规范汉字；

（三）文件、布告、通知、标语以及商标、广告、招牌、路名牌、站名牌、街道胡同名牌等要使用规范汉字；

（四）汉字信息处理要使用规范汉字；

（五）提倡书法家书写规范的简化字；

（六）凡使用汉语拼音，拼写应当准确。

我们拟根据以上要求，会同有关部门分别制订各方面用字管理办法。

以上请示如无不妥，请批准。

国家语言文字工作委员会（公章）

××××年 × 月 ×日

【例文2－8】

××省高级人民法院关于
如何处理农村五保对象遗产问题的请示

最高人民法院：

我院在执行××××年1月23日国务院颁布的《农村五保供养工作条例》过程中，发现与××××年9月11日最高人民法院颁布的法（民）〔××××〕22号《关于贯彻执行〈中华人民共和国继承法〉若干问题的意见》第55条的规定不一致。特请示：农村五保对象遗产处理应遵照哪条规定执行？

特此请示，请复示。

××省高级人民法院（公章）

××××年7月1日

三、批复

批复是适用于答复下级机关的请示事项时使用的公文。

（一）批复的特点

1. 被动性

批复是用来答复下级请求事项的，下级有请示，上级才会有批复。下级有多少份请示呈报上来，上级就有多少份批复回转下去。批复不是主动的行文，是公文中唯一的纯粹被动性文种。

2. 针对性

批复的针对性极强，下级机关请示什么问题，上级机关的批复就指向这一问题，决不能答非所问。

3. 集中性

由于下级的请示是一事一报，请示内容十分集中，相应的批复也是一文一批，答复的内容也十分集中。因此批复的篇幅一般都不长。

4. 明确性

批复的态度和观点必须十分明确。对于请求指示的请示，批复要给以明确的指示；对于请求批准的请示，批复或者同意、批准，或者不同意、不批准。有时，由于情况的复杂性，原则同意，但对某些个别环节提出不同的意见和要求，这是允许的，不违背态度明确的原则。但如果观点不明，态度含混，令下级机关无所适从，就不合基本要求了。

5. 依据性

对于撰写批复的上级机关而言，不管是帮助解决问题还是批准事项，都必须有政策依据，不能随意为之。对于发出请示的下级机关而言，批复一旦到达，就是行动的依据，不得违背。

（二）批复的主体结构与写法

批复的主体结构一般由标题、主送单位、正文、发文单位署名、成文时间和发文单位印章组成。具体写法如下：

1. 标题

批复的标题一般由发文单位名称、发文事由、文种三部分组成。

需要注意的是，有些批复往往在标题中明确表示对请示事件的意见和态度，如《国务院关于同意××××的批复》，其中"同意"两字就是用来表明态度和意见的。如果请求事项得不到批准，则标题中一般不出现标明"态度和意见"的词语，往往在正文中再表态。如果是答复请求指示的请示，也无须在标题中表态。

2. 主送单位

批复的主送单位只有请示单位一个，如果所请示问题有普遍性，或需告知其他一些单位，可用如下办法处理：一是除批复原请示单位外，并转有关单位；二是将批复抄送有关单位；三是将有关意见另用"通知"行文，将本单位对一些普遍性问题的意见及时传达下去。

3. 正文

批复的正文由引语、批复事项、结尾三部分组成。

（1）引语。批复引语是指对来文请示事项、发文字号、发文日期等的引述。意在引出批复对象，体现批复的针对性。它位于开头第一段或开头第一句。通常引用方法是：①引用下级机关来文的日期、来文名称、来文字号（三者中任意两项即可），如例文 2-9 的引语："《关于报送东北地区振兴规划的请示》（发改规划〔2007〕1674 号）收悉。"②简要引述来文事项，如："国家工商行政管理局《关于办理商标注册附送证件问题的请示》收悉。"

（2）批复事项。这是批复的核心部分，是针对请示内容所作的明确答复和一些简要要求，一般要先表明同意与否的态度，再阐述有关的理由。如果同意，必要时还可以给予一定的指示；如果不同意，则要说明理由，并且作出应该如何处理的指示，使下级机关有所遵循。

（3）结尾。批复的结尾一般要使用规范性的结束语，如"此复"、"特此批复"、"此复，望执行"等。但也可不写，视具体情况而定。

4. 标识发文单位名称、成文时间，加盖发文单位印章

在批复正文的右下角标识批复的发文单位名称、成文时间，并加盖发文单位印章，以示生效。

（三）批复的写作要求

1. 慎重及时

批复既是上级机关指示性、政策性较强的公文，又是对下级单位请求指示、批准的答复性公文，因此，撰写批复要慎重及时。批复机关收到请示后，要及时进行周密的调查了解，掌握有关情况，根据现行政策法令及办事准则，经认真研究后，及时给予答复。

2. 针对请示答复

请示要求一文一事，批复也应有针对性地一对一批复，请示要求解决什么问题，批复就答复什么问题，上下行文互相对应。

3. 明确态度

在批复中不管上级对请示内容同意与否，都必须态度明朗，清楚明白。不能含糊其辞，模棱两可，以免下级无所适从。

【例文 2-9】

国务院关于东北地区振兴规划的批复

发展改革委、振兴东北办：

你们《关于报送东北地区振兴规划的请示》（发改规划〔2007〕1674 号）收悉。现批复如下：

一、原则同意《东北地区振兴规划》（以下简称《规划》），请认真组织实施。

二、《规划》实施要以邓小平理论和"三个代表"重要思想为指导，深入贯彻落实科学发展观和构建社会主义和谐社会重大战略思想，坚持以改革开放

和自主创新为动力，加快推进经济结构调整和增长方式转变，加强资源节约和环境保护，着力改善民生，促进社会和谐，努力将东北地区建设成为综合经济发展水平较高的重要经济增长区域，具有国际竞争力的装备制造业基地，国家新型原材料和能源保障基地，国家重要的商品粮和农牧业生产基地，国家重要的技术研发与创新基地，国家生态安全的重要保障区，实现东北地区经济社会又好又快发展。

三、进一步完善区域协作交流机制，推进《规划》顺利实施。要突破行政区划的界限，促进资源合理配置和生产要素的合理流动。按照平等互利、加强合作、资源优化、共同发展的原则，加强东北地区与其他省（区、市）的联系和协作，着力推进东北地区经济和市场一体化，形成区域合作、互动、多赢的协调机制。

四、国务院有关部门要根据各自职责分工，加强对《规划》实施的指导、支持和督促检查。要进一步落实和完善各项政策措施，加大政策扶持和财政转移支付力度，为东北老工业基地振兴创造良好的政策环境。

五、发展改革委、振兴东北办要加强对《规划》实施情况的跟踪分析，组织开展《规划》实施中期评估，加强与国家总体规划和相关专项规划的衔接，适时调整《规划》内容和实施步骤，保障《规划》有效实施。

振兴东北地区等老工业基地是一项长期而艰巨的历史任务，各有关方面要进一步增强责任感和紧迫感，高度重视、加强协作、坚定信心、再接再厉、开拓进取、扎实工作，努力开创振兴东北老工业基地工作新局面。

　　　　　　　　　　　　　　　　　　　　国务院（公章）

　　　　　　　　　　　　　　　　　　　　2007 年 8 月 2 日

四、通知

通知是适用于发布、传达要求下级机关执行和有关单位周知或者执行的事项，批转、转发公文时使用的公文。

通知是运用最为广泛的下行文，在党政机关、企事业单位、人民团体的公务活动中，起着承上启下、联系内外的作用。

（一）通知的分类

通知是常见的下行文或平行文，根据不同的标准可分为不同的类别。一般有以下几种：

1. 发布性通知

发布性通知是上级机关用来发布法规、条例、规定、办法、细则、实施方案等一般行政法规时使用的公文。

2. 指示性通知

指示性通知是上级机关对下级机关某一项工作作出指示和安排，而根据公文内容又不必用"命令"或"指示"时，可使用这类通知。

3. 批转、转发性通知

"批转"是将某一下级机关报来的文件（主要是建议性报告或工作报告）转发给有关下级机关。"转发"是将上级机关发下来的文件，或不相隶属机关发来的文件（主要是指示、意见、通知等）转发给下级机关。

批转性通知是上级机关批转下级机关的重要公文，要求有关单位执行或参照执行。其特点在一个"批"字。转发性通知是将上级机关和不相隶属机关的公文发给下级单位时使用的通知，其特点在一个"转"字。

两者的区别：（1）标题用语有所不同。批转性通知的标题通常写：批转机关＋批转的文件名＋文种。如：《国务院批转〈中国人民银行关于调整银行存款、贷款利率的报告〉的通知》。转发性通知的标题通常写：转发机关＋转发文件名＋文种。如：《山西省人民政府办公厅关于转发〈山西省环保厅对山西省环境违法案件挂牌督办管理办法〉的通知》。（2）被批转和被转发文件的来源不同。被批转的文件来自下级机关，而被转发的文件主要来自上级机关和不相隶属的机关。（3）批转性通知的批转语中要有批转机关"同意"或"批准"等批示意见，而转发性通知的转发语中不需要如此表态。

4. 知照性通知

知照性通知是适用于告知各有关方面需要周知的事项。这种通知发送对象广泛，对下级、平级均可发送。

5. 会议通知

会议通知是有关单位在召开会议时，就会议有关要求向所属有关单位提前发出的公文。

（二）通知的特点

1. 功能多样

在下行文中，通知的功能最为丰富。它可以用来布置工作、传达指示、晓谕事项、发布规章、批转和转发文件、任免干部等，总之，下行文的主要功能，它几乎都具备。

2. 运用广泛

通知的发文单位几乎不受级别、隶属关系的限制。大到国家级的党政机关，小到基层的企事业单位，都可以发布通知。

3. 执行性强

通知多用于下行文，内容多是要求下级单位予以执行或办理的事项，如用通知发布的规章、布置的工作、传达的指示、转发的文件，都要求受文单位对通知的内容要认真学习，并在规定时间内完成通知布置的任务。即使是会议通知或任免干部的通知也同样要求受文者服从通知的安排，执行通知事项。

4. 时效性严

通知制发比较快捷、运用比较灵便，它所办理的事项，都有比较明确的时间限制，受文机关要在规定的时间内办理完成，不得拖延。

（三）通知的主体结构与写法

通知的主体结构主要由标题、主送单位、正文、发文单位署名、成文时间和发文单位印章组成。具体写法如下：

1. 标题

通知的标题由发文单位名称、发文事由、文种构成。如《国务院办公厅关于进一步做好治理开发农村"四荒"资源工作的通知》。需要注意的是，发布性通知的标题中要有所发布的规章名称，并使用书名号把发布规章名称括起来。批转和转发性通知的标题中，要有"批转"、"转发"的字样，且所转发、批转的文件内容要出现在标题中，但不一定使用书名号。如《国务院办公厅转发教育部等部门关于进一步加快高等学校后勤社会化改革意见的通知》。

当被转的公文是通知时，只需保留一个"通知"，其他的"通知"一律去掉。这类标题常常是由"发文单位转发＋始发机关原通知标题"组成。可以说，这种标题省略了文种。由于被批转、转发的公文标题已有"通知"一词，如果不省略文种，就会出现"……的通知的通知"的现象，标题也太长。如《×市关于转发〈省政府关于转发《人事部关于×同志恢复名誉的通知》〉的通知》。公文标题应该准确简要地概括公文主要内容，此类通知可以省略最后的文种部分。如果是多层转发的公文，可以省去中间过渡的机关，直接转始发单位及其原通知标题，在正文中说明转发情况。如《广州市人民政府办公厅转发国务院办公厅转发国务院体改办等部门关于城镇医药卫生体制改革的指导意见的通知》，应改为《广州市人民政府办公厅转发国务院体改办等部门关于城镇医药卫生体制改革的指导意见的通知》。

2. 主送单位

通知的发文对象比较广泛，因此，主送单位较多。要注意主送单位排列的规范性。一般是按照主送单位规模由大到小排列。

3. 正文

通知的正文是通知的核心部分，一般由通知缘由、通知事项、通知要求三部分构成。但不同种类的通知，其正文的写法有所不同：

（1）发布性通知正文较简单，开头写明发布的意义和目的，主体写明发布对象的名称，最后提出执行要求即可。但有的发布性通知写得很简单，直接写明发布对象名称，提出执行要求即可。

（2）指示性通知的正文由发文缘由、指示事项和要求三部分。开头写发文缘由，主要是交代发文的目的、意义或依据，然后用"特作如下通知"或"特通知如下"这样的过渡词引出指示事项。指示事项要讲明道理，明确任务，提出具体的措施和办法。通知要求部分要写出贯彻执行的具体要求。如在指示项中已写明，要求部分也可不写。

（3）批转、转发性通知。批转与转发性通知的正文写法大体相同。正文由通知本身和被批转、转发的文件构成。通知本身称为"批语"，把被批转、转发的文件看做通知的主体内容。批语的内容主要有三个方面：

第一，说明批转的目的或陈述转发的理由；

第二，对受文单位提出贯彻执行的具体要求；

第三，根据具体情况做出补充性的规定。

被批转、转发的文件要以附件形式处理，去掉原文件的眉首和版记，并将眉首中的发文字号移到被批转、转发文件标题的右下侧，完整地附着在文件之后。

（4）知照性通知的写法。这种通知使用广泛，体式多样，主要是根据通知的内容，交代清楚知照事项即可。

（5）会议通知。会议通知的正文一般要写清楚以下几个要素：会议名称，开会时间，地点，会议任务，参加人员范围，人数，入场凭证，报到时间及地点，与会人员须携带的文件材料以及其他要求事项。如果事情严重，时间紧迫，可注明"紧急通知"，以提请到会单位和到会者注意。

4. 标识发文单位名称、成文时间，加盖发文单位印章

在通知正文的右下角标识通知的发文单位名称、成文时间，并加盖发文单位印章，以示生效。

（四）通知的写作要求

1. 通知多为下行文，具有较强的执行性

通知事项应写得清楚明白，易于执行，使受文单位能正确理解并准确执行。

2. 通知的语言要求准确

当通知对象为平级时，应注意缓和语气，用告知性语言。

3. 会议通知应注意其时效性

根据其受文范围，也可通过报纸、电台、电视等形式发布。

【例文 2 - 10】

国务院办公厅关于进一步做好

房地产市场调控工作有关问题的通知

国办〔2011〕1 号

各省、自治区、直辖市人民政府，国务院各部委、各直属机构：

《国务院关于坚决遏制部分城市房价过快上涨的通知》（国发〔2010〕10 号，

以下简称国发 10 号文件）印发后，房地产市场出现了积极的变化，房价过快上涨的势头得到初步遏制。为巩固和扩大调控成果，进一步做好房地产市场调控工作，逐步解决城镇居民住房问题，促进房地产市场平稳健康发展，经国务院同意，现就有关问题通知如下：

一、进一步落实地方政府责任

地方政府要切实承担起促进房地产市场平稳健康发展的责任，严格执行国发 10 号文件及其相关配套政策，切实将房价控制在合理水平。2011 年各城市人民政府要根据当地经济发展目标、人均可支配收入增长速度和居民住房支付能力，合理确定本地区年度新建住房价格控制目标，并于一季度向社会公布。各地要继续增加土地有效供应，进一步加大普通住房建设力度；继续完善严格的差别化住房信贷和税收政策，进一步有效遏制投机投资性购房；加快个人住房信息系统建设，逐步完善房地产统计基础数据；继续做好住房保障工作，全面落实好年内开工建设保障性住房和棚户区改造住房的目标任务。

二、加大保障性安居工程建设力度

2011 年，全国建设保障性住房和棚户区改造住房 1000 万套。各地要通过新建、改建、购买、长期租赁等方式，多渠道筹集保障性住房房源，逐步扩大住房保障制度覆盖面。中央将加大对保障性安居工程建设的支持力度。地方人民政府要切实落实土地供应、资金投入和税费优惠等政策，引导房地产开发企业积极参与保障性住房建设和棚户区改造，确保完成计划任务。加强保障性住房管理，健全准入退出机制，切实做到公开、公平、公正。有条件的地区，可以把建制镇纳入住房保障工作范围。

要努力增加公共租赁住房供应。各地要在加大政府投入的同时，完善体制机制，运用土地供应、投资补助、财政贴息或注入资本金、税费优惠等政策措施，合理确定租金水平，吸引机构投资者参与公共租赁住房建设和运营。鼓励金融机构发放公共租赁住房建设和运营中长期贷款。要研究制定优惠政策，鼓励房地产开发企业在普通商品住房建设项目中配建一定比例的公共租赁住房，并持有、经营，或由政府回购。

三、调整完善相关税收政策，加强税收征管

调整个人转让住房营业税政策，对个人购买住房不足 5 年转手交易的，统一按其销售收入全额征税。税务部门要进一步采取措施，确保政策执行到位。加强对土地增值税征管情况的监督和检查，重点对定价明显超过周边房价水平的房地产开发项目进行土地增值税清算和稽查。加大应用房地产价格评估技术加强存量房交易税收征管工作的试点和推广力度，坚决堵塞"阴阳合同"产生的税收漏洞。严格执行个人转让房地产所得税征收政策。

四、强化差别化住房信贷政策

对贷款购买第二套住房的家庭，首付款比例不低于60%，贷款利率不低于基准利率的1.1倍。人民银行各分支机构可根据当地人民政府新建住房价格控制目标和政策要求，在国家统一信贷政策的基础上，提高第二套住房贷款的首付款比例和利率。银行业监管部门要加强对商业银行执行差别化住房信贷政策情况的监督检查，对违规行为要严肃处理。

五、严格住房用地供应管理

各地要增加土地有效供应，认真落实保障性住房、棚户区改造住房和中小套型普通商品住房用地不低于住房建设用地供应总量的70%的要求。在新增建设用地年度计划中，要单列保障性住房用地，做到应保尽保。今年的商品住房用地供应计划总量原则上不得低于前2年年均实际供应量。进一步完善土地出让方式，大力推广"限房价、竞地价"方式供应中低价位普通商品住房用地。房价高的城市要增加限价商品住房用地计划供应量。

加强对企业土地市场准入资格和资金来源的审查。参加土地竞买的单位或个人，必须说明资金来源并提供相应证明。对擅自改变保障性住房用地性质的，要坚决纠正和严肃查处。对已供房地产用地，超过两年没有取得施工许可证进行开工建设的，必须及时收回土地使用权，并处以闲置一年以上罚款。要依法查处非法转让土地使用权的行为，对房地产开发建设投资达不到25%以上的（不含土地价款），不得以任何方式转让土地及合同约定的土地开发项目。

六、合理引导住房需求

各直辖市、计划单列市、省会城市和房价过高、上涨过快的城市，在一定时期内，要从严制定和执行住房限购措施。原则上对已拥有1套住房的当地户籍居民家庭、能够提供当地一定年限纳税证明或社会保险缴纳证明的非当地户籍居民家庭，限购1套住房（含新建商品住房和二手住房）；对已拥有2套及以上住房的当地户籍居民家庭、拥有1套及以上住房的非当地户籍居民家庭、无法提供一定年限当地纳税证明或社会保险缴纳证明的非当地户籍居民家庭，要暂停在本行政区域内向其售房。

已采取住房限购措施的城市，凡与本通知要求不符的，要立即调整完善相关实施细则，并加强对购房人资格的审核工作，确保政策落实到位。尚未采取住房限购措施的直辖市、计划单列市、省会城市和房价过高、上涨过快的城市，要在2月中旬之前，出台住房限购实施细则。其他城市也要根据本地房地产市场出现的新情况，适时出台住房限购措施。

七、落实住房保障和稳定房价工作的约谈问责机制

国务院有关部门要加强对城市人民政府住房保障和稳定房价工作的监督和检查。对于新建住房价格出现过快上涨势头、土地出让中连续出现楼面地价超过同类

地块历史最高价，以及保障性安居工程建设进度缓慢、租售管理和后期使用监管不力的，住房城乡建设部、国土资源部、监察部要会同有关部门，约谈省级及有关城市人民政府负责人。对未如期确定并公布本地区年度新建住房价格控制目标、新建住房价格上涨幅度超过年度控制目标、没有完成保障性安居工程目标任务的，相关省（区、市）人民政府要向国务院作出报告。监察部、住房城乡建设部等部门要视情况，根据有关规定对相关负责人进行问责。对于执行差别化住房信贷、税收政策不到位，房地产相关税收征管不力，以及个人住房信息系统建设滞后等问题，也要纳入约谈和问责范围。

省级人民政府及其有关部门，要参照上述规定，建立健全对辖区内城市落实住房保障和稳定房价工作的约谈问责机制。

八、坚持和强化舆论引导

新闻媒体要对各地稳定房价和住房保障工作好的做法和经验加大宣传力度，深入解读政策措施，引导居民从国情出发理性消费，为促进房地产市场平稳健康发展和加快推进住房保障体系建设提供有力的舆论支持，防止虚假信息或不负责任的猜测、评论误导消费预期。对制造、散布虚假消息的，要追究有关当事人的责任。

国务院办公厅（公章）

2011 年 1 月 26 日

【例文 2 - 11】

国家外专局办公室关于召开
2011 年度出国（境）培训项目对接会的通知

各省、自治区、直辖市及副省级城市外专局，新疆生产建设兵团外专局，国务院各部委、各直属机构出国（境）培训归口管理部门：

为加强出国（境）培训管理，规范培训秩序，保证 2011 年出国（境）培训工作顺利完成，我局定于 2011 年 3 月 29 ~ 30 日在江苏省苏州工业园区组织召开"2011 年度出国（境）培训项目对接会"。现将有关事项通知如下：

一、会议主要内容

对贯彻落实中央关于加强因公出国（境）管理精神提出的具体措施和要求；组织各地区各部门出国（境）培训归口管理部门与相关境外培训机构负责人签署"2011 年度出国（境）培训团组项目合作意向书"。

二、参会人员

（1）各地区、各部门出国（境）培训归口管理部门负责人。

（2）相关境外培训机构负责人。

三、会议时间和地点

会议时间：3月29～30日（3月28日报到）

会议地点：江苏省苏州工业园区金鸡湖凯宾斯基大酒店（地址：江苏省苏州工业园区国宾路1号，电话：0512-62897888）

四、会议承办单位

委托苏州工业园区管委会组织人事局负责承办会议具体工作。

五、其他

（1）请参照"2011年度出国（境）培训团组项目合作意向书"样本（附件1），由各地区各部门出国（境）培训归口管理部门准备本地区本部门"2011年度出国（境）培训项目合作意向书"（可复印或从国家外专局网址www.safea.gov.cn下载），每个培训项目需准备一式三份意向书。

（2）会议承担国内参会代表会务费及每单位1人3天的会议食宿费用。交通等其他费用自理。

（3）请于3月15日前将你单位参加会议人员名单和相关信息（详见附件2）反馈江苏省苏州工业园区管委会组织人事局。

（4）会议不安排接机接站，请参会代表自行前往会议宾馆。

（5）联系方式：

江苏省苏州工业园区管委会组织人事局联系人：夏晖

联系电话：0512-66605905　手机：13862587139　传真：0512-66605838

电子邮箱：xiah@o-hr.cn

国家外国专家局出国培训管理司联系人：李楠、姜鸿

联系电话：010-68948899转50528、50543

附件：1.2011年度出国（境）培训项目合作意向书

2.国内参会代表报名表

3.交通路线及签到

国家外专局办公室（公章）

2011年2月28日

五、通报

通报是适用于表彰先进、批评错误、传达重要精神和告知重要情况的公文。

（一）通报的种类

通报可以分为表彰性通报、批评性通报和情况通报三种。

1. 表彰性通报

表彰性通报是用来表彰先进单位和个人，介绍先进经验或事迹，树立典型，号

召大家学习的通报。

2. 批评性通报

批评性通报是用来批评错误、处分相关人员，提醒和教育人们引以为戒的通报。

3. 情况通报

情况通报是在一定范围内传达重要情况和动向，以指导工作为目的的通报。

（二）通报的特点

1. 教育性

通报是用于表彰先进单位、先进个人和先进事迹，宣传成功经验的公文；也是用来批评错误，打击歪风邪气，吸取失败教训的公文。具有借鉴、学习和警戒、预防作用，对有关人员都能起到正面教育作用。

2. 典型性

不是任何的人和事都可以作为通报的对象来写的。通报的人和事总是具备一定的典型性，能够反映、揭示事物的本质规律，具有广泛的代表性和鲜明的个性。这样的通报发出后，才能使人受到启迪，得到教益。

3. 时效性

通报针对当前工作中出现的情况和问题而发。它的典型性、教育性都是就特定的社会背景而言的。随着客观情况的变化，一件在当时看来具有典型意义的事实，时过境迁，未必仍具有典型性。因此，通报作用的发挥，与抓住时机适时通报是分不开的。

（三）通报的主体结构与写法

通报的主体结构一般由标题、主送单位、正文、发文单位署名、成文时间和发文单位印章几个部分构成。具体写法如下：

1. 标题

通报的标题由发文单位名称、发文事由、文种三部分组成，如《教育部考试中心 MBA 阅卷情况通报》。

2. 主送单位

除普发性通报外，其他通报应标明主送单位。其书写格式与一般公文相同。

3. 正文

通报的正文一般由通报的缘由、通报决定、提出希望和要求三部分构成。不同类别的通报，其内容和写法有所不同。

（1）表彰性通报。该类通报一般在正文开头部分概述事件情况，说明通报缘由。由于它是作出通报的依据，因此要求把表扬对象的先进事迹交代清楚。如果属于对一贯表现好的单位或个人进行表彰，事实叙述不但要清楚明白，而且要注意详略得当、重点突击。主体部分通过对先进事迹的客观分析，在阐明所述事件的性质和意义的基础上，写明通报决定。结尾部分明确提出希望和要求，号召大家向先进学习。

（2）批评性通报。该类通报在机关工作中使用的比较多，对一些倾向性问题具有引导、纠正的作用。批评性通报又分两种情况。一种是对个人的通报批评，其写法和表彰性通报基本一样，要求先写出事实，然后在分析评论的基础上叙写通报决定，最后提出希望和要求，让大家吸取教训，引以为戒。另一种是对机关单位的批评通报。这种通报旨在通过恶性事故的性质、后果，特别是酿成事故的原因的分析，总结教训，从而达到指导面上工作的目的。所以写法和表彰性通报略有不同。其正文主要包括叙写事实、分析原因、提出要求和改进措施等项内容。但有些批评性通报，是针对部分地区或单位存在着的同一类问题提出的批评。这类通报虽然涉及的面比较广，但因其错误性质基本相同，所以写法上以概括为主，一般和情况通报写法相近。

（3）情况通报。该类通报主要起着沟通情况的作用，旨在使下级单位和群众了解面上的情况，以便统一认识，统一步调，推动全局工作的开展。正文主要包括两项内容，一是通报有关情况，二是分析并作出结论。具体写作时，有的是先摆情况，然后进行分析得出结论；有的是先通过简要分析作出结论，再列举情况，来说明结论的正确性和针对性；总之，写法多样，如何表述可因事而异，无须强求一律。

4. 标识发文单位名称、成文时间，加盖发文单位印章

在通报正文的右下角标识通报的发文单位名称成文时间，并加盖发文单位印章，以示生效。

（四）通报的写作要求

1. 内容真实

通报的事实、所引材料，都必须真实无误。动笔前要调查研究，对有关情况和事例要认真进行核对，客观、准确地进行分析、评论。

2. 决定恰当

无论哪一种通报，都要做到态度鲜明，分析中肯，评价实事求是，结论公正准确，用语把握分寸。否则通报不但会缺乏说服力，而且有可能产生副作用。

3. 语言庄重

通报是要反映有关上级部门对通报事项的态度问题的，因此语言要庄重，应注意用语分寸，不讲空话、套话，不讲过头的话，以便充分发挥教育和警示作用。

【例文2-12】

国务院安委会办公室关于春节期间
两起重大道路交通事故情况的通报

各省、自治区、直辖市及新疆生产建设兵团安全生产委员会：

2月4日17时27分，福建省南平市邵武汽车运输公司一辆号牌为闽HY1151的中型客车（核载19人，实载21人，其中2名儿童），从永安市开往邵武市，当行至邵武市境内316国道297公里550米处时，突遇一辆号牌为闽H1G321的二轮摩托车，从左侧支线驶出强行并入，中型客车驾驶人向右紧急打方向避让，导致客车碰撞公路右侧防护墩后，坠入24.5米深的富屯溪千岭电站水库中，造成12人死亡、9人受伤。据初步分析，事故直接原因是摩托车驾驶人无证驾驶年检过期摩托车，强行并线；中型客车驾驶人采取紧急避让措施不当。

2月7日14时10分，湖北省恩施土家族苗族自治州利川市一辆号牌为鄂Q2Q311的正三轮摩托车，载19人（含驾驶人），自利川市忠路镇老屋基至小河村沿通村公路行驶，当行至向阳村17组翁家湾一陡坡左转弯路段时，车辆翻下公路8米深边沟，造成10人死亡、9人受伤。据初步分析，事故直接原因是正三轮摩托车非法载人，严重超载。

春节期间发生的两起重大道路交通事故，不仅暴露出三轮车非法载人、部分驾驶人无证驾驶、运输企业安全教育不到位等问题，也暴露出农村道路交通安全监管工作存在薄弱环节，打击非法违法行为需进一步加强。依据有关规定，国务院安委会办公室已将这两起事故的查处列入国务院安委会重大事故挂牌督办的事项，依法严肃查处，结果将及时向社会公布。为深刻吸取事故教训，举一反三，有效防范和坚决遏制重大道路交通事故的发生，现提出以下要求：

一、进一步采取有效措施，确保春运期间道路运输安全。各地要按照全国安全生产电视电话会议和全国春运电视电话会议精神，加强领导，统一部署，认真研究分析春节后本地区道路交通安全特点，针对冬季雾、雪等恶劣天气和北方河面结冰、路滑、车多以及节假日人流集中等特点，查找道路交通安全监管中存在的主要问题，并加强对重点地区、重点路段、重点企业的指导、隐患排查和督促检查，务必把各项道路交通安全防范措施落实到位，确保道路运输安全。

二、加大路面监控力度，严厉打击违法违规行为。各地公安机关要认真落实公安部关于切实做好春运期间道路交通管理工作的部署，针对春运期间交通特点，狠抓县乡道路交通安全措施的落实，充实一线执勤警力，进一步采取有力措施，加强对县乡公路及农村庙会、集市等场所的交通管控，强化交通秩序管理，严查超速、超员、违法载人、酒后驾驶等严重违法行为。

三、进一步加强道路交通安全宣传教育，提高交通参与者的安全意识。各地要充分发挥媒体的舆论宣传和监督作用，营造人人遵章守法的良好氛围。特别是在春运期间，要深入客运企业、客运站场和高速公路服务区等场所，集中开展交通安全宣传教育活动，切实提高客运驾驶人的交通安全意识和广大群众的防范意识，不乘坐超载车辆、货运车辆，自觉抵制交通违法行为，增强自我保护能力，保证安全出行。

四、严肃查处事故，加大责任追究力度。各有关地区要按照"四不放过"和"依法依规、实事求是、注重实效"的原则，认真组织开展事故调查工作。对事故负有领导、监督、管理责任的单位和人员，要依法依规严肃处理，及时向社会公布调查处理结果，并跟踪督促事故责任的落实。通过认真调查事故原因，严肃责任追究，教育广大企业和干部群众，认真吸取事故教训，举一反三，查隐患堵漏洞，切实搞好道路交通运输安全工作。

国务院安全生产委员会办公室（公章）

2011 年 2 月 12 日

【例文 2 - 13】

国务院办公厅关于表彰奖励中国女子足球队的通报

各省、自治区、直辖市人民政府，国务院各部委、各直属机构：

中国女子足球队是我国体育战线上的一支优秀队伍，长期以来，刻苦训练，锐意进取，在历次重大比赛中都获得了好的成绩，为我国体育事业的发展作出了贡献。中国女子足球队在第三届世界杯女子足球赛中，发扬为国争光、不畏强手、团结协作、顽强拼搏的精神，荣获亚军，为祖国赢得了荣誉，受到全国人民的称赞。为此，国务院决定对中国女子足球队给予表彰并予奖励。

各地区、各部门要认真学习中国女子足球队热爱祖国、无私奉献、坚忍不拔、团结拼搏的优秀品质和高尚情操，更紧密地团结在以江泽民同志为核心的党中央周围，高举邓小平理论伟大旗帜，振奋精神、开拓进取、立足本职、扎实工作，为把建设有中国特色社会主义伟大事业全面推向 21 世纪而努力奋斗。

国务院办公厅（公章）

1999 年 7 月 12 日

【例文 2 - 14】

中国农业银行××省分行
关于×县支行在开展储蓄中弄虚作假的通报

各分支行处、省行各直属单位：

××支行少数领导人在今年 11 月份省行组织的储蓄竞赛中，为了完成市行下达的 150 万元的任务，弄虚作假，将单位存款和贷款转为储蓄存款，共 12 笔，金额达 44.5 万元，"超额 15 万元完成"任务，骗得奖金 2500 元。今年 12 月份又弄虚作假，以同样的手段转储 45.4 万元，"完成"了储蓄任务。其中该县××营业所主任李××以贷款转储蓄 32 万元，××营业所主任王××以单位存款转储蓄 15 万元，县行营业部副主任赵××以单位存款转储蓄 31.4 万元。更有甚者，该行主持工作的副行长刘××和主管储蓄工作的行长助理张××竟违反上级行关于奖金分配的规定，擅自决定将奖金分给 3 名副行长和 1 名行长助理各 500 元，储蓄科长 400 元，已调走的原行长杨×× 100 元。群众反应很大，影响很坏。

为了严肃纪律，刹住弄虚作假歪风，××市行决定，追回所骗取的全部奖金，同时给予李××和王××以行政警告处分，给予县行副行长刘××、储蓄科长、主管储蓄工作的行长助理张××通报批评。

类似××县支行少数领导人这种弄虚作假和违反财经纪律的行为，在我省农行、信用社的一些单位里也有不同程度的存在。因此，各单位必须从中吸取教训。有类似问题的单位，要主动向上级行讲明情况，主动处理。

在当前治理经济环境，整顿经济秩序，紧缩银根，控制信贷规模的情况下，更应强调严格遵守纪律。各级行、社领导人，要树立全局观念，增强纪律观念和遵守纪律的自觉性，坚决刹住弄虚作假的歪风。

中国农业银行××省分行（公章）

2010 年×月 20 日

六、函

函是用于不相隶属机关之间商洽工作、询问和答复问题、请求批准和答复审批事项时使用的公文。

（一）函的分类

函可以从不同角度分类：

1. 按文面规格分，函可以分为公函和便函两种

公函用于机关单位正式的公务活动往来；便函则用于日常事务性工作的处理。

便函不属于正式公文，没有公文格式要求，甚至可以不要标题，不用发文字号，只需要在尾部署上机关单位名称、成文时间并加盖公章即可。

2. 按行文方向分，函可以分为去函和复函两种

去函是主动发出的函。复函则是回复对方所发出的函。

3. 按行文内容分，函可以分为商洽函、询问答复函、请批函

商洽函是平行机关或不相隶属机关之间商洽工作、联系有关事宜的函；询问答复函是指不相隶属机关之间询问、答复处理有关问题的函；请批函是向不相隶属的业务主管部门或不相隶属的机关单位请求批准某些业务事项的函。

（二）函的特点

1. 使用的广泛性

函的使用范围比较广泛，既可用于相互商洽工作、询问和答复问题，又可用于向主管部门请求批准事项。

2. 行文方向的多向性

函的行文方向较其他公文种类更为多样灵活，函是平行公文，但是它除了平行行文外，还可以向上行文或向下行文，不受特殊行文关系的限制。

3. 内容的单一性

函一般比较简短，主体内容只宜写一个事项，内容单一，语言简洁，简单明了。

（三）函的主体结构与写法

由于函的类别较多，从制作格式到内容表述均有一定灵活机动性。此处主要介绍规范性公函的主体格式和写法。

函的主体结构一般由标题、主送单位、正文、成文时间和发文单位印章几部分构成。具体写法如下：

1. 标题

函的标题由发文单位名称、发文事由和文种三部分构成。如《国务院办公厅关于羊毛产销和质量等问题的函》。

2. 主送单位

函主送单位的标注同其他公文。

3. 正文

函正文由开头、主体、结尾三部分组成。

（1）开头。函的开头写法因类别不同而不同，一般去函的开头主要说明发函的缘由，常常是先概括交代发函的目的、根据、原因等内容，然后用"现将有关问题说明如下："等过渡语转入下文。复函的开头，一般首先引述来文的标题、发文字号等相关情况，然后再交代根据，以说明发文的缘由。

（2）主体。主体是函的核心内容部分，主要说明致函事项。函的事项部

分内容单一，一函一事，行文要直陈其事。无论是商洽工作，询问和答复问题，还是向有关业务主管部门请求批准事项等，都要用简洁得体的语言把需求、问题、意见叙写清楚。如果属于复函，还要注意答复事项的针对性和明确性。

（3）结尾。结尾一般用礼貌性语言向对方提出希望。如果是要求对方答复的，可用"即请函复"、"请函复"；如果不要求对方回答，可用"特此函告"；如果是复函，可用"特此函复"、"此复"等语。

4. 标识发文单位名称、成文时间，加盖发文单位印章

在函的正文的右下角标识函的发文单位名称、成文时间，并加盖发文单位印章，以示生效。

（四）函的写作要求

（1）行文简洁明确，用语把握分寸，语气平和，不要倚势压人或强人所难，也不必逢迎恭维。

（2）复函的行文要有针对性，答复要明确。

（3）行文要及时，特别是复函更应该迅速、及时，以保证公务等活动的正常进行。

【例文 2 - 15】

北京市发展和改革委员会　北京市财政局
关于调整美国公民来华签证收费标准的函

市公安局：

你局《关于调整美国公民签证收费标准的函》（京公安财〔2008〕4 号）收悉。根据原国家计委、财政部《关于同意调整内地公安机关对外国人签证收费标准的复函》（国计〔2003〕392 号）的规定，同意调整你局对美国公民来华签证收费标准，具体如下：

一、美国公民来华签证收费标准（编码 171010012）调整为不论次数、统一按每人 130 美元收取，港币、人民币收费标准分别为每人 1010 元、940 元。

二、请你局持本函到市发展改革委办理《收费许可证》变更事宜，并使用市财政局统一印制的行政事业性收费票据。

三、此项收费收入管理按照财政部门有关规定执行。

四、请你局按有关规定做好收费公示工作，接受发改、财政、审计等部门的监督检查。

五、上述收费标准自 2008 年 1 月 20 日起执行。市发展改革委、市财政局《关

于调整美国公民签证收费标准的函》（京发改〔2007〕1448号）同时废止。

特此复函。

北京市发展和改革委员会（公章）　　北京市财政局（公章）

2008年2月26日

【例文2－16】

国务院办公厅关于同意成立广州2010年
亚洲残疾人运动会组委会的复函

广东省人民政府、体育总局、中国残疾人联合会：

你们报来的《关于成立广州2010年亚洲残疾人运动会组织委员会的请示》（粤府〔2009〕75号）收悉。经国务院领导同志批准，现函复如下：

一、同意成立广州2010年亚洲残疾人运动会组织委员会（以下简称组委会）。组委会名誉主席由全国政协副主席、中国残联名誉主席邓朴方担任，组委会主席由体育总局局长刘鹏担任，执行主席由广东省省长黄华华、中国残联理事长王新宪担任。

二、组委会内设机构由组委会根据工作需要自行确定。

国务院办公厅（公章）

2009年8月21日

七、纪要

纪要是适用于记载会议主要情况和议定事项的公文。是根据会议记录和会议文件以及其他有关材料加工整理而成的。它可以上报，向上级单位汇报会议情况和结果；也可以发给同级或下级单位，传达会议精神或议定事项，要求有关单位认真执行。

（一）纪要的分类

纪要大致可分为办公纪要、专题纪要两类：

1. 办公纪要

办公纪要又称日常行政工作纪要。它是指各级党政机关、企事业单位、社会团体召开的定期或不定期的工作会议形成的纪要。主要是用以传达机关、单位召开的办公会议研究的工作、议定的事项和布置的任务，要求与会单位和有关单位、有关人员共同遵守、执行。

2. 专题纪要

专题纪要是指为研究专项问题而召开的会议所形成的纪要，如各种各样的交流会、座谈会、研讨会的纪要。这些纪要有的是通报会议情况，有的是指导工作，有的是传达会议精神，具体视实际要求而定。

（二）纪要的特点

1. 纪实性

纪要是根据会议的宗旨、议程、决议等整理而成的公文，它是会议基本情况的纪实。纪要的撰写者不能更改会议议定的事项，更不能随意改动会议上达成的共识和形成的决定。除此之外，撰写者也不能对会议内容进行评论。纪要的纪实性特点，使得它具有凭证作用和资料文献价值。特别是一些重要的纪要，多年后还会作为人们确认那段历史的依据。

2. 综合性

纪要是在对会议中各种材料、与会人员的发言以及会议简报等进行综合分析和概括提炼基础上形成的，它具有整理和提要的基本特点。

3. 指导性

纪要中所记载与传达的会议议定事项，反映了与会单位和人员的共同意志，因此，纪要一经下发，将对有关单位和人员产生约束力，起着类似于决定等指挥性公文的作用。

4. 称谓的特殊性

纪要一般采用第三人称写法。由于纪要反映的是与会人员的集体意志和意向，常以"会议"作为表述主体，"会议认为"、"会议指出"、"会议决定"、"会议要求"、"会议号召"等就是称谓特殊性的表现。

（三）纪要的主体结构与写法

纪要主体一般由标题和正文构成，不需要标识主送单位和落款，可以不盖章，成文时间可以写在标题下方。具体写法如下：

1. 标题

纪要的标题有以下两种写法：

（1）公文式标题。一般由会议名称、文种组成。如《全国农村工作会议纪要》。

（2）双标题。由正标题、副标题组合而成。正标题要揭示纪要的主要内容，副标题补充说明会议名称、文种等。如《维护财政制度，加强经济管理——××座谈会议纪要》。

2. 主送机关

纪要主送机关的标注同其他公文。

3. 正文

纪要的正文分为前言、主体、结尾三部分。

（1）前言。简要介绍会议的基本情况，叙述召开会议的根据、目的、会议的起止时间、地点、参加会议的人员、会议的基本议程、主要活动和会议的结果等内容。

（2）主体。这是纪要的核心部分，要阐述会议主要精神，即会议讨论的问题和意见、结论和决定，以及对今后工作所提出的要求，从而把会议的主要精神和成果全面、具体、详尽地反映出来。常见的写法有两种：

第一种是概述式。就是把会议的发言、讨论的情况围绕中心内容归纳概括成几个部分，分条分段或冠以小标题进行排列，标明层次，然后对各个部分作完整系统的说明和阐述。这种写法的优点是：拟写灵活，纲目清晰，层次分明，便于将问题讲深讲透。

第二种是发言记录式。即按会议的发言顺序，把发言者的要点如实摘录完整，比较客观具体。一般小型会议、专业性会议或座谈会的纪要多采用此种写法。

（3）结尾。结尾一般提出号召，要求贯彻会议精神，完成会议提出的工作任务。有的纪要也可以不写结尾，一个问题写完即结束全文。

4. 标识发文单位名称、成文时间，加盖发文单位印章

在纪要正文的右下角标识纪要的发文单位名称、成文时间，并加盖发文单位印章，以示生效。

（四）纪要的写作要求

1. 掌握会议的全部情况

写作纪要首先要弄清楚会议的目的、任务、内容和形式，掌握会议的所有文件材料，参加会议的全过程，并认真做好记录，特别要注意阅读会议的主体文件和材料、领导同志的发言，掌握会议的主要精神。

2. 抓住要点，突出会议主题

纪要虽然是会议情况和结果的反映，但不能面面俱到照搬会议记录，而应该围绕会议主题，抓住要点，突出重点，把会议的主要情况简明扼要地反映出来，把会议议定的事项一一叙述清楚。

3. 文字简洁明快

写作纪要应根据会议内容确定写法和篇幅，要简明扼要。在语言表达上，尽可能简短、通俗，切忌长篇大论，应以叙述为主。

4. 层次清晰，脉络分明

纪要的正文篇幅一般不宜过长，要适当地分条或分层次进行，保证层次结构、段落安排条理清楚，脉络分明，以便阅读者准确把握会议的精神要点。

【例文 2 -17】

××省金融教育工作协调小组第一次会议纪要

为贯彻中国人民银行银发〔20××〕74 号文件精神，落实金融系统干部教育工作协调小组决定"要尽快建立由省、地人民银行牵头的金融教育工作协调小组"

的要求，省人民银行于 20××年 6 月 27 日召开了省级各专业银行、保险公司主管领导会议。会议由省人民银行党组副书记、副行长×××同志主持，参加会议的有人总行职工教育研究会理事×××同志，各专业银行（公司）主管教育工作的副行长（副总经理）和各行教育部门的负责人。会议决定成立×××金融教育工作协调小组，并对×××省金融系统教育工作统一管理的内容以及如何进一步做好金融教育工作等问题进行了充分的讨论和协商。

会议决定：

一、××省金融教育工作协调小组由以下人员组成（略）

协调小组下设办公室，办公室设在省人民银行教育处，由×××同志兼任办公室主任。

二、会议讨论并通过了《××省金融教育工作协调小组工作规程》（见附件）

三、与会同志根据全国金融系统教育工作协调小组关于金融教育归口管理的任务、工作重点，结合××省金融教育的实际，对省级金融教育工作如何归口领导和管理进行了研究。对如下问题取得了一致意见：

1. ××省人民银行应对全省金融系统的教育工作实行归口管理。凡金融系统教育工作协调小组和省教委授权的有关管理工作统一由××省人民银行归口负责。

2. 我省金融系统各级各类学校的隶属关系在总行没有明确以前，仍维持现状，共管理体制和经费渠道不作变动。

3. 今后各专业银行、保险公司设置中等专业学校，应报省人民银行审议同意后再按有关规定上报人民银行总行审批。

4. ××银行学校是为我省培养金融专业人才的中等专业学校，为我省金融系统服务。各专业银行、保险公司如需金融中专人才，可委托××银行学校定向招生培养。

5. 在进一步开拓探索的基础上，对于金融教育归口管理的内容要逐步明确。按照上级行有关精神，结合××省实际情况，制定一个管理细则，以便更好地贯彻归口管理，协调理顺金融系统各部门教育工作的关系。

会议结束时，协调小组组长、××省人民银行副行长×××同志就金融教育归口管理后如何进一步做好工作做了总结发言。他指出："今后干部教育工作重点应放在岗位培训上，加强对在职干部的培养，主要提高干部的政治和业务素质。从金融系统历年来发生和破获的经济案件看，突出地暴露出有些干部政治素质不高，因而在干部增调方面，首先要抓好思想政治素质的培养。要加强经验交流，共同做好金融教育工作。金融教育协调小组既已成立，就应建立例会制度，原则上每半年召开一次会议。协调议事可分两个层次：第一层次，一般问题可由人民银行教育处与各专业银行（司）教育处研究解决；第二层次，协调小组主要协调解决省金融教育工作中的重大事项和教育部门不能解决的问题。金融教育，归口管理，这是一项新的工作，我们还缺少经验，如何充分地、较好地发挥协调小组的作用，需要深入研究，不断探索，积累经验以便把我省金融教育工作搞得更好。"

附件：××省金融教育工作协调小组工作规程（略）

二〇××年××月××日

【思考练习】

一、分析下列事例有无错误，并说明原因

（1）某县人事局向县直属各单位下发年终考核工作通知，抄报于该县政府办公室。

（2）×市×区区属图书馆为办好图书事业，满足该区群众读书的要求，特向区政府请示增加经费，并将该请示抄送该区人事局、劳动局、物价局、财政局。

（3）某县农林局写例行报告，一向县政府汇报本年全年工作，二在报告中请示了下一年增建农机站的事项，三建议对困难地区减免乡政府提留费用。

（4）×市×区职工大学是受区政府和市成人教育局双重领导的单位。该职工大学就明年需增加教育经费一事，特向两个上级机关请示。

二、模拟写作练习

（一）给下面标题填写文种

（1）××部关于几起重大火灾的_____。

（2）国务院办公厅关于发布《行政机关公文处理办法》的_____。

（3）××大学关于报送××省教育厅今年招生工作情况的_____。

（4）××省财政厅关于同意××大学新建教学楼的_____。

（5）××研究所关于要求改变拨款待遇的_____。

（二）根据以下内容提示，拟写公文标题

（1）××大学就××系学生×××擅离学校，违反学校纪律，给予警告处分一事发出文件，使全校师生周知。

（2）某省人民政府发文要求所属单位认真贯彻执行国务院关于调整纺织品价格的规定，以便保持市场的稳定。

（3）某县工业局为请求购置防暑设备的经费，特向该县财政局制发文件。

（4）某省财政厅对本省农业厅申请批准拨款购置办公设备的来文制发复文，批准对方的请求。

（5）国家××局就当前农村基层土地管理人员队伍的现状和存在的问题向国务院行文汇报，并对如何进一步加强这支队伍的建设提出了具体的建议。

（6）××大学为了整顿学校的教学秩序特发文作出具体规定，要求全校师生周知并遵守。

（三）根据指定要求撰写或修改公文

1. 将下面通讯改写为通报

李坚　舍己救人　英勇献身

共青团全国铁道委员会和团委决定

授予"优秀少先队员"光荣称号并追认为共青团员

本报讯：5月28日下午，共青团成都铁路局委员会在局工会俱乐部召开大会，宣读共青团全国铁路委员会和共青团四川省委的决定，授予抢救落水同学而英勇献身的李坚同学"优秀少先队员"的光荣称号，并根据他生前要求，追认他为共青团员。

李坚同学生前是西昌铁路中学学生，刚满14周岁，1998年5月2日，李坚和另外四名小朋友在河边玩耍，忽然，张昆同学不慎落入水中，李坚当即跳下水去营救，张昆被救了，而他却献出了年轻的生命。

团委副书记等领导在讲话中分别号召全国铁路系统和省内各地的小朋友向李坚同学学习，做一个有理想、有道德、无私无畏的好孩子。

2. 会议通知有时常有布置工作的性质，有关事项、具体要求要讲得清楚明白。分析下面这份通知存在的问题，并请作修改

××县人民政府

关于召开经济工作会议的通知

各镇（乡）局（行）厂矿：

为了总结经验，加速振兴我县经济的步伐，县政府决定在本月中旬召开经济工作会议，现将有关情况通知如下：

1. 参加会议人员为各单位主管经济工作的主要负责人。

2. 参加会议人员应认真准备有关经济情况及今后工作打算的材料，以便在会议上汇报或交流。

3. 参会人员应带齐日常生活用品及伙食费，并于15日5时到县政府报到。

4. 会议结束后，将布置今年下半年的工作安排，请及时转达。

以上通知，希遵照执行。

××县人民政府办公室

二〇〇九年五月六日

第三章　事务文书

第一节　事务文书的概述

事务文书是指国家机关、企事业单位、社会团体或个人为沟通信息、总结经验、探求问题、指导工作、处理日常事务而撰写的应用文体，又称"常规文书"或"业务文书"。传统的事务文书包括计划、总结、简报等，但随着日常事务的增多，典型材料、改进工作方案、申请书、读书笔记等也进入常用事务文书的范畴。这类文书直面我们的生活，以工作和生活中的实际需要为写作动机，以解决方方面面的日常问题为写作目的，成为国家机关、社会团体和企事业单位以及个人处理日常事务的重要工具。

由于这类管理类文书处理的日常事务多为公务，因此事务文书又属于广义的公文范畴。它与狭义公文区别在于：一是无统一规定的文本格式；二是不能单独作为文件发文，需要时只能作为公文的附件行文。事务文书与公务文书之间既有联系又相互区别，具有明显的特点。

一、事务文书的分类

按照不同的划分标准，事务文书可以分为不同的种类。常用的事务文书有以下几类：

（1）计划类文书，主要包括计划、规划、打算、安排等。

（2）总结类文书，主要包括总结、体会、小结等。

（3）规章类文书，主要包括规章、制度、规定、条例、公约等。

（4）简报类文书，主要包括简讯、快讯、动态、信息、情况反映、内部参考等。

二、事务文书的特点

（一）现实的指导性

事务文书虽然不具有行政公文的法定权威性，但仍然具有很强的现实指导价值。是国家机关、社会团体、企事业单位以及个人管理日常事务的重要依据。

（二）对象的明确性

事务文书的写作虽不像法定公文那样有明确的对象，特定的读者，但其写作对象也是十分明确的。一份事务文书是为某些人撰写的，要求某些人了解并使用是非常具体的。如给所属单位的计划、总结、简报、调查报告等，所属单位领导及其员工必须阅读。再如条例、办法、规定、章程等，凡有关人员必须阅读并遵守。

（三）内容的实效性

事务文书是直接用来处理事务工作的，要注重实用，讲求效率。为此，事务文书从主旨的确立到材料的使用都必须与实际相结合，符合实际的需要，避免大而空。写作形式的运用也要讲求实用和效率，便于文书内容的落实和处理。

（四）格式的规范性

事务文书一般都有一定的程式性，有约定俗成的惯用格式。它的格式虽然不像法定公文那样有主管部门的严格规定，但在长期的应用中，它的实用性和真实性决定了它在使用过程中逐渐形成了各个文种的构成要素以及体式，且都有一定的规则。这些要素虽然有一定的灵活性，但总体上是相对稳定的，不能随意更改。

（五）较强的时限性

事务文书总是针对具体工作、生活中出现的问题或情况撰写的。这些情况或问题可能没有法定公文那样紧迫，但同样也要在限定的时间内及时完成，否则很难发挥事务文书的作用。

三、事务文书的作用

（一）宣传教育作用

事务文书或分析形势，申明政策；或介绍经验，表彰先进；或揭露时弊，抨击丑恶；或明确工作，布置任务。都可以起到宣传教育群众、统一认识、提高政策水平、调动工作积极性的作用。

（二）沟通和联系作用

机关、企事业单位各部门之间既有横向的联系，也有纵向的联系。在不同层次的管理者与被管理者之间，有大量的信息需要传递和沟通，事务文书正是传递和沟通这些信息的桥梁和纽带，具有联系的作用。

（三）积累和提供资料作用

计划、总结、简报等事务性文种，可以集中、详尽地反映工作的情况，说明问题。也可为人们的工作提供依据，起到资料的作用。当这些文书失去其主要的作用之后，又可作为资料保存下来，对今后的工作具有借鉴和指导作用。

（四）规约指导作用

事务文书虽不像法律法规、行政公文那样具有很强的法规性和强制性，但由于它产生在管理过程之中，对发文单位来讲仍然具有很明显的规约作用，对发文单位一个时期内的工作起着重要的指导作用。

四、事务文书的写作要求

（一）写作目的要明确

在具体工作中，写作者要根据具体事项选择相应的文种，明确写作的目的，提出切合实际的要求，总结和汇报符合实际的情况，做到有的放矢。

（二）运用材料要真实

各类事务文书产生于具体的工作实践当中，是为解决问题、处理事务而撰写的，因而在材料的运用上，就一定要求真实具体，符合生活真实，杜绝虚假或作秀的成分，这样才有利于文书的处理和文书内容的落实。

（三）写作态度要诚实

诚实的态度是写好事务文书的重要条件，对事务文书写作态度的反映，往往就是对工作态度的反映。

第二节 计 划

《中庸》中讲"凡事豫则立，不豫则废。言前定，则不跲；事前定，则不困；行前定，则不疚；道前定，则不穷"。即做任何事情，事先谋虑准备就会成功，否则就要失败。可见一切成功都与事先准备充分紧密联系着。

国家机关、社会团体、企事业单位或个人，根据党和国家的有关方针、政策以及上级的指示要求，依据本部门和个人的实际情况，对未来一定时间内要达到的目标或完成的任务提出具体要求，制订相应的措施和执行步骤，并写成系统化、条理化的书面材料就是计划。计划是对未来一定时期的工作或任务作出预想性安排的应用文书。

计划是一个广义的概念，因其涉及内容和期限的不同，计划还有规划、纲要、设想、打算、要点、方案、意见、安排等名称，它们都是根据计划目标远近、时间长短、内容详略等差异而确定的名称。一般来讲：

"规划"是一种时间跨度长（三年以上）、范围广、内容较为概括的计划。例如：《××市城市建设总体规划》。

"纲要"和规划大致相同，它们都是各级领导机关根据战略方针，为实现总体目标对某个地区或某一事项作出的长远部署。不同的是纲要比规划更为原则和概括，一般只对工作方向、目标提出纲领式要求和指导性措施。例如：《××市 2000 年经济发展纲要》。

"设想"是一种粗线条的、初步的、预备性的、还未成熟的非正式计划。相对来讲，其适用时限较长。例如：《××市拓展就业安置门路的设想》。

"打算"是一种时间较短，内容比较单一、具体的粗线条的计划。相对于设想，它的内容范围不大且考虑近期要做的。例如：《××学校争创文明校园的打算》。

"要点"是将计划的主要内容择要摘编，使之简明突出，它适用于时间相对较短的计划。例如：《××局 20××年工作要点》。

"方案"是单位或部门领导对某项任务所制订的行动实施计划，包括目的要求、方式方法、具体进度等项内容。例如：《××市住房分配制度改革实施方案》。

"意见"是上级向下级布置工作任务时使用的计划，既要明确工作任务，还要提供基本的思路、方法，交代政策，提出要求等，为下级制订更具体的计划提供依据。例如：《××公司关于下属企业20××年扭亏增盈全面提高经济效益的意见》。

"安排"是短期内要做的，且范围不大、内容单一、布置具体的一类计划。例如：《××系第×周工作安排》。

一、计划的分类

计划是一个统称。计划的种类很多，从性质、内容、时间和使用范围等角度划分，计划有不同的种类：

按性质分，有学习计划、工作计划、生产计划、财务计划、教学计划、分配计划、销售计划等。

按内容分，有综合计划和专题计划。

按使用范围分，有班组计划、单位计划、地区计划、国家计划等。

按时间来分，有周计划、旬计划、月计划、季计划、年计划、五年计划、十年计划等。

按表达方式分，有条文式计划、表格式计划、条文与表格结合的计划。

二、计划的特点

（一）目标性

写计划前要对全局性的各项工作进行全面、合理的安排考虑，保证统筹兼顾，防止顾此失彼。因此，计划必须要有明确的目标性。目标是计划的核心，计划的全部内容紧紧围绕着目标展开，为这个既定的目标谋划最优的策略和步骤，落实具体的措施或方案等。

（二）预见性

计划是事先对活动所作的安排与打算。而任何事物在其发展过程中会出现这样或那样的变化，为实现预定目标，必然要对活动过程中可能出现的情况进行分析与估计，并要对可能出现的困难、问题等提出切实有效的措施和方案。这样，才能确保计划顺利进行，并达到预定目标。

（三）客观性

计划虽然是人们主观意志对未来的设想，但是，这种思想并不是幻想或者胡思乱想，而是符合客观事物发展的规律，有依据、有实现可能的设想。一般地说，在写规划、计划前，先要深入调查，充分占有资料，了解各种因素，在此基础上，综合分析研究，提出切实可行的任务、指标和措施。因此，计划文书是在客观基础上产生的，具有很强的客观性，是主观和客观的统一，不是纯主观的产物。

（四）规范性

计划的内容不同，可以有不同的写法，但它们都必须具备计划的三要素：任务、目标、措施和步骤。要回答做什么、做到何种程度、怎么做和分几个步骤完成的问题。这就构成了计划的比较固定的写作程式。

三、计划的作用

制订计划是工作、生产、学习中不可或缺的重要环节，也是一种科学的工作方法。无论是单位还是个人，为了把握一定时期的工作、学习目标和重心，圆满完成各项任务，制订计划是十分必要的。

（一）明确奋斗目标

目标是行动的动力。管理者与被管理者通过计划明确了一个时期内的行动方向，就会激发出工作的热情，增强主人翁意识，把个人的具体行动同组织的目标紧密结合在一起。而且，一个客观细致的计划，总会层层分解、细化具体任务，让原本庞大复杂的工作变成若干具体化的任务，易于使员工明确自己的具体的奋斗目标，增强员工达到工作目标的信心。

（二）合理配置资源

制订了计划，管理者和被管理者对工作目标、具体任务、方法步骤了如指掌，工作中具有了主动权。计划的执行者就可以根据实际情况，合理地安排人力、物力和财力。减少对时间和人员的浪费，减少工作的盲目性，从而提高工作效率。

（三）加强行为约束

人们要实现一定的目的，就要对自己的行为进行有效的控制和约束，使自己的行为有利于任务的完成和目标的实现。计划正是这种控制和约束的依据。任务的完成者可以随时坚持自己的活动与计划之间的差距，保证计划的顺利完成；计划的制订者也可以随时根据计划掌握工作进程，进行工作指导。

总之，计划可以帮助我们克服盲目性，增强自觉性，发挥积极性。对完成任务有重要的指导、推动和保证作用。

四、计划的结构与写法

计划的结构一般由标题、正文、落款三部分构成，具体写法如下：

（一）标题

计划标题一般由计划的制订单位名称、适用时间、计划事项及文种名称四个部分组成，如《××大学 2010～2011 学年第一学期期末考试安排》。

视计划文本的成熟程度，有可能出现第五个部分，即在标题尾部加括号注明：草案、初稿、征求意见稿、送审稿等，如《××大学人文素质培养实施方案（讨论稿）》。若计划的落款处标注单位名称，则标题中的单位名称可以省略。

（二）正文

正文是计划的主体部分。这部分通常包括前言、目标和任务、步骤和措施、结语等几个部分。

1. 前言

前言应简明扼要地写清楚制订计划的指导思想和对基本情况的说明分析。力求简明，不宜写长，以讲清制订本计划的必要性、执行计划的可行性为要，应力戒套话、空话。有的计划前言部分可不写，直接写计划的具体事项即可。

2. 目标和任务

这一部分同下面的步骤和措施部分是计划的核心部分。计划就是为完成一定的任务而制订的，"目标和任务"就是解决"做什么"的问题。制订者在计划中要明确地写明一定期限内必须完成哪些任务，做哪些事，数量和质量上有什么要求，实现什么目标等。计划执行者根据计划便可知近期要准备做什么，做多少，达到什么程度。如果没有明确的任务，没有具体的要求和目标，也就没有必要制订计划。

3. 步骤和措施

在明确了工作任务之后，计划还要根据主客观条件，设计必要的步骤和措施，以保证任务的完成。步骤是指工作的程序和时间安排。每项目标和任务，在完成过程中都有其阶段性。先做什么，后做什么；主干什么，次干什么；每一步在什么时间完成，达到何种程度，都必须写得合情合理、环环紧扣、步步落实。措施主要是指达到既定目标需要采取什么方法，动员哪些力量，创造哪些条件，排除哪些困难，人财物力如何调配、布局，各阶段如何配合、衔接等。

4. 结语

这是全文的总结，一般在正文的末尾提出希望和号召。有的计划也可不写结语，计划事项写完后自然结束。是否写结语，要根据计划的具体情况而定。

总之，计划的正文要按照"任务—目标—步骤和措施"的顺序来安排结构内容，只有这样才能全面、简明、清楚地制订好计划。

（三）落款

落款是指正文完成之后，在正文的右下方要注明制订计划单位名称和制订计划的日期。如果标题中已出现单位名称，此处注明制订日期即可。

五、计划的写作要求

（一）调查研究，实事求是

计划是对未来一定时间内要达到的目标或完成的任务提出具体要求，制订相应的措施和执行步骤，以保证任务的顺利实施和完成，是完成实际工作的重要依据。因此，制订计划前，必须深入实际，认真地调查研究。既要"吃透"上级的精神，又要虚心听取群众的意见；既要"摸清"本单位的实际情况，分析主客观条件，又要尽可能预测到计划执行过程中的困难和问题，以便在计划中写明预防和解决问题的方法。制订计划时还要从本单位、本部门的实际出发，任务和指标应是经过各方面的努力可以达到的理想指标，既不要过高，也不能过低。计划切忌说假、大、空话，写得不实用。

（二）内容具体明确，语言简明扼要

计划是对所要进行的工作作出的安排和打算，为收到良好的效果，计划的整体设想要明晰，并将实现目标的途径和办法一条一条地列出。切忌语言含糊、职责不清，使之无法落实和检查。计划的内容，一般要分条分项来写，叙述要平直、说明要简洁，如内容复杂，每个问题可设小标题，以示醒目。

（三）针对性和灵活性

计划的内容既要全面，又要有针对性，重点要突出。一个单位、一个部门，在一定的时期内，有许多工作需要做，如果全部并列起来，平均使用力量，就会影响重要工作的完成。因此，在制订计划时，要针对本单位、本部门的工作重点，保证计划中能够反映出当前要解决的主要问题。计划是根据客观情况制订的，客观情况在不断地变化，所以计划还要有灵活性，应留有一定的余地，当某种未预见的因素发生时，计划能及时调整、完善和补充。

【例文 3 -1】

××省国税事业 2005～2010 年发展规划

当前，我省国税又进入了一个新的历史发展阶段。十六大提出全面建设小康社会的奋斗目标，为国税事业赋予了新的使命；坚持以人为本，全面树立和认真落实科学发展观，为国税事业提出了新的要求；信息技术突飞猛进，经济全球化快速发展，社会主义市场经济体制不断完善，为国税事业带来了新的挑战；国家税务总局提出新时期税收工作的指导思想和总体要求，为加快国税事业的发展明确了新的思路。今后几年，是我省国税事业承前启后、继往开来的重要时期，是必须紧紧抓住并且可以大有作为的重要战略机遇期。在这样的关键时期，制定××省国税事业2005～2010 年发展规划，向全省广大国税干部描绘今后几年的宏伟蓝图和行动纲领，对于统一思想、凝聚力量、抢抓机遇、加快发展，具有十分重要的意义。

本规划主要阐述 2005～2010 年期间我省国税工作必须遵循的指导思想和原则，明确今后几年的发展目标和主要任务，提出具体的实施步骤和保障措施，是一个战略性、指导性的发展规划。

一、指导思想

2005～2010 年，全省国税事业发展总的指导思想是：以邓小平理论和"三个代表"重要思想为指针，认真贯彻落实科学发展观，坚持聚财为国、执法为民，牢牢把握新时期税收工作主题，以改革创新为动力，大力实施"依法治税、管理强税、人才兴税"发展战略，重点加强基础建设、基层建设、信息化建设和国税文化建设，全面推进国税工作的科学化、规范化、法治化，初步实现管理现代化，为促进我省全面建设小康社会作出新的贡献。

二、奋斗目标

——组织收入的主要预期目标是……（具体内容省略，下同）

——税收法治的主要预期目标是……

——税收征管的主要预期目标是……

——税收信息化的主要预期目标是……

——税务行政管理的主要预期目标是……

——国税文化建设的主要预期目标是……

——基层环境建设的主要预期目标是……

——干部队伍建设的预期目标是……

三、主要任务

（一）大力组织收入……（具体内容省略，下同）

（二）推进依法治税……

（三）完善征管机制……

（四）强化税务稽查……

（五）夯实管理基础……

（六）加强税种管理……

（七）加速信息化建设……

（八）规范行政管理……

（九）加强队伍建设……

（十）加强国税文化建设……

四、实施步骤

第一步，在 2005 年到 2006 年期间，工作重心是抓改革、建机制、夯实基础。主要工作内容是：以全省数据集中为契机，规范全省国税系统的机构设置，完善征管体制改革，进一步深化人事制度、分配制度以及各项税收改革，创新管理机制，切实建立健全各类管理制度和办法，彻底解决长期以来一直影响国税事业健康发展的一些观念性、体制性、制度性和机制性障碍，初步建立适应形势发展的新的税收管理模式，为全面推进国税事业的发展打好基础。

第二步，在 2007 年到 2008 年期间，工作重心主要是抓运行、求完善、重点突破。主要工作内容是加强调查研究，狠抓工作督查，重点对"第一步"所安排的各项工作进行完善，较好地解决信息化建设中以及各项改革中出现的新情况、新问题，探索科学化管理办法，四大工作重点实现重大突破，各项运行机制运行顺畅，初步建立学习型组织管理模式。

第三步，在 2009 年到 2010 年期间，工作重心主要是抓规范、上台阶、全面提高。充分发挥各项税收改革和税收信息化建设的成果，最大限度地发挥学习型组织的创新能力，总结经验，推行规范化管理，全面实现各项奋斗目标，把我省国税系统的各项工作推上一个新的台阶。

"三步走"各个时期的工作内容各有重点，但彼此又相互联系、相互交叉、相互融合，必须采取一种渐进的协调的发展方式。

五、保障措施

（一）牢固树立科学发展观，为实现规划提供思想保证

本规划指明了我省国税事业的发展方向。落实本规划，必须坚持解放思想、实事求是、与时俱进的思想路线，"自觉地把思想认识从那些不合时宜的观念、做法和体制的束缚中解放出来"。落实本规划，必须坚持用科学的发展观指导国税工作。坚持全面发展的观点，既要努力使组织收入、依法治税、税收管理、信息化建设等各项工作齐头并进，实现国税工作的全面发展；也要进一步加强国税干部的思想教育、道德建设和业务培训，强化管理和监督，促进人的全面发展。坚持协调发展的观点，实现税收与经济、治税与治队、机关与基层、管理与服务、信息化与人的能动性的良性互动，协调发展。坚持持续发展的观点，一切从国税事业的长远发展出发，避免短期行为，不搞"形象工程"。必须坚持求真务实，根据省局的总体规划和统一部署，结合本地实际，本着统筹规划、因地制宜的原则，有组织、有计划、有步骤地组织规划的实施和落实，紧紧围绕规划确定的目标任务，重点突破，有序推进。

（二）切实加强领导，为实施规划提供组织保证

本规划是一项宏大的系统工程，时间跨度长，涉及内容广，需要投入大量的人力、物力、财力和技术。作为一项全局性工作，与全省国税系统的每个单位和部门都息息相关，各级各部门领导必须高度重视，切实加强领导。要统揽全局，协调各方，精心组织，狠抓落实。各级各部门要把本规划作为新时期国税工作的一个纲领性文件，把各项国税工作都纳入规划的整体部署之中。省局各部门和各市县局的主要负责人要切实担负起落实规划的第一责任人的责任，一级抓一级，逐级抓落实。要建立健全实施规划的领导工作机制，形成主要领导亲自抓、分管领导具体抓、各部门切实履行工作职责、齐抓共管的良好局面。要完善督查制度，改进督查方法，对规划进展情况进行定期检查，随时掌握工作进度，及时通报新情况、新问题，加大督查考核力度，建立奖惩激励机制，严格责任追究。

（三）明确目标，落实责任，为实施规划提供制度保证

实现本规划的奋斗目标，需要进一步制订和完善支撑规划实施的各项制度办法，保证各项工作任务和措施落到实处。各市国税局要高度重视规划的落实工作，结合本地实际，理出一条清晰的工作思路，明确制订分年度落实规划的实施意见，分解任务，明确责任，将任务指标细化、量化、标准化，落实到具体工作中去。要增强大局观念，加强协调配合，防止推诿扯皮。要跟踪分析规划的执行情况，准确把握宏观形势的发展变化，及时提出完善、补充规划内容的建议。要广泛开展调查

研究，关注规划落实情况，及时发现问题，不断总结经验，保证规划的实施。围绕规划提出的总体目标和具体任务，各级各部门要确定每一年度的工作思路和工作重点，制订每一年度的工作计划，分阶段、有步骤地把规划落到实处。同时每一年度末要对规划落实情况进行总结，对未完成的工作任务要分析原因，落实责任，列为下一年度的工作内容。

（四）进一步激发国税干部的积极性、主动性和创造性，为实施规划提供强大的精神动力和智力支持

实施发展规划，从根本上要依靠系统全体国税人员的共同努力。各级各部门要广泛宣传实施规划的重大意义，使广大群众理解实现规划与自己切身利益的一致性。要坚持"从群众中来、到群众中去"的工作路线，靠政策、靠制度鼓励创新，促进发展；要始终做到"尊重劳动、尊重知识、尊重人才、尊重创造"，把广大群众中蕴藏的巨大潜能全部释放出来；要不断总结群众中的新鲜经验，逐步推而广之。要坚持制度建设与人本管理相结合，一方面用法律和制度约束人，依靠富有活力的用人机制和政策，调动国税干部的积极性和创造性，另一方面体现人文关怀，坚持从团结人、爱护人、关心人的角度出发，努力做到政治上爱护、工作上支持、生活上关心，以激发广大国税干部的工作积极性和主观能动性，自觉投入到规划的实施和落实之中，在全系统形成一种"人人奋发向上，个个争创一流"的良好风尚。

（五）积极主动，争取支持，努力营造一个有利于规划顺利实施的外部环境

国税事业的发展，离不开地方党政领导和有关部门的支持配合。各级国税机关要一如既往地自觉地依靠地方党政的领导，经常向地方党政领导汇报国税部门的工作思路、工作情况以及工作中遇到的困难和问题，争取更多的理解和支持。要把规划的实施与地方经济建设的大局结合起来，一方面为地方领导出谋划策，当好参谋；另一方面充分发挥税收职能作用，积极服务于地方经济建设。要切实加强与有关职能部门的沟通和协调，加强信息交流，相互支持，通力配合，共同发展，营造出一个有利于规划顺利实施的良好的外部环境。

××省国家税务局

二〇〇四年十二月二日

第三节 总 结

总结是国家机关、社会团体、企事业单位或个人对过去某一阶段的工作、学习、生活、思想等加以回顾、分析和研究，从中找出经验和教训，引出规律性的认识，明确今后努力方向，用以指导今后的工作和学习的应用文体。

常用的小结、体会，也是总结，只是它反映的内容较为单纯，经验不是很成

熟，涉及时间较短，总结范围有限。

日常工作中，人们往往把总结与报告联系在一起使用。其实，两者是有明显区别的。首先，行文格式不同。报告属于行政公文的一种，而总结仅仅是一般的事务性文书。其次，说明要求不同。报告只要求说明做了什么工作，对今后工作的意见或建议是什么，无须作任何评价和议论；而总结必须说明做得怎样，并分析原因，总结经验教训。

一、总结的分类

总结是一个统称。在日常工作、学习中还有"小结"、"情况"、"体会"、"回顾"等名称。总结的种类繁多，按照不同的标准划分，有不同的种类。

按照总结的性质划分，有工作总结、生产总结、会议总结等。

按照总结的使用范围划分，有地区总结、部门总结、单位总结、个人总结等。

按照总结的时间长短划分，有年度总结、半年总结、季度总结、月份总结、阶段总结等。

但是，从总结的实际要求看，不管哪一类总结都可以按其内容所涉的范围分为全面总结、专题总结两种。

（一）全面总结

全面总结也叫综合性总结。主要用于对一个部门、一个地区、一个单位在一定时期内的各项工作进行全面的回顾、分析和研究，从中找出经验和教训，以发扬成绩，克服缺点，把今后的工作做得更好。如年终总结、阶段总结等。

全面总结要全，但这种"全"也不是包罗万象，面面俱到，把什么都写进去，而是要点面结合，突出重点。"点"要详，"面"要略，有详有略，主次分明。要求写作者把握较全面的情况，并具有较高的分析和判断能力。

（二）专题总结

专题总结是对在一定时期内完成的某一项或某一方面具体的问题进行专门的总结。它一般选取工作中的突出成绩、典型经验或者存在的问题进行分析研究，以便指导工作。专题总结要针对性强，写这类总结，要明确总结的重点，不能把面铺得过宽，内容要集中、鲜明，要概括出规律性的东西，使之起到启迪、借鉴、参考的作用。

专题总结经常用于推广典型经验或揭露问题。

二、总结的特点

（一）实践性

总结是对前段工作实践的系统回顾，其内容都是对自身的实践活动的忠实反映。这种忠实反映具体表现在两个方面，一是它的材料完全来自自身的工作实践而不是东拼西凑，到处"借用"的；二是它的观点完全是从自身的工作实践中概括出来的认识和规律，而不是随意套用文件、报刊上的提法。

（二）说理性

总结离不开叙事，要用事实来说明任务完成的情况。但是，它不停留在对事实的叙述上，更重要的是通过对事实材料的分析综合，抽象出带有规律性的经验教训，用于指导日后的工作。因此，总结不但要有材料、观点，还要有内在的逻辑联系，把实践中的做法理论化，以提高人们认识客观世界的能力。

（三）客观性

总结十分重视内容的客观性，即按事物的本来面目加以反映。客观事实是总结的基础，不论是反映全面工作，还是反映局部工作，虽有概括和提炼，但都要以实际工作活动为依据作客观分析，不允许主观臆断或虚构。

三、总结的作用

人类社会的发展、科学技术的进步、管理的创新，都是在不断总结中获得的。总结在帮助人们积累经验、减少失误、将感性认识上升为理性认识、发挥和运用客观规律的过程中发挥着重要的作用，具体表现为：

（一）有利于提高认识水平

总结是获得正确认识的必由之路。人们的工作实践往往是一种感性活动，在实践中的体验和认识是点点滴滴的、不系统的，是一种感性认识，对今后工作不具有理论上的指导意义。这就需要我们认真地总结，在反复的分析和研究中把零散的、感性的、肤浅的认识上升到理性的层面，从而挖掘出事物发展的规律，提升自身的认识水平，使今后的工作多一些自觉性、科学性，少一点盲目性、随意性。

（二）有利于信息的交流

总结是对实际生活和工作情况的反映，无论是提出的新问题，还是总结的经验和教训，都是十分宝贵的信息。通过总结可以让上级及时了解下级完成任务的情况，为上级作出有针对性的指导提供依据；通过总结可以和有关单位互相沟通和交流，取长补短，少走弯路，大大提升工作效率。通过工作总结，还有利于提高知名度。

（三）有利于工作借鉴

总结不仅仅是总结成绩，更重要的是为了研究经验，发现做好工作的规律，也可以找出工作失误的教训。这些经验教训是非常宝贵的，对本单位外单位、本地区外地区的工作都有很好的借鉴与指导作用，在今后工作中可以改进提高，趋利避害，避免失误。

（四）有利于资料积累

总结是工作情况的全面综合，包括很多原始资料。这些资料存入档案，长期或永久保存，可以为编写年鉴和史志提供依据。

四、总结的结构与写法

总结的结构一般由标题、正文、落款三部分组成。具体写法如下：

（一）标题

总结的标题一般有以下三种写法：

1. 直陈式标题

该类一般由单位名称、时限、事由和文种四个要素组成，如《海尔集团公司2004年销售工作总结》。标题各项内容，也可根据具体情况有所省略，如标题中可省略单位名称；有的综合总结，标题中也可省去总结内容这一项，如《海尔集团公司2004年工作总结》。这种标题通常适用于工作总结。

2. 正副标题

该类标题一般由一个正标题和一个副标题组成。一般说来，正标题主要是概括总结的主要内容或基本观点，副标题是补充说明单位名称、时限、文种等，显示文体特点，如《共享激情，共创和谐——广州亚运会的成功与启示》。这种标题多适用于经验总结。

3. 文章式标题

此标题虽未注明"总结"字样，但标题本身体现出总结的性质或内容，如《加强管理监督，防范金融风险》。

（二）正文

正文是总结的重心所在。由于具体情况不同，总结的内容也不一样，但各种总结都有共同点，其内容一般包括以下几个方面：

1. 前言

总结的前言是对总结对象基本情况的概述。一般用简洁的语言，概述完成工作的基本情况。主要包括交代清楚工作的时间、地点、背景，工作的依据，工作的简单过程、基本做法，对工作完成情况的基本看法和总体评价等。有的总结，还在这部分运用数据，说明工作的成绩或不足。概述的内容，要根据总结的不同要求有所侧重，不是千篇一律。总之，这一部分内容要写得提纲挈领、简明扼要，以便读者对总结先有一个大概的了解，为下文具体介绍经验教训打好基础。

2. 主体

主体是总结的重点部分，要对前言的基本情况展开分析，主要总结工作中取得的成绩、经验和问题、教训。

（1）成绩是指实践活动中所取得的物质成果或精神成果，要用准确无误的事实材料和必要的数据资料加以说明。经验是取得优良成绩的原因和条件，如正确的指导思想、积极的工作态度、科学的工作方法、坚强的意志等。写好这部分内容，必须力戒就事论事，要在对过去工作情况的分析研究中，提炼出带有理论色彩的观点，以指导今后的工作。要求做到材料翔实、言之有物、条理清晰、脉络分明，能给读者留下深刻的印象，使读者受到启迪。

（2）问题和教训。总结的写作，要用一分为二的观点，既总结成绩、经验，也要找出存在的问题和教训。存在的问题和教训是有区别的：存在的问题是指在工作实践中切实感到应该解决而暂没有解决或没有条件解决、没有办法解决的问题；教训是由于指导思想不明、方法不当，或其他原因犯了错误，造成了损失而得出的反面经验。总结存在的问题和教训是为了进一步做好工作。因此，要着重分析存在的问题和教训及产生的主客观原因。当然，这部分内容也可视总结的重点来取舍，如果是着重反映问题的总结，则应把这一部分当做重点写；如果是专门总结成功经验的总结，也可以不涉及存在的问题和教训。这部分要根据实践活动的具体情况和总结的目的要求而灵活掌握。

3. 结尾

结尾是总结的结束部分，是在总结经验教训的基础上，针对工作中存在的问题，提出切实有效的改进措施，表明今后的打算和努力方向；或者提出新的奋斗目标，表明决心、展望前景、鼓舞斗志。这部分在写法上要有新意，防止落入俗套。

总结的内容较为丰富，文字较多，写作的难度较大。因此对于内容较复杂的总结一定要安排好结构层次，就一般情况而言，总结的正文部分常用的结构方式有：时序式、并列式、总分式等，写作者要根据实际情况安排。

（三）落款

总结的落款包括署名和日期，位于正文的右下方。如果标题中或标题下已署名，则结尾可不署名。个人总结的署名一般写在正文的右下方。

五、总结的写作要求

（一）叙述、议论相结合的表达方式

叙述、议论是总结最常用的表达方法。叙述是总结行文的基础，它通过对过去工作情况的交代，使读者明白某单位、某个人的工作状况。议论则是指通过分析、综合、论证，把分散的、感性的材料转化为具有指导意义的理论。

要注意的是在说明工作过程、列举典型事例时，应以叙述为主；分析经验教训、阐明努力方向时，应以议论为主。叙述是议论的依据，议论又是叙述的分析综合和提高。

（二）总结出个性

写一个单位的总结，一定要抓住本单位最突出的、最能反映客观事物本质特点、最具鲜明个性和特色的东西，如新的情况、新的问题和新的经验教训等，切忌人云亦云。当然，也不能无中生有地标新立异，要注意新的情况、新的问题及经验教训的代表性和普遍意义。

（三）实事求是，一分为二

总结中不论是写成绩或缺点，都必须准确把握分寸，实事求是地叙述事物发展的全过程。用一分为二的观点研究事物的内部联系，寻找其中的规律性。成绩不夸大，缺点不缩小。这样的总结才能指导今后的工作。

【例文3-2】

省发改委政务信息公开工作总结

我委政务信息公开工作，在委党组的统筹安排和高度重视下，在各处室和信息中心的支持配合下，以建设"永不下班的发改委"门户网站为目标，以制度建设为抓手，以完善服务为重点，努力挖潜信息公开工作的宣传、辐射和推动作用。一年来，我委的政务信息公开工作，软件不软，硬件更硬，呈现出了"人人关心、人人参与"的良好工作氛围，取得了有目共睹的成绩。

一、基本情况

（一）制度建设情况

2008年5月以来，我们严格按照省政府贯彻《中华人民共和国政府信息公开条例》的实施方案内容和进度要求，结合我委职能，完成了《中华人民共和国政府信息公开条例》规定的政府部门公开政府信息的法定义务。一是研究制定并组织实施了我委贯彻落实《中华人民共和国政府信息公开条例》的实施方案，并着手组织清理内部规范性文件。二是成立了省发改委政务信息公开工作领导机构，负责对委政务信息公开工作实行统一组织、推进、指导、协调。三是编制公布了我委《公开目录》和《办事指南》。四是研究制定了《省发改委政务信息公开受理、审查、报送办法》和《依申请公开工作流程》，明确受理、登记、分办、转办、答复、反馈等各环节的责任，并设计了相关文本在互联网上公布。五是建立《省发改委政务信息公开保密审查制度》。

（二）主动公开政务信息情况

2008年5月1日到年底，我委主动公开政务信息1982条，被省政府网站采纳1614条，门户网站点击次数为285万次。年底省政府对全省政务门户网站进行综合绩效评估，在68个省级部门、11个市中，省发改委网站排在前十名。2009年，我委主动公开政务信息1994条，被省政府网站采纳1261条，在全省排名第三，门户网站点击次数615万次。

（三）依申请公开政务信息情况

2008年5月1日到现在，我委收到1份依申请公开政府信息的申请，已答复，申请人非常满意。

（四）网民留言办理情况

2008年收到咨询投诉59件，2009年收到咨询投诉251件，回复率99.2%。主要是围绕项目申报、公路设计审批、投资建设、物价等热点问题。

（五）向省图书馆、档案馆提供纸质公开文件的情况

2009年，向省图书馆提供纸质公开文件1207份，向省档案馆提供纸质公开文

件 1235 份。名列全省第一。

（六）复议、诉讼和申诉情况

2008 年 5 月 1 日至今未发生针对我委有关政务信息公开事务的行政复议案、行政诉讼案以及申诉案（包括信访、举报）。

二、基本做法

（一）以"带"为先导，将政务信息公开工作摆上全委工作的重要位置

委党组高度重视政府信息公开工作，将其列入重要议事日程，与业务工作同研究、同部署。委党组书记、主任×××亲自挂帅，任领导组组长，要求召开专题会议研究政务信息公开工作，明确要求要责任到人，形成合力，共同抓好政务信息公开工作。在日常工作中，×××主任也是亲力亲为，他的每一次公务活动结束后，都要编写信息上网发布，甚至在出国期间都将信息及时发回，每月各处的信息报送情况都要直接上报主任审示，主任每次都要根据当月的报送情况，对各处提出新的要求，并以红头文件的形式下发各处。在委领导的直接带动下，全委上下形成了"领导带头、全员参与"报送信息的良好氛围，极大地推动了我委信息公开工作的健康发展。

（二）以"推"为动力，充分发挥办公室信息充分的职能作用

办公室是全委公文运转的枢纽，起着承上启下的作用，因此也是信息量最大的地方，我们积极挖潜办公室的信息优势，充分发挥信息领头的作用，敏锐地捕捉信息的亮点，及时与相关处室进行沟通，并督促尽快形成可供公开的信息，从而达到了以职能促效能的良好效果，在一定程度上对我委政务信息公开工作起到了积极的推动作用，也使我委信息公开工作有序、有力、有效的展开。

（三）以"压"为措施，建立政务信息公开工作的责任机制

为了使政务信息公开工作真正纳入全委的日常工作，我们加强了制度建设，制定了《省发改委政务信息公开受理、审查、报送办法》，并召开专题会议议定：委政务信息公开领导组办公室具体负责委政务信息公开的日常工作，各处、委属事业单位为信息报送单位；明确要求各单位每周信息报送不得少于 2 条；各处室处长（主任）、委属事业单位一把手是政务信息公开的第一责任人，负责对各单位公开信息进行公开审查；各单位确定一名信息员，具体负责本处室的信息收集、报送工作。这样，就形成了"有人关心、有人负责、有人落实、人人参与"的良好局面，既保证了信息公开的数量，每月平均在 200 条左右，又确保了公开信息的及时、全面和安全，从而使我委的政务信息公开工作走上了规范化、制度化、常态化的健康轨道。努力把××省发改委门户网建设成为"不下班的发改委"。

（四）以"效"为重点，切实增强信息发布的针对性

紧紧围绕全省发改工作任务和公众关注的热点问题，充分发挥信息公开的主渠道作用，设置热点专栏，并在网上对专业性强的政策信息进行在线解读。我们设置

了服务业、循环经济、汾河治理修复与保护、煤炭可持续发展等热点专栏，每天的点击量能达到 1000 多次。2009 年 7 月，我委在××省人民政府网站就"我省产业调整与振兴规划"进行了为时 2 小时的"在线访谈"，××副主任会同相关处室负责同志共解答网民提出的问题 42 个，登录网友总数 748 人，最多同时在线 88 人，与公众进行了更直接、更有效"面对面"的交流。这种重点突出，点面结合的方式，增强了信息公开的针对性和有效性，充分发挥了信息公开的时效和宣传作用。

三、存在的问题及下一步的打算

我委的政务信息公开工作虽然取得了较好的成绩，这些成绩的取得，得益于委党组的正确领导，得益于委领导的高度重视和大力支持，得益于委各处室的配合。但通过一年半的工作实践，还有一些问题需要去思考，需要去改进和提高。一是公开信息质量亟待进一步提高。目前信息公开存在"三多三少"的问题，就是公文类信息多，解读性信息少；静态性信息多，有分析、有情况、有建议的信息少；初级信息多，深加工的信息少。二是对信息公开范围的界定难以把握，对主动公开、依申请公开或不公开信息的界定不是很明确。致使部分信息公开存在不全、不快、不新的现象。

我委的政务信息公开工作正处在跨越式发展阶段，2010 年，要在委党组的正确领导下，认真贯彻落实《中华人民共和国政府信息公开条例》，以依法公开、真实公开、注重实效、方便群众监督为原则，推动我委政务信息公开工作迈上新台阶。

××发改委

二〇一〇年一月二十一日

第四节　简　　报

简报是国家机关、企事业单位、社会团体在日常工作中用来汇报工作、反映情况、传达信息、交流经验的一种简明扼要的、带有新闻性质和指导意义的事务性文书。

一、简报的分类

简报是一个统称，在实际工作中，它常常以"工作简报"、"信息快报"、"情况反映"及"××动态"、"××信息"、"内部参考"、"送阅件"等内部刊物的名称和形式出现。其实质是一种关于有关方面的工作、活动、情况的简要汇报、通报。一般根据简报的功用可分为工作简报、会议简报、动态（情况）简报三种。

（一）工作简报

工作简报是反映工作情况的情报，以解决工作中的问题为目的，针对性很强。它可以反映工作中存在的问题，也可以对工作提出独到的看法或改进的建议等。

(二) 会议简报

会议简报主要用于报道会议情况和主要精神的。是用简报的形式反映会议进展情况、会议精神、与会人员的意见、建议等事项。会议简报一般用于较大型会议，内容简单、规模较小的会议不需要写简报。

(三) 动态简报

动态简报是为反映本单位、本系统的思想、政治、经济、文化等方面情况、信息而编写的综合性简报。动态简报着重反映与本单位工作有关的正反两方面的新情况、新动向、新问题，为领导和有关部门研究工作提供鲜活的第一手资料，向群众报告工作、学习、生产、思想的最新动态，时效性较强。

简报还可以根据内容的含量分为专题性简报和综合性简报。

专题性简报是就人们关心的、重要的某一议题作专门分析的简报。专题性简报的内容集中、单一，一般是写一个问题或一件事。语言简洁，篇幅短小，时效性很强。如某工商局在质检活动中编写的《打假行动简报》。

综合性简报是指全面综合地反映本单位工作进展、思想动态、成绩缺点等情况的简报。这种简报的主要特点是涉及面广，情况复杂，材料丰富，带有综合性，能给人以全面的、概括性的认识。如《×学校工作动态》。

二、简报的特点

(一) 简

简就是内容集中，篇幅短小，文字简要。内容集中，是指每份简报的内容要做到单一、集中，一事一报，一份简报中不可以写许多项内容。如果为了集中反映某种情况、某个问题，也可以把几个内容相关或有共同性的短文编在一期内；篇幅短小是指一份简报最好不超过 1000 字。有些综合性的简报，内容较多，但字数也应控制在 2000 字之内为宜；文字简要是指写作简报时，文字要精炼、利索，无假、大、空话。

(二) 真

简报的内容必须绝对真实。简报的一个重要目的是向领导机关反映情况，领导机关根据简报所反映的情况作出决策。正是基于这个特点，决定了简报所写的事例，包括时间、地点、人物（或单位）、事情的前因后果、来龙去脉，引用的数据、人物语言等都必须准确无误。既不以偏概全，也不以面盖点。力求准确、全面、真实地反映实际情况。

(三) 快

这是对简报时间上的要求。简报的时限性很强，它必须及时地把工作中出现的新情况、新问题、新典型、新动向报告给有关上级机关和业务部门。如果简报编写不迅速及时，作用就会大大缩小，有时甚至会变成"马后炮"，失去其意义，毫无作用。

（四）准

简报要准确，就是要有针对性。简报应根据国家的法律、法令及各级政府的指示或上级机关的有关规定，围绕本单位工作的重点，抓住工作中的关键问题，准确地加以反映，为领导运筹决策提供依据。

三、简报的作用

简报的主要作用是沟通情况，交流经验，具体有以下三个方面：

（1）便于领导机关掌握情况，指导工作。按照实际情况决定工作方针，这是一切领导者所应有的工作方法，领导机关通过简报掌握了下级各种情况和问题，就会根据实际情况作出决策，有效地指导工作。

（2）便于平级机关之间交流经验、沟通情况。简报也可以平行，用于平级单位、部门之间交流经验、沟通情况，以便于相互学习借鉴，促进工作。

（3）便于向下通报情况，传达上级意图。简报还可以下行，用来向下级通报有关情况，推广先进经验，传达上级机关意图。

四、简报的结构与写法

简报一般由报头、报核、报尾三部分构成，如图 3-1 所示。

密级	编号
工 作 简 报 （第×期）	
编发单位　　　　　　　　　　　　　　　　　　　编发日期	
按语：×××××××××××××××××××××××××××××××××× ×××××××。 　　　　　　　　　　标　　题 　正文主体××××××××××××××××××××××××××××××× ××××××××××××××××××××××××。 　　　　　　　　　　　　　　　　　　　　　（供稿者）	
报送单位	

共印×份

图 3-1　简报版式

（一）报头

报头在第一页上方，约占全页 1/3 篇幅。用一条醒目横线（一般为红色）将报头与正文隔开，有些类似公文的"红头"，一般也是套红印刷，但又有一些不同之处。报头一般包括如下内容：

1. 简报名称

常见的名称有"简报"、"工作简报"、"工作动态"、"信息快报"、"情况反映"、"内部参考"、"××信息"等。为了醒目，简报名称字体应大些。字可用印刷体，也可用书写体。名称一般套红，也可不套红。名称的位置应固定在第一页上方正中。

2. 期号

简报期号一般放在简报名称下方，并用括号括起来，如"（第 1 期)"。

3. 编发单位名称

编发单位名称一般在期号之下，间隔横线之上的左侧，顶格写编发单位的名称。

4. 编发日期

编发日期位于编发单位同行右侧，一般最后一个字顶格。

5. 密级

简报如需标注密级与紧急程度，一般标在报头的左上角。根据简报内容所涉及机密的程度，可注明"绝密"、"机密"、"秘密"或"内部参考"等字样。如果有传阅范围限制，可以在密级程度下面注上"供××级以上领导参阅"等字样。

6. 编号

简报如需标注编号（带有密级的简报一般要标注编号），一般按照印刷次序编号，每份一号，以便登记、保存和查核利用。编号一般放在报头的右上角，与密级形成对称。

（二）报核

简报报核一般由按语、标题、正文三部分构成。具体写法如下：

1. 按语

简报的按语是指简报的编者针对简报的某些内容所写的说明性或评论性的文字。一般在文字开头之处写"编者按"、"按语"或"按"等字样。按语常常是根据领导的意见起草，对简报的内容加以提示、说明和评注，用以表明简报编者的意向，转达有关领导的看法和意图，以引起读者注意。

简报的按语一般有三种类型：一是题解性按语，它类似于前言，主要对文稿产生过程、作者情况、主体内容作简要介绍；二是提示性按语，它常常是对简报的内容、作用和现实意义等作一些说明；三是批示性按语，它是针对具有典型意义的事件或反映当前工作中存在的问题作出评论，表达领导机关的意见或对下级单位的要求。

简报也可以无按语。

2. 标题

简报的标题和新闻的标题相似，有单行标题、双行标题、多行标题。简报无论采用哪种标题形式，都应该尽可能地概括出正文的主旨，让人见题知意。

（1）单行标题。单行标题是将报道的核心事实或其主要意义概括为一句话作为标题，如《今年政府应办几件实事》。

（2）双行标题。双标题有两种情况：一是正题后面加副题，如《再展宏图创全国一流市场——××农贸市场荣获市信誉市场称号》，前一个标题是正题，概括事实的性质，后一个标题是副题，补充叙述基本事实。二是正题前面加引题，如《尽责社会，完善自身，华东师大团委开展"把知识献给人民"的活动》，前一个标题是引题，指出作用和意义，后一个标题是正题，概括主要报道内容。

（3）多行标题。多行标题是指有三个或三个以上标题，一般引题交代背景或揭示意义，正题概括正文的内容，副题补充或说明正题。

3. 正文

简报正文一般分为四个部分。

（1）开头部分。开头一般用简洁、明确的一段话（有的仅一句话）总括全文的主要事实，先给人一个总的印象。接着交代时间、地点、事件、原因、经过、结果。简报的开头类似新闻开头中导语的写法。

（2）主体部分。主体部分是简报的主要部分，是对开头部分概括内容的进一步具体化。这部分要选择富有说服力的典型材料加以合理地安排。中心内容要突出、具体，条理要清楚，语言要简洁。一个自然段最好写一层意思，不要把各个方面的内容都汇集在一个自然段里。段与段之间应按照事物的内在逻辑联系层层深入，环环紧扣，使之无懈可击。

（3）结尾部分。结尾一般用一句话或一段话概括正文的主要内容，或指明事件发展的趋势，或发出号召，或提出今后的打算。事情单一、篇幅短小的，也可不写结尾部分。

（4）供稿单位。简报一般不具名，必要时在正文的右下方写明"×××供稿"。

（三）报尾

报尾部分印在简报末页的下端，用一条横线与报核隔开。一般包括简报的报、送、发单位。报，指简报呈报的上级单位或领导；送，指简报送往的同级单位或不相隶属的单位；发，指简报发放的下级单位。报尾还应包括本期简报的印刷份数，以便于管理、查对。它位于报送单位之下，一般用一条横线将报送单位与印发份数隔开。

五、简报的写作要求

（一）抓准问题，有的放矢

简报应该围绕本单位的实际，反映那些最重要、最典型、最新鲜、最为群众关心、最需要引起注意的问题。一是围绕领导决策，抓"超前型"问题。在领导进行某项活动或者将要讨论决定问题之前，努力收集与此有关的情况，经过筛选加工、研究提出可供领导参考的建议和方案。二是在领导决策之中，抓"追踪型"问题。努力掌握决策贯彻执行的情况，迅速地反馈给领导，使领导能及时纠正偏差，使决策逐步完善。三是要着眼大局，从小中见大。收集情况时，要从全局考虑，从小处着手，抓住有代表性的小问题，挖掘和开拓更广泛深刻的含义。四是抓新情况、新经验、新问题。在改革、开放的过程中，许多新情况、新问题，迫切需要领导去认真研究和解决，制定符合实际的方针、政策和措施。所以，必须花气力积极地收集，捕捉这类信息，抓这类问题，提供领导参阅。五是注意抓倾向性、苗头性、突发性的问题。对这类问题若不及时发现和注意解决，而任其发展，可能会酿成大问题，给工作带来不应有的损失。

（二）材料准确，内容真实

简报作为加强领导和推动工作的重要工具，内容必须保证绝对真实、准确。否则，就会造成不良后果。要做到简报所选用的任何材料，包括人名、地点、时间、情节、数字、引语、因果关系等，都完全准确无误，没有丝毫的虚构、夸张、缩小和差错。特别在估计成绩和宣传先进时，更要严格把握分寸，实事求是，恰如其分，忠实于事实，保证符合事物本来面貌。

（三）简明扼要，一目了然

简报的写作必须注意做到简短、明快，用尽可能少的文字说清楚必须说明的问题。一是注意主题集中，一稿一事，不贪大求全。一份简报只抓住一个问题，不搞面面俱到才能使简报的主题凝聚，篇幅短小，问题说得透彻。如果简报所涉及的内容较多，可以把想说的问题进行归纳、提炼，抓住最能反映事物本质的东西作主题，重点来写，其他则一概摒弃；也可以将可写的几个问题，各写一期简报分期介绍，一期一个重点，每篇一个侧面，千万不可使几个观点纠缠在一篇简报上。二是注意精选材料，围绕主题精心挑选典型事例。撰写简报之前，必须对材料进行分析研究，精心选择。凡是能够表现主题的材料，都要注意加以精选，不可轻易放过；凡是与主题无关的材料，即使十分生动，也必须忍痛割爱、坚决舍弃。三是注意既要求简，又要写清。简报求简，是在说明问题的前提下求简。"简"，应该是服从内容的需要，不能由一个极端走向另一个极端。

（四）讲究时效，反应迅速

简报是单位领导对一些问题作出决策的参考依据之一，也是单位推动工作的一个重要手段。简报的功能，决定了简报的编者必须讲求时效。这就要求简报的作者思想敏锐，行动敏捷，对问题反映得快，对材料分析得快，写作构思快，动笔成稿快；同时，还要求简报的编辑、签发、打印、发稿速度快，共同把握发稿时机。

【例文3-3】

南京市节能减排工作简报
第九期（总第十七期）

南京市节能减排工作领导小组办公室

南京市经济委员会　2008年9月18日

十一届全国人大代表南京泰州小组
在我市进行节能减排专题调研

9月10日至11日，第十一届全国人大代表南京、泰州小组一行15人来宁，就我市实施《环境影响评价法》，推进节能减排工作开展专题调研。全国人大代表、市委副书记、市长蒋宏坤，全国人大代表、市人大常委会主任陈家宝参加调研。市委常委、常务副市长沈健和市人大常委会副主任李福全陪同调研。

9月10日，代表们先后视察了扬子石化股份有限公司、上海梅山钢铁股份有限公司、国电南京自动化股份有限公司、华能南京电厂、南京名爵汽车有限公司和南京市协鑫生活污泥发电有限公司等企业。我市企业对节能减排工作的重视程度和投入力度给代表们留下了深刻的印象。梅山钢铁股份有限公司实施的3号烧结机烟气脱硫工程，是国内大型烧结机中采用全量烟气脱硫工艺的首例和典范，建成投用后，每生产一吨烧结矿需增加成本约11元，全年需增加生产成本约2200万元。但公司领导在经济利益和社会效益两者之间毅然选择了社会效益。投资5000万元的3号烧结机烟气脱硫工程，大大削减了SO_2排放量，改善了周边地区大气质量，也为国内钢铁企业众多烧结机的烟气脱硫提供经验，为大规模实施烟气脱硫工程起到示范作用。扬子石化公司的火炬气回收装置，是国内石化系统最大的装置，其特点是系统性强、技术含量高、技术难度大，全公司所有火炬气全部由这一系统回收。该系统自1998年6月建成投用以来，累计回收火炬气88万吨，综合经济效益达6.5亿元。回收的火炬气再被输送到热电厂综合加工利用，又可成为生产原料，特别是火炬气回收后，火炬燃烧产生声、光污染基本消除，是典型的资源综合和循环利用项目。

9月11日上午，代表们听取了市政府及其有关部门的专题汇报，并就视察调研情况发表了意见和建议。代表们认为，近年来，南京市委、市政府高度重视节能减排工作，采取有效措施，不断加大节能减排工作力度，不断强化《环境影响评价法》和《节约能源法》的宣贯落实，取得了显著成果。

一是坚持把节能减排作为全市经济社会发展的优先目标，纳入全市国民经济和社会发展计划，并颁布了若干配套的法规、规章和政策文件，加强目标考核，形成了完整的政策支撑和考核评价体系。

二是坚持把调整结构作为节能减排的主要路径，认真抓紧抓好。着力发展现代服务业，现代服务业占全市 GDP 的 48.4%，位居全省第一。在工业内部结构调整上，坚持调高、调轻、调优的方针，大力扶持和培育高新技术和高附加值的新兴产业，为节能减排创造了空间。

三是坚持把环境、生态、宜居作为环境保护的基本取向。牢牢把握环境容量这把硬尺子。为经济又好又快发展设定高标准。

在肯定南京节能减排工作总体呈良好态势的同时，代表们也提出了一些建议。金陵石化董事长、党委书记张大福等代表说，近年来，随着政府在节能减排工作方面力度的加大，企业深感责任重大，节能减排对企业的生存发展至关重要。节能减排的压力远远大于效益减少的压力。包括金陵石化在内的大型企业环保意识大大增强，均采取了实实在在的措施进行节能减排，效果明显。但现在不少人把注意力集中在用能大户身上，实际上，由于节能减排意识薄弱，管理措施不得力，中小企业的节能减排工作同样值得关注。全国人大代表、市人大常委会主任陈家宝指出，南京节能减排工作有基础、有优势、有差距、有空间。这些年来，市委、市政府自觉践行科学发展观，在节能减排方面做了大量的工作，清洁生产、循环经济走在了省辖市和十五个副省级城市的前列。下一步怎么走，陈家宝要求：一是各级政府及其部门要加强调查研究，认真研究南京石油、汽车、钢铁等传统产业的发展空间究竟还有多大，拐点在哪里？二是调整产业结构要出新招，通过技术改造提升传统产业，依托大企业把服务业分离出来，挖掘各个生产环节的节能减排潜力，提高能源利用效率。三是下决心把既定的重点环保项目落到实处，完成重点工业园区的生态建设，在钢铁、石化等重点行业构建生态产业链。

这次全国人大代表南京、泰州小组在宁的调研活动对促进我市节能减排工作将起到积极的推动作用。

报：××书记，××市长，××主任，市委各常委、市政府各副市长，省经贸委，市委、市人大、市政府、市政协办公厅。

送：各区（县）委，各区（县）政府，市节能减排工作领导小组成员单位，各有关部门，有关开发区管委会，各区（县）发改局。

共印×份

第五节　规章制度

　　规章制度是国家机关、社会团体和企事业单位在一定范围内为规范人们的行为而制定的一种具有法规性和约束力的文书。

　　规章制度的使用范围极其广泛，大到国家机关、社会团体、各个行业系统，小至单位部门、班组，乃至社会的方方面面，都需要制定各自的规章制度来约束、规范人们的行为。它是国家法律、法令、政策的具体化，是人们行动的准则和依据。

一、规章制度的分类

　　规章制度包括条例、规定、办法、细则、章程、制度、规则、规程、守则、公约等十种。不同的类别，反映不同的需要，适用于不同的范围，起着不同的作用。

（一）条例

　　条例是国家权力机关或行政机关依照政策和法令而制定并发布的，针对政治、经济、文化等各个领域内的某些具体事项而作出的比较全面系统、具有长期执行效力的法规性公文。它具有法的效力，是根据宪法和法律制定的，是从属于法律的规范性文件，人人必须遵守。

　　1987 年 4 月 21 日，国务院办公厅在《行政法规制定程序暂行条例》中，明确规定了国务院各部门和地方各级人民政府制定的规章不能称其为"条例"。其制发者必须是国家权力机关或行政机关以及受这些机关委派的组织；企事业单位的职能部门，党派团体不能用条例行文。这就从行文的源头上保证了条例的权威性、约束力。

（二）规定

　　规定是规范性公文中使用范围最广、使用频率最高的文种。它是领导机关或职能部门对特定范围内的工作和事务制订相应措施，要求所属部门和下级机关贯彻执行的法规性文书。规定是局限于落实某一法律、法规，加强某项管理工作而制定的，具有较强的约束力，而且内容细致，可操作性较强。如《关于出版物上数字用法的试行规定》。

（三）办法

　　办法是国家行政主管部门对贯彻执行某一法令、条例或进行某项工作的方法、步骤、措施等提出具体规定的法规性文书。办法、条例和规定都是法规性文书，但它们的使用范围不同。条例、规定多用于某些重大问题，而办法一般用于具体事务和单一事项，甚至比较细小的事情，它具有具体性和规定性。如《国家行政机关公文处理办法》。

（四）细则

　　细则是有关机关或部门为使下级机关或人员更好地贯彻执行某一法令、条例和规定，结合实际情况，对其所作的详细的、具体的解释和补充的文书。它是一种派生性文件，是对有关法令、条例的辅助性规定和补充说明，更便于执行。如《国家行政机关工作人员贪污贿赂行政处分暂行规定实施细则》。

（五）章程

章程是党派或团体等组织，用于规定自身的性质、宗旨、组织机构、活动形式和行动准则等内部事务的文书。如《中国共产党章程》。

（六）制度

制度是国家机关、社会团体、各企事业单位，为了建立正常的工作、学习、生产秩序，制定的一种要求所属人员共同遵守的准则。如《职工休假制度》。

（七）规则

规则是国家机关、社会团体、企事业单位对某一事务或活动的行为准则作出具体规定的规范性文书。如《交通规则》。

（八）规程

规程是国家机关、团体、企事业单位为了保证质量，使工作、试验、生产按程序进行而制订的一些具体规定。规则和规程的使用范围没有条例、规定、办法广泛，它多用于一些具体的事务性的工作，侧重于统一的要求和规格，是管理某项事务的章法和程序。如《计算机操作规程》。

（九）守则

守则是国家机关、社会团体、企事业单位为维护公共利益和工作秩序，向所属成员发布的行为准则和道德规范。守则通行于某一系统或某一单位内部，其成员必须共同遵守。如《高等学校学生守则》。

（十）公约类

公约是某一社会组织或行业的所有成员，在自觉自愿的基础上，经过充分的讨论，达成一致的意见而制定的行为准则和道德规范。如《文明公约》、《爱国卫生公约》。

二、规章制度的特点

（一）约束性

规章制度对其所确定的范围内的所有单位和人员都具有程度不同的约束力，都有强制执行的效用。它一经正式公布，有关单位和人员都必须遵照执行，否则会分别受到法律的、行政的、纪律的制裁。

（二）程序性

规章制度的产生都要经过一定的程序，尤其是法规性规章制度都被要按照国务院发布的《行政法规制定程序暂行条例》和《法规、规章备案规定》以及各级政府相应的此类规定来产生。法规性规章制度的制定、审批、备案、发布都要遵守有关的程序和规定。

（三）严密性

规章制度是具有法规性和规定性效力的文件，拟制必须明确具体、细致严密；格式要规范、用词准确无误。与相关文件的精神也要相互照应，避免相互抵触和矛盾。规章制度的条款要含义确切，不能含糊不清、模棱两可或有多种解释。

三、规章制度的结构与写法

规章制度的种类不同，写作方法有所不同。但一般的结构是相同的，都包括标题、正文、落款三部分。

（一）标题

规章制度的标题一般有以下六种写法：

（1）发文单位名称、事由、文种三项要素构成，如《山西省竞技体育人才培养和退役安置办法》。

（2）事由、文种两项组成，如《工伤保险条例》。

（3）发文单位名称、文种两项组成，如《山西写作学会章程》。

（4）适用对象、事由、文种三项构成，如《××省人民调解工作规定》。

（5）适用对象、文种两项构成，如《公安干警守则》。

（6）只有文种，如《公约》。

如果制定的规章制度是草案或暂行、试行的，可在标题内写明，也可在标题后加括号注明。

（二）正文

规章制度的种类很多，各类的结构安排有别。常见的结构有章条式、条文式两种。

章条式结构方式适用于表述内容比较复杂的规章制度，如条例、章程、办法等。其内容可分为总则、分则、附则三部分。每一部分均可按内容的多少分列若干章或若干条款，用序数表明。总则是文章的开头部分或第一章，一般用小标题写明"总则"。主要概括说明制定规章制度的目的、要求、原则和适用范围、主管部门等情况，类似于文章的前言，对全文起统领作用；从总则以下到附则以上，中间的若干章均为分则。"分则"两字一般不写出来。分则是规章制度的主要内容，也就是要求遵守的事项，应分章分条具体、扼要地写明所规定的若干内容。分则的每章要设小标题，标明本章的主旨；附则是对中心内容的补充和说明，放在最后一章。一般小标题要注明"附则"。主要写明规章制度的适用范围、解释权限、生效日期等内容。附则只设一章，根据需要，下分若干条，也有附在最后不单独成章的。

条文式结构适用于表述内容相对简单的以及非权力机构制定的规章制度，如规则、守则、公约等。条文式不分章，多为分条列项阐述。

规章制度因其种类较多，不仅结构安排不一，其写法也各异。本章主要介绍几种常用的制度类文书的写作。

1. 制度正文的写法

（1）章条式制度。章条式适用于内容较为复杂的制度。总则一般写制定制度的依据、目的、适用范围及适用对象、主管机构、名词解释等内容；分则主要写明遵守事项、标准程序和各项行为规范；附则写明解释机关、施行时间等。

（2）条文式制度。条文式适合于内容简单的制度。其正文一般由制定本制度的依据、目的、工作内容和标准、工作程序、适用范围及适用对象、主管机关、名词解释、行为规范、奖惩办法、解释机关、施行日期、废止条款等组成。但是在具体的制度中不一定全部包括以上部分，比如奖惩办法、名词界定、废止条款等不是必要的组成部分。制定制度的依据和目的可以在第一条中阐述，也可以在开头引言中阐述。

2. 公约正文的写法

公约的正文采用条文式结构，一般由引言、主体和结尾三部分构成。

（1）引言。公约的引言主要用来写明制定公约的目的、意义，常套用"为了……特制定本公约"的固定格式。

（2）主体。公约主体要写明应该共同做到的事情以及不应该做的事情，分条写出。一定要做到系统完整，层次清楚，言简意明，朴实通畅。

（3）结尾。公约的结尾要写明执行要求、生效日期等。如无必要，可免除这一部分。

（三）落款

在正文的右下方写明制度规章制定的单位名称和日期。如果在标题中已出现或在标题下面已注明的，就无须再写。

四、规章制度的写作要求

（一）依法制定，按法执行

所有的规章制度，都必须符合国家的法律、法规和政策，不能自行其是，另搞一套，或为满足局部利益、小集体利益搞土政策。各类规章制度公布之后，对相关的人和事具有明显的强制性和约束性，是规范行为的主要依据，因此，它们的内容和制定过程必须符合党的有关政策和上级决策的精神，必须符合国家的法律法规，这是制定规章制度的首要条件。

（二）明确权限，严格制定

规章制度的制定有明确的权限规定，写作时要注意不能超越权限、越级制定，也要注意不能同上级已制定的有关规章相抵触。

（三）内容明确，语言规范

规章制度的内容应力求具体明确；语言表达应严谨、准确、简洁、规范，不能有歧义，更不能含混不清、前后矛盾。

【例文3－4】

山西省人民政府
突发公共事件新闻宣传报道处置制度

第一条 为及时、准确地发布突发公共事件信息，澄清事实，解疑释惑，主动引导舆论，维护社会稳定，最大程度地避免、缩小和消除因突发公共事件造成的各种负面影响，为妥善处置突发公共事件营造良好的舆论环境，根据《山西省突发公共事件总体应急预案》（晋政发〔2006〕17号）和《山西省人民政府关于进一步加强全省政府系统信息报送工作及快速应对突发公共事件和具有重大社会影响事件的意见》（晋政发〔2007〕27号），制定本制度。

第二条 本制度适用于处置重大突发公共事件，以及具有重大社会影响事件的新闻宣传报道工作。

第三条 突发公共事件的新闻宣传报道应坚持"及时主动、准确把握，加强引导、注重效果，严格制度、明确职责"的原则。

第四条 突发公共事件新闻宣传报道组织领导及工作职责。

（一）新闻发布工作领导组

省政府成立由省政府办公厅、省委宣传部及省政府新闻办公室组成的新闻发布工作领导组。领导组下设新闻发布组、信息监控组、综合协调组、新闻中心等工作小组。领导组常设机构为省政府新闻办公室。

组长由省政府秘书长担任，副组长由省委宣传部分管新闻宣传的副部长、省政府新闻办公室主任担任。领导组成员根据突发公共事件的类别等情况确定。

各市政府和省直各部门、各单位可根据工作需要，参照设立新闻发布工作领导组。

（二）新闻发布工作领导组职责

1. 接受上级或同级党委、政府相关应急指挥机构的授权，根据突发公共事件的发生、发展，启动各工作小组，有关部门迅速派员集中办公，必要时设立新闻中心。

2. 审定新闻发布方案，拟定新闻发布内容，组织新闻发布会并回答记者提问。

3. 管理采访事件的中外记者。

4. 收集、跟踪境内外舆情，及时向应急指挥机构报告并向有关部门或机构通报情况，通过各种方式，有针对性地解疑释惑，澄清事实，批驳谣言，引导舆论。

（三）相关成员单位职责

1. 负责事件处置的省政府有关部门要指定专人负责突发公共事件新闻发布工

作；积极配合新闻宣传部门，及时提供事件有关信息；拟定新闻发布内容初稿，审核向新闻媒体提供的新闻稿；参与新闻发布并回答记者提问；视情况接受新闻媒体采访。

2. 省委宣传部、省政府新闻办提出新闻发布、报道工作意见，指导组织新闻发布、报道工作，协调解决新闻发布、报道工作中出现的问题，收集、跟踪境内外舆情，组织舆论引导。负责对互联网的监控、管理及网上舆论引导工作。

3. 省外办负责受理外国记者的采访申请及管理工作。必要时，可通过外交部新闻中心向我驻外有关使领馆和驻外机构通报情况，并负责对在事件现场采访的外国记者的管理工作。

4. 省台办负责受理台湾地区记者的采访申请及管理工作，省政府新闻办负责受理港澳记者的采访及管理工作。

（四）各工作小组职责

1. 新闻发布组：由负责事件处置的省政府主管部门和省政府新闻办组成，制定新闻发布方案，拟定新闻发布内容，组织新闻发布并回答记者提问。

2. 信息监控组：由省委宣传部、省政府新闻办、省公安厅组成，负责对境内外媒体报道的收集、整理和分析工作，及时上报重要信息。组织对互联网的舆论引导和信息安全管理工作。

3. 综合协调组：由省委宣传部、省政府新闻办、省外办、省台办和负责事件处置的省政府主管部门组成，负责新闻发布领导小组的运转，情报信息的上报及通报，受理中外记者的采访申请及记者管理等工作。

4. 新闻中心：必要时临时设立。由省委宣传部、省政府新闻办、省外办、省台办和负责事件处置的省政府主管部门组成，负责组织新闻发布会，为事件现场采访的中外记者提供采访和发稿等服务。

第五条 突发公共事件新闻宣传报道按事件的分级标准分级处置。分级标准参见《山西省突发公共事件分级标准（试行）》。

由省政府负责处置的突发公共事件的新闻宣传报道，由省政府新闻发布工作领导组负责。由省政府专项工作机构负责处置的突发公共事件和跨市级行政区域的重大突发公共事件的新闻宣传报道，由省政府专项工作机构新闻发布工作领导组负责；其他突发公共事件的新闻宣传报道由事发地市、县（市、区）政府新闻发布工作领导组负责。

第六条 突发公共事件新闻宣传报道的组织管理程序、新闻发布的形式、新闻发布的内容、新闻发布的范围、新闻发言人制度等规定，按《山西省人民政府关于进一步加强全省政府系统信息报送工作及快速应对突发公共事件和具有重大社会影响事件的意见》（晋政发〔2007〕27号）执行。

第七条 各新闻媒体记者在突发公共事件的采访报道中，要自觉遵守国家法律和有关规定，恪守新闻职业道德，不得泄露国家机密，不得以非法手段获取信息，不得编发未经核实的稿件，不得有意炒作。国外、境外媒体记者未经申请许可，不得擅自参与对突发公共事件的报道。

任何单位和个人不得编造并且传播有关突发事件事态发展或者应急处置工作的虚假信息，或者明知是有关突发事件事态发展或者应急处置工作的虚假信息而进行传播。

第八条　对参与突发公共事件新闻发布和新闻报道等工作作出突出贡献的单位或个人，给予表扬；对工作不力，玩忽职守，导致突发公共事件报道和舆论引导不利并造成重大消极影响和严重后果的，视情节轻重，给予行政处罚，并追究领导者的责任。构成犯罪的，依法追究其刑事责任。

二〇〇八年五月八日

【例文3-5】

首都市民文明公约

一、热爱祖国　热爱北京　民族和睦　维护安定
二、热爱劳动　爱岗敬业　诚实守信　勤俭节约
三、遵守法纪　维护秩序　见义勇为　弘扬正气
四、美化市容　讲究卫生　绿化首都　保护环境
五、关心集体　爱护公物　热心公益　保护文物
六、崇尚科学　重教尊师　自强不息　提高素质
七、敬老爱幼　拥军爱民　尊重妇女　助残济困
八、移风易俗　健康生活　计划生育　增强体魄
九、举止文明　礼待宾客　胸襟大度　助人为乐

首都精神文明建设委员会

一九九六年三月

（选自《北京档案》1996.4）

第六节　述职报告

述职报告是各级机关、社会团体和企事业单位的领导及工作人员，向所在单位的组织人事部门、主管领导机关或本单位职工群众陈述自己在一定时期内履行岗位职责情况而写成的书面报告。

述职报告是干部人事制度改革引进竞争机制后兴起的一种新的应用文体。写好

述职报告对于各级各类领导干部发扬成绩、纠正错误、改进工作，自觉接受上级机关审议、群众监督，都具有重要意义。

一、述职报告的分类

按照不同的标准，述职报告可分为不同类型：

（1）按时间分，述职报告有年度述职报告、任期述职报告、临时述职报告。

（2）按内容分，述职报告有综合性述职报告、专题性述职报告。

（3）按述职者分，述职报告有个人述职报告、集体述职报告。

（4）按性质分，述职报告有晋职述职报告、例行性述职报告。

二、述职报告的特点

述职报告最初曾用"总结"或"汇报"的形式出现，经过一段时间的使用，逐步形成了独具特色的体式，其主要特点是：自述性、自评性、报告性、时限性。

（一）自述性

述职报告是自己述说自己在一定时期内履行职责的情况，它的着眼点是"述"自己的称职与否，功过得失。必须使用第一人称，采用自述的方式，是局限于个人职责范围之内的工作的自我回顾、检查、评价。但是，特别要注重所写的内容必须真实，是实实在在已经进行了的工作和活动，事实确凿无误，切忌弄虚作假。

（二）自评性

就是要求报告人依据岗位规范和职责目标，对自己任期内的德、能、勤、绩等方面的情况作自我评估、自我鉴定、自我定性。述职人必须持严肃、认真、慎重的态度，既要对自己负责，也要对组织负责，对群众负责。对工作的走向，前因后果，要叙述清楚，评得恰当；所叙述的事情，要让人一目了然，并从中引出自评。切忌浮泛的空谈，定性分析必须在定量证明的基础上进行。

（三）报告性

就是要求报告人，明白自己的"身份"，放下官架子，以被考核、被评议、被监督的人民公仆的身份，履行职责做报告。要认识到自己是在向上级或群众汇报工作，是严肃的、庄重的、正式的汇报，是让组织或群众了解自己，评审自己工作的过程。因此，语言必须得体，应有礼貌、谦逊、诚恳、朴实、掌握尺寸，切不可傲慢，盛气凌人，不可夸夸其谈，浮华夸饰。报告内容必须实在、准确，而且要用叙述的方式，将来龙去脉交代清楚。

（四）时限性

述职报告有严格的时间界限，一是述职内容必须是本人的职务、岗位、任职期内的工作，不是这一期间做的工作无须写入；二是报告时间的限制性，述职者必须在考核期间，按考核时间的要求写出书面报告，向本部门群众宣读并上交上级有关部门。

三、述职报告的作用

随着我国干部人事制度改革的进一步深化和公务员制度的实行，作为民主考核干部程序中的一个重要环节，领导干部的述职越来越显出其重要的意义。

（一）有利于完善干部管理制度

在岗位职责明确的前提下，要求担任一定职务的领导干部定期撰写述职报告，便于管理部门对领导干部的理论水平、道德品质、文化修养、业务能力进行全面细致的考察，便于根据干部自身的发展趋势，有计划有目地进行选拔、培养、使用干部，减少或避免使用干部中的主观性和盲目性。

（二）有利于广大群众评议干部

领导干部在某个岗位上工作一段时间之后，通过述职报告的形式向广大群众汇报履行岗位职责的情况，让群众进行审查和评议，这是领导干部接受群众监督、倾听群众意见的有效方式，有助于密切干部群众的关系，克服官僚主义作风。

（三）有利于干部的自我提高

领导干部在某个岗位上工作一段时间之后，需要通过述职的方式对自己前一段的工作实践进行回顾，总结以前的工作经验，汲取以前的失败教训，强化自己的职责观念。这对于更好地探索本职工作的规律，促进领导干部自我认识、自我学习、自我提高有着重要的作用。

四、述职报告与个人总结的区别

（一）从陈述范围看

个人总结陈述的范围很宽泛，思想修养、业务进修、工作进展、为人处世等方面都可以写成总结，且每项可以单独成篇；而述职报告陈述的范围仅限于履行职责的情况。在陈述履行职责的情况下，也可以涉及思想修养、业务进修等方面，但那是为履行职责提供思想和业务基础。

（二）从陈述角度看

个人总结可以按照时间、空间的不同，既可从做法的角度写，也可以从体会的角度写；而述职报告只能从履行职责的情况着眼，落脚到干了哪些事，克服了哪些困难，取得了什么效果。述职报告中可以有体会，但不能从体会的角度写。

（三）从陈述内容看

个人总结，特别是工作经验总结，可以只讲成绩、经验，至于缺点、不足可以一笔带过，也可以不谈；而述职报告要求成绩和不足并重，实事求是，对履行职责过程中存在的问题不能轻描淡写，更不能文过饰非。

（四）从作者范围看

个人总结是谁都可以写的，普通学生可以写学习总结，普通农民可以写生产总结；而述职报告的作者仅限于有职有责者。

五、述职报告的结构与写法

述职报告一般由标题、称谓、正文、落款四部分构成。具体写法如下：

（一）标题

述职报告的标题有单标题和双标题两种写法：

1. 单标题

一是由文种做标题或在文种前加人称，如《述职报告》或者《我的述职报告》。

二是由时间、所任职务、文种组成，如《2003 年至 2004 年任教育厅厅长职务的述职报告》。

2. 双标题

双标题是由正副标题组成。正标题提示内容主题，副标题由"人称、文种"组成或"时间、文种"组成，如《恪尽职守搞活经济——我的述职报告（或 2004 年述职报告)》。

（二）主送机关或称谓

述职报告以书面形式向组织呈送，要写主送机关名称，如果是向有关领导、群众进行口头陈述，则可写称谓。

（三）正文

正文由前言、主体、结尾三部分构成。

1. 前言

述职报告的前言部分一般包括三个方面的内容：一是岗位职责，包括自己从何时起担任何职，主要负责什么工作，并对工作内容作必要交代；二是指导思想，说明自己在什么样的思想原则、方针政策指导下进行工作的；三是概括评价，是对自己工作的基本评价。前言部分应写得简明扼要。

2. 主体

述职报告的主体是述职报告的核心部分。对于不同的行业、不同级别的领导干部来说，其述职报告的内容各不相同，写法也各异，但一般来说包括四个方面的内容：一是任职期间所做的主要工作，取得的主要成绩；二是存在的问题、缺点；三是个人的认识和体会，主要经验、教训；四是今后工作的设想、意见和建议等。主体部分的内容应该是在前言部分的基础上的具体展开，各层次间的结构方式可以按时间顺序排列，也可按工作内容排列，还可以按照对问题的认识由此及彼、由表及里、层层推进的逻辑顺序排列。述职报告不论采用哪种方式，主体部分的内容都要求事实确凿、观点鲜明、分析合理、归纳精辟。

3. 结尾

述职报告的结尾一般用几句表态性的话语结束全文；也有的写今后打算或表述自己恪尽职守的决心等；还可用"特此报告"、"专此述职"或"以上报告，请领导和同志们批评指正"等之类的句子结束全文。

（四）落款

述职报告的落款主要包括署名和述职时间两项内容。署名要写明述职人的单位、职务和姓名，此项可放在标题下，也可与述职时间一起署在正文末尾右下角。

六、述职报告的写作要求

（一）突出重点

述职是民主考评干部的重要一环，也是干部自觉接受组织和群众监督的一种有效形式。干部作述职报告，是为了让组织和群众了解和掌握干部德才状况和履行职责的情况。因此，述职报告应该充分反映出自己任期内的工作实绩和问题，抓住核心问题，突出重要成绩，总结主要教训。工作实绩如何，是检验干部称职与否的主要标志，述职人要充分认识这一点，实事求是地把自己的工作实绩和问题反映出来。凡重点部分要精心组织材料，写得详细、具体、充分、全面；次要部分可略写，有时还可一笔带过。

（二）突出个性

干部的岗位层次不同，述职内容自然各异。即使同一职务的干部或领导也会因分工的不同而有不同的工作重点，至于工作方法，就更是各具特色。鉴于这种情况，述职者要突出自己工作的特点，显示自己的工作个性，突出自己独有的气质、独有的风格、独有的贡献，让人能分辨出自己在具体工作中所起的作用。避免千人一面的说辞。

（三）客观评价

写述职报告不管是叙述成绩还是问题，都要客观、公正、实事求是地加以评价。写成绩，不虚夸，恰如其分，符合客观实际；讲问题，直截了当，不掩饰，抓住要害；讲经验，要有理有据，严谨求实，一分为二。述职报告最忌一味为自己唱赞歌，大谈特谈自己的成绩，对工作中存在的问题和矛盾有意遮掩。

【例文3－6】

述职报告

各位领导、各位同志们：

我于2008年1月任××市××厂厂长，在市委、机械局党委的领导下，按照厂长岗位职责做了自己应该做的工作。现在向领导和同志们作如下汇报：

一、党、政、工、团齐抓共管，改变厂容厂貌

2008年我上任后，首先提出：实行各级一把手责任制，把各单位的工作情况与考核干部政绩直接挂钩。不能限期达标的，一把手就地免职。其次筹措经费5万元，用来改善环境、整顿厂容厂貌。同时，调动广大职工的积极性，号召广大职工

利用业余时间，奋战 50 天，彻底改变了脏、乱、差的工厂面貌。……

二、抓好职工的思想政治工作教育

在深化改革中，有些职工信心不足，有的干部有畏难情绪。我深入宿舍进行走访，先后与 12 名工程技术人员、老工人促膝谈心，引导职工树立跑步竞争意识，用厂里先进人物的事例启发、引导干部克服畏难情绪，使广大职工树立起坚定的改革开放的信念。……

三、注重现场生产管理

我厂从生产管理的高度，提出了"强化生产管理，创建文明生产"的奋斗目标。抓岗位工序控制，严格工艺纪律和质量管理，组建厂"文明生产"、"工艺纪律"、"产品质量"监督组，日检查、月评比、季总结。实施季度奖、考核奖等奖惩制度，调动了职工的积极性，各项经济技术指标创造了良好成绩。……

四、改善职工的劳动条件

保护职工在劳动生产中的安全和健康，是我们党和国家的一贯方针政策。为翻砂车间安装了通风排尘设备，各车间为女工设立了更衣室，在四个车间修建了男女浴池，为生产工人提供了较为全面的劳动保护条件。……

五、建立健全质量管理机制，提高产品质量

设立质量监督站，坚持每批产品出厂前做抽检、抽检不合格则不予出厂的制度。在抽检的 35 台机床中，34 台达到部颁标准。1 台部分指标未达到部颁标准，予以返工，确保了我厂在市场中的信誉。年终总结评比产品质量，与去年相比提高了 9.6%，产值、实现利税、出口创汇与去年相比，分别增长了 16.4%、18.2%、21.3%。……

六、试行承包责任制

把现场管理纳入各单位承包责任制的考核内容。生产第一线工人的工时单价与现场管理质量挂钩，浮动工资与总额奖金挂钩。2008 年上半年，全厂因出现废品造成的损失，比我厂规定允许的考核指标减少 21.42 万元。……

七、开展新工艺、加速国产化

我厂以加速数控机床国产化为目标，注意横向联合，带动了一批协作配套厂的发展。……

八、组织研制开发新产品

（略）

九、制定民主管理制度

（略）

十、关心职工生活福利

为缓解职工宿舍紧张的情况，8 月份建成一栋职工住宅楼，解决了 75 户工人家属的住宿问题。……

十一、解决职工子女的就业困难

（略）

十二、存在的主要问题

（略）

任职一年来，我尽职尽责地做了一些应该做的工作，取得了一些成绩，这是在上级党委、厂党委领导的关心下、全厂职工的努力支持下共同取得的。我认为自己是称职的。

今后，我仍然要全心全意依靠广大职工、特别是技术人员，出主意想办法，大胆改革，锐意进取。继续提高产品质量。开发新产品，扩大产品销路，力争 2009 年创利税 1000 万元，以优异的成绩向同志们汇报。

××市××厂厂长：×××

二○○九年一月二十日

第七节　会议记录

会议记录是由会议组织者指定专人，如实、准确地记录会议的组织情况和会议内容的一种应用性文书。会议记录一般用于比较重要的会议或正式的会议，它要求真实、全面地反映会议的本来面貌，是写作会议纪要的蓝本。

一、会议记录的分类

会议记录也可以按照不同标准划分类别。

按照会议性质来分，会议记录大致有办公会议记录、专题会议记录、联席会议记录、座谈会议记录等。

按照记录方法来分，会议记录可以分为摘要式记录和详细记录。

二、会议记录的特点

（一）真实性

会议记录的执笔者与其他文章的写作者有一个重要的区别，那就是他只有记录权而没有改造权。记录者必须忠实记录发言者发言内容，不能进行加工、提炼，不能增添、删减，不能移花接木，不能张冠李戴。

（二）原始性

会议记录是会议情况和内容的原始化的记录。所谓原始，就是未经整理，未经综合。在这一点上，它跟会议简报、会议纪要有着很大不同。会议简报和会议纪要也是真实的，但不是原始的。虽然在内容上可能没有太大差别，但在存在形态上，会议记录跟会议简报和会议纪要的差异甚大。

（三）完整性

会议记录对会议的时间、地点、出席人员、主持人、议程等基本情况，对领导讲话、与会者的发言、讨论和争议、形成的决议和决定等内容都要严格记录，一般没有太多的选择性。

三、会议记录的作用

（一）依据作用

会议记录忠实地记录了会议的全貌。如果在会议后期需要把会议精神、会议形成的决定和决议、会议对重大问题作出的安排等形成文件时，都要以会议记录为依据；即使不形成文件，考察与会者在会后传达贯彻会议精神和决定是否准确，也要以会议记录为依据进行检验。会议记录是传达会议精神的蓝本。

（二）素材作用

根据会议需要，会议进行过程中要连续编发一些会议简报，会议后期也要求形成相关的会议纪要，无论是会议简报还是会议纪要都要以会议记录为主要素材，从会议记录中提取相关的内容。会议简报和会议纪要可以对会议记录进行一定的综合、提要，但不得对会议记录所确认的内容进行歪曲和篡改。可以说，会议记录是形成会议简报和会议纪要的基础。

（三）备忘作用

会议记录可以作为会议情况和会议内容的原始凭证。随着时间的推移，当有关会议的内容和情况都可能无法在记忆中复现时，通过查阅会议记录就可还原会议。可见，会议记录还可以成为一个部门和单位的历史资料，若干年后，通过大量会议记录完全可以了解这个单位的历史进程和发展状况。

四、会议记录的结构与写法

会议记录一般由标题、会议基本情况、会议内容、结尾四部分构成。具体写法如下：

（一）标题

会议记录标题由会议名称和文种构成，如《××公司项目会议记录》。如果使用专用的会议记录本，只写会议名称即可。

（二）会议基本情况

1. 会议时间

会议时间是指开会的具体时间，要求写清开会的年、月、日、时、分。

2. 会议地点

会议地点是指会场的所在地，要求准确详细。

3. 出席人

出席人是指参加会议的成员，一般概括交代即可，重要会议的重要领导人需要一一列出姓名。

4. 缺席人

缺席人是指按规定需要参加会议、实际因为某种原因而未能出席会议的人员。

会议中如有缺席者，记录员要记录清缺席人数、姓名和职务，并注明缺席原因。若缺席原因一时难以查清，只写缺席人数、姓名和职务即可。

5. 列席人

列席人是指参加会议的享有发言权而没有表决权的非正式成员。会议中如有列席者，记录员要记录列席人数、姓名、职务和单位。

6. 主持人

主持人是指具体主持会议进程的人员，他一般由会议组织方指定的相关领导人担任。记录员在记录主持人姓名的同时也要标注其职务。

7. 记录人

记录人是指负责记录本次会议情况的专职成员。记录人的多少因会议规模大小不等，最少应有一名专职的记录员。会议规模较大时，为了确保会议记录的完整性，可适当增加记录人数量。记录人要将自己的姓名、部门以及职务完整记录。

以上内容一般在会议召开之前由记录人完成，不可遗漏。

（三）会议内容

会议内容是随着会议进展一步步完成的。一般包括主持人的发言、会议议题、会议议程、会议主题报告、与会人员的发言和讨论、会议的决议或决定组成。这是会议成果的综合反映，也是日后参考的重点，记录人要完整记录。

根据会议内容的不同要求，该部分有两种记录方法：

摘要记录法。主要用于一般会议。只记录发言要点、结论、决议等内容。

详细记录法。主要用于记录重要会议。按照会议进程顺序记录，记录发言者的姓名和详细内容，尽可能记录原话，详细而且完整。对有争议的问题要将争议的焦点、分歧和有关发言详细记录；讨论中的争论也要完整记录。对会议决议要记录决议内容、表决情况。

（四）结尾

会议结尾是对会议结束情况的说明，一般另起一行写"主持人宣布散会（会议结束）"，并由主持人和记录人对记录进行认真核校后，在记录的左下角分别签上姓名，以示对此负责。

五、会议记录的写作要求

（一）准确

准确是会议记录的第一要求。记录人要如实地记录发言人的发言内容，无论是摘要记录还是详细记录，都必须忠实愿意，不得添加记录人个人的主张和观点，也不得断章取义。

（二）迅速

会议记录的特点要求记录的速度与会议进程同步，因此，记录人的记录速度要迅速，确保全面地反映会议内容。

（三）安全

记录人要有安全意识和较高的思想觉悟，对记录内容不得随意泄露。

【例文3-7】

××公司项目会议记录

时间：2009年4月18日上午8时

地点：公司第二会议室

出席人：各分公司与直属部门经理

主持人：李丽华（公司总裁）

记录人：张燕（总经理室秘书）

一、主持人讲话

各位，早上好！今天把大家召集在一起主要讨论"××娱乐城"的新建立项以及如何开展前期工作的问题。（略）

二、会议议程

第一分公司李总：该项目选址应定位于……（略）

第二分公司张总：该项目建设应以体育健身为龙头……（略）

市场部马总：根据三个月的调查，本项目市场前景比较乐观……（略）

财务部王总：我公司具有雄厚的实力，目前有资金从事该项目的建设……（略）

技术部赵总：目前，已有多家公司与我公司商洽项目，该项目的招标工作已在酝酿……（略）

三、决议

（一）……（略）

（二）……（略）

四、主持人宣布散会。（上午12点）

主持人：李丽华（签名）

记录人：张燕（签名）

【思考与练习】

一、选择

（1）同是计划，往往选用不同的名称，这是因为（　　）的差别决定的。

　　A. 范围　　　B. 形式　　　C. 性质　　　D. 内容

（2）制订计划要在深入细致调查研究的基础上进行，确定的目标、措施应该是经过努力就能做到的，因此，计划应具有（　　）特点。

  A. 预见性 B. 导向性 C. 可行性 D. 主观性

（3）"凡事豫则立，不豫则废"讲的是（　　）的作用。

  A. 计划 B. 总结 C. 规章制度 D. 通知

（4）集体或个人对一定时期内的任务预先设想、部署、安排的一种应用文体是（　　）。

  A. 总结 B. 请示 C. 计划 D. 申请

（5）从拟写格式来讲，生产、经营计划多采用（　　）。

  A. 条式   B. 表格式

  C. 要点式   D. 表格与条文结合的形式

（6）计划个人的署名，应写在（　　）。

  A. 标题中   B. 正文右下方

  C. 标题下   D. 标题后

（7）计划正文包括前言、主体和结尾，其中主体部分要写清的内容的是（　　）。

  A. 前言、目标、措施 B. 计划的任务、目标、措施、步骤

  C. 采取的措施、步骤 D. 依据、目的、任务、目标

（8）下面哪一个要素不是计划必须具备的要素（　　）。

  A. 目标 B. 措施 C. 步骤 D. 范围

（9）总结的写作一般是使用（　　）。

  A. 第一人称   B. 第二人称

  C. 第三人称   D. 三种人称互用

（10）读读下列标题，指出不属于总结标题的一项：（　　）。

  A. 读报剪报，我积累知识的一种方法

  B. 借风扬帆，我县乡镇企业发展外向型经济的经验

  C. 学书法的秘诀

  D. 中专生的昨天、今天和明天

（11）总结是计划执行的（　　）。

  A. 准备 B. 继续 C. 结果 D. 开始

（12）请选出下列标题分别属于总结的哪种标题形式，（1）（　　）；（2）（　　）；（3）（　　）。

  （1）《挖掘内部潜力，实现扭亏增盈》

  （2）《源头防范，标本兼治，我省纠风工作取得阶段性成效》

  （3）《省教育厅关于教师资格认定工作的总结》

  A. 公文式   B. 文章式

　　　　C. 正副双标题　　　　　　D．其他

（13）规范性文书有（　　　）。

　　　　A. 章程、条例、规定、指示等

　　　　B. 章程、条例、规定、办法等

　　　　C. 章程、条例、规定、决定等

　　　　D. 章程、条例、规定、批复等

（14）简报期号的左下方是（　　　）。

　　　　A. 印发日期　　　　　　　B. 印发份数

　　　　C. 印制单位　　　　　　　D. 编发单位名称

（15）报核是简报的主体部分，由（　　　）组成。

　　　　A. 标题　　　　　　　　　B. 正文

　　　　C. 投稿者或出处　　　　　D. 印发日期

二、判断

（1）一般来说，规划是带有全局性的、长远性的和方向性的计划。（　　）

（2）计划主要是靠制定者独立思考、发挥想象、反复推敲制定出来的。（　　）

（3）计划的主体内容概括起来是做什么、怎么做、要做到什么程度。（　　）

（4）综合总结是对某一阶段各项工作的全面回顾、分析和评价。（　　）

（5）《××省煤炭厅 2010 年度工作总结》是一个专题总结的标题。（　　）

（6）专题经验总结的内容一般不包括存在的问题或教训。（　　）

（7）述职报告一般由标题、前言、主体和结尾组成。（　　）

（8）述职报告和总结的区别在于：总结者既可以是个人，也可以是单位，述职者只能是个人。（　　）

（9）述职报告要求侧重写干部个人在任职期间履行职责的有关情况，一般不与本单位的总体工作业绩、问题相掺杂，而要用写实性的语言突出述职报告的自我评述性。（　　）

（10）每一期的简报都一定要加上编者按语或内容提要。（　　）

（11）一份简报的报核部分只能刊发一篇文章。（　　）

三、写作训练

（一）修改以下计划的标题

1. ××县国民经济和社会发展五年计划

2. 二〇〇九年至二〇一〇年工农业余教育事业规划草案

3. ××大学二〇〇〇年招生工作规划

4. ××公司关于第一季度销售计划

（二）阅读下文，并进行修改

销售业务经理述职报告

尊敬的各位领导、同事们：

今年以来，作为销区经理，我能够认真履行职责，团结带领××销区全体人员，在厂部总体工作思路指引下，在×厂长和销售部各位经理的正确领导下，积极进取、扎实工作，完成了全年目标任务，总销量达到×箱，营销工作取得了可喜的成绩。下面，根据领导要求，我进行述职，不妥之处，敬请领导和同事们批评指正。

一、加强宣传促销力度，较好地完成了全年目标任务

今年我们在销售工作中遇到了一定的困难，特别是因为我厂面临兼并重组，各种不实传闻使商业公司对我厂产品的信心不足，不少零售户甚至不卖我厂产品，面对不利局面，我们在销售部统一指挥和安排部署下，发挥全体人员的聪明才智，进一步加强宣传促销力度。首先，以我厂产品进入行业优等品为契机，迅速传播信息。通过拜访商业公司、走访零售户、及时分送《××企业报》、《宣传画报》等企业宣传品的方式，做好宣传解释工作，使这个好消息在第一时间就传播给客户和消费者，打消了他们对我厂的疑虑，增强了卖好我厂产品的信心。其次，充分利用暑期旅游热潮，在商业公司配合下开展多种促销活动，有效拉动了终端消费。上半年系列产品基本保持月均销售250箱，而在暑期促销的拉动下，下半年月均销售都在315箱左右。

二、加强客户管理工作，提高服务意识和服务水平

在客户管理工作中，我们在两个方面下工夫。一是进一步利用好、维护好商业渠道。虽然商业公司体制及营销策略发生了变化，但保持渠道的畅通仍是我们做好市场开拓工作的重要环节。我们积极与分县公司业务部门和人员联络协调、密切感情，妥善处理工作关系，特别是有针对性地开展重点县公司的工作。付出必有回报，通过长期的渠道公关，我们得到了商业公司的支持和帮助，不仅宣传促销活动能够顺利进行，而且分县公司控制市场的力度也比较大，没有发生返销问题。同时，货款回收也很及时，今年的回款已提前完成，历史积欠也得到了解决，2001年至今的累计欠款已全部清结。可以说，因为有了商业公司的支持，我们才能完成了双百的业绩，即合同履约率达到100%，回款率达到100%；二是进一步开发好、维护好终端客户。做好终端是我们营销工作的出发点和落脚点，因此，在保持与商业公司良好关系的基础上，我们切实增强服务意识，将工作重心下移，重点联系零售户、电话访销员等，坚持"一切从客户出发，一切为客户着想，一切对客户负责，一切让客户满意"的一对一的营销理念，对零售户实行全过程、高质量的服务，业务员通过主动上门了解访问，建立重点客户档案，及时征求客户意见，对客户的经营状况、客户要求、消费者意见和市场变化心中有数，并及时反馈，使上级能迅速准确地了解市场信息。

三、加强内部管理，切实增强全体人员的素质和业务能力

在营销工作中，人是最活跃最关键的要素，没有好的管理就不会有好的业绩。因此，在办事处内部管理上，首先，严格管理，加强纪律性。进一步规范了请销假制度、晚例会制度和作息时间，同时，要求业务员要及时联络，随时反馈信息。要求业务员做到的我自己首先做到，起好带头作用，自觉坚持日调度制度，及时向主管领导汇报市场信息、客户意见和建议，接受指令。其次，勤于学习，增强责任心。工作之余，我自学并组织办事处人员学习了营销业务、国家法律法规和行业政策等，提高了理论水平和营销技能。今年，我们还重点学习了《细节决定成败》一书，大家都写了读后感，普遍反映受益匪浅，深刻认识到营销工作无小事，任何一个细节都可能影响到工作的质量和效果。通过学习切实提高了大家的责任心。

四、一年来的工作体会和今后努力方向

通过一年来的工作实践，我深深地体会到：坚定信念、服从领导是克服困难的基础；优质服务、大力公关是搞好营销的前提；以身作则、加强管理是带好队伍的关键；加强学习、提高能力是履行好职责的基本条件。只有在以上几个方面不懈努力，才能干出业绩，不辜负领导和同志们的期望。

虽然一年来，自己在工作上、思想上，都取得了一定的成绩和进步，但我也清醒地认识到自己还存在这样那样的不足和问题，距离领导的殷切期望还有差距。比如，在坚持学习、努力提高自身工作能力、管理水平上还不能完全适应现代营销工作的要求，工作方式方法上有欠妥之处，分析问题、解决问题的能力还需进一步提高等。在新的一年，我要针对自己的不足，一是要顺应形势，转变观念，在做好渠道工作的同时，进一步提高服务终端的质量和水平，进一步加强针对终端客户的宣传促销，以此提高销量，优化结构；二是努力提高自身素质，大力提高管理水平，以适应新形势要求。在工作中不断创新，引导业务员把心思凝聚到干事业上，把精力集中到本职工作上，把工夫下到抓落实上，把本领用在促发展上。

总之，我将进一步认真反思自己的工作和思想，实事求是地总结经验教训，诚恳听取批评意见，积累和增强做好本职工作的经验与能力，以强烈的事业心，饱满的热情，高度的责任感努力工作，为提高销售业绩、促进企业发展作出自己应有的贡献。

谢谢大家！

第四章　调查研究文书

第一节　概　述

调查研究是认识事物、改造世界的一项基本方法，是党政机关和企事业单位的一项基础性工作，是谋事之基、成事之道。调查研究包括调查和研究两方面内容。调查，主要是通过对客观事物的考查、核算，了解客观事实的一种感性活动。研究，则是认识社会的本质及其发展规律的一种理性认识活动。调查研究把人和客观事物联系起来，把主观和客观结合起来，从矛盾的特殊性中认识矛盾的普遍性，从个别认识上升到普遍认识。调查研究也是理论与实践相结合的中心环节，是感性认识和理性认识辩证统一的具体体现。人们在完成了调查研究工作之后，为了使调查的成果形成文字，就要撰写调查研究文书。

一、调查研究文书的概念

调查研究文书就是根据调查研究的成果写出的反映客观事实的书面报告。由于调查研究文书是调查与分析、实践与理论、客观与主观相结合的实用性文体，是从调查目的通向社会效益和经济效益的桥梁和工具，它在社会生活、经济活动和人类的其他实践活动中具有十分重要的作用。

调查研究文书应用十分广泛，内容丰富，形式多样，并且随着社会的不断发展，社会主义市场经济的不断完善，文书的种类也在不断增加。本章主要介绍以下四类文书：调查报告、市场调查报告、市场预测报告、经济活动分析报告。

二、调查研究文书的特点

（一）真实性

调查研究文书的内容必须要"真"，真实是调查研究文书的生命。真实性就是要以事实为根据，不仅报告中涉及的人物、事件要真实，事件发生的时间、地点、背景、过程、原因和结果也必须真实；还要做到判断推理正确，遣词用语明确，数据、图表精确；凡是引用人名、地名、数据、资料要查对核实，确保准确无误。此外，写作时要客观地反映事实，忠于事实，不能带有调查者的主观随意性，更不能对客观事实随意引申或不切实际地渲染。

（二）针对性

调查研究文书是一种针对性很强的文体，是对某一问题或事件进行调查、研究的成果。调查研究的内容可以是经济活动、新生事物、社会问题、历史事实等，目的是进一步得到它的详情、真相，认识它的性质。总之，每一份调查研究文书都有特定的对象，相关的调查取证都是针对和围绕某一综合性或是专题性问题展开的。所以，调查研究报告反映的问题集中而有深度。

（三）规范性

不同的文种有它约定俗成的惯用格式，调查研究文书有它固定的格式。这些文书的固定格式，是人们在长期的写作实践中约定俗成的，写作时必须共同遵守，不能随意更改。

三、调查研究文书的意义和作用

（1）调查研究文书的撰写是坚持马克思主义认识论和党的思想路线的基本要求，是关系到党和人民事业得失成败的大问题；是适应新形势新任务要求、不断推进改革发展稳定的迫切需要，是实现决策民主化、科学化的必然选择。

（2）调查研究文书能对企业的市场策划活动提供有效的导向作用。同时，对于各部门管理者了解情况、分析问题、制定决策、编制计划以及控制、协调、监督等各方面都能起到积极的作用。如果调查报告文书写得不切实际，就可能导致市场活动的失败。

（3）调查研究文书也是密切联系群众、转变工作作风的基本途径。调查研究文书是经过周密系统的调查之后，对客观事物深刻感受获得的真实情况，为上级机关全面了解情况提供真实材料。

第二节　调查报告

调查报告，就是党政机关、企事业单位或个人对某项工作、某个事件或某个问题调查研究后，将所得的材料和形成的结论加以整理而写成的书面报告。调查报告的使用范围很广，制定方针政策、解决各种实际问题、弄清事情真相、扶植新生事物、推广典型经验，都离不开调查报告。调查报告反映具有普遍意义或带有关键性问题的情况，内容比较复杂，深度广度的要求比较高。

一、调查报告的分类

调查报告所反映的对象，是世界上千差万别的事物，因而它的内容也随着事物的不同而呈现出不同的类型。从调查研究的对象和内容上可分为新生事物的调查报告、典型经验的调查报告、历史进程的调查报告、揭露问题的调查报告；从调查所涉及的领域来划分可分为政治性调查报告、经济性调查报告和社会生活性调查报告。从涉及的范围层次上可分为综合性调查报告和专题性调查报告。

综合性调查报告所反映的内容比较广泛，可以包括社会的政治、经济、军事、文化、教育、卫生等各方面的状况，以及社会各阶级、阶层的状况。这类调查报告的篇幅一般较长，内容比较详尽，能够较全面地反映某个地区、某一条战线、某一个阶级或阶层的全貌，对正确地制定党和国家在某一时期或某一方面的方针政策有较大的参考价值。

专题性调查报告，是针对某一具体事物进行细致入微的调查研究，找出它形成、发展或消失的根本原因，科学地阐明其自身的运动规律，指出这种规律的价值。其目的在于宣传、推广或回答人们普遍存在的疑问。

二、调查报告的特点

（一）明确的目的性

调查报告的写作者必须以研究为目的，根据社会或工作的需要，制订出切实可行的调研计划。调查报告的写作者应从明确的追求出发，经常深入社会第一线，不断了解新情况、新问题，有意识地探索和研究，写出有价值的调查报告。

（二）内容的真实性

调查报告讲求实事求是。它通过调查得来的事实材料说明问题，阐明观点，揭示出规律性的东西，引出符合客观实际的结论。调查报告的基础是客观事实，一切分析研究都必须建立在事实基础之上，确凿的事实是调查报告的价值所在。因此，尊重客观事实，用事实说话，是调查报告的最大特点。写入调查报告的材料都必须真实无误，其中涉及的时间、地点、事件经过、背景介绍、资料引用等都要求准确真实。一切材料均出之有据。只有用事实说话，才能提供解决问题的经验和方法，研究的结论才能有说服力。如果调查报告失去了真实性，也就失去了它赖以存在的科学价值和应用价值。

（三）分析的理论性

调查报告的主要表述方法是叙述事实，但最终目的是从这些事实中概括出观点，观点才是调查报告的灵魂。因此，占有大量材料，不一定就能写好调查报告，还需要把调查的东西加以分析综合，进而提炼出观点。对材料的研究，要在正确思想指导下，用科学方法经过"去粗取精、去伪存真、由此及彼、由表及里"的过程，从事物发展的不同阶段中，找出起支配作用的、本质的东西，把握事物内在的规律，运用最能说明问题的材料并合理安排，做到既要弄清事实又要说明观点。这就需要在叙述事实的基础上进行恰当的议论，表达出论文的主题思想。调查报告紧紧围绕事实进行议论，要求有叙有议、叙议结合。

（四）语言的简洁性

调查报告的语言应做到简洁明快。这种文体是充足的材料加少量议论的，不要求细腻的甚至是华丽的描述，只要用简明朴素的语言报告客观情况。但由于调查报告也涉及可读性问题，所以语言有时可以生动活泼，适当采用生动而形象的语言。同时注意使用一些浅显生动的比喻，增强说理的形象性和生动性，但前提必须是为说明问题服务。

三、调查报告的作用

（1）调查报告可以为政府及各级领导机关制定政策、方针提供依据，并且坚持马克思主义实事求是，一切从实际出发、理论联系实践的认识路线，对反对形而上学、克服官僚主义，都会发挥重要作用。

（2）调查报告可以为企业及决策者提供依据，指导市场。市场调查研究是经营决策的前提，只有充分认识市场，了解市场需求，对市场作出科学的分析判断，决策才能正确。调查报告是经过周密系统的调查后对客观事物深刻感受获得的真实情况，有助于决策的生成。

（3）调查报告可以揭露社会问题，改正工作中的失误。在调查报告中，不仅有真实情况的反映，而且包含作者对情况的判断、评价及由此得出的相应结论，从而形成比较有实际意义的结果，有利于互通有无、相互学习。

四、调查报告的结构与写法

调查报告一般由标题、正文和结尾三部分构成。

（一）调查报告的标题

标题是调查报告的眼睛，调查报告要用能揭示内容中心的标题。标题应准确明了地把报告的基本内容反映出来，段落小标题要与大标题有机呼应。标题具体写法有以下几种。

1. 公文式标题

这类调查报告标题多数由事由和文种构成，平实沉稳，如《关于知识分子经济生活状况的调查报告》；也有一些由调查对象和"调查"两字组成，如《知识分子情况的调查》、《甘肃青年农民工问题调查》等。

2. 文章式标题

这类标题直接揭示调查报告的中心，十分简洁，一般不出现"调查与报告"等文种名称，如《本市老年人各有所好》、《彩电降价，谁受益?》。

3. 综合式标题

这是比较普遍的一种调查报告标题。正标题揭示调查报告的思想意义，副标题表明调查报告的事项和范围，如《深化厂务公开机制　创新思想政治工作方法——关于武汉分局江岸车辆段深化厂务公开制度的调查》。

（二）调查报告的正文

调查报告的正文在结构上相对固定，这是它"公文性"的体现，也是它不同于一般论文格式之处。调查报告的正文一般包括前言、主体两部分。

1. 调查报告的前言部分

调研报告的前言简要地叙述为什么对这个问题（工作、事件、人物）进行调查，调查的时间、地点、对象、范围、经过及采用的方法，调查对象的基本情况、历史背景以及调查后的结论等。这些方面的侧重点由写作者根据调查目的来确定，不必面面俱到。

调查报告开头的方法很多，有的引起读者注意，有的采用设问手法，有的开门见山。没有固定形式，但一般要求紧扣主旨，为主体部分展开作准备。一般是对调查对象的简单介绍，或对调查目的、时间、经过作简单的说明，调查报告的开头提纲挈领地点出所要反映的事物的轮廓，目的在于首先给读者一个大致而又清晰的印象，便于接受下文所表述的事实和道理，以提高阅读效果。无论何种类型的调查报告，开头都是围绕上述内容而展开的，只不过侧重点不同、详略程度不同罢了。此外，前言部分要做到文字简练、概括性强。

2. 调查报告的主体部分

主体部分是调查报告的主干和核心，是前言的引申，是结论的依据。这部分主要写明事实的真相、收获、经验和教训，即介绍调查的主要内容是什么，为什么会是这样。作者占有材料的多寡、观点的正确与否、层次是否清楚、理由是否充足等，都在这部分体现出来。这部分内容如何，决定着调查报告的价值和命运，因而是写作的重点所在。主体部分要包括大量的材料——人物、事件、问题、具体做法、困难障碍等内容，所以要精心安排调查报告的层次，安排好结构，有步骤、有次序地表现主题。

调查报告中关于事实的叙述和议论主要都写在主体部分里，是充分表现主题的重要部分。一般来说，调查报告主体部分的结构大约有三种形式。

（1）横式结构。即把调查的内容，加以综合分析，紧紧围绕主旨，按照不同的类别分别归纳成几个问题来写，每个问题可加上小标题，且每个问题里往往还有着若干个小问题。这种调查报告形式观点鲜明，中心突出，使人一目了然。全面性调查报告的格式多按问题或问题的不同侧面为顺序，一般多使用横式结构。

（2）纵式结构。一般有两种形式，一是按调查事件的起因、发展和先后次序进行叙述和议论。这种结构有助于读者对事物发展有深入全面的了解。一是按成绩、原因、结论层层递进的方式安排结构。专题性调查报告多按事物发展的时间先后或事物发展的规律为顺序，多采用纵式结构。这种结构的优点是脉络清楚，符合人们的思维规律，易于掌握；缺点是容易写成"流水账"，失之平淡。

（3）综合式结构。这种调查报告形式兼有纵式和横式两种特点，以纵为经、以横为纬、纵横交错，互相穿插配合地组织安排材料。采用这种调查报告写法，一般是在叙述和议论发展过程时用纵式结构，而写收获、认识和经验教训时采用横式结构。即从纵的方面叙述事件，交代过程，从横的方面分析、比较，或进行理论升华。

调查报告的主体部分不论采取什么结构方式，都应该做到先后有序、主次分明、详略得当、层层深入，为更好地表达主题服务。

（三）调查报告的结尾部分

结尾部分是调查报告分析问题、得出结论、解决问题的部分。不同的调查报告，结尾写法各不相同。一般来说，调查报告的结尾有以下几种：对调查报告归纳说明，总结主要观点，深化主题，以提高人们的认识；对事物发展作出展望，提出努力的方向，启发人们进一步去探索；提出建议，供领导参考；写出尚存在的问题或不足，说明有待今后研究解决；补充交代正文没有涉及而又值得重视的情况或问题。

结尾部分必须把调查报告主体部分所反映的内容的价值、意义、作用作一番理论上的评价，或恰到好处地提出作者的看法，或鼓励人们去学习、探索，或号召人们沿着某一方向继续前进等。结尾写得好，可使整篇调查报告倍增光辉，有"点石成金"之效；反之则前功尽弃，有"狗尾续貂"之嫌。总之，调查报告结尾要简洁有力，有话则长，无话则短，没有必要也可以不写。

五、调查报告的写作要求

（一）主题鲜明

调查报告关键是要有一个鲜明的主题贯穿始终，统率全文。目的明确了，主题才能不跑偏。写作调查报告要学会运用对比的方法突出主题。包括新旧对比、正反对比、今昔对比、成败对比等；对比往往可以突出事物的特点，揭示事物的本质，从而达到突出主题的效果。

（二）材料真实

写调查报告，调查研究是基础。没有扎实的基础，没有对所调查事物内在规律的理论认识是写不好调查报告的。要写好调查报告，一是要收集查阅现有的文献资料、政策规定、研究成果；二是深入基层了解事情的全过程，直接掌握第一手材料。

此外，要善于运用统计数字来说明主题。恰当地运用数字，尤其是不同时期、不同类型、不同情况下的统计数字，往往可以增强调查报告的概括力和表现力，从而达到直接说明主题的效果。大量建立在统计数字基础上的真实材料，准确地说明一项工作、一个问题、一项政策、一种事物的来龙去脉，向人们揭示出它的本质和规律，这就是调查报告的要旨所在。

（三）分析规律

调查报告要求找出规律性的东西。调查报告不仅仅是材料的堆砌和罗列，而是通过对收集材料的研究分析揭示事物内部的规律性，以推动指导当前的实际工作。因此，材料割舍是要去粗取精、去伪存真，才能得出合乎实际的正确结论。

（四）了解需求

写调查报告是为了影响读者，产生指导意义，因此必须明确要写的调查报告是给谁看的。如党政机关写的调查报告，大部分是为同级或上级领导决策服务的，要求站在一定的高度，针对热点难点问题，提出见解和思路，使领导从中了解真实情况，受到启迪，有利于提高科学决策与民主决策的水平。

【例文4-1】

甘肃省普通高校经济困难大学生基本情况调查报告

中国高等教育迅速发展的过程中，随着教育规模与教育资源的进一步扩大和增加，由于种种原因，高校中经济困难学生数量增加较快，贫困生现象日益突出，并呈逐年持续上升趋势。据教育部门统计，在全国公办全日制普通高校的1400万在校生（包括本、专科学生和研究生）中，经济困难学生约270万人，占在校生总数的20%，经济特别困难学生的比例在5%～10%，人数在70万～140万。目前甘肃省公办普通高校全日制在校生人数244700人，根据调研统计，贫困大学生72384名，占在校生总数的29.6%，其中特困大学生33748名，占学生总数的13.8%，数字惊人。高校贫困生问题已经成为一个让家长揪心、学生忧心、学校担心、政府关心的带有普遍性的社会问题。为了促进教育发展和教育公平，国务院总理温家宝在十届全国人大五次会议上作政府工作报告时宣布，从2007年新学年开始，在普通本科高校、高等职业学校和中等职业学校建立健全国家奖学金、助学金制度，为此中央财政支出将由上年18亿元增加到95亿元，2008年将安排200亿元，地方财政也要相应增加支出；同时，进一步落实国家助学贷款政策，使困难家庭的学生能够上得起大学，能够接受职业教育。为了进一步全面了解和掌握甘肃高校贫困大学生状况，共青团甘肃省委员会通过各高校共青团组织对全省33所高校进行了专访、摸底和调研，现将调研情况报告如下。

一、甘肃高校经济困难大学生的基本状况

1. 贫困生的界定

我们通常把因家庭人均收入较少，学生在校期间月可支配金额（含家庭提供的经济支持和学校的各类奖助补贴）低于学校所在地居民最低生活保障线，支付各类学杂费和生活费比较困难的学生称为"贫困生"；而把家庭没有任何经济收入来源，基本上靠借债上学，无力缴纳学杂费，在校生活水平明显低于当地居民最低生活保障线的学生称为"特困生"。显然，这是一个定性的标准，很模糊，对工作的指导性不强，难以操作。为了使资助工作更具有针对性和实效性，准确把握学生家庭经济贫困的程度，就必须制定一个相对客观的量化标准来确定贫困生的"身份"，规定贫困生享受资助的"条件"。根据被调查学生的情况和高校学生管理部门的意见，参照兰州市最低生活保障标准（209元/月），甘肃高校普遍把每月生活费在180～209元之间的学生界定为贫困学生，把生活费在180元以下的学生界定为特困生。

2. 贫困现状（略）

3. 贫困生主要来源（略）

4. 贫困生消费状况（略）

5. 贫困对学生造成的影响（略）

二、高校解决贫困生问题的主要办法

1. 落实现有的困难学生资助政策

在甘肃省委、省政府的大力支持和亲切关怀下，各高校本着"千方百计创造条件，帮助困难学生解决实际困难，不让一个学生因经济困难而辍学"的宗旨，已经初步建立了以奖学金、国家助学贷款、勤工助学、特殊困难补助和以学费减免为主体的、多元化的资助贫困家庭学生的政策体系。国家助学贷款是甘肃高校资助经济困难学生政策的主体，截至 2006 年年底，全省普通高校已经先后有 27860 名家庭经济困难学生申请到了国家助学贷款，贷款总额达 14282.13 万元，有效地帮助了一大批贫困生顺利完成学业，促进了教育的公平公正。2007 年，甘肃省正式启动生源地国家助学贷款，省市属高校的甘肃籍贫困生，今后可以从当地农村信用社申请助学贷款。这是甘肃省继国家助学贷款后，为帮助高校贫困生顺利完成学业而采取的又一重大举措。各高校每年从学费收入中提取 10%，设立勤工助学资金，用于发放参加勤工助学学生的报酬，以及开展其他有关资助工作。对个别经济困难学生在遇到一些特殊性、突发性困难时学校给予临时性、一次性的无偿资助。为保证刚考入大学的贫困家庭学生能够顺利入学，从 2000 年起，各高校相继建立"绿色通道"制度。2005 年，甘肃省环县天池乡殷屈河村袁丽、袁婧、袁艺三姐妹同时被西北师范大学录取，因家庭困难，面临上不了大学的境地，在甘肃省委书记、时任甘肃省省长陆浩的关怀下，通过"绿色通道"顺利入学。

2. 着力解决教育乱收费问题（略）

3. 加强高校勤工助学基地建设（略）

4. 激励和优化社会力量济困助学（略）

5. 加强贫困生思想政治教育工作（略）

三、共青团组织解决贫困生问题的主要措施

1. 组织开展"扶贫助困"系列活动

团省委认真贯彻落实胡锦涛总书记关于关心寒假留校大学生生活和学习的重要指示，着力解决寒假期间留校的经济困难大学生的生活困难。三年来，团省委共筹集经费 150 万元，为 7500 名经济困难大学生解决了寒假期间的生活费用，为困难大学生提供勤工助学岗位 1000 多个。团省委不断深化团的领导机关"联系服务基层行动"，深入高校联系点，认真帮助解决贫困生困难和问题。动员广大团干部、青联委员、十大杰出青年、五四奖章获得者、优秀青年企业家与困难学生结成对子，建立长期帮扶关系。

2. 集中开展希望工程"圆梦行动"（略）

3. 大力推进大学生"就业见习行动"（略）

4. 着力深化贫困生心理健康教育（略）

5. 注重校园文化对贫困生的引导教育作用（略）

四、在经济困难学生帮扶工作中遇到的困难和问题

1. 贫困生问题日益突出

随着我国高等教育体制改革的进一步深化和人们对高等教育需求的不断增加，高校经济困难学生的数量还会增加，贫困程度还将进一步加深。甘肃是经济欠发达省份，农民年均纯收入仅为 2200 元，而且有相当数量的农民还达不到这个平均线，经济困难家庭数量较大；甘肃地方性高校多，大多面向省内招生，农村生源占绝大多数；甘肃企业普遍不景气，职工失业、下岗较多；甘肃高校除兰州大学和西北民族大学外，均为省属高校，甘肃财政状况的实际，严重制约了高校的发展。因此，甘肃高校贫困生问题和东南沿海或内地相比，将会更加突出。与此同时，社会的贫富悬殊，导致了在校大学生贫富差距越来越大。一方面是贫困学生面对高额的学费、住宿费和生活费所面临的困境，另一方面，越来越多的学生贵族，其生活舒适和消费水平甚至连大学教师们都自叹不如。可以说，残酷的现实使我们不得不正视这样一个现象：走在大学校园，每天都可以看到学生贫富对比的"生活情景剧"。

2. 助学体系尚不完善（略）

3. 贫困生难以合理界定（略）

4. 社会救助部门资助贫困生的主体身份被忽视（略）

5. 经济困难学生心理问题日益突出（略）

五、对解决贫困生问题的几点思考

1. 政府支持是解决贫困生问题的关键

发展教育作为政府的一项基本职能和责任，应该受到各级政府的重视。国家必须通过政府行为调整教育政策，追求教育均衡和教育公平，加大对弱势群体的教育补偿和优先扶持，确保受教育者的权利得到维护。解决高校贫困生问题，首先要改变"越是名校，国家拨款和社会资助越多"的现状，要把资助的重点向经济落后地区高校、地方院校倾斜。国家助学贷款是解决贫困生问题的最主要手段，政府应该从制度和法律保障的角度入手，消除助学贷款壁垒，确保国家助学贷款的良性运行。同时要坚持"帮困又奖优"的原则，进一步加大对高校贫困生的助学、奖学力度，引导社会资金扶助贫困生，使贫困生问题能够得到基本解决。

2. 形成解决贫困生问题的"五维"合力（略）

3. 加强贫困生思想政治教育（略）

4. 动员社会力量参与助困（略）

5. 建立贫困生救助的长效机制（略）

6. 发挥共青团组织的助困优势（略）

共青团作为先进青年的群众组织，必须要适应时代和形势的变化，树立与社会

合拍、与改革开放大背景相融合的社会化意识。解决高校的贫困生问题，是学校学生工作的重点，也是共青团组织的工作重点，是高校团组织全面落实科学发展观，积极参与社会主义和谐社会建设，牢固树立服务意识，权为青年所用、利为青年所谋、情为青年所系的重要体现，是高校团组织围绕起长远作用、全体学生受益、大学生群体急需和促进学校和谐建设，创造性地开展工作的重要切入点。团组织要充分发挥组织优势、活动优势和连接优势，帮助贫困学生树立成才目标，引导他们有意识有选择地参加各种素质拓展活动，进一步加强和改进贫困学生的思想政治教育工作；更好地代表和维护广大青年的利益，做好聚人心、暖人心、稳人心的工作，积极主动地协调和化解青年需求与学校发展之间的矛盾，做好青年与学校之间的桥梁和纽带；大兴调查研究之风，认真开展关于贫困学生的基础研究、问题研究和对策研究，力求形成一批能够切实指导工作实践的高质量调研成果；充分挖掘社会资源，按照市场经济的要求，靠团的优势服务社会，靠服务社会吸纳资源，靠社会资源服务青年，要集中力量，把有限的资源重点用于贫困大学生帮扶和资助，使共青团组织对在校大学生的服务更加有力、有效，从而达到开发高校青年人力资源的目的。

（来源于共青团甘肃省委网）

第三节　市场调查报告

市场调查报告是指经济部门或企业组织运用科学的方法和手段，对市场情况和动向作详尽的调查后，经过深刻、细致的分析和研究，提出正确的结论和建议，然后据此写成的书面报告。换句话说就是用社会主义市场经济规律去分析，进行深入细致的调查研究，透过市场现状，揭示市场运行的规律、本质。市场调查报告是经济部门和企业组织进行市场预测、拟订工作计划、确定市场目标、作出经营决策、提高经济效益的重要工具。

市场调查报告是市场调查工作的最终成果，也是市场调研过程中最重要的一环。许多管理者并不一定涉足市场调研过程，但他们将利用调查报告进行业务决策。一份好的调查报告，能为企业的市场策划活动提供有效的导向。同时，对于各部门管理者了解情况、分析问题、制定决策、编制计划以及控制、协调、监督等各方面都能起到积极的作用。如果调查报告写得拙劣不堪，再好的调查资料也会黯然失色，甚至可能导致市场活动的失败。

一、市场调查报告的分类

在实际工作中，市场调查报告的种类有许多种，可以按照不同的标准，分为不同的类型。

（一）按市场调查报告的内容涉及范围划分

可以分为综合性调查报告和专题性调查报告。

1. 综合性调查报告

这种调查报告是对市场进行全面的调查，它涉及市场的各个方面、各个相关因素。这类调查报告范围广、面积大，所花费的人力多、时间长，能获得丰富翔实的市场材料，所起的市场指导作用大。

2. 专题性调查报告

这种调查报告是对市场上的某一现象或产品进行专门的调查，它涉及的市场范围小，但针对性强，能更加深入系统地指挥某一市场活动。

（二）按市场调查报告的内容划分

可以分为情况调查报告、事件调查报告、经验调查报告和问题调查报告。

（三）按照市场调查报告的性质划分

可以分为市场需求调查报告、市场供给调查报告、商品销售渠道调查报告、商品价格调查报告和市场竞争情况调查报告等。

1. 市场需求调查报告

主要内容包括产品销售对象的数量与构成、消费者家庭收入水平、实际购买力、潜在需求量及其购买意向，如消费者收入增加额度、需求层次变化情况，消费者对商品需求程度的变化、消费心理等。

2. 市场供给调查报告

主要内容包括商品资源总量及构成、商品生产厂家有关情况、产品更新换代情况、不同商品市场生命周期的阶段、商品供给前景等。

3. 商品销售渠道调查报告

主要内容包括渠道种类与各渠道销售商品的数量、潜力，商品流转环节、路线、仓储情况等。

4. 商品价格调查报告

主要内容包括商品成本、税金、市场价格变动情况，消费者对价格变动情况的反映等。

5. 市场竞争情况调查报告

主要内容包括竞争对手情况、竞争手段，竞争产品质量、性能、价格等。

二、市场调查报告的特点

（一）针对性

针对性是市场调查报告的灵魂，主要包括两方面：第一，市场调查报告必须以市场活动为对象，要突出重点，有的放矢地说明或解决某一具体市场问题；第二，市场调查报告必须明确阅读对象。因为生产经营者与商品消费者所要求和关心的问题不尽相同。如果既不明确要解决什么问题，又不明确读者对象就撰写市场调查报告，是盲目而毫无意义的。

（二）新颖性

市场调查报告应该紧紧抓住市场活动的新情况、新动向、新问题，引用一些人们未知的通过调查研究获得的新发现，提出新观点，形成新结论。只有突出"新"的报告，才有使用价值，才能达到指导企业市场经营活动的目的。不要把众所周知的、常识性的或陈旧的观点和结论作为市场调查的成果。

（三）时效性

当今世界已进入信息时代，市场竞争更加剧烈，企业在生产经营中必须掌握准确、及时、系统的经济资料，对市场变化迅速作出反应，并对未来状况加以预测，才能在竞争中取胜。因此，要顺应瞬息万变的市场形势，市场调查报告必须讲究时间效益，做到及时反馈。市场调查报告只有及时到达使用者手中，使经营决策跟上市场形势的发展变化，才能发挥其作用。

（四）真实性

尊重客观事实，讲求实事求是，用事实说话是写好市场调查报告的关键。市场调查报告中引用的资料一定要真实，一些重要的数据一定要经过反复地计算，确保准确。另外，在报告的写作中，要从实际情况出发，既不可夸大其词，也不要随意贬低，否则就失去了市场调查的作用。

三、市场调查报告的作用

随着社会的信息化，市场经济的迅速发展，人们迫切要求及时了解经济形势、市场变化。市场调查报告能对市场经济提供有效的导向作用，对生产经营管理者获取信息、分析问题、制定决策和编制计划以及控制、协调、监督等都起到了积极的作用。其主要作用有以下三点。

（一）获取经济预测的信息

市场调查报告所掌握的市场的历史、现状及其发展变化的轨迹，为企业进行经济预测提供了可靠的信息。

（二）提供企业决策的依据

市场调查报告所提供的准确的市场动态信息，可直接为企业决策提供依据，使产销需求对路，从而避免竞争中的风险。

（三）推动企业改善经营管理

市场调查报告有助于正确认识市场，推动企业改善经营管理；遵循经济规律，提高经济计划的制订水平。

四、市场调查的内容和方法

（一）市场调查的主要内容

市场的广阔和复杂，决定了市场调查内容的广泛和丰富，但不同的企业和不同的行业、相同的企业在不同时期对市场调查的内容会因需要的不同而有所侧重和选择。一般情况下，市场调查的内容主要涉及以下几个方面。

第一，说明市场调查的目的以及所要解决的问题；

第二，介绍市场背景资料；

第三，分析的方法，如样本的抽取，资料的收集、整理、分析技术等；

第四，市场调研数据及其分析；

第五，提出论点，即摆出自己的观点和看法；

第六，论证所提观点的基本理由；

第七，提出解决问题可供选择的建议、方案和步骤；

第八，预测可能遇到的风险、对策。

（二）市场调查的方法

随着市场经济的迅速发展，市场变得更为广阔而复杂，市场调查的方法也在不断创新。市场调查的方法有很多，按其选择的对象划分，可分为市场普查、抽样调查、典型调查和重点调查；按其目的划分，可分为探测法、描述法和因果关系法；按其调查形式划分，又可分为询问法、观察法、资料法，以及现在流行的头脑风暴法和德尔菲调查法。这些调查方法可以单独使用，也可以合起来使用。使用什么样的市场调查方法，主要取决于调查的内容。

目前市场调查，经常使用问卷调查和实验调查，以求"调查"的广度和深度。问卷调查实施方便，使用范围广，有利于对资料进行统计处理和定量分析；既节省调查时间，又提高调查效率。实验调查比较科学、准确、可信度高，但实验中的可变因素难以掌握，必须做好实验调查的设计，严格把握实验条件，才能保证实验效果的可靠性。

五、市场调查报告的结构与写法

市场调查报告与一般调查报告的结构与写法基本相同，只是市场调查报告新闻性更强，写法更为灵活。市场调查报告的结构一般可分为标题、前言、主体、结尾四个部分。

（一）标题

标题，主要是标明市场调查报告的名称。一般来说，市场调查报告的标题要求与文章的内容融为一体，是文章内容的高度概括，用准确精练、简洁醒目的文字去表现文章的中心思想。常见的市场调查报告的标题有公文式、文章式和正副标题式。

1. 公文式标题

这种标题直接写明市场调查的时间、地区、调查的对象（内容）和"市场调查"这一文种，如《天津自行车在国内外市场地位的调查》、《2003年杭州居民空调消费状况调查》。

2. 文章式标题

在标题里直接提出某一种商品在市场上的问题，点明文章的中心，如《××牌冰箱被冷落》；也可以直接揭示调查结论，如《皮革服装在济南市场畅销》；也可以直接提出问题，如《电动玩具为何如此热销》。

3. 正副标题式

市场调查报告的标题，有的在正标题之外还加上副标题。用正标题点明文章的中心，再用副标题说明市场调查的对象、内容、地区和文种。这种标题形象、生动、醒目，具有强烈的吸引力，如《安于"小"、专于"小"、发展"小"——温州小商品市场生意红火》、《从"牛棚"走向世纪——江苏森林集团创名牌之路》。

以上三种形式的标题，要根据市场调查报告的实际内容来灵活运用。实践中也常常将标题中的"市场调查报告"简化为"调查"，此外，标题中的调查区域、文种在一定情况下可以省略，但调查对象一般不能省去。

（二）前言

前言是市场调查报告正文的前置部分，又称为引言、导语、概述等。前言部分用简明扼要的文字写出调查报告撰写的依据，报告的研究目的或主旨，调查的范围、时间、地点及所采用的调查方式、方法等相关的情况，也可概括市场调查报告的基本观点或结论，以便使读者对全文内容、意义等获得初步了解。然后用一过渡句承上启下，引出主体部分。

市场调查报告的前言部分写法灵活多样：有的开头观点明确，使人一目了然，如"××牌收音机，在京市场的拥有、使用情况的调查，我们认为它在北京不具备市场竞争能力，原因主要从以下几方面阐述……"有的开头提出问题，引人关注思考，如"每逢过年，中国人的头等大事就是置'年货'。如今赶上年根儿，商场的景象却令人'心寒'。那么'上帝'都到哪儿去了……"

在选择开头方法时，应根据调查报告的种类、目的、资料及调查报告的篇幅要求等情况适当选择。但不管怎样，总要围绕着为什么进行调查、怎样进行调查和调查的结论如何这几个具体问题做文章。

（三）主体

主体是报告的核心部分，其写作的成败决定着报告质量的高低和作用的大小。市场调查报告大多数是专题调查报告，或反映市场环境，或反映市场需求，或反映市场供给，或反映市场营销情况。写作时都应该真实地反映客观事实，但这并不等于对事实的简单罗列，应该有所分析、提炼。主体部分主要有三种写法。

第一，先对调查数据资料及背景资料作客观的介绍。然后再对资料进行分析，阐述对情况的看法，进而提出并分析观点；

第二，首先提出市场调查中存在的问题，然后再对问题进行分析，目的在于找出解决问题的办法；

第三，先肯定事物的一面，由肯定一面引申出分析部分，又由分析引出结论，循序渐进。

在主体部分，分析是市场调查报告的主要组成部分，往往要对资料进行质和量的分析。通过分析，了解情况，说明问题，解决问题。分析主要有以下三类情况。

第一类，原因分析。这是对问题的基本成因进行分析，如高档酒楼买卖渐稀，大众饭店日渐红火这一现象的分析；××商品滞销、××公司破产原因的分析。

第二类，利弊分析。这是对事物在市场活动中所处地位、作用等进行利弊分析。

第三类，预测分析。这是对事物的发展趋势和发展规律作出的分析，如对××市居民住宅需求意向的调查，通过居民家庭人口情况、住房现状、收入情况以及居民对储蓄的认识、对分期付款购房的想法等，对××市居民住房需求意向进行分析。

总之，市场调查报告的主体部分，要有情况、有分析、有建议；材料翔实、观点鲜明、层次清楚。分析是重点，既不要简单化，又不要面面俱到、突不出重点；应该有详有略，抓住主题，深入分析。

（四）结尾

结尾是全文的结束部分。这一部分大致包括以下几个方面：提出意见或建议、总结全文、指出事物发展的规律、展望远景、指明方向。结尾部分要简明扼要，干净利落，给人一定的启迪与思考。市场调查报告的结尾与前言互相照应，起着深化主题的作用，但如果前言和主体部分已经把观点阐述清楚，也可以省略该部分。

有的报告在结尾还要署上调查单位或调查者姓名，以及报告的写作日期。

六、市场调查报告的写作要求

（一）要做好市场调查研究工作

在市场经济中，参与市场经营的主体，其成败的关键就在于经营决策是否科学，而科学的决策又必须以科学的市场调查方法为基础。因此，要善于运用询问法、观察法、资料查阅法、实验法以及问卷调查等方法，适时捕捉瞬息万变的市场变化情况，以获取真实、可靠、典型、富有说服力的商情材料。在此基础上所撰写出来的市场调查报告，就必然具有科学性和针对性。写作前，要根据确定的调查目的，进行深入细致的市场调查，掌握充分的材料和数据，并运用科学的方法，进行分析研究判断，为写作市场调查报告打下良好的基础。

（二）要实事求是，尊重客观事实

由于市场调查报告是对市场的供求关系、购销状况以及消费情况等所进行的调查行为的书面反映，因而它往往离不开各种各样的数据材料。这些数据材料是定性定量的依据，在撰写时要善于运用统计数据来说明问题，以增强市场调查报告的说服力。

写作市场调查报告一定要从实际出发，实事求是地反映出市场的真实情况，一是一、二是二，不夸大，不缩小，要用真实、可靠、典型的材料反映市场的本来面貌。

(三) 要中心突出，条理清楚

撰写市场调查报告，必须以大量的事实材料作基础，包括动态的、静态的，表象的、本质的，历史的、现实的等，可以说错综复杂，丰富充实。运用多种方式进行市场调查，得到的材料往往是大量而庞杂的，必须运用科学的方法对其进行充分有力的分析归纳。要善于根据主旨的需要对材料进行严格的鉴别和筛选，给材料归类，并分清材料的主次轻重，按照一定的条理，将有价值的材料组织到文章中去。只有这样，市场调查报告所作的市场预测及所提出的对策与建议才会获得坚实的支撑。

【例文4-2】

3D 电视短期难破健康门

在日韩巨头的大力追捧下，全球彩电业掀起了一轮 3D 浪潮，但由于存在短期内无法解决的健康隐患，3D 电视离市场普及还很遥远。

一、全球市场表现惨淡

一部《阿凡达》，除了缔造一个票房传奇之外，最大的贡献莫过于加速了 3D 应用的进程。与此同时，一些日韩电视厂商从中嗅出了商机，趁机热炒"3D"概念，并迅速投入研发、生产、推广以及销售 3D 电视。但令人遗憾的是，相对于厂商热烈的理想图景，消费者的购买情况却十分冷清。

每年的春节前夕都是电视促销的大好时机，2011 年自然也不例外。记者 1 月 22 日和 23 日两天走访了京城三大家电卖场，结果发现，LED 电视销售火爆而 3D 电视却少有人问津。在大中中塔店和国美马甸店，记者看到有不少顾客在体验 3D 电视，并对 3D 电视表现出很大的兴趣，但最后基本上都不会购买。

大中中塔店的一位导购员表示，3D 电视真的不好卖。老百姓目前最关心的问题就是价格，一台普通的 3D 电视价格一般都在万元人民币左右，再加上一些配件，例如 3D 播放机、3D 眼镜之类的，价格可能会达到两万元，这个价位真不是一般老百姓能够承受得起的。

事实也确实如此，昂贵的研发和生产技术成本使 3D 电视的价格让全球消费者望而却步。不仅如此，要顺利看到 3D 画面还少不了 3D 眼镜和 3D 播放机、3D 片源，三者缺一不可，这无疑成了消费者购买 3D 电视的阻力之一。正因为如此，尽管厂商们加大了宣传力度，但 3D 电视在包括中国市场在内的全球市场的表现却难以乐观。

根据法国购物网站 Twenga 于 2010 年发布的欧洲圣诞节购物调查显示，52% 的英国人不想在圣诞节收到 3D 电视礼物。英国人对 3D 电视的排斥似乎可以预料，之前调研公司 Deloitte/YouGov 发布的调查报告显示，只有 2% 的英国人愿意购买 3D 电视。

在消费者理性消费理念的支持下，这种 3D 电视不受欢迎的现象在德国、荷兰、西班牙等国家同样存在。而在美国，美国消费电子协会的一项调查则显示，有大约 89% 的受访者认为，佩戴特殊的 3D 眼镜会限制他们在看电视的同时做其他的事情。

更令人感到惊讶的是，一向对新兴电子技术充满兴趣的日本消费者也对 3D 电视不太"感冒"。日本最大购物指南网站 Kakaku 于 2010 年 7 月公布的一项调查显示，67.4% 的日本消费者对于购买 3D 电视表示不感兴趣。

二、健康隐患成最大障碍

与冷淡的销售境况相比，3D 电视对观看者存在的健康隐患则成为摆在各大厂商和消费者面前的一个巨大障碍。

3D 对人体健康的"副作用"已开始逐渐体现出来。相信许多体验过 3D 电视的用户都会有这样的感觉：观看 3D 画面较长一段时间之后，都会遇到身体不舒适的症状，如眼睛不适、头部眩晕，甚至是感到恶心等。

早在 2010 年 4 月，三星电子曾在其澳大利亚网站上低调发布了一份题为《光敏性癫痫警告和其他健康风险》的报告，罗列了一系列由于观看 3D 电视而可能产生的身体不适，包括视力下降、头晕、视线恍惚等引起的恶心、抽搐、痉挛、方向障碍等，其中最严重的为中风。而索尼和松下也对使用采用 3D 技术产品的消费者提出过类似的警示。

除此之外，专业医生也给出了大量的健康警告。纽约大学 Langone 医疗中心眼科的诊疗助理教授 Lisa Park 医生说："恶心、头疼、疲劳等症状的出现可能是因为 3D 视觉相应地让眼镜的移动偏离了自然的状态。"而美国加州大学伯克利分校验光与视力科学教授 Martin Banks 认为，立体 3D 电影与电视可能产生至少 7 种不同的感知问题。

"我们的实验室已经证实在某些情况下，这种冲突会导致疲劳、不舒服、眼睛紧张以及头痛等症状。"Martin Banks 说，当观看者直视邻近的事物或场景，它们的视觉焦点会集中；而当他们凝视远方，其视觉焦点就会散开，也就是光学术语说的辐辏。而让眼睛肌肉聚焦，好集中关注某种东西，就叫做调节。

在现实世界，辐辏与调节会在相同的距离上同步进行；但透过 3D 眼镜看到的世界是分成两边的，让大脑被迫去耦合辐辏与调节距离上的差异。"正常情况下，你聚合眼睛的距离以及调节焦距的距离是一样的，因此不难理解你的大脑如何能够将这些信息耦合在一起。"Martin Banks 解释说："立体 3D 显示器却打破了这种耦合，理由是有两个分开的、可能是某些在屏幕前面或后面的场景所形成的影像，分别被送到左右两眼。无论是哪一种，观看者必须把与屏幕之间距离不同的目光聚合起来，但还是得对屏幕进行视觉调节，因为那是光线的来源。"

伯克利的研究人员分别在两个工作室进行实验，得到的结论是相同的：3D 电视会促使大脑出现辐辏－调节差异，并使得为数不少的人们出现疲劳、不舒服、眼睛紧张、头痛等症状。

全球范围内对于 3D 电视可能引发视力问题、精神问题以及一些平衡系统临床病变反应的事实已经基本达成一致。针对于此，健康消费专家纷纷指出，3D 电视不仅是一款产业链不成熟、应用不成熟的产品，更可能是家庭里的健康杀手，在 3D 电视的安全性通过科学界一致的解读之前，消费者必须谨慎购买和使用 3D 电视。

目前，一些国家已对 3D 电视存在的健康隐患作出了应对策略，比如，为了确保人们能够正确使用 3D 电视，日本已于 2010 年 5 月出台了一套 3D 电视"安全指南"，督促人们，特别是儿童不能长时间观看，并明文规定各电视台不能制作过于刺激眼球的画面。同时，它还提出观赏 3D 电视时，不宜躺卧，一定要坐直身子，正视电视屏幕，这样眼睛便不容易感到疲劳。

三、只是一道家庭娱乐"开胃菜"

毫无疑问，逼真、犹如身临其境般的 3D 画面对传统 2D 画面效果的冲击，让无论是家电业界还是普通消费者都倍感新鲜刺激。然而，观看的健康舒适性对于 3D 电视来说同等重要。一些精明的消费者已经意识到，作为电视市场新鲜血液的 3D 电视，还存在很多有待突破的地方。他们表示，在 3D 电视不能切实解决相关健康隐患之前暂时保持观望态度。

据专家介绍，目前中国市场上的 3D 电视大都采用主动快门式技术，它对人眼的伤害主要源于三大因素：第一，主动快门式的特殊性质造成显示器或电视的屏幕亮度下降，让人们观察屏幕上的细节时必须更加集中注意力，从而增加人眼的负担；第二，主动快门式的 3D 技术将画面切换成左和右两帧，这样相对于正常的画面，3D 画面的信息量大约是之前的两倍，这无疑也会增加人眼的负载；第三，对于一些支持 3D 的影片或游戏而言，其画面会产生比较剧烈的晃动，而这些过多无规律的晃动无疑会加速眼睛的疲劳。

针对第一个因素，现在已经有显示器厂商拿出了有效的应对方法，那就是采用高透光率的镜面屏，其可以增加屏幕的亮度。而面对后两个问题，尤其是第二个因素时，除非 3D 技术从根本上发生大的变化，否则在短期内这个问题完全无法避免。

就目前的市场来看，观看电视的人群主要是已退休的老人和拥有长假的少年儿童。对于老人而言，由于体质普遍虚弱，观看 3D 电视后引发的各种不适很可能比年轻人更严重；而对于儿童来说，过早观看 3D 电视不仅对眼睛的发育造成影响，那些逼真的暴力、恐怖、惊悚、悬疑场景还会在他们尚未成熟的心灵上留下阴影。

美国华盛顿大学（University of Washington）的调查指出，就算3D视频可能导致的生理性紧张都能避免，但仍可能导致类似晕眩的心理性紧张症状。据英国媒体报道，全球由于观看3D节目已经出现过比较严重的后遗症症状案例，例如英国一名男孩在观看"阿凡达"后出现恐惧症类型的精神障碍。

由此看来，3D电视获得更多的认可和更大的市场还需时日。尽管一些3D电视生产厂商纷纷抛出预言：3D电视将走进寻常百姓家，成为百姓家庭娱乐的家常菜，但有为数不少的专业人士和消费者却认为，3D电视只能算是一道"开胃菜"，不能也不应该成为家庭大众娱乐的主流。

（来源：《经济参考报》记者傅勇）

第四节　市场预测报告

市场预测报告是以一定的经济理论为基础，以市场的历史和现状为出发点，运用经济预测手段，将预测对象、预测区域、预测结果用文字表述出来的书面报告。

市场预测报告是在市场调查的基础上，综合调查的材料，用科学的方法估计和预测未来市场的趋势，从而为有关部门和企业提供信息，以改善经营管理，促使产销对路，提高经济效益。

一、市场预测报告的分类

市场预测报告的种类较多，依据不同的标准可以将其分为不同的类别。

（一）按照预测的经济活动的范围划分

可以分为宏观市场预测报告和微观市场预测报告。

（二）按照预测的时间划分

可以分为长期市场预测报告、中期市场预测报告和短期市场预测报告。

1. 长期市场预测报告

一般指对5年以上的市场发展远景进行预测而写成的报告。由于期限长，受未来因素变化的影响较大，预测的误差也较大，需要在实际工作中不断调整。

2. 中期市场预测报告

一般指对1～5年的市场发展前景进行预测而写成的报告。一般对预测期内各种影响因素考虑比较全面，预测误差比较小。

3. 短期市场预测报告

一般指对1年内的市场发展前景进行预测而写成的报告。由于预测期限短，报告的准确性和可靠性都比较高。

（三）按照预测的产品划分

可以分为单项产品市场预测报告、同类产品市场预测报告和综合市场预测报告。

（四）按照预测的方法划分

可以分为定性的市场预测报告和定量的市场预测报告。

1. 定性预测报告

定性预测报告是在没有掌握预测对象及其影响因素统计资料的情况下，无法以定量的形式进行分析时，凭借积累的经验、少量的数据资料和主观判断等进行分析、假设、判断、推理、估计和评价的预测方法。

2. 定量预测报告

定量预测报告是在充分占有大量、准确、系统的数据资料的基础上，根据实际经验和具体情况，选择或建立合适的数学模型，通过分析和计算推断出事物在未来可能发生结果的预测方法。

二、市场预测报告的特点

（一）预期性

市场预测报告总是根据市场的过去、现在，预见市场的未来。它包含着重要的经济信息，能提供必要的情报资料，其预期性主要表现在两方面：一方面最灵敏、最全面地记录和反映经济活动的最新动态，内容丰富而准确，有实用价值；另一方面它以最快的速度传递经济决策部门和经济管理部门的信息，反应迅速而及时，讲究时效。预期性是市场预测报告的生命和力量所在。

（二）系统性

市场预测是一个非常复杂的工作系统和工作程序，尤其是宏观预测，更需要进行系统性的调查和分析研究。因为，现在社会经济活动不是孤立、相互封闭的，而是相互联系、相互影响的。市场预测是对社会各种经济活动和经济关系的分析、综合和比较。经济活动有其本身的活动系统，不进行系统性研究，系统性活动中蕴藏着的本质规律就无法去揭示。所以，系统性是市场预测的基本特点之一，同时也是市场预测报告的基本特点之一。

（三）科学性

市场预测报告必须坚持科学的态度，严格运用科学的研究方法，否则，它就无法得出科学的结论，更谈不上科学地指导实践。因此，首先要运用科学的调查方法，将普遍调查、抽样调查、典型调查、重点调查与文字资料全面地结合起来，从而得出科学的预测结论；准确地预见未来经济发展的基本趋势，以利于科学地指导经济活动。

（四）时效性

市场预测报告是对市场活动状况进行分析得出的结论，实际上反映了市场活动的最新变化，提供了市场发展动态的最新信息，对这些市场信息的及时发布和迅速传播，会给市场活动带来新的价值。市场竞争分秒必争，所以市场预测报告必须要有强烈的时间观念，对各种信息、资料、市场动态、商品供求趋势要及时掌握、及时分析，以便企业领导及时作出经营决策。如果市场预测报告不及时，就失去了预测的实际意义，或者降低了预测的实际价值。

三、市场预测报告的作用

社会主义市场经济的建立和确认，为市场预测发挥其重要作用提供了有利的条件。在激烈的市场竞争中，市场预测报告显示的作用尤为突出，现归纳如下。

（一）市场预见作用

现代企业时刻处于激烈的竞争之中，要想在竞争中立于不败之地，只能使组织行为更加自觉、更加科学，使组织具有远见卓识，而市场预测就是市场供求变化的晴雨表，它可以帮助社会组织和企业增强市场变化意识，洞察市场变化趋向，提前进行生产经营策划，增强市场的竞争能力。

（二）生产导航作用

在市场经济条件下，企业生产经营首先要面对市场，摸清市场需求和公众需要，然后才能根据市场需求确定生产经营的目标。只有这样，生产出来的产品才会适销对路，才会为企业创造利润，并拓宽市场、占领市场。不首先预测市场需求而盲目地进行生产经营活动，将逃脱不了失败的命运。

（三）消费指导作用

市场预测报告不仅有利于企业的生产经营决策，而且有利于公众的自觉消费。市场预测可以和促销广告相互配合，有意识地影响公众的消费心理，进一步起到指导公众自觉消费的作用，以利于造成消费—生产—市场供求的良性循环。

四、市场预测的内容和方法

（一）市场预测的内容

市场预测的内容很广泛，既有从国家宏观经济管理部门角度进行的宏观市场预测，又有从企业角度进行的微观市场预测，其主要内容包括以下几个方面。

1. 市场需求预测

市场需求预测是预测消费者在一定时期、一定市场范围内，对有货币支付能力的某种商品的需求。包括质和量两方面：从质的方面预测，以解决"需求什么"；从量的方面预测，以解决"需求多少"。

2. 商品资源预测

商品资源预测是进入市场的商品资源总量及其构成和各种具体商品市场可供量的变化趋势的预测。它同需求预测结合起来，可以预见未来市场需求矛盾的变化趋向。唯有在摸清商品资源的基础上，预测出各种产品的发展前景，才能结合市场需求的变化，较精确地预测市场供求关系的发展趋势，作出正确的经营决策。

3. 供求动态预测

供求动态预测是商品供求平衡状况的预测。从宏观角度看，主要是：社会商品零售可供总额和社会商品购买力总额之间平衡与否的预测；社会零售商品量、大类商品构成与社会商品购买力投向是否平衡的预测。从微观角度看，主要是：各类商品的可供量与需求量，以及品种、规格、花色、款式、型号的供需之间平衡状况的预测。

4. 价格变化预测

价格变化，最主要的是由商品的价值量变化引起的，同时价格又是调节市场供求比例关系的手段，因而供求关系是影响价格变化的重要因素。而价格变化，反过来又影响市场供求关系的变化。因此，市场预测必须研究劳动生产率、生产成本、利润的转化以及市场供求关系的发展趋势对价格的影响，并反过来预测价格的变化对市场需求可能带来的变化与发展趋势。

5. 商品生命周期预测

商品生命周期是指商品在市场上的销售历程和持续时间，即商品在市场上经历试销、增销、饱和、减销直至退出市场的全部过程。其预测应从供求两个方面综合分析影响商品生命周期的因素；并在此基础上，对某商品所处生命周期的不同阶段可能延缓的时间，以及各阶段之间的转折点，特别是需求和销售的饱和点作出定性、定量的推断和估计。

6. 商品销售预测

商品销售预测是从企业角度预测本企业未来商品销售的前景，为企业确定生产经营计划和销售措施提供依据。企业的销售量大小主要取决于市场占有率，而影响市场占有率高低的主要因素是企业本身生产经营条件和企业竞争对手的生产经营能力。因此，在预测企业未来销售前景时，必须对市场占有率的变化趋势作出科学的预测。

（二）市场预测的方法

市场预测的方法名目繁多，据国外统计已有上百种，常用的也有二十多种。至今没有统一的分类方法，最为常见的分类是把市场预测分为定性预测和定量预测两大类。

1. 定性预测法

定性预测法也称经济判断法，或直觉经验预测法。这种预测方法是通过对市场进行客观的调查研究，对未来市场发展趋势作出主观的预测。因此，预测者要有丰富的经营经验，并尽可能掌握更多的市场变化的数据、情报资料，才有可能对未来市场发展的性质和趋势作出合乎实际的判断。这种预测方法的优点是可以用于预测数据不是很充足、发展还不稳定的市场情况。这种预测法通过综合各种因素，并凭着个人的业务知识，长期积累的经验、能力，乃至心理因素，经过一定的分析研究，来测定和推断预测对象未来发展的趋势。这种预测方法时间快、费用少，简便易行。

　　这种预测方法的缺点是常常要受到领导的倾向、专家学者的意见、周边人员的偏见等因素的影响，有的甚至在"多听取意见"的无穷会议、马拉松式的讨论中被泯灭。因此，定性预测的要求是：预测者在预测前要充分占有数据、情报资料，在分析研究过程中要做到深思熟虑，多听取意见。当然也不要轻易否定自己的见解，因为预测自身就带着模糊性，任何一种新产品的开发、生存与发展，都饱含一段艰辛的历程，即从粗糙到精致、从简陋到完善的过程。从预测到决策，要有果断精神去实践它，才能不流于空谈。

　　2. 定量预测法

　　定量预测法也称统计分析法，数学预测法。这是一种对市场需求未来发展作出商品数量预测的方法。它是根据比较完备的市场资料，用统计分析、数学运算进行科学的计算。它的优点是比较客观，不受预测者主观倾向所左右。但缺点是使用的数据是死的，而市场是活的，市场状况总是受到政治、经济、社会、心理等诸多因素的影响，而这种影响是数学运算所无法全部包容的。因此，只有把定量预测与定性预测结合起来使用，才能得到较好的预测效果。

五、市场调查报告与市场预测报告的异同

　　市场调查报告与市场预测报告，都是市场调研成果的集中体现、市场信息的重要载体，又都具有新闻的成分和报告的属性。尽管市场调查报告、市场预测报告落脚点不同，但都以调查为基础，借助信息渠道，全面掌握市场动态及其发展变化趋势，对于完善生产经营的管理，提高企业的社会效益、经济效益，都有着重要的指导作用。但两者还有着明显的区别。

　　（一）写作目的不同

　　市场调查报告的写作目的，一般是为了了解过去、总结经验、认识现状、发现问题，指导现实的生产经营活动；而市场预测报告是着眼于未来，在调研的基础上认识未来，以寻求企业的生存与发展之路，为经济决策提供依据，使企业赢得生产经营管理的主动权。

　　（二）反映对象不同

　　市场调查报告是反映市场的过去和现状，反映市场经济活动中的经济状况与条件；而市场预测报告则是通过大量具体现实材料的归纳、分析、推理、判断来反映市场未来的变化和趋势。这种变化和趋势又是尚未形成的经济现象。

　　（三）内容侧重点不同

　　这是两者最主要的区别，市场调查报告侧重于调查，反馈市场信息；而市场预测报告侧重于预测，揭示市场趋向。

　　综上所述，两者既有联系，又有区别。也有将两者并列在一起行文的市场调查预测报告，如《对移动电话市场的调查和预测》。这样的报告，往往"预测"是行文的主要目的，"调查"是预测的前提和基础；依据调查结果进行定性定量的科学

预测，得出的结论和提出的建议比较可信，具有较强的说服力。

六、市场预测报告的结构与写法

市场预测报告的结构可以分为标题、前言、主体和结尾四个部分。

（一）标题

市场预测报告是调查报告的一种特殊形式，其标题与调查报告的标题形式基本相同。市场预测报告的标题一般可以分为以下几种形式。

1. 公文式标题

通常由预测时限、预测区域、预测对象和文种四部分组成，如《2004 年 × × 公司中期业绩预测报告》、《北京市 2003 年家电市场预测报告》。

2. 文章式标题

这种标题一般不标"预测报告"文种名称，而是在标题中使用"趋势"、"前景"、"展望"等一些有预测意义的词语直接点明，如《1999 年中欧经贸关系的走势与展望》、《房地产市场的倾向》。

3. 提问式标题

这种标题直接用提问的形式提出要预测的对象和内容，如《2000 年我国需要多少粮食》。

为了吸引读者阅读市场预测报告，帮助读者把握预测报告的内容，标题要求简洁明快，让人一目了然。但是一般情况下，标题中不能缺少"预测对象"，它是预测报告的基本点，也是报告标题的必备条件。

（二）前言

市场预测报告的前言部分一般是简要地介绍预测的缘由、范围、对象等；也有的是概述预测的主要内容、观点或数据，以便引起下文；有的利用数据资料，对所预测活动的历史和现状作简要的回顾和说明；也有的不要前言，而将其内容放在主体中去进行说明。

前言部分的写作，语言要十分简洁，内容要十分扼要，突出预测最关键的地方，以引起读者对预测的关注，从而进一步产生阅读下文的兴趣。

（三）主体

市场预测报告的主体，是预测报告的核心部分，也是预测报告最重要的部分。主体部分一般要求具体、详细地写出"概况"、"预测"和"建议"三个方面的内容。

1. 概况

这是预测报告的基础。主要采用叙述的方法，也常结合恰当的数字、图表来帮助说明。概况主要介绍预测对象的历史以及现实情况，要根据预测对象的特点，从预测分析的需要出发，做到客观、全面、准确而又有重点。

2. 预测

这是预测报告的核心。它是在深入分析预测对象的过去和现在情况的基础上，形成的对预测对象未来前景的估计。预测要准确，这是最重要的。概况的介绍符合实际，仅仅是做到准确的一个前提条件。在分析概况提供的事实和数据时，还要注意选择科学的分析、预测方法和计算方法。要运用辩证法，从事物的各种因素的联系中去看问题，切不可以偏概全或被现象掩盖本质。

3. 建议

这是根据对预测对象未来前景估计而提出的应变措施。建议应当具体、实在、可行，真正能为解决未来发展趋势中出现的问题指明方向、提供办法。

市场预测报告中的"概况"、"预测"、"建议"是有着严密的逻辑关系的三部分。它们互为因果、有机统一。三者在文章中可以相对独立，自成层次，也可以根据需要适当合并，顺序也可以变化。

总之，市场预测报告中，概况、预测、建议三部分之间的变化形态与兼容形式很多，须根据内容表述的需要灵活掌握，巧妙安排。其结构要严谨、富于逻辑性和层次感。市场预测报告一般采用叙述和议论相结合的表达方式，叙述要概括，议论要深刻、高屋建瓴，结论应深刻精辟。此外，报告往往要运用大量的数字及图表，对数字应力求精确，对图表应力求直观、通俗易懂。

（四）结尾

结尾是归纳预测结论，提出展望，鼓舞人心，也可以照应前言或重申观点，以加深认识。为了对报告负责，通常还在报告最后注明报告单位的名称或报告写作者的姓名及写作时间。

七、市场预测报告的写作要求

（一）要广泛收集资料，并对资料进行周密分析

影响市场供求变化的因素是多方面的，这就要求预测者广泛地收集资料。预测所需资料，有反映历史发展状况的纵向资料，也有反映某一特定时期内预测对象各方面情况的横向资料。预测者既要历史地看问题，又要运用现实资料进行横向比较分析。

在广泛占有资料的基础上，还要对资料进行周密的分析，以判断资料的真实性、可靠性，要对资料进行去粗取精、去伪存真的整理。只有根据真实可靠的资料，才能作出正确的判断，才能写出符合实际的经济预测报告。

值得注意的是，预测是对未来的判断，做到准确无误是有一定难度的。在实际工作中，预测结论与现实情况不相符的情况时有发生，其原因主要有两点：一是在经济现象中确实存在一些不确定的或突发性的因素；二是预测者头脑中常有一些条条框框。第一点是难以避免的，第二点则是可以解决的。只要预测者能够少一点主观臆断，多一点实事求是的精神，在材料的收集、预测方法的选择、假设条件的确定以及判断推理等方面做到全面、周密、科学、合理，得出相对正确的预测结论还

是完全能够做到的。

（二）要选择科学的预测方法

市场预测的可靠性取决于对资料的科学分析，同时也取决于预测的方法是否恰当，选择好预测方法是写好预测报告的关键，不可忽视。因此在写作时，应该根据预测对象的特点、预测的目的、预测的期限等情况恰当地选用预测方法。

（三）应提出切实可行的建议

市场预测报告不但要说明市场情况的历史和现状，更重要的是预测市场发展的趋势和走向，因此要写好市场预测报告，就要提出符合市场经济规律、切实可行的措施和建议。

（四）要注意报告的时效性

市场预测是经济决策的前提，在完成市场预测活动后，应该及时着手写作书面报告，形成正确的预测材料，并及时送交有关部门，使市场预测真正起到指导市场实践的作用。

（五）要采用准确无误、朴实无华的语言表述方式

在市场预测报告中，各种专业术语及数据的使用都要做到精准恰当，用语还要讲究分寸，如表述时间常用"近期"、"最近"、"目前"等模糊词语，表述预测结论常用含"将"字的肯定判断句等带有预警色彩的句子，对此类能够体现文体特点的词语或句子，要在认真推敲其含义的基础上准确使用。另外，无论是描述现状，还是预测未来，都要做到把内容清清楚楚、明明白白地表达出来就可以了，不要进行过度的粉饰渲染。

（六）要准确、新颖、及时地反映市场动态

1. 准确

这里说得准确是相对准确而不绝对准确。市场是在动态中运行的，其预测对象在各种条件、各种因素影响下不断地发生变化，预测完全准确是不可能的。但力求要做到基本准确。如国家统计局发布我国 1982 年城乡人民存款余额为 447 亿元，预测 1983 年末存款余额为 548 亿元，而 1983 年的实际余额是 580 亿元，这就基本准确了。

2. 新颖

市场是在不断变化的，除了天时、气候等突发因素外，一般是循着规律性发展的。因此，市场预测应审视波涛起伏的商海，跨越固有的经营之理念，摒弃传统商海之经纶，紧紧把握未来市场发展的必然规律，作出崭新的预测。

3. 及时

市场的机遇，稍纵即逝。市场预测是为企业决策服务的，它一定要在决策之前完成。及时就掌握了主动权，否则就会错过机会，市场预测也就失去了应有的价值。

【例文4-3】

2008 年生猪市场预测及应对预案

2007 年全国生猪市场经历了历史上价格上涨速度最快、幅度最大的涨价。尤其是 5 月份以后，全国各地活猪价格屡创新高，不仅带动养殖盈利水平不断上升，而且由于生猪短缺，导致禽蛋、禽肉、牛羊肉、蔬菜等需求增加，从而带动了整个食品体系的价格上涨，CPI 指数屡创新高，给宏观经济的正常运行带来了巨大压力，通货膨胀风险增大。

随着猪价上涨带来的影响逐步扩大，经济学界、各大媒体甚至整个社会都将关注的目光转向养猪业。国务院、农业部、商务部、财政部等有关部门纷纷出台包括"补贴、保险、贷款"等各个方面的政策措施推动养猪生产，希望通过宏观调控平抑居高不下的猪价，然而猪价仍保持高位运行。

在政策和市场的双重影响下，2007 年下半年母猪存栏快速恢复。母猪存栏的拐点出现在 2007 年 5 月份前后。但由于 5 月份开始的猪价狂飙导致价格屡创新高，以及政策的极大支持，使得农户的养殖积极性快速增强。因此，母猪的存栏增长速度比生猪存栏增长速度快，幅度大。2007 年下半年母猪的补栏将为判断 2008 年甚至 2009 年生猪存栏结构的变化提供重要参考。

母猪存栏变化预测

后市生猪存栏的变化形势直接受前期母猪的补栏情况影响。从补充后备母猪到母猪所产第一窝猪育肥上市，至少需要 4 个月体成熟 + 妊娠期 114 天 + 150 天出栏，共 12 个月的时间。因此，2008 年生猪的存栏变化主要取决于 2007 年母猪的补栏、存栏变化情况。

根据对母猪、生猪补栏积极性及存栏结构变化的分析验证，母猪存栏的最低谷、拐点在 2007 年的 5~8 月，最低点母猪存栏水平远低于正常水平。5 月过后，母猪补栏开始快速恢复，但由于前期母猪存栏下降幅度较大，2007 年年底母猪存栏虽有恢复，但恢复至正常水平仍需一定时间。假如母猪补栏保持 2007 年年底的势头，预计母猪存栏量将在 2008 年 5 月份前后恢复至正常水平。

其原因主要有：（1）社会经济的快速发展，使得外出打工与养猪相比更具有诱惑力。目前，超高盈利下仅有不到 30% 的散养户重新回来养猪，已经充分说明这一点。这与过去相比，补栏增加的根本动力减少了许多。（2）外界投资更加理性，2005 年猪价高峰时，大量的外界资本进入养猪业，但经过了 2006 年上半年的亏损和疫病之后，"前车之鉴"使得愿意投资养猪的外界资本减少。（3）现有规模养殖户（场）扩大规模较为谨慎，而散养户退出所留下的空缺恰恰需要规模养殖户（场）来补，这就使得补栏需经历一个漫长的过程。

生猪存栏变化预测

　　通过母猪存栏的变化分析，既然母猪存栏的拐点在 2007 年的 5～8 月，那么根据生产周期推算，2008 年 5～8 月份前，生猪的供应都难以有实质性的增长。2008 年下半年生猪供应将会有一定幅度的增加，但由于母猪存栏预计 2008 年 5 月份前后才能达到正常水平，那么生猪供应的"饱和状态"预计应该在 2009 年年初之后才会出现。

生猪需求形势预测

　　由于 2008 年上半年生猪的供应很难有实质性的增长，那么这期间需求的变化将在很大程度上决定猪价的高低。2008 年的一二月份，我国最大的传统节日前后，猪肉的需求达到全年的最高峰，较 2007 年 8 月份增加 1/3，而生猪供应很难增加。因此，2008 年一二月份，各省"抢猪"的现象普遍增多，猪价创新高。广东部分地区活猪收购价超 18 元/千克的价位就说明了这一点。

　　2008 年春节过后，需求的回落有效缓解生猪供应压力，猪价开始逐渐回落。但由于 2008 年 6 月份前生猪存栏难有实质性的增长，而多数地区蔬菜、水果等农产品并未到上市时间，因此，需求回落幅度有限，猪价仍将保持在一定的高位震荡。

　　2008 年五六月份前后全国各地进入夏季，大量农产品开始上市，同时，前期的母猪补栏将在此时首次反映到生猪出栏上，供应将开始有较大的增加，猪价将保持下降势头。

　　2008 年 9 月份前后，生猪出栏的持续增加将同时迎来需求的反弹，此时供应和需求的博弈结果将继续显示为"供应"决定价格，猪价在需求旺季持续回落。

　　2008 年年底，随着春节的临近，供应和需求的博弈将呈现胶着状态，猪价可能保持在较高价位震荡，距离均衡价位已经不远。

　　2009 年生猪的供求形势现在预测虽然为时尚早，但根据存栏的变化分析，预计 2009 年第二季度，猪价有可能接近成本线。2007 年下半年开始的母猪大量补栏将真正反映到 2009 年的生猪市场，形势不容乐观。2006 年上半年的亏损在时隔 2007 年、2008 年两年多后，将再次面临考验，这同时也昭示新一轮的盈亏周期拉开了序幕。

　　此轮盈利周期自 2006 年 8 月份开始，至 2007 年 12 月份已历经 16 个月，最高峰在 2008 年 1 月份出现，此半个盈利期为 17 个月，由此保守估计，仅整个盈利期就有望突破 30 个月，2009 年上半年才有可能进入微利平衡期。当然，随着其他成本的上涨，正常区间有可能前移，微利在 2008 年年底到来的可能性也存在。

应对预案

　　2008 年生猪市场预计还将以"红色"为主，根据"红色"警戒区预警应对方案，普通散养户不可盲目大量补栏，后市存在一定风险，生产的关键点在于控制成本及疫病。广大养殖户需谨慎扩栏，随时调整存栏结构，尤其需要控制好 2008 年年底、2009 年年初母猪的存栏数量以及发情配种。尽量避免亏损期到来前妊娠母猪、哺乳子猪、育肥猪存栏量过大，导致亏损期间损失过重。争取亏损期间存栏结构以后备母猪、暂停配种的能繁母猪为主，这样可最大限度地降低亏损期的损失，成功渡过 2009 年的亏损期，迎来新一轮的盈利期。

（来源：中国畜牧网）

第五节　经济活动分析报告

经济活动分析，是以党和国家经济方针政策和正确的经济理论为指导，以现实和历史的计划、会计、统计资料以及有关原始记录和调查材料为依据，对某一地区、某一行业、某一单位、某一部门的所有经济活动或某一项经济活动的情况进行客观分析的一种行为。根据经济活动分析内容和结果写成的书面报告，就是经济活动分析报告。

经济活动分析报告的基本任务就是围绕生产、销售、分配与消费四个方面的调查研究分析，摸清企业经济活动规律。一方面肯定成绩，表彰先进；另一方面揭露矛盾，提出解决矛盾的有效措施，促进企业的转化，不断提高管理水平和生产经营效益，使企业沿着社会主义市场经济轨道前进。

一、经济活动分析报告的分类

经济活动分析根据不同标准可划分为不同类别。不同的经济活动分析形成了不同的经济活动分析报告。

（一）按不同经济部门划分

可以分为工业经济活动分析、商业经济活动分析、交通运输经济活动分析、农业经济活动分析等。

（二）按分析的内容范围划分

可以分为全面分析、部门分析、专题分析等。

1. 全面分析

亦称综合分析或系统分析，它是指一个地区、部门或企业对其一定期限内的经济活动的各项经济指标完成情况进行的全面系统的分析。它一般按年、季、月定期进行。

2. 部门分析

又称单项分析，它是指经济主管部门或企业职能部门结合本身的业务，对其所分管的经济指标进行的分析，如财务部门的财务分析、计划部门的生产分析等。

3. 专题分析

又称专项分析，它是指经济主管部门或企业对其业务活动或生产经营活动中发生的关键或突出问题及时进行的深入细致的分析。专题分析具有针对性、专业性强的特点。它要求分析的内容要集中，重点要突出，分析要深透。

（三）按经济活动分析进行的时间划分

可分为定期分析和不定期分析。

1. 定期分析

一般分年度、季度、月份进行，多用于综合分析。

2. 不定期分析

因其大多是对及时发现又迫切需要解决的问题的分析，故多用于专题分析。

二、经济活动分析报告的特点

（一）期限性

经济活动分析报告一般是分阶段对经济活动进行分析，因而活动报告多按照年度、季度、月份等特定的时间段来进行写作，具有较强的规律性和期限性。

（二）专业性

经济活动分析报告是在核算经济效果的前提下，进行分析研究后写成的，期间离不开数据和计算，不同的经济活动有不同的技术指标，有不同的分析要求和不同的计算方法，专业技术性较强，所以经济活动报告的撰写需要有具备专业知识的人。

（三）科学性

经济活动分析报告要求比较完整地反映出经济活动的起因、经过和结果，并且要有分析、归纳，从而找出规律性的东西来，在分析的过程中要尊重客观事实，坚持用科学的分析方法，这样才能得出正确的结论，提供正确的决策依据。

三、经济活动分析报告的作用

开展经济活动分析对经济管理部门或企业都具有十分重要的作用。

（一）有利于经济管理部门掌握情况，总结工作并获得决策依据

作为经济管理部门来说，其管理工作的好坏决定于其管理水平的高低，而管理水平的高低在很大程度上又取决于其对所管辖系统情况的了解和把握，以及对所出现的各种情况能否作出正确分析并制定出相应政策。而经常开展经济活动分析则为经济管理部门掌握情况，研究分析问题，制定相应政策、法规提供了一个重要的手段。

（二）有利于检查企业生产经营各个环节执行国家方针、政策和计划完成情况，及时发现、纠正问题

随着我国社会主义市场经济的确立和发展，企业生产经营的自主权越来越得到保证。但是企业自主经营并非脱离政府的管理和法规约束，相反企业在自主经营实现其生产经营计划的同时，更应自觉遵守国家的有关政策和规定，维护国家整体的经济秩序。这就重要在开展经济活动分析的过程中，对有悖于国家政策、法规的问题，及时予以纠正，使企业生产经营得以健康顺利地发展。

（三）有利于企业提高管理水平和经济效益

企业开展经济活动分析，其最重要的目的是提高企业的经济效益。企业经济效益的好坏除了受到外部环境因素的制约外，企业内部管理的水平高低也是至关重要的。开展经济活动分析，往往可使企业在研究分析经济效益问题的同时，发现企业在管理上存在的不足之处，从而改进修正管理的制度和措施，更好地提高企业的经济效益。

四、经济活动分析方法

进行经济活动分析必须运用正确的方法。经济活动分析因其分析的事物和现象的不同，或者因分析的目的不同，而应选用不同的方法。一般常用的主要方法有以下几种。

（一）比较分析法

比较分析法，简称比较法，又称对比法。它是运用相关经济指标进行对比分析来确定指标间的差异，从中发现问题、查明原因的一种方法。所谓指标对比，在实际分析中，是用企业本期各项经济指标实际完成数与计划指标，与上期或上年同期或以前历史同时期实际数比较。有时根据需要还可与同行业先进企业比较。通过上述几种比较，考察企业计划完成情况以及企业经济活动的发展状况。

比较分析法简单明了，是经济活动分析中应用极为广泛的一种方法。但运用此种方法，必须注意指标的可比性。即相互对比的指标应在时间单位、计算口径、计算基础等方面保持一致性。如果对比指标在某方面不可比，则可通过调整换算使其一致后再进行对比。在实际分析中，对比指标可以用绝对数，也可以用增减数、增减率等进行对比。另外，若是企业之间进行经济指标对比，还应是技术条件和其他条件大体相近的才能进行比较。"有比较才能鉴别，有鉴别才能发展。"（毛泽东《在中国共产党全国宣传工作会议上的讲话》）比较分析法是把两种时间、项目条件等客观因素基本相同或相似，但经营的结果却完全不同的两者放在一起进行对比，从而发现问题，查明原因，提出改进办法。使用比较分析法，一般有下列两种做法：

1. 自我对比法

（1）与计划比较。即把本时期制订的各项计划指标与完成的实际指标作对比，从而说明计划执行的情况，分析主要存在的问题，指明存在问题的原因，提出解决问题的办法。

（2）与历史比较。即把本时期完成的各项指标与本单位历史上最高指标作对比，从而分析企业经营活动的变化与发展的趋势，以便改进企业的经营管理。

2. 与其他单位进行对比

这种对比要求在时间、地点、内容、条件等客观因素基本相同或相似的行业作比较，通过比较，加大反差，从而寻找造成差距的主客观因素，分析其中存在的问题，便于学习先进的经验。

（二）因素分析法

因素分析法又叫因果论证法。它是依据经济活动的结果，探寻经济活动某种结果产生的原因（即影响结果产生的各因素及其影响程度）的一种方法。运用此种方法，必须先将对比法所确定的差异数值作为分析对象，然后再找出产生差异的各个因素及其影响程度。因素分析法又可分为连锁替代法和差额分析法两种。

1. 连锁替代法

又称连环替代法，它是以组成综合性指标各因素的实际数，按顺序替换基数（计划数）来计算各因素对计划完成结果影响程度的一种分析方法。

2. 差额分析法

差额分析法是因素分析法的一种简化形式。它是利用各个因素的实际数与计划数之间的差额来计算各个因素对计划完成情况影响程度的一种分析方法。

（三）动态分析法

动态分析法又称为预测分析法。企业的经济活动要在竞争中保持生存与发展，最重要的是必须研究市场的动态。在市场经济下生产、供给、销售各个环节中，最重要的环节是对销售领域作科学分析。消费者常常受到主客观因素的制约。主观因素有社会习俗、传统消费观念等，客观因素有经济收入、社会周边环境等。不管是主观因素还是客观因素，都是在动态中发展变化的。因此，从消费动态中分析有关经济活动变化的规律，为经营决策提供有价值的建议，是动态分析的任务。

（四）调查分析法

比较分析法和因素分析法都是基本的数量分析，其基本目的是通过对企业的各种经济指标的数量分析，确定寻找问题的方向。但是发现了问题所在，并不等于找出了问题产生的原因。这时就必须进行调查研究，查明实际情况，追究原因，这样才能"对症下药"，提出切实可行的改进措施来。调查分析法就是要通过典型情况的调查，用事实说明经济活动的重大问题，是其他几种分析法的补充。

在一篇经济活动分析报告中，既可以单独使用一种分析法，也可以综合使用几种分析法。一般来说，简单的经济活动现象，可以使用单一的分析法；而比较复杂的经济活动，就需要运用多种分析法多侧面、多角度、多层次进行分析。因此，如何应用分析法，要依据分析对象的具体情况，作出具体的抉择。

五、经济活动分析报告与调查报告的联系与区别

（一）经济活动分析报告与调查报告的联系

1. 构思程序相同

两种报告都是以国家有关方针政策为指导，根据某一目的对某一对象进行调查，得到丰富的材料后，作科学的研究分析，然后揭示事物本质，找出规律，作出结论的陈述性报告。它们都强调调查研究，文章中都要有事实材料、分析、结论这几个不可或缺的要素。

2. 写作目的大致相同

两种报告都试图通过对具体对象的分析，从政策、规律、得失、趋势等方面加以研究思考，总结经验，揭露矛盾，提出建议，给有关领导及部门作参考，借以改进工作，推动事业发展。也有人认为经济活动分析报告是调查报告的一种特殊形式。

（二）经济活动分析报告与调查报告的区别

尽管如此，经济活动分析报告与调查报告在许多方面仍存在差异，属不同的文种。两种报告的差异主要表现如下：

1. 写作时间

经济活动分析报告是对一定时期里已进行过的生产经营活动的各个环节的检查与总结，所以除了部分专题经济分析是不定期的，随时发现问题随时分析之外，一般的经济活动分析都在年终或一个生产周期、一个经营环节告一段落之后进行。因此，经济活动分析报告常常作为年度、季度、月度报表资料的文字说明部分，或结合某一经济活动的全过程来写作。

调查报告在写作时间上则具有报道性的特点，要求及时发现和反映现实生活中的新事物、新经验、新矛盾，所以写作时间比较灵活，事情进行前、进行中、进行后，只要角度选得适当，都可对调查对象进行研究分析，写出报告。

2. 写作内容

经济活动分析报告只着眼于经济活动，要求根据会计、统计、计划、生产核算和调查到的其他经济资料，对企业生产或流通过程中各项指标完成情况进行计算、分析、比较，它强调的是从调查对象本身出发去分析其经济效益和社会效益。经济活动分析报告在收集数据资料外，也要收集一些活资料，如经营管理、技术改革、政治工作中动人的好事例；也要收集一些典型材料，如本单位历史最高水平、同类企业中的先进水平等。但这些活资料、典型材料只是作为分析的依据之一，无须详细介绍，即使要以之为例，也要用其经济效果的具体数据加以概括和证明，而不仅靠陈述性语言表达。有时是利用这些活生生的资料为线索，去查证计划、报表等死资料，而不一定在报告中把这些具体事实用文字表现出来。

而调查报告则不同，虽然它的内容与科技、经济活动联系较紧密，但所涉及的范围要比经济活动分析报告广泛得多。调查报告重在解剖麻雀，通过典型找出普遍规律，以点带面去指导全局的工作。尽管它也需要收集有关数据，但更多地要收集生动、具体的正面或反面的典型事例，并要求作比较详细的叙述说明，以此来加强调查报告的说服力和感染力。即使是综合分析调查报告需要对面上有关情况作较广泛的概括分析，但仍少不了用具有代表性的典型材料来印证补充，使文章内容充实可信，也使文章的观点更具说服力。

3. 写法

这两种报告虽同属陈述性报告，但在表达方式上却有较大的区别。经济活动分析报告中的数据分析较多，一般与表格结合。表达方式除记叙外，主要是说明，并且它的说明方法是特定的经济分析方法，即对比分析法、因素分析法、动态分析法等。在语言表述上，经济活动分析报告中较多地运用专业术语，科学严密性和理论性要求较高。

调查报告的表达方式较灵活，它要求用事实说话，所以主要用记叙和说明的表述方法，但它的目的又不仅在记叙或说明某一事物，而要通过对此事物的分析，说明一定的道理与观点，故必须要用议论，因此调查报告常以记叙为主，兼以说明和简要的议论。它虽也引用数据，但只作为事实的佐证。它的语言虽也要求朴素自然，但同时要求生动活泼，要求适当引用群众语言来点明主旨，运用比喻、排比、层递等积极修辞手法来引人入胜，文章的表现力较强。

4. 行文结构

经济活动分析报告一般采用纵式的递进结构，即大致按概况、对各指标的完成进行量和质的分析、剖析产生现状的原因、进一步搞好工作的对策建议等四部分顺序成文。

调查报告的结构方式较多样，它按表达的需要，可分成横式、纵式、纵横式三种。横式是指从几个方面阐述一个问题的并列形式；纵式包括按时间或方位顺序或事物发展的内部联系安排材料的连贯式，按问题的逐步深入来阐述的层递式，以及按现状、产生原因、对策建议安排的递进式；纵横式指纵式和横式合用的总分（总）结构。可见调查报告的行文结构是灵活而多变的。

5. 人称

经济活动分析报告既可由上级机关、外单位人员来写，用第三人称；也可由本单位人员自己分析供本单位自查而写作，用第一人称。而调查报告一般由上级部门或外单位人员所写，用第三人称。

总之，经济活动分析报告与调查报告有相同之点，更多的是相异之处，在写作时必须根据自己所掌握的材料类别确定文章的着眼点，从而采用不同的文种，两者不可混为一谈。

六、经济活动分析报告的结构与写法

经济活动分析报告的写作没有固定的模式，其机构一般可以分为标题、正文和结尾三个部分。

（一）标题

经济活动分析报告的标题，主要有以下三种形式。

1. 公文式标题

这种标题一般由分析时间、单位名称、分析内容和文种四个部分组成，如《××公司 2005 年度经济效益分析报告》、《2000 年××公司产品销售情况分析报告》。这种标题有时候可以省略"报告"两字，还有的可以写为"意见"、"建议"等文种，如《××公司 2000 年财务状况分析》；有的可以省略分析时间和单位名称，只留下分析内容和文种，如《塑胶门窗产销情况分析报告》；如果是企业外部的经济活动分析报告，必要时还要加上发文单位的名称，如《××市建设银行关于××房地产公司贷款使用情况的分析报告》。公文式标题严肃客观而又简洁明了，使人对经济活动报告分析的内容一目了然。

2. 概括式标题

这种标题又可以称为省略式标题，就是省略了分析时间、单位名称和文种等内容，而直接用简洁的语言概述分析报告的主题，如《从削价战中吸取经验教训》、《牵引市场"牛鼻子"》；还可以直接提出问题引人思考，如《中关村怎么变成下一个硅谷》、《彩色电视因何竞相降价》。

3. 正副标题式

正副标题是把公文式标题和概括式标题结合起来的一种形式。通常正标题揭示分析报告的主题，副标题则交代分析时间、单位、内容等，如《提高经济效益——××公司 2000 年成本状况分析》。这种形式的标题表达得更为清楚，也更加活泼。

（二）正文

正文部分是经济活动分析报告最重要的部分，一般可分为前言、主体两部分。

1. 前言

前言是分析报告的开头部分。它一般是交代分析对象的基本情况，揭示分析的意图。交代分析对象的基本情况，可以简要阐明分析的目的和要求；也可以概括叙述分析时限内经济活动的社会背景和客观条件，或概括叙述一定客观条件下企业经济活动所做的主要工作、采取的主要措施或存在的主要问题，或列举所要分析的主要经济指标完成的数字；也可以把以上几种情况都进行简要说明。

前言的撰写既要全面概括，又要重点突出，特别是应对主要成绩或主要问题作突出交代，以引起人们的注意，也便于决策机构发现问题。前言的表述可以用叙述式或列表式，也可以两者兼用，即列出表格并叙述说明。也有许多分析报告省略掉了前言部分，直接进入主体部分。

2. 主体

主体是分析报告的核心部分，是对前言中提出的问题或经济指标完成情况运用资料和数据所作的具体分析。如果把前言内容看做交代"是什么"的问题，那么主体内容要解决的则是"为什么"的问题了。解决"为什么"问题的过程，实质上就是查找产生问题的原因的过程。原因查明了，才能制订相应措施，解决问题。

主体部分的中心任务就是就是分析。根据国家的政策、法规和经济发展的规律，通过科学的经济活动分析方法，对所搜集的资料和所提出的问题进行深入细致的分析。全面分析报告一般先列出几项，然后抓住其中的主要内容进行分析；简要分析报告抓几个指标和一两个重要问题进行分析；专题分析报告则针对某一重点问题进行分析。

写作主体时，一定要把本年度各项经济指标完成数据与上年同期或本年计划相比或与两者同时相比，用以揭示其间的差异，然后依据调查所得资料，说明产生差异的原因。在具体表述时，可采用数据、文字交融式或数据、文字分列式两种方式进行。

（1）数据、文字交融式是指在文字叙述过程中，根据分析需要，随时穿插一些数据，论述说理。这种方式使数字融于文字之中，叙述和分析紧密结合，说理自然顺畅。

（2）数据、文字分列式是将数据集中罗列起来，然后集中分析。这种方式可使数据对比醒目，分析集中透彻，便于给人们以清晰的总体把握和了解。数据可采用叙述式或表格式集中罗列，然后分析说明；也可以先分析说明，然后再采用叙述式或表格式集中罗列数据。

（三）结尾

结尾是全文的总结。经济活动分析报告的结尾一般是对主体部分所分析查找出的问题提出的改进意见和措施，有的还可指出目前仍存在的问题和不足。经济活动分析要提出问题、分析问题，但最终是为了解决"怎么办"的问题。如何解决问题至关重要，如果在主体部分已经提出建议和改进的措施，那么结尾部分就不需要再重复说明了。

写作结尾这一部分要态度鲜明，富有针对性。结尾所提出的改进意见或措施一定要注意实事求是，有的放矢，切实可行，切不可模糊不清或空话连篇。

有的结尾部分在写完措施建议后，往往还要再加上一两句结束语，用来重申要点；也有的提出建议，并展望未来，与前言部分相互呼应。

七、经济活动分析报告的写作要求

（一）分析对象要集中，重点要突出

一个企业中，产品生产的环节很多，销售的渠道方法也很多，但写作经济活动分析报告时，不能面面俱到、眉毛胡子一把抓，要求分析对象要集中，主次要分明，重点要突出。如在企业生产中，是分析完不成计划指标的原因呢，还是分析产品质量提不高的原因？是分析成本居高不下呢，还是分析利润上升或下滑？一篇文章，要紧扣一个对象。总之要紧紧抓住影响对象的关键性问题，使分析报告写深写透，并提出有预见性的解决方案。

分析影响企业各项指标完成的因素时，应特别注意对企业自身因素的分析。一般说，影响企业各项经济指标完成的因素，既有客观的也有主观的。客观因素如政策调整、市场形势、相关行业的变化等。对此应该实事求是地加以分析，指出其对企业产生的有利和不利影响，以便决策机构从宏观上研究审查这些影响的利弊，并予以平衡。主观因素如企业内部的生产经营管理、财务管理、人事劳资管理、分配管理等。对企业内部这些方面的问题更应深入分析，力求抓住症结所在。这样才有利于企业自身机制的健全。因为在同样的客观条件下，企业的经济效益的高低，其关键就在于企业内部的管理水平。

（二）数据要精确，材料要典型

数据与材料都是经济活动分析报告的重要依据，离开数据与材料，分析是空洞无物的。反过来，光罗列数据与材料，见物不见人，就缺乏深度。一篇切合实际的经济活动分析报告，其数据要精确；而要做到精确，就应从来源入手。一方面从计划取表、账表或其他书面材料入手，这些材料固然很重要，但是另一方面还应该通过调查研究和实物的清理，查出深层次的东西，才不会被表面现象所迷惑。从这两方面入手得到的数据，才是比较可靠、精确的。经济活动分析报告的目的是揭露矛盾，分析矛盾的原因，提出解决矛盾的方法，归根到底要分析人的作用。因此，要善于抓典型事例进行分析，才能使精确的数据和典型的材料有机地结合起来，达到解决矛盾的目的。

（三）既要肯定成绩，又要看到问题

报喜还是报忧？这是写作经济活动分析报告的态度问题，人们习惯于听好话，听顺耳话，写起报告来，总是把成绩放在主要的位置，而绝口不提问题；或把存在的问题一笔带过，不敢揭示存在的问题，这是认识事物的一大误区。什么叫工作？工作就是要解决问题。掩盖矛盾和问题的经济活动分析报告，是没有任何实际意义的。正确态度是既要报喜，又要报忧，要善于揭露矛盾，分析矛盾，提出解决矛盾的方法，只有这样才能推动事物的发展。

经济活动分析既要着眼于短期效益，又应看到长远目标。企业经济效益对企业自身来说，有短期利弊和长远利弊的区分。短期效益应服从长期效益。分析时对有损于长远利益的短期效益，必须实事求是地指出弊害，并提出适当措施予以纠正或尽量减少对长期效益的损害。

（四）要加强科学性，做到实事求是

撰写经济活动分析报告要注重科学性。比如在经营过程中，"成绩与问题"始终是相辅相成的。因此，在撰写经济活动分析报告的过程中，必须坚持实事求是的态度，科学分析矛盾的原因，判断哪些是有利的因素，哪些是不利的因素，如何充分利用有利因素，克服不利因素。只有这样，才能使经济活动分析报告建立在科学论证的基础上。

经济活动分析必须实事求是，注重实效。经济活动分析具有鲜明的针对性和实用性特点，也就是说分析必须从企业实际出发，进行实事求是的分析，为改善企业经营管理，提高企业的经济效益服务。如果把撰写经济活动分析报告视为例行公事，那就完全失去经济活动分析的意义了。

【例文4-4】

2009年一季度宏观经济运行分析

一、经济运行出现回暖迹象

2009年以来，扩张性宏观政策的效力初步显现，部分经济指标出现积极变化，经济运行呈现触底迹象。但国民经济企稳回升基础还不稳固，外部经济环境依然严峻，外贸、就业等一系列困难因素依然存在。

（一）经济加速下滑趋势初步遏制

2009年以来，我国经济运行继续保持2008年下半年以来的回落趋势，一季度国内生产总值（GDP）65745亿元，按可比价格计算，同比增长6.1%，增速同比、环比分别下降了4.5和0.7个百分点，并降至近十年来最低点。但GDP增速的环比降幅较2008年第4季度缩小了1.5个百分点。从产业结构来看，第一产业增加值增长3.5%，比上年同期提高0.7个百分点。第二产业增加值增长5.3%，比上年同期回落6.2个百分点，其中，建筑业总产值同比增长21.2%，比上年同期回落3.2个百分点；规模以上工业增加值同比增长5.1%，比上年同期回落11.3个百分点。第三产业增加值增长7.4%，比上年同期回落3.5个百分点。在工业生产增幅显著回落的情况下，第一产业增长加快，建筑业产值和第三产业减速幅度较小，弥补了工业增速大幅下滑对GDP的下拉作用。工业增加值占GDP的比重由上年一季度的46.0%下降到44.1%，而第三产业增加值占GDP比重由上年同期的42.7%提升到44.3%，已超过第二产业中工业的比重。政府近期出台的促增长、扩内需的一揽子计划对第一产业和第三产业增长发挥了重要的积极作用。

1. 农业生产开局较好

在政府"三农"政策的鼓励下，2009年一季度农业生产开局良好，粮食播种面积增加。预计全年全国粮食播种面积10814万公顷，比上年增加135万公顷，连续6年增加。其中，夏粮面积2716万公顷，增加34万公顷；早稻面积586万公顷，增加15万公顷；秋粮面积7512万公顷，增加86万公顷。冬小麦总体长势较好，一类、二类苗比例达到82.5%。一季度猪牛羊肉产量1615万吨，比上年同期增长6.0%。

2. 工业生产增长企稳

一方面，外需下降导致出口下降，占工业增加值比重60%以上的工业出口交货值大幅减少，对工业生产造成巨大冲击。另一方面，企业"去库存"进程加剧了工业生产下滑。但随着国家扩张性宏观政策效果的逐步显现，工业增速过快下滑势头正在得到遏制，在 1~2 月增速快速回落到 3.8% 后，3 月份回升到 8.3%。一季度，规模以上工业增加值增长 5.1%，增幅比上年同期回落 11.3 个百分点。分经济类型看，国有及国有控股企业增长 0.1%，集体企业增长 3.5%，股份制企业增长 7.7%，外商及港澳台投资企业下降 1.4%。分轻重工业看，重工业增长 4.5%，轻工业增长 6.8%，其中 3 月份分别增长 8.5% 和 8.3%，比前两个月分别加快 2.0 和 5.6 个百分点。分地区看，东部地区增长 3.7%，中部地区增长 5.2%，西部地区增长 11.8%。分行业看，39 个大类行业中，33 个行业保持增长，6 个行业下降，其中，消费品工业逐步企稳，装备工业和部分原材料行业生产形势有所好转，电子产业增速下降趋缓。一季度工业企业实现出口交货值 14529 亿元，同比下降 16.0%，全部 39 个工业行业中，有 32 个行业出口交货值出现下降。其中，3 月份工业企业共实现出口交货值 5437.7 亿元，较 1、2 月份单月均值增加约 1000 亿元。一季度工业产品销售率为 97.07%，同比降低 0.72 个百分点。

（二）物价水平出现下降

2009 年一季度，受基期因素的制约，居民消费价格同比下降 0.6%（1~3 月增速分别为 1.0%、-1.6% 和 -1.2%），为六年来季度首次负增长。其中，城市下降 0.9%，农村持平。分类别看，食品价格上涨 0.5%，对 CPI 上涨的拉动作用明显减弱，烟酒及用品上涨 2.0%，家庭设备用品及维修服务上涨 2.1%，医疗保健和个人用品上涨 1.3%；衣着下降 2.4%，交通和通信下降 2.7%，娱乐教育文化用品及服务下降 0.5%，居住下降 2.9%。2009 年一季度，工业品出厂价格同比下降 4.6%（1~3 月同比降幅分别为 3.3%、4.5% 和 6.0%），环比降幅逐月缩小（1~3 月环比降幅分别为 1.4%、0.7% 和 0.3%）。原材料、燃料、动力购进价格同比下降 7.1%。房屋销售价格同比下降 1.1%。

（三）就业形势不容乐观

2009 年一季度，全国累积实现城镇新增就业 268 万人，为全年目标 900 万人的 29%，比上年第四季度增长 51.4%，但比上年同期减少 11.6%。一季度城镇登记失业率 4.3%，比年末的 4.2% 上升了 0.1 个百分点。人保部在重点地区的重点企业持续监测结果显示，2008 年 9 月到 2009 年 3 月，企业岗位总体上呈现净减少，减少幅度达 7%。当前就业形势的主要特点是：一是城镇新增就业稳定增加，但是城镇登记失业率有所上升；二是农民工就业形势基本稳定，但是部分未就业的农民工还是需要引起关注；三是高校毕业生就业矛盾比较突出；四是部分企业停产、半停产和岗位流失仍然持续存在，市场供大于求的矛盾依然突出。

（四）外汇储备增速放缓

受国际金融危机影响，我国外汇储备增幅出现较大波动，其中，1、2 月份外汇储备分别下降 325.74 亿美元、13.9 亿美元，而 3 月份外汇储备增加 417 亿美元，同比多增 67 亿美元。一季度国家外汇储备增加 77 亿美元，同比少增 1462 亿美元。3 月末，国家外汇储备余额为 19537.41 亿美元，同比增长 16.14%。一季度外汇储备增速的放缓，主要与外汇储备中非美元资产价值随汇率波动发生变化、贸易顺差有所收窄以及资本项目下资本流动变化有关。人民币汇率在合理均衡水平上保持基本稳定。3 月末，人民币对美元汇率中间价为 6.8359 元，比 2008 年末贬值 0.02%；人民币对欧元、日元汇率中间价分别为 1 欧元兑 9.0323 元人民币、100 日元兑 6.9630 元人民币，分别比 2008 年末升值 6.94% 和 8.65%。人民币汇率形成机制改革以来至 2009 年 3 月末，人民币对美元、欧元和日元汇率分别累计升值 21.07%、10.87% 和 4.92%。

二、内需快速增长，外需明显放缓

2009 年一季度，国内需求保持较快增长，外部需求明显放缓。在拉动国内生产总值增长的构成中，消费成为拉动经济增长的主要力量，对 GDP 同比增速的贡献率高达 70.5%，比 2008 年提高 26.1 个百分点；投资包括固定资产投资和库存调整对 GDP 同比增速的贡献率为 32.8%，比 2008 年回落 13.9 个百分点，去库存化进程对于经济增长的拖累效应显现；净出口对 GDP 增长的拉动则由正转负，贡献率由 2008 年的 8.9% 变为 −3.3%，成为 GDP 增幅回落的主导因素。

（一）国内市场稳中趋旺

随着一系列搞活流通、扩大消费政策措施效应的逐步显现，我国消费市场保持平稳较快增长。一季度，社会消费品零售总额 29398 亿元，同比增长 15.0%，扣除物价因素，实际增长 15.9%，较上年同期和上年全年分别加快 3.6 和 1.1 个百分点，创 23 年来的新高。分城乡看，随着农村流通网络建设的加快以及家电下乡、汽车下乡等一系列政策的推进，农村消费市场持续升温，县及县以下消费品零售额 9564 亿元，增长 17.0%；城市消费品零售额 19834 亿元，增长 14.1%。分行业看，批发和零售业零售额 24627 亿元，同比增长 14.6%；住宿和餐饮业零售额 4383 亿元，增长 18.9%；其他行业零售额 388 亿元，增长 2.8%。

分商品类别看，限额以上批发和零售业吃、穿、用类商品零售额同比分别增长 12.4%、14.3% 和 7.3%。其中，受燃油税调整、养路费免征、小排量乘用车购置税减半以及“汽车下乡”等刺激政策推动，一季度汽车销量 267.88 万辆，同比增长 3.9%，列全球首位；大幅降息及购房利率七折优惠、信贷宽松、交易环节税费减免等政策对购房需求释放起到了较强的刺激作用，一季度房地产市场成交量有所放大，全国商品房销售面积 1.13 亿平方米，同比增长 8.2%，其中商品住宅销售面积增长 8.7%；全国商品房成交金额 5058.6 亿元，同比增长 23.1%，其中商品住宅销售额增长 24.7%。受房地产等市场有所回暖的影响，家具类零售额同比增长 24.1%，建筑及装潢材料类增长 20.2%。

（二）固定资产投资明显加快（略）

（三）出口降幅有所收敛，进口下降大于出口（略）

三、政府、企业和居民收入增幅大幅回落（略）

四、货币供应量增幅快速回升，金融机构贷款增长明显加快

国家适度宽松的货币政策取得积极成效，在连续下调存贷款利率和银行存款准备金率、取消信贷规模限制、灵活调整公开市场操作力度和加强窗口指导等政策的引导下，信贷规模和货币供应量大幅增长，为经济增长提供了较为宽松的金融支持。2009 年 3 月末，广义货币供应量（M2）余额为 53.06 万亿元，同比增长 25.51%，增幅比上年末高 7.69 个百分点，比上月末高 5.11 个百分点，创 1996 年 11 月以来最高；狭义货币供应量（M1）余额为 17.65 万亿元，同比增长 17.04%，增幅比上年末高 7.98 个百分点，比上月末高 6.41 个百分点；市场货币流通量（M0）余额为 3.37 万亿元，同比增长 10.88%。一季度净回笼现金 473 亿元，同比多回笼 785 亿元（上年同期净投放现金 312 亿元）。

2009 年一季度，新增人民币贷款 4.58 万亿元，同比多增 3.25 万亿元，创历史最高，完成全年信贷目标的 91.6%。3 月末，金融机构本外币各项贷款余额为 36.56 万亿元，同比增长 26.97%；人民币贷款余额增长 29.78%，增幅比上年末高 11.05 个百分点，比上月末高 5.6 个百分点，刷新 1997 年 8 月以来最高纪录。金融机构本外币各项存款余额为 53.63 万亿元，同比增长 25.72%；人民币存款余额增长 25.73%，增幅比上年末高 6 个百分点，比上月末高 2.72 个百分点。一季度人民币各项存款增加 5.62 万亿元，同比多增 2.98 万亿元。

银行间市场交易增加，利率明显下降。3 月份，银行间市场人民币交易累计成交 13.22 万亿元，日均成交 6010 亿元，同比增长 42.5%。银行间市场同业拆借月加权平均利率 0.84%，比上月低 0.03 个百分点，比上年同期低 1.42 个百分点，创下 2004 年 4 月以来历史最低值；质押式债券回购月加权平均利率 0.84%，比上月低 0.02 个百分点，比上年同期低 1.43 个百分点。

股票市场量价齐升。2009 年一季度，上证指数从季度初的 1820 点上涨到季度末的 2400 点，单季涨幅达 30%，深成指涨幅更是达到 40%。从成交额看，1～3 月上证 A 股成交额分别为 9737 亿、2.63 万亿和 2.5 万亿元，已达到 2006 年以来单月成交额的较高水平。除宏观政策利好以外，在宽松的货币政策下，不排除大量新增贷款一部分可能流入股市。

（来源中国经济信网 2009 年 5 月）

【思考与练习】

一、阅读下面的调查报告，回答以下问题

（1）该调查报告是综合型调查报告，还是专题型调查报告？

（2）综合型调查报告与专题型调查报告有什么区别？

（3）该调查报告主体部分的写作属于什么结构？

承包成先进，竞争出活力——大学食堂工作调查

××大学食堂坚持实行岗位责任制，在饭菜质量、服务态度、清洁卫生三方面，取得了较为显著而巩固的成绩。被评为山西省高教系统后勤先进单位。如今，这个老典型变得怎样了呢？调查结果表明，他们在成绩面前没有沾沾自喜，原地踏步，而是百尺竿头，更进一步。经过一年的实践，食堂工作便出现了十分可喜的变化，主要表现在五个方面。

一、花样品种翻新快（略）

二、饭菜质量大提高（略）

三、服务态度更热情（略）

四、采购成本降低（略）

五、技术精益求精（略）

上述可喜变化说明：承包工作，促进了改革的深入发展，改革的实践又反过来促进人们思想的进一步解放。××大学食堂工作开展竞争活动，仅一年的实践，便出现了无限的生机和活力，在不增加人员、设备的情况下，月营业额可达三万多元，比开始承包时一万五千多元翻一番。它充分证明中共中央提出的竞争"有利于打破阻碍生产发展的封锁和垄断，及时暴露企业的缺点，促使企业改进生产技术和经营管理，推动整个国民经济和社会主义事业的发展"的论断，是完全正确的。既然如此，其他大学乃至其他行业为什么不能像××大学食堂那样，大胆地尝试一番呢？

二、选择你所熟悉的某种日用商品，对其在本地的市场销售状况做市场调查，写一篇小型市场调查报告

三、以下是××市商业局经济活动资料，请根据下列材料，编写一份经济活动分析报告

××市商业局年度财务情况

本年度商品销售收入×××万元，比上年增加×××万元。其中，商品流通企业销售实现×××万元，比上年增加5.5%；商办工业产品销售×××万元，比上年减少10%；其他企业营业收入实现×××万元，比上年增加43%；全年毛利率达到14.82%，比去年提高0.52%。费用水平本年实际为7.7%，比上年升高0.63%。全年实现利润×××万元，比上年增长4.68%。其中：商业企业利润×××万元，比上年增长12.5%；商办企业利润×××万元，比上年下降28.87%。

第五章　经济策划文书

第一节　概　述

经济策划文书是经济文书的一个重要分支，是行政机关、企事业单位及其他社会团体和组织对市场活动和经济交往过程中所反映出来的经济情况进行研究、解决实际经济问题的一种具有特定格式的专业应用文体。

一、经济策划文书的特点

（一）鲜明的政策性

任何经济活动都必须依据党和国家的方针、政策，并遵循一定的规章制度，因此反映经济活动的经济策划文书就必须具有鲜明的政策性。在写作的过程中，要按照现有的经济政策和法律法规，而不能依据个人的好恶，更不能以感情代替政策。

（二）较强的时效性

当今世界，信息高速发展，经济领域的变化更是飞速。经济策划文书是对经济活动现状和发展的及时反映，必须适时写出，否则就失去了对经济活动的指导作用。

（三）直接的效益性

经济策划文书是反映经济情况、沟通经济信息、传达经济政策的重要工具，有着较为直接的效益性。尤其是像市场调查报告、市场预测报告等文种，对经济活动效益的影响更为明显。

（四）内容的真实性

经济策划文书的内容必须要"真"，真实是经济文书的生命。在写作中要做到材料真实，内容具体明确；还要做到判断推理正确，遣词用语明确，数据、图表精确；此外，在写作时还要避免华而不实、拖沓繁杂等不着边际的语言。

（五）格式的规范性

不少经济策划文书都有它固定的格式。这些文书的固定格式，是人们在长期的写作实践中约定俗成的，写作时必须共同遵守，不能随意更改。

二、经济策划文书的作用

（一）规范经济行为的指导作用

经济策划文书大多是在充分调查的基础上写成的，反映了经济活动的真实情况，其发现的问题、总结的经验、找出的规律，对于政府部门的指导和企业的经营决策起着非常重要的作用。

（二）告知经济信息的传递作用

经济策划文书是处理上下级之间，联系沟通企业之间的重要工具。此外像广告策划书等文书更是直接传播商品和服务信息、促进流通、进行经济宣传的重要形式。

（三）作为法定依据的凭证作用

许多经济策划文书直接反映了一定时期内各单位、企业的经济活动变化和发展的情况，以及取得的工作成果和经验教训。这些重要的资料成为以后工作的依据，为今后工作的改进提供了参考。

三、经济策划文书写作的基本要求

（一）提高自身的思想素质和政策水平

要写好经济策划文书，就要不断地学习和掌握党和国家的路线、方针和政策，提高自身的思想和理论素质。了解并掌握了国家的方针政策，就能对各种经济现象做到认识清、反应快、判断准。

（二）努力掌握相关的经济专业知识

除了掌握政策、法律外，必需的经济方面的专业知识以及经济领域的实践经验对于经济策划文书的写作来说，也是至关重要的。

（三）培养与写作有关的各种能力

写作经济策划文书，必须特别注意培养调查取材能力、逻辑思维能力、安排结构能力、简明表达能力、修改文字能力等。以上能力的培养和提高，很大程度上依赖于写作实践。只有勤学苦练，锲而不舍，才能将所学的知识转化为技能技巧，将所积累的知识化为己有。

（四）把握文体格式规范，掌握恰当表述方法

不同的文种有它约定俗成的惯用格式，这些格式一般来说是相对固定的。恰当的语言表达方式对于经济策划文书的写作来讲也是至关重要的。经济策划文书的语言要确保其准确与简洁，叙述事件、说明情况、表述问题要恰如其分、清楚简洁，避免使用容易产生歧义的笼统语言。此外，凡是引用人名、地名、数据、资料要查对核实，确保准确无误。

第二节　项目建议书

项目建议通常是指企业在通过调查研究后形成的对拟建项目的大致构想，项目建议书（又称立项申请）则是项目建设筹建单位或法人以项目的投资背景、投资基础、投资条件为依据，对投资项目的必要性和可能性进行分析后所形成的一种申请类文书，是为项目建设的实施所做的前期准备。根据国家计委的规定，拟建一个项目，首先就要通过撰写项目建议书争取立项。项目建议书不同于一般的建议书，

它是在国内经济建设活动和对外开放吸引外资的过程中，由有关企业和单位，根据国民经济发展计划及地区、部门、行业的发展规划，结合现有资源条件和生产力布局、国内外市场的占有情况等，在广泛调查研究、搜集资料、勘察建设地点并初步分析投资效益的基础上向上级主管部门提出兴办某个项目的理由以求获得批准立项的呈批文书。

一、项目建议书的特点

（一）目的的报请性

项目建议书是向上级报请审批建设工程项目的文书，因而具有报请性的特点。它既有报告的任务，又有请示的目的，主要通过对所报项目的性质、预期目标、必要性和可能性、工作计划与方法步骤等内容详细汇报，达到上级审核批准的目的。

（二）内容的可行性

项目建议书作为投资项目建设之前的第一步，是初步选择和确定项目的依据，是上级审核批准立项的重要参考。因而必须对建设项目的必要性和可行性进行必要的分析、研究和论证。内容的可行性是项目建议书自身所表现出来的一种性质。

（三）条款的规定性

项目建议书最初是用于向国家推荐基建项目的，因此国家计委（现为国家发改委）于1984年专门发文对项目建议书的内容和要求作了明确的规定，项目建议书从而具有了条款上的规定性。

二、项目建议书的作用

（一）项目建议书是项目立项报批的依据，它有助于减少项目选择的盲目性

项目建议书是企业或单位履行审批手续、争取立项的必备文书。根据国家发改委的有关规定，拟建项目的企业或单位必须向上级主管部门呈报项目建议书，争取上级主管部门的批准。由于项目建议书客观地论述了项目建设的必要性和可能性，为审批机关的初步决策提供了依据，也为国家确定建设项目、实现宏观经济调控提供了依据，从而有效地避免了项目建设的重复性和盲目性。

（二）项目建议书是项目建设前期工作的重要环节，是整个建设项目的开端和起点

按国家有关规定，以进行可行性论证为目的的各项经济建设项目的前期工作，都只有在项目建议书被批准以后，方能全面展开。项目建议被采纳，才可以以此为依据开展可行性研究。待可行性研究报告获得通过，就可以着手编制计划任务书，该项目便可正式进行筹建。项目建议书虽然只是初步性的工作，只是对拟建项目的大体设想，不是批准项目的最后依据，但却是整个项目过程中不可缺少的第一个重要环节。

（三）项目建议书是企业开展以后工作的依据

项目建议书得到批准后，项目才能列入年度计划，才能着手编制可行性研究报

告。所以，项目建议书是进行项目各项准备工作和在年度计划里安排有关工作和费用的依据。

三、项目建议书的结构与写法

（一）项目建议书的结构与内容

在项目建议书中，常见的有技术改造和技术引进项目建议书、中外合资经营项目建议书、高技术产业发展项目建议书等。但不管哪一种，都具有大致相同的结构，一般包括封面、目录、标题、正文、附件、落款等几个部分。

1. 封面

项目建议书封面上方标明项目性质和文件名称，如"高技术信息化示范工程项目建议书"；中下方标注项目名称、申报单位、地址、邮政编码、联系人、电话、传真、主持部门、申报日期等。

2. 目录

项目建议书内容较多、篇幅较长时，可在正文前标列目录。

3. 标题

项目建议书的标题一般采用公文式标题，有两种写法。

（1）完全式标题。由"单位名称＋事由＋文种"构成，如《西安市光华纤维厂关于建立咸阳华润分厂的项目建议书》。

（2）省略式标题。由"事由＋文种"构成，如《关于兴建农村沼气工程的项目建议书》、《关于与香港中大公司合作经营变速器生产的项目建议书》。

4. 正文

根据国家发改委文件《关于简化基本建设项目的审批手续的通知》中的有关规定，项目建议书包括以下内容：

（1）建设项目提出的必要性和依据。

第一，说明项目提出的背景、拟建地点，提出与项目有关的长远规划或行业、地区规划资料，说明项目建设的必要性。

第二，对改扩建项目要说明现有企业情况。

第三，引进技术和进口设备的项目，要说明国内外技术差距和概况及进口的理由。

（2）对项目的生产、经营及其规模的初步设想。

第一，对项目产品的市场预测，包括国内外同类产品的生产能力、销售情况（销售方向、方式及销售价格）分析及预测。

第二，对产品种类和产品结构的设想，包括主要产品的种类、规格、质量标准以及同类附属产品的规格、质量标准等。

第三，确定项目产品的产量规模，说明是一次性建成还是分期建设，要对拟建项目规模的合理性作出分析和评价。如果是改扩建项目，还需说明原有的生产情况及条件。

（3）对资源情况、建设条件、协作关系的初步分析。

第一，拟利用的资源供应的可能性和可靠性，如项目拟建地点的自然条件和社会条件、水电及其他公用设施、地方材料的供应分析。

第二，主要的协作条件，比如和其他厂商合作的可能性。

第三，主要生产技术与工艺，如果引进国外技术，就要说明引进的国别以及与国内技术的差距、技术来源、技术鉴定及转让等情况。

第四，主要专用设备来源，如拟采用国外设备，要说明引进理由以及拟引进国外厂商的概况。

（4）投资估算和资金筹措设想。

投资估算可根据掌握数据的情况进行详细估算，也可以按单位生产能力或类似企业情况进行估算，投资估算中应包括建设期利息、投资方向调节税，并考虑一定时期内的涨价因素影响，流动资金可参考同类型企业情况进行估算。

资金筹措计划中应说明资金来源，利用贷款须附贷款意向书，分析贷款条件及利率，说明偿还方式，测算偿还能力。

（5）项目的进度安排。

第一，建设前期工作的安排，包括涉外项目的询价、考察、谈判、设计等计划。

第二，项目建设需要的时间。

（6）经济效益和社会效益的初步估计。

经济效益和社会效益的初步估计包括初步的财务评价和国民经济评价。

第一，计算项目全部投资内部收益率、贷款偿还期等指标及其必要的指标，进行盈利能力、偿还能力的初步分析。

第二，对项目的社会效益和社会影响的初步分析。

5. 附件

项目建议书如果有附件的话，应附在正文之后，注明附件的名称和件数。附件一般包括以下内容：

（1）合资各方的意向书；

（2）关于外商资格、信誉情况的调查报告；

（3）国内外市场预测；

（4）双方进行互动、交流、考察的计划；

（5）可行性研究计划。

6. 落款

项目建议书的落款部分标注申请立项单位名称，编制完成日期，加盖单位印章。日期应用汉字标明年、月、日。

现在，项目建议书的格式和内容有了一定的改变和扩充，在实际编写时，应结合具体建设项目而有所侧重。不同性质的项目建议书在撰写时根据实际情况呈现出不同的内容，现简要介绍如下：

1. 技术改造和技术引进项目建议书的主要内容

根据《关于技术改造和技术引进项目管理程序的若干规定》，技术改造和技术引进限上项目建议书应包括以下主要内容：

（1）提出项目的目的、必要性和依据；企业概况、生产技术现状及与国内外先进技术的差距；引进技术项目要说明引进的理由，消化吸收的能力及目标设计等。

（2）产品方案和引进技术消化吸收方案，市场需求的初步测算，对改造规模的初步意见。

（3）资源情况、建设条件、协作关系和可能从哪些国家或厂商引进的初步分析。

（4）投资估算和资金筹措办法，包括偿还贷款能力的大体测算。利用外资项目要说明利用外资的方式和可能性。

（5）改造的主要内容和进度的初步安排。

（6）经济效益和社会效益的初步估算。

限下项目的项目建议书，视项目复杂程度，可适当简化内容，但至少应包括以下内容：

（1）企业概况及改造理由。

（2）技术改造及技术引进的主要内容。

（3）改造后预期达到的技术经济效果。

（4）投资概算及资金来源。

2. 中外合资经营项目建议书的主要内容

根据《中华人民共和国中外合资经营企业法》、《中华人民共和国中外合作经营企业法》的有关规定，中外合资经营项目建议书应包括以下主要内容：

（1）项目名称。

（2）主办单位，包括中方企业名称和外方的国别及企业名称、负责人。

（3）合资企业的地址、占地面积、建筑面积。

（4）企业概况及合资的理由，包括国内该行业的生产技术设备、技术力量、生产条件，市场需求情况，国外生产技术情况，规模、产品声誉、合资的必要性。

（5）投资估算及合资的方式、资金来源，包括中方、外方投资的构成，所占总投资的比例。

（6）合资企业的规模、产品种类、生产能力、销售方向和销售渠道，以及合资企业所需的职工人数等。

（7）合资经营的年限及各方承担的责任。

（8）主要原材料、燃料、动力、交通运输及协作配套方面的近期和今后要求与已具备的条件。

（9）技术经济综合分析、经济效益及社会效益分析。

（10）合资工作进度及项目进度安排。

主要附件：

（1）合营各方合作的意向书。

（2）外商资信调查情况表。

（3）国内外市场需求情况的初步调研和预测报告，或有关主管部门对产品安排的意见。

（4）有关主管部门对主要原材料（包括能源、交通等）安排的意向书。

（5）有关部门对资金安排的意向书。

3. 高技术产业发展项目建议书的主要内容

根据国家计委、财政部 2000 年 12 月 20 日印发的《关于组织国家高技术产业发展项目计划实施意见》（计高技〔2000〕2433 号）的规定，国家高技术产业发展项目计划主要包括高技术产业发展重大专项、高技术产业化示范工程、高技术产业化推进项目、高技术产业发展基本建设项目四个层面的项目。按照《关于组织国家高技术产业发展项目计划实施意见》附件《项目建议书编写提纲》和国家计委、财政部 2001 年 11 月 23 日联合印发的《高技术产业发展项目建议书和项目可行性研究报告编制要点》，高技术产业发展项目建议书包括以下主要内容：

（1）产业关联度分析。

（2）产业的市场前景。

（3）项目的意义及必要性，国内外现状和技术发展趋势。

（4）项目的技术基础：成果来源及知识产权情况；已完成的研究开发工作及中期试验情况和鉴定年限；技术或工艺特点，与现有技术或工艺比较所具有的优势；该重大关键技术的突破对行业技术进步的重要意义和作用。

（5）建设方案、规模、地点、期限。

（6）项目承担单位所有制性质、在本行业中的所处位置、生产经营状况、开户行资信证明、银行承贷意向、项目负责人情况及项目组织方式。

（7）原材料供应及外部配套情况。

（二）项目建议书的写作步骤

可以把项目建议书的写作步骤概括为：

1. 组织安排

企业自身或委托咨询机构，提出拟建项目，形成拟建项目的最初框架和构想。

2. 搜集资料

搜集资料是形成项目建议书的基本环节之一，在制定项目建议书时必须具备项目的基本资料。

3. 整理并反映所搜集的资料

搜集到必要的资料之后，要对其进行进一步的分析研究。分析要全面、深入、细致，并在此基础上提炼出必要的观点及思路。

4. 撰拟项目建议书

把翔实的资料和数据与提炼的观点和思路结合起来，初步形成项目建议书，并对其进行细化加工，进一步形成可行性研究报告。

四、项目建议书的写作要求

编写项目建议书是一项严肃的工作，一定要坚持审慎的态度，写作时要做到：

（一）数据准确、论证科学

项目建议书直接关系到审批立项，是计划部门和上级主管部门基建决策的主要依据之一，因此所涉及的内容必须绝对准确、真实可靠，搜集资料要广泛、确凿。掌握确凿可靠的资料，是编写项目建议书的前提和基础。建议书中对有关情况的介绍、预测、分析，都要以此为基础，这样才能预测准确、分析科学、决策正确。否则，有可能导致决策失误而造成巨大的经济损失。

（二）尊重事实、切忌主观

项目建议书是请上级有关领导部门审批的文件，且有一定的法律意义。因此，问题的提出要有依据，内容要用事实说话，事实的陈述要客观全面。这就要求不论是对材料的陈述，还是由材料而引出的推断，都应客观全面，要做到不受感情因素影响，不主观臆断，不牵强附会，要尽量全面地展示项目各个环节的最初决策结果，包括对于可能影响项目建设的负面因素，也要实事求是地加以反映。为争取到上级主管部门的批准立项，在项目建议书的写作中，要着重论证项目建设的理由，即通过准确的计算、合乎逻辑的推断、正确的估计，得出科学的结论。

（三）表述清楚、语言简洁

项目建议书涉及的内容多，要保证质量、不影响决策，就必须注意全文的写作。做到结构紧凑、层次清楚、数字准确、表达简明，特别是一些专业的名词术语，要尽量加以注释，叙述时通俗易懂，使人一目了然。

【例文 5 -1】

关于增置星型架挂练设备的技改项目建议书

重庆××绸厂：

随着我国丝绸工业的不断发展，提高丝绸产品加工质量，减少人为降等事故的新技术、新工艺不断涌现，传统的方桶练染方法已不能适应新形势下市场客户对产品质量要求的需要。根据本企业练染技术工艺××落后、绸缎后处理等损失严重的实际情况，为提高产品质量、扩大对外加工业务、加大出口创汇能力、增添企业发展后劲，经广泛地听取有关方面的意见和深入调查研究，特建议增置星型架挂练设备替代传统的方桶练染工艺。

一、增置星型架挂练设备的迫切性

星型架挂练设备是意大利于×年代开发出的真丝绸挂练装置。国家科委确定其为"七五"重点科技攻关项目，由浙江丝绸工学院和杭州丝绸练染厂共同承担研制。×年元旦通过浙江省科委鉴定；×年×月通过了纺织工业部鉴定，并获得了"机械整体脱钩"和"水流式打卷"两项专利。×年×月×日，中国丝绸工业公司李××总经理在部署当年丝绸工业技术改造计划时，特别提到了星型架挂练设备，并称之为"××"攻关项目中"成效显著"的科技成果。随后，上海绸缎练染厂、苏州第一绸缎练染厂、杭州丝绸印染联合厂等相继购置了该设备，我省乐山、绵阳等地的丝绸染厂有的也订了货。根据杭州丝绸练染厂和宁波丝绸印染厂试用的结果来看，该设备可保证练白绸一等品率98%以上，头子剪率几乎为零。由此可见练染方桶工艺改为星型架挂练设备的迫切性。

二、星型架挂练设备的特点及其投资

星型架装置由圆形练桶、星型架、专用扎水卷车、专用小推车组成。

（一）主要特点

1. 生绸缝头，完全克服了头子灰伤；

2. 水流式退卷，不存在退卷盘中间擦伤；

3. 均匀吊钩单项吊绸，避免了吊绊皱；

4. 内外层均匀，解决了圈码织物里生外熟，物感不匀等老大难问题；

5. 自动升降操作，不必担心工人偷懒而造成的挂练不透病疵；

6. 温度自控，可防止蒸汽的流量过大，造成过练，或蒸汽过小手感硬等弊病；

7. 整个装置使精炼的时间缩短20%左右，节约蒸汽能源，降低消耗。

（二）投资计划

根据我厂厂房及产量考虑，拟购以下单元及数理：

1. 练桶（包括自动升温及挖温装置）

6 只 ×2.8 万/只 =16.8 万元

2. 星型架

6 只 ×1.3 万/只 =7.8 万元

3. 专用轧水车

1 只 ×5 万/只 =5 万元

4. 专用推车

3 只 ×0.06 万/只 =0.18 万元

合计 29.78 万元

三、生产效益及意义

我厂练染车间以生产练白绸为主，××××年共生产1830万米练白绸（包括外加工），按四川省丝绸公司确定的单价约合加工费80万元，按上海、无锡单价约合90万元，即便按合川印染厂的最低价也有75万元左右。而我厂练白绸平均成本每米不足0.02元，也就是说，不包括运输、包装费，每年的练白绸盈利约为80万元 − 1 830万米×0.02元 = 43.4万元。用不足30万元的设备更新去巩固每年43万元的效益是应当考虑的。此外，我厂工人素质比不上沿海地区，人为造成的降等损失严重，直接影响了经济效益和出口创汇。按照《纺织科技报》公布的一个估约数，星型架可提高练白绸一等品率10%左右，则我厂又可增加18万米正品绸，其潜在效益不可低估。再加上产品质量提高又可以扩大对外加工业务，若以加工量250万米/年计，则可获利税57万元~60万元。另一方面用工数量还会减少（按星型架生产工序，每班可减少订绊工2名）。

重庆××绸厂练染车间（印章）

××××年×月×日

第三节　可行性研究报告

可行性研究报告，也叫可行性分析报告，是一种为拟建设项目提供最终决策依据的文书，是企业在拟建设项目投资决策前，通过调查研究，针对该项目在投资、技术、财务、组织、社会、风险等各方面是否合理可行而进行的详细全面的分析、论证，并依此提出的一种书面材料。

一、可行性研究报告的分类

按照不同的分类标准，可行性研究报告可以有多种分类方法。

（一）按照项目规模划分

可以分为大型项目可行性研究报告和中小型项目可行性研究报告。其中，大型项目可行性研究报告，指针对在中央有关部门立项的、规模大、投资多、范围广、影响大的拟建项目所作的可行性研究报告，如大型企业的兴建、大型设备的引进、高速铁路的建设等；中小型项目可行性研究报告，指针对在地方有关部门立项的、规模不大、投资较少的中小型项目所作的可行性研究报告，如学校的小范围修缮工程、引进某种中小型设备等。

不同规模的建设项目，其可行性研究报告的复杂程度是不同的，大型项目要分阶段编写其可行性研究报告，比如大型项目的机会可行性研究报告、初步可行性研究报告和详细可行性研究报告就是分阶段的可行性研究报告。

（二）按照项目建设性质划分

可以分为新建项目可行性研究报告和改扩建项目可行性研究报告。

（三）按照项目投资方式划分

可以分为外资项目可行性研究报告、自营项目可行性研究报告和合营项目可行性研究报告。其中，外资项目是指外商直接投资的项目；自营项目是指国内企业单独投资的项目；合营项目则可以是双方共同投资的项目，也可以是一方出资金、一方出技术或设备，还可以是中外双方合资的项目，与外资项目及自营项目不同的是，合营项目要求双方对项目在经济、技术、管理、风险等多方面达成一致意见并进行可行性分析论证。

二、可行性研究报告的特点

可行性研究报告是企业主管部门对拟建项目作出最终决策的依据，因而具有以下主要特点：

（一）事前性

从宽泛意义上看，可行性研究报告类似于计划，是一种指导未来行动的文书，具有较明显的事前性，其主要任务是通过对拟建设项目全部的条件、因素与方面的分析来论证项目建设是否可行。

（二）可靠性

可靠性是可行性研究报告的本质特征。可行性研究报告是一个项目能否顺利获得批准的依据，为得到该项目的可行性和有效性，就必须从项目所关联的各个方面如政策、经济、技术、环境等去作分析研究。同时，可靠的分析结果也是项目获批后顺利建设的重要依据。如果在审批时采用欺骗手段对分析结果进行夸大、模糊处理，瞒过审批机关使项目获批，建设期间也往往会因为前期的错误论证而导致人力、物力、财力的重大损失。

（三）论证性

可行性研究报告所针对的项目以投资少、见效快、效益高为目标。要实现这个目标，就必须要考察项目实施的各方面各环节的条件，并通过深入分析这些条件的利弊，严密论证拟建项目的可行性、有效性和合理性。从这个意义上来讲，可行性研究报告具有严密的论证性。

（四）可行性

根据我国国家发改委和联合国工业发展组织的相关规定，可行性是可行性研究报告的关键特征，涉及多学科、多行业，甚至是跨部门、跨行业的综合性研究，是一个由粗到细、逐步深入的过程。根据联合国《工业可行性研究手册》，这种可行性体现在四个阶段：一是提出项目阶段，研究投资机会的可能性；二是初步分析阶段，即对项目的可行性作初步判断；三是详细分析阶段，即详细、深入地对拟建项目进行调查研究，从技术、经济等各方面进行综合分析；四是形成报告阶段。

三、可行性研究报告的作用

（一）为决策者提供项目决策的重要依据

可行性研究报告是确定建设项目前具有决定性意义的工作，是在投资决策之前，对拟建项目进行全面技术经济分析论证的科学方法。在投资管理中，可行性分析是指对拟建项目有关的自然、社会、经济、技术等进行调研、分析比较以及预测建成后的社会经济效益。在此基础上，综合论证项目建设的必要性、财务的盈利性、经济的合理性、技术的先进性和适应性以及建设条件的可能性和可行性，能为投资决策提供科学依据。

（二）为保证资金来源提供保障条件

可行性研究报告是上级主管部门对企业投资进行有效监督和科学管理的重要依据，同时，企业在进行项目建设时，难免会遇到资金短缺的问题，这时往往需要向银行申请贷款，银行是否会同意贷款，能给予多少贷款，依据正是可行性研究报告中论证到的经济效益。

（三）为提高投资效益提供理论保证

科学可靠的可行性研究报告，旨在为项目的顺利实施提供充分的理论依据，从而避免项目建设的盲目性、重复性，避免资金的大量浪费和巨大的经济损失。

四、可行性研究报告的结构与写法

可行性研究报告的写法往往会因为项目性质的区别而有所不同，但结构上一般都应包括标题、正文和落款三个部分。

（一）标题

可行性研究报告的标题通常由单位名称、项目名称和文种三部分组成，如《宏远特种养殖基地关于蜗牛养殖与加工工程的可行性研究报告》。单位名称有时可以省略，如《农业机械项目可行性研究报告》。文种名称可以是"可行性研究报告"或"可行性分析报告"；同时由于在可行性研究报告中，经济评价是核心内容，因此文种名称也可以是"可行性研究经济评价"或"经济评价"，如《阳煤集团引进新型采煤设备可行性研究经济评价》、《丹阳中外合资经营化工项目经济评价》。

（二）正文

根据原国家计委《关于建设项目进行可行性研究的试行管理办法》（计资〔1983〕116 号）的规定，可行性研究报告的正文一般由概述、论证、结论、附件四部分组成。

1. 概述

概述也叫总说明、总论，主要介绍项目的基本情况，如项目建设背景与项目概况。在背景部分，要交代清楚项目名称、承办单位、项目总负责人及分片责任人、项目提出的背景情况（改扩建项目要说明企业现有概况）；项目概况要说明项目实施的必要性（指项目的特色、意义、国内外市场需求、生产情况、经济意义）以及研究工作的依据和范围。总论是对整个报告内容的扼要介绍，具有全面性，呈送给合作者、审批机关及有关专家时要能让阅读者从中得到深刻的第一印象和总体感觉，因此写作上要求极高，要力求内容完整、中心突出、层次清晰、文笔简洁。

2. 论证

也叫专题论证，这部分是可行性研究报告的核心，要与概述部分相呼应，详细陈述和论证项目的可行性，主要涉及以下内容：

（1）需求预测和拟建规模。包括：国内外需求情况的预测；国内现有工厂生产能力的估计；销售预测、价格分析、产品竞争能力、进入国际市场的前景；拟建项目的规模、产品方案和发展方向的技术经济比较和分析。

（2）资源、原材料、燃料及公用设施情况。包括：经过储量委员会正式批准的资源储量、品位、成分以及开采、利用条件的评述；原料、辅助材料、燃料的种类、数量、来源和供应可能；所需公用设施的数量，供应方式和供应条件。

（3）建厂条件和厂址方案。建厂的地理位置、气象、水文、地质、地形条件和社会经济现状；交通、运输及水、电、气的现状和发展趋势；厂址比较与选择意见。

（4）设计方案。项目的构成范围（指包括的主要单项工程）、技术来源和生产方法、主要技术工艺和设备选型方案的比较，引进技术、设备的来源国别，设备的国内外分交或与外商合作制造的设想。改扩建项目要说明对原有固定资产的利用情况；全厂布置方案的初步选择和土建工程量估算；公用辅助设施和厂内外交通运输方式的比较和初步选择。

（5）环境保护。应调查环境现状，预测项目对环境的影响，提出环境保护和三废治理的初步方案。

（6）企业组织、劳动定员和人员培训（估算数）。

（7）实施进度的建议。

（8）投资估算和资金筹措。包括：主体工程和协作配套工程所需的投资；生产流动资金的估算；资金来源、筹措方式及贷款的偿付方式。

（9）社会及经济效果评价。

3. 结论

在进行可行性研究报告的编制时，必须有一个经过论证后得出的结论，结论可以有以下几种选择：（1）可以立即开始建设；（2）需要推迟到某些条件如资金、人力、设备等落实后才能开始建设；（3）需要对建设目标进行局部修改后方能开始；（4）不能进行；（5）不必进行。后两种情况需要指出诸如技术不成熟或经济不合算等缘由。作为上行文，大多数可行性研究报告要在最后加上结束语，如"以上报告当否，请指示"、"以上报告是否可行，请批示"等。

4. 附件

附件主要是与可行性研究报告论证内容相关的统计资料、说明文字、平面规划图、相关批文等，与正文前后呼应，供上级机关审批时参考。

（三）落款

可行性研究报告应有编制单位的相关负责人的亲笔签字，以表示对报告的质量负责。

五、可行性研究报告的写作要求

可行性研究报告所涉及的内容广泛，专业性强，其结论在项目实施中有着极为重要的作用，因此其写作是一项极其严谨的工作，要高度重视它的可靠性、科学性和公正性，在写作过程中，要做到以下几点。

（一）实事求是，讲究科学

可行性研究报告事关具体实施项目的兴废成败，确保内容的科学性是首要原则。因此，在项目实施之前，必须从研究的实际对象出发，在科学的思想和实事求是的原则指导下，通过深入细致的调查研究，认真分析，多方衡量，最终形成科学的结论。同时，还要明确项目的目的和范围，明确委托者和投资者的意图，摆脱个人见解的束缚，广泛征求意见，尊重客观事实，不回避实际问题，真正做到客观公正。

（二）论证充分，结论明确

可行性研究报告来源于客观实际，又关联着项目的具体实施，翔实的资料、深刻的分析、充分的论证和明确的结论，是撰写可行性研究报告的重要前提。如对一个工业项目的论证，除了工程本身复杂的内容外，往往还关系到生态环境、人文环境等大事，其结论不能含糊，论证更不容疏漏。

（三）语言准确，格式规范

可行性研究报告是针对具体项目的研究和论证，其写作质量的好坏直接影响到项目的命运。这就要求可行性研究报告的撰写者，除了具备一定的政策水平、较强的专业素养以及丰富的实践经验之外，还必须掌握多种写作方法与技巧，具备极强的语言表达能力和扎实的文字写作功底，有效保证可行性研究报告的写作质量。

【例文 5-2】

阳高中国花椒植物园可行性研究报告

一、项目简介

阳高中国花椒植物园位于山西省长治市平顺县阳高乡北河沟，涉及阳高、空中、德和、珩堂等村，地处太行东部山区，平顺城东北太行水乡旅游胜地，毗邻冀豫两省，跨省公路甘林线和浊漳河跨境而过，交通非常便利，区位优势明显，规划区气候温和、山清水秀，花椒种植是当地的传统产业，并已形成一定规模，具有建设花椒植物园得天独厚的自然优势和人文优势。该项目拟对该乡原有8000多亩花椒种植资源进行整合，并进一步扩大种植面积1500亩。

阳高中国花椒植物园规划建设立足于人和自然的和谐发展，呈现花椒与文化、花椒与旅游紧密结合，突出"绿色"、"自然"、"乡土气息"，体现自然回归，田园风光之美，旨在建设成为晋、冀、豫三省交界处城乡居民短期休憩娱乐之地。

二、项目特色

阳高中国花椒植物园是和旅游业相结合的一种新型农业观光产业，植物园将依托以花椒为主的农业生产、产品、文化、农家生活，为旅游者提供观光休闲、了解农村的观光农业经营活动，展现乡村人文景观、村落建筑、民风民俗、传统文化、节庆活动，满足旅游者休闲、娱乐、体验乡村情趣等多方面需求。该项目是随着社会经济的发展、人们生活水平的提高和休假制度的形成而兴起的，是为满足人们精神和物质多方面享受而开辟的具有较强文化性、较浓自然意趣、较大农业和乡村特色的交叉性产业，具有经济、社会、教育、游憩、保健、文化和环保的多种功能，是当前和今后优化农业结构、提高农业效益、增加农民收入、扩大劳动就业、促进农村发展和现代化建设的重要途径。充分开发利用花椒资源发展旅游是当地旅游行业中最具潜力的方向之一，该项目在阳高乡具有丰富的历史文化底蕴，但由于过去的开发力度不够，丰富的花椒资源和许多具有丰富文化的资源没有转化为经济优势。阳高中国花椒植物园项目的建成，必将进一步推动当地花椒种植优势与文化资源的结合，推动当地文化资源的研究、挖掘和保护工作，使花椒优势和历史优势转化为经济优势，切实增加当地农民的人均收入，使花椒资源和文化资源变成绿色文化产业，有利于提高地方文化品位和区域知名度。

三、项目建设优势

（一）自然优势

阳高乡地处太行山东部边缘，地势西高东低，境内崇山峻岭、峭壁悬崖林立，由于境内海拔高低悬殊，气候多样，大陆性气候明显，雨量适中，雨季多集中在6～10月份，干湿季节分明，冬无严寒，夏无酷暑，春暖干旱，秋凉湿润，极适宜花椒种植。

（二）产业优势

全乡具有良好的生态农业基础，这里是平顺县大红袍花椒的主要产地，花椒树种植人均达到1亩，成为当地支柱产业，经过长期实践，群众已熟练掌握花椒的种植技术，便于使其成为花椒种植园的产业工人。

（三）文化优势

花椒文化潜力巨大，由于当地气候条件适宜，花椒生产已有几百年历史，品种有大红袍、小红椒、大红椒、白沙椒、秋椒等，几乎涵盖了全国花椒所有品种。种植区域覆盖了全国花椒所有品种。种植区域覆盖了全乡 21 个行政村，漫山遍野、梯田层层，无处不是有郁郁葱葱的花椒林。目前的花椒产业主要以出售花椒，加工花椒油为主，扩大的花椒园将现有的花椒林按品种集中分区连片，形成一个博物馆式的超大规模花椒植物园，并同当地的旅游资源相配套，不断开发花椒系列产品，花椒芽菜已被人们接受，在我乡种植已初具规模。项目实施后，从每年的 4 月份到 7 月份可供游人采摘花椒芽菜，8～10 月份可供游人采摘花椒。可采摘时间共达 7 个月，另外，还可生产加工具有保健作用的花椒木拐杖、按摩球等健身用品，可集游览、观光、采摘、休闲、娱乐于一体。

（四）区位优势

阳高乡地处晋、冀、豫三省交界，良好的区位优势和交通条件，对三省周边城市游客有较大吸引力，园区内已建有上规模的酒家，餐饮部 10 余处，日接待游客 1000 余次，上规模的水上人家 1 处，集餐饮、垂钓、休闲、住宿为一体，日可接待游客近百人，小三峡月亮山景区正在开发建设中，到时可与种植园遥相呼应。

四、项目建设总要求，建设内部与布局

（一）项目建设总体要求

（1）总体思路：立足于人和自然的和谐，将园区建设成为经济繁荣，环境优美，社会文明和科技兴盛的花椒植物示范园区，通过民俗文化资源开发，农业产业结构调整和花椒景观结构优化加快花椒植物观光区，古典文化观光区，花椒风味采摘园，民俗体育文化休闲健身区的建设，实现花椒、产业、林业、文化、旅游、商业的共同发展。

（2）项目建设主题形象：突出"绿色"、"自然"、"乡土气息"，立足花椒博览，民俗风情，农家文化，体现乡野之趣，田园之乐。

（二）项目建设内容及布局

（1）花椒植物观光园区：按照公园的经营思路，把花椒林区、农产品消费场所和休闲旅游场所结合为一体，从南部峡谷跨越浊漳河到北部峡谷，建设万亩连片花椒观光园区，统筹规划，建设设施配套的现代化花椒产品生产企业，根据季节栽种具有观赏性的农作物。

（2）花椒风味采摘园：在现有的花椒林基础上，通过改造、增加品种，提高质量，建成千亩特色花椒采摘园，花椒芽菜采摘园以及果园、菜园、花圃等，让游客入园内摘果、采菜、赏花，享受田园风趣。

（3）古典文化观光区：保护和修缮奥治、车当、阳高、候壁的文物古迹，向游人展示当地古典文化和地方风情。

（4）农家旅社休闲娱乐区：建设一些集餐饮、垂钓、住宿、休闲为一体的特色农家旅社。

五、项目效益

（1）项目的建成，可促进农业生产的发展，花椒植物园建设，可促使花椒从单一的产物向与人打交道转变，从而赋予服务的功能，必然促进农业基础设施建设、农业科技推广等，这样既突破了农业发展的"瓶颈"，又增加农民收入繁荣农村经济。

（2）项目的建成，可带动阳高乡第三产业的发展。阳高乡的小三峡、月亮山、大禹漂流景点已有一定的规模，阳高中国花椒园的建成将与几大景点相互响应，实现旅游资源共享，互相带动发展。同时必将带动餐饮业、邮电通信业、交通运输业等第三产业的发展。

（3）项目的建成，可促进和带动全乡以及周边乡镇经济的发展。阳高乡地处晋、冀、豫三省交界的太行水乡，发展小城镇经济具有得天独厚的区位交通优势，这样极具潜力的开发建设项目，对当地的小城镇经济发展将起到巨大的带动作用。

（4）项目建设有利于改善当地的自然环境和生态环境。

阳高乡人民政府（印章）

二〇〇七年九月十三日

第四节　项目评估报告

项目评估报告是专业评估人员依据项目主办方提供的可行性研究报告的内容，通过对拟建项目进行全面科学的调查、分析、论证，来判断拟建项目可行性研究准确程度的一种综合性的书面报告。项目评估报告旨在为项目决策部门提供对项目进行取舍的重要依据，同时也可能成为银行决策部门决定是否向项目主办方提供贷款的有力凭证。项目评估人员一般由国家项目管理部门或者项目主办方的上级部门派出，他们可能是有关专家、专业咨询公司或有意向为拟建项目提供贷款的银行。

一、项目评估报告的特点

项目评估报告作为项目可行性研究和评估的综合性结果，在形成过程中表现出以下特点：

（一）渗透政策性

从项目的内容、来源以及规模上看，在对项目的可行性进行研究和评估的过程中，都会渗透着国家法规政策，体现着国家和地区政策对项目评估的指导。不管是完全新建的项目还是改造原有技术的项目，不管是引进的项目还是自建的项目，也不管是大型项目还是中型项目，都会在不同程度上涉及国民经济发展计划以及区域经济的发展战略。因为这些项目的筹建和发展关系到一个区域经济资源的开发利用程度，关系到一个区域经济甚至整个国民经济的发展状况。因此，在对项目进行技术、市场、资金、效益、管理以及员工等方面的研究和评估时，必然会遇到许多政策问题。在处理各种关系时，必须要有政策的眼光，突出政策的指导性，全面衡量，区别轻重，并在报告中如实地反映出来，为决策提供参考。

（二）突出科学性

对项目的可行性进行研究和评估关系重大，所以在项目评估中必须要力求科学、客观、合理，否则将会给社会和项目相关人带来巨大的损失。项目评估过程中的科学性要求在项目评估中，必须掌握到全面、真实的资料和数据，并能运用科学的方法，对这些资料进行综合分析，这些分析包括科学的定量分析和定性分析，比如成本效益分析、财务分析、环境污染分析和社会效益分析等，以得出科学可靠的结论。而项目评估报告正是对这些科学分析的书面化，因此，这些分析的过程以及由分析所得到的结论，都要在报告中系统反映出来，作为研究决策的基础。

（三）注重技术性

项目的开展是一个综合性的活动过程，它必须考虑到环境、能源、交通、市场、资金、组织管理等方面。所以，对一个项目研究进行评估时，也有可能涉及天文、地理、能源、交通、技术、市场、财务、经济、组织管理、社会环境等方面的知识。这就要求对材料进行整理、分析、综合、论证时，必须运用相关领域内的技术手段、指标、原理以及方法，来探求各种可能和各种因素。同时，在评估中需要相关领域内的专家对工程项目各方面的指标和分析进行检验，提出有益的意见和建议。这些要求使项目评估报告具有了注重技术性的特点。

二、项目评估报告的作用

随着国民经济建设的迅猛发展，从事经济技术开发和科研成果转化已成为当前项目建设的一个重要内容。为了避免在项目投资和建设中的盲目性和重复性，规范项目投资和运行行为，有效管理新建项目，就有必要对新建项目进行科学的分析评估。

作为整个项目评估工作的最终成果，项目评估报告的作用可概括为以下三个方面：

（一）项目评估报告是决策部门对项目进行批准的依据

项目评估是由决策部门或银行直接组织或委托咨询公司、专家、相关组织，代表管理部门对拟建项目的可行性研究进行审核和再评价的一种活动。在评估中，要运用某种标准或技术手段，对待定项目进行全面的审查分析，然后形成项目评估报告。决策部门主要依据这个报告，对拟建项目作出批准或不批准的决断。

（二）项目评估报告是项目主办方取得银行贷款的重要依据

任何项目的兴建都需要大量的资金。因此，项目在启动时，主办方一般都会向银行提出贷款的申请。而我国的银行法规规定，未经评估的项目不得贷款。所以，向银行申请贷款的项目，银行都要进行详细评估，以确定该项目的收益情况和投资风险。银行会根据项目评估报告，做出是否发放贷款以及确定分期分批支用的时间与数额这一决断。

（三）项目评估报告给项目的正常建设、运行提供了必要的指导

项目评估是在项目可行性研究的基础上进行的，它不只是对项目进行简单地核对与取舍，还包括对项目进行深入的分析研究，专家在对项目各方面指标进行审视、分析的基础上，提出各种有益的意见和建议。尤其会对项目方案中的不足之处，提出相应的整改措施。这样，就可减少决策失误，有利于减少投资风险，优化工程项目，完善建设方案，强化实施措施。这些对项目的实施、投产和运营具有极为重要的意义，确保投资项目达到预期结果。

三、"项目建议书"、"可行性研究报告"和"项目评估报告"的异同

在项目的投资问题上，我们常常会遇到"项目建议书"、"可行性研究报告"和"项目评估报告"等文书形式。我们可从《关于技术改造和技术引进项目管理程序的若干规定》中看到它们之间的关系。

原国家经委《关于技术改造和技术引进项目管理程序的若干规定》中规定限上项目〔即限额以上项目，指投资总额在3000万元以上（含3000万元）的技术改造项目，或外汇总额在500万美元以上（含500万美元）的引进技术改造项目〕的审批程序为："（1）项目建议书、设计任务书（或可行性研究报告），由企业或其委托的咨询、科研、设计单位负责编制，按企业隶属关系，送经省、自治区、直辖市、计划单列城市或国务院主管部门审查同意后，报国家计委、国家经委。国家计委、国家经委委托中国国际工程咨询公司等有资格的咨询单位，提出评估报告后（对技术引进项目，在审批可行性研究报告的同时还需经中国机电设备招标中心对进口设备组织招标或设备分交），由国家计委会同国家经委审批。需要银行贷款的项目，审批时会签有关银行总行。对于技术改造内容比较简单，主要外部协作条件变动不大，无需从国外引进技术和进口设备的限上项目，只需报批设计任务书、项目建议书改为备案。（2）项目建议书、设计任务书（或可行性研究报告）报出以前，地方项目要征求国务院主管部门的意见，国务院各部门直属项目要征求所在省、自治区、直辖市、计划单列城市的意见，报出时应附报上述意见，并将正式报出的文件互相抄送。需要银行贷款和涉及环境保护的项目，还要将当地有关银行和环保部门的评估、审查意见，作为设计任务书和可行性研究报告的附件一并上报。"

其规定限下项目（即限额以下项目，指投资总额在3000万元以下的技术改造项目，或外汇总额在500万美元以下的引进技术改造项目）的审批程序："项目建议书和可行性研究报告，由企业或其委托的咨询、科研、设计单位负责编制，按企业隶属关系，由国务院主管部门或省、自治区、直辖市和计划单列城市审批。审批单位可指定或委托有资格的咨询单位，对认为需要评估的项目进行评估，提出评估报告。"

由此可见，"项目建议书"、"可行性研究报告"、"项目评估报告"三者是不同的。

首先，项目建议书一般由企业或企业委托相关的咨询、科研、设计单位提出。它侧重于对所申报项目的有关内容进行全面介绍，比如申请单位、企业性质、经济形式、项目名称、项目性质、经营方式、经营范围、项目规模、项目条件、项目实施初步意见、经济效益及社会效益分析、项目负责人和联系人等。而可行性研究报告虽然也会涉及这些内容，但它却侧重于对项目的可行程度进行研究，侧重于分析论证项目是否合理、是否必要、是否切实可行。而对那些与所要论证的中心问题关系不大的介绍性材料，或是必须等整个计划的可行性得到科学论证以后才能付诸实施的工作计划等内容，则可以从简处理。项目评估报告则是由国家项目管理部门或项目主办方的上级部门派出的专业评估人员依据项目主办方提供的可行性研究报告的内容，通过对拟建项目进行全面科学的调查、分析、论证，来判断拟建项目可行性研究准确程度的一种综合性的书面报告。

其次，项目建议书的内容一般比较粗略，而可行性研究报告的内容则相对比较翔实、精确。一般来说，项目建议书的投资额和成本估算的精确度允许在 ±30% 以内；初步可行性研究报告的投资额和成本估算的精确度要求在 ±20% 以内，而详细可行性研究报告的投资额和成本估算的精确度则要求在 ±10% 以内。

最后，从时间上看，它们的形成次序为：项目建议书、可行性研究报告、项目评估报告，有时前两者是同时形成的。尤其对工艺技术复杂、涉及面广、协调量大的大中型项目来讲，还要编制可行性研究报告，作为项目建议书的主要附件之一。按照国家的有关规定，项目被采纳后，才可以开展可行性研究。当可行性研究报告获得通过后，也就是项目评估报告得到了上级部门的认可，就可以着手编制计划任务书，该项目便可正式进行筹建。因此，在项目建设中，项目建议书是第一个重要环节。

项目建议书由政府部门、全国性专业公司以及现有企事业单位或新组成的项目法人提出。其中，跨地区、跨行业的建设项目以及对国计民生有重大影响的项目、国内合资建设项目，应由有关部门和地区联合提出；中外合资、合作经营项目，在中外投资者达成意向性协议书后，再根据国内有关投资政策、产业政策编制项目建议书；大中型和限额以上拟建项目上报项目建议书时，应附初步可行性研究报告。初步可行性研究报告由有资格的设计单位或工程咨询公司编制。

项目建议书要按现行的管理体制、隶属关系，分级审批。原则上，按隶属关系，经主管部门提出意见，再由主管部门上报，或与综合部门联合上报，或分别上报。

四、项目评估报告的结构与写法

（一）项目评估报告的格式

项目评估报告在内容上有长有短，繁简不一，但在结构上一般都包括封面、标题、目录、正文和附件五个部分，具体情况视目标项目的重要程度及难易程度而定。

1. 封面

项目评估报告封面是体现项目评估报告内容的直接形式。封面上方应当标明该项目的性质和文件名称，如"高科技农业示范工程项目评估报告"；中下方标注评估单位名称、报告写作时间、评估小组成员名单（需要标注成员所在单位、姓名、职务、职称及在项目评估中所负的责任）。

2. 标题

标题一般由单位名称、项目名称和文种组成，如"太原市捷泰快运股份有限公司'八五'技术改造项目评估报告"。项目主办单位的名称、项目名称以及文种三者均不能省略，例如，"松花江河流管理局水质改造工程项目评估报告"中，"松花江管理局"就是项目的主办单位，项目名称为"水质改造工程"，文种是"项目评估报告"。

3. 目录

目录是对整篇项目评估报告内容的一个简单呈现，要注意报告内容和页码的一致性。可以把目录列在正文之前。

4. 正文

正文的结构并不十分固定，一般包括以下几个部分：

（1）前言。前言着重要说明评估工作的缘起，一般可从可行性研究报告产生的背景、过程谈起。

（2）总论。首先对拟建项目作概括性的较全面的总体介绍，包括该项目的生产规模、产品性能特点、项目的主要内容、项目投资、项目性质及建设工期等。其次着重论证项目建设的必要性和意义，即介绍开展项目的背景、立项的经过、立项的意义。技术改造或改建、扩建项目还应介绍企业的现有概况。

（3）分析。这是评估报告的核心部分，是对项目可行性进行具体的分析、说明。它一般要涉及：评估项目的必要性，即对项目所可能产生的社会、经济效益和积极作用进行评估；评估项目的建设条件，即评估项目建设位置的选择、交通运输条件、供水、供电条件、市场、环境保护措施等；评估技术，即对拟采用的生产工艺流程、设备规格、生产建设条件、技术情况及其先进性、组织管理、财务、合理性和可行性进行分析、评价、提出评价意见；分析项目的盈亏平衡，劳动定员，还有不确定性等方面。这些分析不能停留在概况层面的理论分析和抽象推理上，而是要在定性分析的基础上，进行定量分析，用具体的分析数字来评估。同时要求清晰表明具体的分析过程和分析结果，以便为总评提供可靠的依据。

（4）结论。从总体上讲，这一部分的主要内容是得出作为结论的评估意见，并对所评估的项目给出建设性的意见或建议。评价要求公正、客观，意见要求具体、明确。

以上四部分要视报告内容的多少和项目的大小来确定，四个部分的次序也不是绝对不可变化的，可根据项目具体情况的需要进行有效的调整。

5. 附件

附件常常是附着于后面的、具有解释性的资料，它包括附图、附表、清单及有关文件、法规条例等。

（二）项目评估报告的写作步骤

项目评估报告的写作，可以概括为以下几个步骤，即组织安排、搜集资料、审查分析和撰写报告。

1. 组织安排

组织安排是开展项目评估工作的第一个环节，即组织评估小组，制订评估工作方案和工作计划。评估小组一般由经济、技术、工程设计、市场分析等有关专业人员组成，并指定小组负责人和各专业评估的负责人，要求明确分工，各负其责。评估工作计划主要包括评估目的、评估内容、评估进度及相关的注意事项。

2. 搜集资料

搜集资料是项目评估的基础工作。评估所需的资料，在可行性研究报告中已基本具备，这一环节的主要任务是查证核实可行性研究报告的形成依据和所有数据，并对此给出进一步的分析研究。评估小组还应根据项目评估的内容和分析要求，深入企业或现场进行调查，以搜集必要的补充资料和数据，供评估中进行审查分析、制表以及编写文字说明时引用。

3. 审查分析

搜集到必要的资料之后，就正式开展分析工作，这是项目评估的核心部分。分析是否全面、深入、细致，将直接影响项目评估报告的质量。

4. 撰拟报告

完成各项审查分析后，项目评估人员要根据调查和审查分析的结果，进行综合判断，在此基础上来撰拟评估报告。

五、项目评估报告的写作要求

撰写项目评估报告，必须从全局利益出发，树立资金周转观念、金融信誉观念和投入产出观念，客观、公正、科学地作出评价。项目评估人员和评估单位应对评估报告的可靠性、准确性承担责任。也就是说，在撰写项目评估报告的过程中，要坚持以下原则：

（一）要坚持实事求是的科学态度

一个大中型项目的投资决策，涉及自然、社会、技术、经济、主观、客观等许多因素，如果没有系统、周密和反复的调查研究与分析论证，单凭主观意志盲目决策，有可能造成重大损失。在项目评估报告的写作中，要坚持实事求是的原则，顶住来自各方面的压力，讲实话，讲真话，旗帜鲜明地表明自己的独立见解，为国家为人民负责。

（二）要严密组织，协同作战

撰写项目评估报告，不同于写一般性文章，它是一件复杂的系统工程，时间紧、难度大、技术性强，需要评估小组严密组织，统一计划、步调，分工协作。如果组织工作不严密，分工不明确，会造成评估质量没有保证，给经济工作带来巨大损失。

（三）要全面而有重点地展开分析

评估报告是项目评估结果的反映，应当全面具体地反映可行性研究与评价的结果，其结论要客观可靠，是科学分析和严密论证的结果。项目评估报告作为决策的依据，必须要对影响投资效益的诸因素作出分析说明。在报告中，要对具体的分析过程和得出的精确数据进行清晰的描述和准确的说明，以增强报告的说服力。

一份评估报告是否科学准确，能否真正起到决策的参考作用，关键在于其观点和分析是否符合要求，得出的结论是否建立在对大量第一手资料进行科学研究的基础之上。在项目评估报告具体内容的写作过程中，应把握住以下几点：

（1）组织评估小组，制订评估工作计划。

（2）在搜集大量资料，进行科学研究基础上得出结论。

（3）评估报告的观点和分析应符合要求。

（4）重点突出。

在突出重点上，着重要注意以下三个方面：

①对项目的必要性作出评价。项目的必要性，就是项目对国民经济和社会发展的贡献，这是选择项目的首要前提，这里要满足以下三个条件：

首先，符合国家的建设方针和投资方向。要从国家的方针政策和国民经济发展规划方面以及本地区的经济特点和发展方向、行业规划等方面评价所选项目。坚持所选项目要有利于经济结构的调整；有利于开发新技术、新产品，能革新技术，节约能源；有利于扩大对外出口；有利于提高产品质量，增加劳动就业或治理环境污染等。另外，还要了解项目建议书是否已按规定经有关部门批准，可行性研究报告是否已按规定经有关部门预审等。

其次，适应市场要求，产品的市场前景广阔。评价项目必要性的中心环节是分析项目的产品是否有足够的市场。必须用翔实的资料来说明项目产品的市场需求和供应。对外销产品应首先明确对象国或地区，并将产品质量、性能、价格等方面与国外同类产品进行比较，说明其相对优越性，从而预见其进入国际市场的竞争力。

最后，在与原来的生产技术条件配套或协调的基础上，能解决原有企业中阻碍发展的问题。原有企业的产品老化、质量不佳、工艺落后、设备陈旧、规模过小、成本过高、环境污染等问题，都会影响到企业的发展。因而要对原有企业进行扩建或改建，拟建项目如能解决企业发展中存在的问题，就表明了它的必要性。

②对项目的技术可行性作出评价。技术上的可行性是项目可行性的基础。如果一个项目技术上不可行，就无须再考虑财务、经济是否可行的问题。在这方面，主要应满足以下三个条件：

首先，引进的工艺技术设备先进适用，能与国内配套设备和技术水平相适应。引进的工艺要比国内或本企业原有的工艺先进，引进的设备性能良好，符合原有企业的技术改造要求。

其次，能得到足够的投入物。项目产品所需各项投入物（包括原材料、能源、协作件等）的供应，必须要有确实可靠的来源，以保证项目建成后能得到充分的原材料和能源供应，发挥全部生产能力。

最后，设计方案和实施计划安排合理。对设计方案，首先要求选址定点合理，其次建筑安装工程安排必须合理，此外还要安排好环境保护工程，能与主体工程同时设计，同时施工，同时投产。至于实施计划，要求时间安排合理，进度相衔接，投产时间能保证。

③对项目财务、经济的可行性作出评价。项目的财务、经济可行性，是与技术可行性相辅相成的。一个项目在技术上可行是财务、经济上可行的先决条件；但技术上可行，在财务、经济上不一定可行。在这方面，主要应满足以下四个条件：

首先，投资估算正确，资金来源落实。项目的全部投资（包括固定资产投资和流动资金）必须估算正确，没有漏项，没有低估，不留缺口。自筹资金要有正当来源和可靠保证。

其次，财务效益和国民经济效益的主要指标达到规定的衡量标准。主要是"投资利润率"、"投资利税率"、"净现值"和"内部收益率"等考核指标达到规定的衡量标准。

再次，贷款能按期偿还。对银行来说，这是项目是否可行并取得贷款的一个主要条件。要通过测算，说明偿还贷款的具体期限，落实还款的资金来源，贷款单位能提供具有偿还贷款能力的法人担保。

最后，项目没有太大的风险。根据对项目进行不确定性分析，如果"盈亏平衡点"较低，项目投资后发生亏损的风险就不大，即使在不利的情况下，内部收益率也不至于低于折现率。

【例文5-3】

山西省太行金属镁厂项目评估报告

目　录

一、引言

（一）白云岩矿是制造轻质碳酸轻钙（简称轻钙）、轻质碳酸镁、氧化和提炼金属镁的原料，上述各种产品均有广泛的工业用途。金属镁主要用于制造高强度轻合发剂球、墨铸铁的添加剂、压铸和钢脱硫。据中国有色金属公司省地质队×队对××乡矿山资源地质勘测表明：该乡现有优质白云岩1270万吨，含量21.7%以上，省有关部门鉴定为特级品。为此，××乡党委政府对筹建金属镁厂非常重视，决定拟建一座年产金属镁100吨的金属镁厂，工业废渣又可以作为生产水泥的填充原料。

（二）项目建成投产后，不仅可以发挥本乡矿山资源优势，增加劳动就业、富裕群众，而且又对全县乡村工业朝着"立足资源发挥优势，跻身国际、国内大市场"方向发展提供了经验。

二、项目背景材料评估

（一）为该项目提供主要原料的矿区位于×县西南34公里，南起××庄，北到××乡，西至××村，东到××沟、××岭。南北长4公里，东西宽1～3公里。

（二）有利于该项目实施的社会及自然条件优势有：

1. 交通运输便利；

2. 厂区水文地质条件优越，该处地势平坦，利于建筑各种厂房，拟建项目只需建一般厂房两幢，地基稍加处理即可使用，上游有××水库，厂区南700米处有漳河流过，水源充足，给排水方便。

3. 动力供应有保证，距厂区200米处，新建35千伏安变电站一座，供电基本正常。

三、市场情况和拟建规模

（一）为拟建本项目，该金属镁厂筹建小组曾多次到郑州、平顶山等地同类生产厂家进行实地考察，结果一致认为金属镁是目前国际、国内市场上都非常紧缺的短线产品，目前山西省只有同等规模的生产厂家3个，国家级只有抚顺一个定点厂生产，产量远远不能满足需要，全国每年缺口在2万吨以上。

（二）金属镁的价格近几年来一直呈上升势头，据省冶金建材工业厅有色金属公司有关人士透露，只要我们能生产出符合质量标准的金属镁，他们愿以20000元/吨定点包销，数量不限；又据2005年8月国家在南宁召开的金属镁订货会消息表明：国家现行价每吨2.1万元～2.2万元，广交会上销售价多达每吨2.5万元～2.6万元。

四、地质资料条件评估

（一）×县计划委员会、××乡人民政府委托中国有色金属工业公司地质×队，对××村所属山区的矿区资源作了全面勘察。已确认有优质白云岩1270万吨，重晶石3.5万吨，特别白云岩质优量大，是生产金属镁的主要原料，可直接露天开采。

（二）×县××乡，白云岩矿的详细地质资料分析报告见（×）计（〔1987〕6号文）附件。

五、项目区域评估

（一）项目区域包括金属镁厂和白云岩矿及交通线路等，金属镁厂距乡政府仅500米，便于管理，距35千伏安变电站仅2000米，便于动力线的架设；距漳河仅700米，便于给排水。且项目区域地质条件良好，便于各种厂房的建设。

（二）白云岩主矿区距金属镁厂4公里，其中有1公里柏油马路，3公里土路泥石道路，便于各种车辆的进出。

六、设计方案评估

（一）利用白云岩矿石生产金属镁，目前山西省共有两种方法：一种是电解法，再一种是外加热法。电解法生产，其弊端是损耗电量大，工艺复杂，设备要求质量高，拟建项目拟采用外加热法。

（二）拟建项目采用外加热法制取金属镁，是由省冶金建材工业厅×××等工程师研究的科研成果，符合我国国情及乡镇企业的发展，工艺简单而先进，其定型设备在我省有定型厂生产，非定型设备自己可以制作。

（三）该项目主要工艺流程如图所示。（略）

七、环境保护评价

（一）拟建项目是生产无味无毒的白色金属镁锭，生产过程中的中间产品对人畜及各种植物均无害，废水对人体亦无害，废渣又是生产水泥的重要原料。

（二）拟建本项目，×县环保局十分重视，在项目认证阶段，县环境保护局多次分派人到实地进行考察，并对拟建项目生产后的排废情况提出了可行性建议，即厂内建一座环保净化水池可解决废水的处理问题。

八、组织和管理评估

拟建本项目定编制110人，其中管理人员10人（正副厂长3人，保管员、会计、出纳人员各1人，供销2人，技术员2人），生产工人100名，实行三班制，连续生产。管理方法上实行厂长经营承包责任制，并实行计件工资制。

九、项目实施计划评估

根据×村乡人民政府与山西省冶金规划设计院签订的技术转让合同，拟建项目获准，各方资金来源落实后，由省冶金建材工业厅实地勘测，负责厂区平面设计，基建2个月，同时派人去抚顺学习培训。

十、投资估算和资金筹措

（一）拟建项目总投资为人民币110万元，其中固定资产投资为90万元（含上建部分），流动资金年需要量为20万元。

（二）该项目所需固定资产投资，项目所在乡自筹20万元，省乡镇企业管理局扶持款10万元，申请固定资产贷款60万元，月利率8.7‰，从投产后的第一年起偿还贷款，分三年还清。

十一、社会及经济效益预测

财务效益评价

销售收益、贷款偿还能力、产值、税利情况及成本、利润分析，见附表。（略）

十二、风险性分析及评价

（一）假定项目成本支出项目不变，当收入下降30%时，$IRR = 32.09\%$仍高于资金的机会成本12%。

（二）假定项目年收入不变，而当成本上升30%时，$IRR = 50\%$以上，仍高于资金的机会成本12%。

（三）从以上风险性分析可以看出：该项目的投资利润率在50%以上，风险性小，因此，项目是可行的。

十三、项目总评价

（一）拟建金属镁厂是利用本地矿山资源，由省冶金建材工业厅负责全套生产技术，是立足资源、发挥优势、振兴农村商品经济的有益之举。从目前预测看今后10年之内该产品具有较强的生命力，市场广阔，效益可观，因而拟建项目是可行的。

（二）综上所述，拟建项目在资源、技术、市场、财务与经济效益诸方面都是可行的，如果×县金属镁厂在人员培训、实施计划的组织与安排，物资设备、管理等方面做更细致的准备工作，则获得效益的可能性会更大，建议上级批准该项目。

项目报告负责人：×××

×县农业银行（印章）

二〇一〇年十一月二十日

第五节　广告策划书

广告策划即广告设计，是广告承担者运用相关知识和能力对广告整体战略进行思考、运筹和谋划的活动。广告策划书，又称广告企划书，其目的在于扩大企业或产品的影响力和知名度，在对市场进行调研的基础上，对企业的经营活动做出的具有很强计划性的策划文书。广告策划书从内容上可以划分为广告总体策划书、广告主题策划书、广告事业计划书、广告项目书和广告费用预算书等类型；按时限及其他标准可划分为年度广告计划书、专题广告策划书等。

广告策划文书和广告文案不同。前者侧重于给广告的制作提供有效的思路，一些重点广告语段，像广告口号、涉及广告主题的正文主要片断等，都是策划文书的组成部分，是为了帮助说明广告制作的思路；而后者侧重于对某一具体商品进行生动形象和富有鼓动性的宣传，旨在引导消费者树立具有时代特征的消费理念，形成消费行为。

一、广告策划书的特点

广告策划作为一个系统的创意过程，它具有以下特点。

（一）创造性

创造性是从事策划工作的基本规定。广告策划就是进行广告设计，作为一项创造性的思维活动，成功的广告策划往往是策划者的非凡想象和新颖创意的结果。因此作为广告策划活动整体反映的广告策划书也应该具有独创性，否则，广告宣传活动一开始就会陷入困境，不能产生较强的说服力和轰动效应，即使费时费力也不会有什么好效果。

（二）战略性

战略性是策划工作在功能上所体现出来的一种属性。广告策划书不是针对具体对象而制定的广告文案，因此策划者应当具有一定的战略眼光，不仅要考虑到当前和今后一段时间的状况，还应该考虑到企业的创业、发展或者遇到的问题、竞争等种种情况，根据企业的发展规划形成一个相当长时间内的战略构想，从而构思、策划较为完整的广告理念，乃至广告主题。这一要求使得广告策划书凸显出战略性的特征。因而，即使出现突发事件，也不会使企业束手无策，更不会使不同阶段的广告主题散乱甚至自相矛盾。

（三）综合性

广告策划书是对整个广告活动的运筹规划，是对广告活动内容的综合表述，它具有综合性和系统性的特征。广告策划书是对若干相互联系和相互作用要素的书面表达，在形式上表现出特定的整体性和有机性。

二、广告策划书的作用

广告作为现代经济生活中的一种重要宣传形式，对加速商品流通、传播信息、指导消费、促进企业竞争都起到了积极作用。因而广告策划已成为广告活动的重要组成部分，在广告活动中占据十分重要的地位。作为对广告策划内容进行文字表述的广告策划书，具有以下作用。

（一）广告策划书是开展广告活动的行动纲领

在经济活动中，企业常常要委托广告经营者对企业的广告传播活动从战略和策略上给出整体的规划设计。要完成这一任务，广告经营者就要事先确定广告目标、对象、媒介、预算、设计、制作等。因此，在进行广告策划时要考虑各方面的因素，特别要注意做好调查研究工作，对企业生产、营销、市场环境、机会以及竞争对手的状况，都要有详细的了解，确保广告策划的主观性与客观性相一致。广告策划书就是对这些策划内容的一种文本表现，以指示相关人员在特定的时间内予以执行。所以，广告策划书就具有了指导性的功能。这样，从程序上看，广告策划书就成为广告活动的蓝图，它先于广告活动而形成，是开展广告活动的重要依据，它对整个广告活动起指导作用，指导着广告活动中各个环节的工作开展以及各个环节的关系处理。

（二）广告策划书是广告活动质量与广告效果的决定因素

广告策划书是对广告活动中所有部署的一种体系化，它的形式和内容直接决定了广告活动的状态。广告策划书的质量决定了广告活动的好坏，好的广告策划书往往能使广告活动取得比较好的效果。

（三）广告策划书是对广告行为的规范

广告策划书作为广告活动的准备，涉及了广告活动的方方面面，因而具有很强的可行性与规范性，是广告内容的生动性和鼓动性与独创性和真实性的完美结合，有利于避免盲目、片面的广告行为。因为，在广告活动中，广告策划者为了追求广告的生动性和吸引性，有时会轻率地做出虚假或侵权的广告行为。而广告策划书则是对广告行为的总体规划和设想，往往要经过周密的论证，从而对广告行为具有一定的引导和规范作用。

（四）广告策划书是提高企业效益的重要保证

广告策划的最终目的就是要影响受众，因而要通过对广告活动进行一系列有效的策划工作，开展广告宣传活动。合理科学的广告策划书能从宣传对象的实际需要和财力、物力的实际可能性出发来制定广告的内容和活动规模，从而开拓市场、促进销售、提高企业的经济效益。广告策划书中常常要提到企业目标，这表明广告策划能支持企业市场营销计划，帮助企业达到销售和赢利目标。

三、广告策划书的结构与写法

（一）广告策划书的结构与写法

广告策划书有两种形式：一种是表格式的。这种形式的广告策划书上列有广告主现在的销售量或者销售金额、广告目标、广告诉求重点、广告诉求对象、广告时限、广告地区、广告内容、广告表现战略、广告媒体战略、其他促销策略等栏目。其中广告目标一栏又分为知名度、理解度、喜爱度、购买愿意度等小栏目。一般不把具体销售量或销售额作为广告目标。因为销售量或销售额只是广告结果测定的一个参考值，它们还会受商品的包装、价格、质量、服务等因素的影响。这种广告策划书比较简单，使用的面不是很广。另一种是文字式的，这种广告策划书把广告策划意见撰写成书面形式，运用比较广泛。下面着重以文字式的广告策划书为例来说明其格式。

文字式广告策划书的格式在结构上一般包括标题、正文和落款三个部分。

1. 标题

广告策划书的标题一般出现在封面上，封面要求版面精美、要素齐备，包括标题和广告策划小组名单。标题一般由广告类别名称加文种（即"广告策划书"或"广告策划方案"）构成，如"乐凯彩色胶卷广告策划书"。

2. 目录

封面的下一页常常有目录，标明了广告策划书各部分的标题和出现的页码，这不但使策划文本显得正式、规范，也让阅读者能够根据目录方便地找到想要阅读的内容。

3. 正文

广告策划书的正文一般包括：前言、市场分析、销售分析、企业经营目标、企业市场战略、阻碍分析、广告战略、公关战略、媒介战略、广告预算及分配、广告统一设计、广告效果预测等。当然，广告策划书可能因撰写者的个性或个案的不同而有所差别，但内容大体都相同。下面就从这些方面来简述撰写时需要注意的问题。

（1）前言。前言是广告策划书全文的摘要，应简明扼要地说明广告策划的缘由、使用的主要方法、拟策划广告活动的时限、进行过程、任务和目标，希望通过策划要解决的问题，或者简单提示策划的主要内容和总体构想，必要时还应说明广告主的营销战略。前言的目的就是提出广告计划的要点，让企业最高决策者或执行人员以及企业相关客户在深入审阅策划书之前对全部方案有一个概要的了解。这部分内容不宜太长，以数百字为宜，因此有的广告策划书称这部分为"概述"或"执行摘要"。

（2）市场分析。市场分析应该包括广告策划的过程中所进行的市场分析的全部结果，以便为后续的广告策略部分提供有说服力的依据。这部分一般包括以下四个方面的内容：

第一，背景资料。企业经营情况以及相关产品的市场情况。

第二，与同类商品或产品的比较。即被策划产品具有哪些优越性及不利因素，例如产品特点，具体分析产品的工艺、成分、用途、性能、生命周期状况；产品优劣度、知名度与美誉度比较，同国内及进口的同类产品进行比较，这些也可以单条列出。

第三，同类产品的市场竞争状况分析。也可以说成是竞争对手分析，可分为国内市场分析和国际市场分析。

第四，消费者研究。主要研究消费者选择品牌的总体态势以及促使消费者购买的因素。

（3）销售分析。销售是市场营销的重要组成部分，透彻地了解同类产品的销售状况，将为广告促销工作提供重要的依据。销售状况分析有下列内容：

第一，地域分析。同类产品销售的地域分布情况。

第二，竞争对手销售状况分析。对主要竞争对手的销售手法与营销策略进行分析。

第三，销售网络优劣比较。通过比较，找出对本策划产品最有利的销售网络与销售的重点地区。

（4）企业目标。企业目标分为短期和长期两种。短期目标期限为一年，长期目标三至五年，在这两个目标期限内可具体制定出增加销售或提高知名度的百分比。在广告策划书中提到企业目标，能表明广告策划是如何支持市场营销计划，并帮助达到销售和赢利目标的。

（5）企业市场战略。为了实现企业的经营目标，企业在制定市场战略时必须采取全方位的策略，这些包括：

第一，战略诉求点。如何提高产品知名度和市场占有率；产品宣传中是以理性诉求为主还是以情感诉求为主。

第二，产品定位。可以在高档、中档、低档定位中选择一种，例如，柯达彩色胶卷给自己的定位是："高质量、低价格，国际流行的产品"；而福达彩色胶卷给自己的定位是："厦门制造的国产高档彩色胶卷"。

第三，销售对象。分析产品的主要购买对象，越具体越好。包括人口因素各方面，如年龄、性别、收入、文化程度、职业、家庭结构等，说明他们的需求特征和心理特征，以及生活方式和消费方式等。

第四，包装策略。包装的基调、标准色、包装材料的质量。

第五，包装物的宣传。设计重点（文字、标志、色彩）等。

第六，零销点策略。零售网点的设立与分布是促销的重要手段，广告应配合零销网点策略扩大宣传影响。

（6）阻碍分析。根据上面对市场、产品、销售、企业目标、市场战略等的研究分析，可以顺理成章地找出本企业产品在市场销售中的"难"点。排除这些阻碍，就是下文将要谈到的广告战略与策略的主要目的。

（7）广告战略。广告战略部分，一般应根据产品定位和市场研究结果，阐明广告策略的重点，说明用什么方法扩大广告产品的销售对象范围，加深广告产品在消费者心目中的印象，刺激消费者改变使用习惯，产生购买兴趣。具体来讲，它们应包括以下内容：

一要分析竞争对手。分析主要竞争对手的广告诉求点、广告表现形式、广告口号、广告攻势的强弱等。

二要确定广告目标。依据企业经营目标，确定广告在提高知名度、美誉度、市场占有率方面拟达到的目标。

三要明确广告地区。应确定产品的投放目标市场，并说明选择特定分布地区的理由。

四要找准广告对象。是指广告信息的传播对象，即信息接收者。广告对象的策划目的是解决把"什么"向"谁"传达的问题，这是广告活动中极为重要的问题。没有对象，就是无的放矢。这部分应根据产品定位和市场研究来确定广告的最好接受对象，并测算出广告对象人数或户数，根据这个数字结果，预测、分析潜在消费者的需求特征和心理特征、生活方式和消费方式等。

五要实施广告创作。可分为广告创意和广告策略两个部分。其中广告创意旨在确定广告总体的表现构想，如广告口号，使用的模特或象征物，广告的诉求点或突出表现某种观念、倾向等。广告策略，则是详细说明广告实施的具体细节，包括向广告对象传播什么，按照电视、报刊、广播、POP 等不同媒介的情况，分别提出有特色的、能准确传递信息的创作意图。

（8）公关战略。公关活动旨在树立良好的企业形象和声誉，沟通企业与公众的关系，增进消费者对企业的好感。公关战略要与广告战略密切配合，通过举办一系列具有社会影响力的活动达到上述目的。

有的广告策划书还在这一部分介绍促销活动计划，写明促销活动的目的、策略和设想，当然也可以把促销活动计划作为单独文件来处理。

（9）媒介战略。广告媒介是进行广告活动的物质技术手段。广告媒介战略，就是根据广告的目标与对象，选择能达到最佳效果的广告媒介。广告媒介的种类很多，有报纸、杂志、电视、广播、录像、影碟、网络等。广告媒介不同，其广告效果也不同，在选择广告媒介时，要注意：

一是广告媒介的收费。

二是广告媒介的影响。

三是广告媒介的发布地区、时机和效率。媒介使用的地区要配合产品的营销需要；确定媒介的位置、版面，选择最好的传播时机；确定媒介的频率，把一年分为重点期和保持期，确定每种媒介每周或每月使用的次数安排。

四是媒介的选择与组合。应以哪种媒介为主，哪些为辅。

五是商品的特殊性和销售范围。

六是宣传对象。

（10）广告预算及分配。广告预算是企业投入广告活动的费用计划和具体的分配方案。应详细列出本年度内的所有广告费用，如调研费、策划费、广告制作费、媒介使用费、管理费、促销费、机动费等。最好能制成表格，列出调研、设计、制作等费用。也有人将这部分内容列入广告预算书中专门介绍。通过广告预算及分配，可以更有计划地使用广告经费，减少浪费。

（11）广告统一设计。根据上述各项综合要求，分别设计出报纸、杂志、广播、电视、POP 广告的设计稿或脚本，以供年度内广告制作的统一设计参考。

（12）广告效果预测。主要预计按照广告策划实施广告活动预计可达到的目标或效果反馈、检测的方法。这一目标应和前言部分规定的目标任务相呼应。

在广告策划书的撰写中，上述各部分可根据实际情况适当增减或合并分列，如可增加广告建议，删除公关计划、单列产品分析等内容，也可将最后部分改为结束语或结论。

4. 附录

在策划文本的附录中，应该包括为广告策划而进行的市场调查的应用性文本和其他需要提供给广告主的资料，如市场调查问卷、市场调查访谈提纲、市场调查报告等。

5. 落款

正文广告策划书的落款部分，一般写在正文的右下方，表明策划书的作者和完成日期。

（二）广告策划书的写作步骤

在广告策划书的写作上，可以按照以下步骤来进行：

（1）建立文书的框架体系。

（2）整理并反映所收集的资料。

（3）提炼必要的观点及思路。

（4）设计清晰而美观的版面（包括巧妙使用数据图表）。

（5）注明完稿时间或修正定稿的时间。

四、广告策划书的写作要求

要形成一个完整、规范的广告策划书，就要做到以下几点：

第一，量力而行。广告策划，首先应考虑自身特点和企业的实力。创意应从实际情况出发，切忌浮夸奢靡。在一份文案中，往往是提出几种可供选择的方案，这些方案对决策者来说，既能推敲其准确性、可行性，也有利于在量力而行方面有更多的选择空间。

第二，重点明确。广告策划文书，最重要的是目标与主题，把这写得越清楚、越具体越好。广告策划只是广告制作的第一步，广告制作的完成还有待于更多的人来参与，目标与主题的明确，不仅有助于决策者下决心，也将有助于后期工作有条不紊地开展。

第三，数据具体。策划工作是导向性很强的工作，如果有所失误，后果可能不堪设想。所以为了说明问题、为了避免损失和力求最终能获取最好的经济效果，对涉及的市场信息要尽可能地用数字说话，对费用预算也应既留有余地，又不能随意高估冒算。

第四，精益求精。好的广告来自好的广告策划文案，所以，市场调查要仔细，分析研究要认真，下判断要谨慎，用做比较的选样要有代表性。而且，在行文过程中应该不断与周围人交流，必要的话也应与决策者作一些交流，写完后应不断推敲修改。

另外还应注意，写广告策划书一般要求简短，避免冗长。要简要、概述、分类，删除一切多余的文字，尽量避免重复相同概念，力求简练、易读、易懂，不宜用许多代名词。广告策划书在每一部分的开始最好有一个简短的摘要。在每一部分中都要说明所使用资料的来源，使策划书增加可信度。从字数上看，广告策划书一般不要超过两万字。如果篇幅过长，可将图表及有关说明材料用附录的办法解决。在撰写过程中，视具体情况，有时也将媒体策划、广告预算、总结报告等部分专门列出，形成相对独立的文案，随后分而述之。

广告策划是一项全方位的谋略活动，如同军事上一次大战役的战略运作。策划书更是战役的书面作战计划，计划得是否周详、破绽多少，关系到战役的成败。广告策划书的撰写也是这样，它关系到企业的兴衰，所以要以严肃、科学、负责的态度对待它，绝不能想当然、闭门造车，或马马虎虎应付了事。

要做一个好的广告策划者，写出完善的策划书，就得要有深广的知识、深厚的文化修养和广告理论修养。撰写广告策划书不仅要有文字功底，而且还要有广博的多学科知识，要掌握市场营销学、消费心理学、人类学、文学、美学、影视写作学、广告心理学、广告战略学等学科的相关知识，以及各种产品的有关知识。广告策划者应是一个通才之人，目前，广告策划人才奇缺，就因为这不是一般人所能胜任的。

【例文5-4】

陕西省兴泉啤酒广告策划书

一、概述

陕西省兴泉啤酒有限公司是陕西省兴平市啤酒厂与咸阳市渭河啤酒集团合资组建的大型啤酒生产企业，公司拥有固定资产5亿元，年产能力20万吨，主要生产设备从德国、意大利、法国、美国等国引进，公司技术水平和设备能力均达到世界先进水平。兴泉啤酒厂始建于1984年，是在改革开放的大背景下运用新型运行机制建立起来的。公司通过强化管理、研发新产品、开拓市场、加强企业文化建设等措施，使企业实现了跨越式发展。

迫于激烈的市场竞争压力，为了进一步占领市场，谋求更大发展，公司特此作出策划。

二、市场分析

陕西省内啤酒市场大体有以下几种品牌：兴泉、宝啤、三星、青岛、北京，据调查显示，兴泉和宝啤市场占有率最大，占据陕西啤酒市场的83%以上，另外的一部分市场被三星、青岛、北京等品牌所瓜分。可以说目前市场上与兴泉形成竞争的只有宝啤，兴泉要扩大市场占有率，增加销售量，必然要争取宝啤的一部分市场，使宝啤的消费者改变其偏爱，成为兴泉的忠诚消费者。

三、消费者分析

陕西啤酒市场的消费者类型大体上可分为三种：

一是重视啤酒的口味，在调查中发现30%的消费者是重视啤酒的口感、而不在乎啤酒的价格的高低。他们认为，只要啤酒好喝，价格稍高一些是可以接受的。这样，啤酒的口感，品质和档次就成为他们选购时所要考虑的因素。当然这部分消费群体的家庭经济比较好，消费水平比较高，这种类型的消费者是少数的。

二是重视啤酒的价格，价格的高低对他们影响较大。他们认为啤酒的口味大同小异，没有过于明显的差别，还是选择便宜的，这部分消费者的经济状况和消费都处于一般水平，但是这部分消费群体的数量较多，有必要占领这部分市场。

三是重视啤酒是否有奖，中奖率是否很高。该品牌的啤酒能否中奖，对他们是否购买影响较大，表面上看这部分消费者是爱占小便宜，但实际上他们和那些重视价格的消费群体类似，想中奖无非是想少花钱多得商品，可以把这部分消费者归为那些重视价格的人群中。

消费者对兴泉和宝啤这两种品牌的看法如下：

兴泉：消费者认为口感不错，爽口，够劲，但是价格高，而且没有奖，在访谈中这些消费者也表态，如果兴泉的价格能和其他品牌一样，或能实行有奖销售，他们会选购兴泉的，毕竟兴泉比其他品牌的啤酒口感好。

宝啤：消费者认为口感一般，不如兴泉，但是价格比较低，而且是有奖销售，中奖率高，那些重视价格的消费者因此愿意购买。

四、销售策略

从市场分析可知，兴泉的主要竞争对手是宝啤，宝啤较兴泉的优势是价格低，而且有奖，中奖率高，大部分消费者对此非常认可，以至倾向于购买宝啤。兴泉要夺取宝啤的这部分市场，采取的策略一是降价，与宝啤同一价位；二是实行有奖销售。经过分析，降价策略是不大可能的，这样企业利润会降低。另外，降价之后再想提价势必有些困难，即使提上来，宝啤也会卷土重来，东山再起，以至重演今天这一幕。另外采取有奖销售策略，这毕竟是短期促销，达不到长期的效果，也是不可取的。迫于以上种种情况，要在不降价、没有奖的情况下迅速击败对手，企业只能采取加大对品牌的宣传力度，在宣传中突出本产品的优越性，价格高的理由，优于其他品牌在什么地方，不同之处在哪，在消费者心目中占据一定的位置，这样才能使消费者愿意花高一些的价钱来购买本品牌，从而使企业取胜于对手。

五、广告策略

广告主要着重宣传兴泉有别于其他品牌的好处，口感好、品质佳、档次高，价格高是很正常的，强调多花一点钱买上高品质、口感好、上档次的产品值得。

（1）广告目标：提高兴泉的市场占有率，迅速击败竞争对手。

（2）广告主题：强调优质产品。

（3）广告对象：陕西老百姓。

（4）广告地区：陕西省各地。

（5）诉求重点：品味不凡，倡饮兴泉。

（6）广告表现（广告语创意说明）："品味兴泉"有三层含义：其一，说明你选择了兴泉啤酒证明你是有一定的品味，你的品位不同凡响；其二，说明兴泉啤酒味道不凡，与其他啤酒不同；其三，说明一个人在生活中应该品味和体验不同寻常的事物。另外，"倡饮兴泉"中的"倡"字有两层含义：其一，"倡"是倡议、倡导、提倡的意思，倡导你饮用兴泉啤酒；其二，"倡"与"畅"谐音，"畅"表畅快、高兴的意思，畅饮兴泉，表痛快地饮用兴泉。

（7）平面广告文案：不凡的口感；不凡的品质；不凡的档次；自然有不凡的价格；品味不凡，倡饮兴泉！

电视广告文案（附）

广播广告文案（附）

六、媒体策略

（1）电子媒体：陕西电视台（各个频道），陕西人民广播电台。

（2）印刷媒体：广告牌，招贴（商店，超市门前）。

（3）平面媒体：《陕西日报》，《华商报》。

附：

1. 陕西啤酒市场消费者心理调查报告

2. 电视广告文案

3. 广播广告文案

陕西省啤酒市场消费者心理调查报告

目的：了解陕西人（男性）购买啤酒情况

调查对象：陕西 25～50 岁的男性

调查方法：访谈法

调查结果如下：

目前，陕西市场上，啤酒的品牌有兴泉、宝啤、三星、北京、青岛。经过调查了解消费者对三种品牌购买频次比较高：兴泉、宝啤、三星。

口感上：90%～95% 的消费者认为兴泉比较好，一部分消费者说兴泉爽口、够劲，还有很多消费者说不出来具体好在哪，但是就是感觉好，爱喝，喝惯了。另外 5%～10% 的消费者认为宝啤的口味好，但是 90% 的人认为宝啤的口味不如兴泉，认为宝啤不爽口、不够劲、口味淡。

价格上：60%～70% 的消费者认为兴泉的价格高，对价格因素比较重视，价格的高低可以使他们改变购买决策，所以致使这部分消费者对宝啤形成忠诚的购买关系。在交谈中可以看出，这部分消费者的经济收入都不太好，因此对价格比较看重，并且他们也表态，如果兴泉、宝啤同等价位，那么他们会选择兴泉，毕竟兴泉的口味更好。

营业推广：宝啤实行的有奖销售而且中奖率还很高，目前市场上 60%～70% 的消费者对此非常看重，据了解中奖率达 25% 以上。如此之高的中奖率，对消费者的诱导力是很大的。

综上看出，兴泉既有优势也有劣势。优势在于其口感好，消费者是认可的，劣势则是价格偏高，营业推广上主要是没有实行有奖销售，这些都让竞争对手宝啤夺得了一部分市场。

电视广告文案

画面、声音

1. 在广告公司里，一个人在想着，这个人深呼吸的声音

"什么事情？"（特写）

2. 旁边的同事问道："做什么广告呢?"

3. 他回答："给兴泉啤酒做广告呢! 调查消费者都说好喝"

4. 旁边的人说："买瓶尝尝"

5. 这个人喝了一杯，喝啤酒的声音

6. 表现出十分惊讶的样子（特写）

7. 一杯接着一杯喝了一瓶，放下杯子说道："兴泉啤酒好喝不是说出来的而是喝出来的"

8. 电视画面打出"品味不凡，倡饮兴泉"

广播广告文案

爸爸：儿子，中午给爸爸买瓶啤酒

音响：爸爸拿钱的声音

儿子：是买便宜的还是买好喝的

爸爸：当然是买好喝的了，要喝好啤酒，还差几毛钱

儿子：阿姨，我买啤酒

阿姨：你买什么啤酒啊

儿子：我爸说买好喝的

阿姨：那就拿兴泉吧

儿子：爸爸我买回啤酒了

音响：起瓶盖，倒酒一饮而尽

妈妈：喝着感觉怎么样

儿子：妈妈你看瓶上写着呢! 品味不凡，倡饮兴泉

【思考与练习】

（1）某商务酒店的项目建议书这样来表述拟建项目的必要性："地处××区中心地带，公路四通八达，交通十分便利，紧靠政务新区，是从事商贸经营的最佳场所"，你认为这样的论证是否充分? 如不充分，请对其进行修改。

（2）小王想在我校附近开设一间书店，请对我校学生的课外阅读情况做一个小型调查，为小王撰写一份书店可行性研究报告。

（3）分析范例《陕西省兴泉啤酒广告策划书》的写作特点，并为其设计一则报纸广告文案。

第六章　经济协约文书

第一节　概　述

经济协约文书是现代经济活动中必不可少的实用文体，是保护经济活动主体利益的一种措施，大多有证明和生效的法律效力，尤其是经济合同。一旦出现经济纠纷，这类文书往往是维护经济主体权益的有力证据，因此，各类经济活动的主体极其重视这类文书，不仅频繁使用它们，还十分妥善地作了保存。

经济协约文书运用于商务洽谈与签约的过程中，是就有关经济事务，规定经济活动主体的相互权利和义务，通过协商约定形成一致的意见后签订的、当事人各方应共同遵守的契约性文书。

常用的经济协约文书包括协议书、意向书、备忘录、经济合同、招标和投标文书等几类。

一、经济协约文书的特点

（一）协商性

协约文书是商务洽谈的产物。当事人各方在谈判过程中运用各种专业知识和谈判技巧，遵循平等互利、等价有偿的原则，从自己的情况出发，表达了自己的意图。当然他们还要互相从合作方的角度考虑问题，协商有争议的事项，最终达成各方面都可接受的意愿。经济协约的文书能将这些都体现出来。

（二）灵活性

经济协约书有很强的灵活性：只要当事人各方协商同意，任何合作形式都可以签订协议书；它的内容与写作没有固定的格式和规定，完全由当事人各方协商而定。

（三）法律约束性

经济协约文书将经济活动主体各方的合作意图、合作内容、具体的合作方式方法、彼此的权利和义务以文字形式固定下来。协约文书一经签订，大多就具有了法律约束性，协约几方必须认真执行，并可相互监督。

二、经济协约文书的作用

（一）能使原有文书更加合理、完善

经济协约文书是一种契约性公文，具有协商性。在自愿的基础上，经济主体各方可再次洽谈协商，形成一致意见后，可对原来的协约文书进行补充或修改，使之更趋合理和完善，并能体现协约文书的公平、公正性。另外，经济协约文书，尤其

是协议书还可以对某些有很强法规性文书的条款进行补充，它同样具有法律效力。

（二）利于经济秩序的稳定运行

由于经济协约文书具有很强的法律约束性，因而一经签订，各当事人必须按照协约文书中的条款或规定履行自己一方的义务，这就严格规范了当事人的经济活动行为，促使其自觉维护经济运行秩序，营造稳定的经济运行环境。

第二节　商务备忘录

商务备忘录指在进行商务业务过程中，经过业务磋商或谈判后，用来记录洽谈中的主要观点、主要问题或是双方的谅解和承诺，以界定双方责任，并作为进一步洽谈时参考的备忘式文书。商务备忘录分面交和送交两种。

一、商务备忘录的特点

（一）不具确定性

商务备忘录记录的是双方各自的意见和观点。这些意见和观点可能双方并未达成一致意见，需要在下一次洽谈中进一步协商。

（二）不具法律性

因为商务备忘录记录的只是初步的观点和意见，不是双方最终的共识。它只能作为参考性资料来使用，并不具有法律约束力。

二、商务备忘录的作用

商务备忘录作为参考性资料，引导着下一次洽谈的方向，可以避免一些话题的重复讨论，提高工作效率，节约时间，有利于尽快促成商务活动。

三、商务备忘录的结构与写法

商务备忘录的结构一般由标题、正文、落款三部分构成。

（一）标题

商务备忘录的标题有以下几种：

1. 公文式

由洽谈双方的单位名称＋事由＋文种组成，如《××股份有限公司与××公司关于××的谈判备忘录》。

2. 省略式

这种标题有时写成《××谈判备忘录》或《××会谈备忘录》，有时则只以"备忘录"三字为题。

（二）正文

正文包括引言和主体两部分。

1. 引言

介绍参加洽谈单位的情况，如各自的名称（为了正文的行文整洁，通常在其后用括号标注出简称)、参加谈判的代表姓名以及洽谈的时间、地点、主要内容。有时，涉外备忘录还要标明谈判双方所属的国家等。

2. 主体

在主体部分，商务备忘录一般将会谈时各自所持的观点、所作的承诺等具体事项分条列项地进行说明。在这一部分，语言一定要真实、准确，能客观、明确地反映谈判双方各自的观点。

（三）落款

在正文下方，要依次标注出参加谈判单位的法定名称并加盖公章，谈判代表要签署姓名，以示该备忘录双方都认可。此外，如果引言中未指出谈判的时间，需要在这一部分中标注时间。有时，时间会出现在标题下一行的正中间，并用括号标注出。

【例文 6 - 1】

备忘录

中国××公司××分公司（简称甲方）与×国××公司（简称乙方）的代表，于×××年×月×日在中国×市就兴办合资项目进行初步协商，双方交换了意见，达成了谅解，双方的承诺如下：

一、依据双方的交谈，乙方同意就合资经营××项目进行投资，投资金额大约为×××万美元。投资方式待进一步磋商，甲方所用的投资的厂房、场地、机器设备的作价原则和办法，亦待进一步协商。

二、关于利润的分配原则，乙方认为自己的投入既有资金，又有技术，应该占60% ~70%，甲方则认为应该按投资比例分成，此项没有取得一致意见，但乙方代表表示，利润分配比例愿意考虑甲方的意见，另定时间进行协商确定。

三、合资项目生产的××产品，乙方承诺在国际市场上销售年产量的45%，甲方希望乙方能提高销售额，达到70%，其余的在中国国内市场上销售。

四、工厂的规模、合营年限以及其他有关事项，均没有详细地加以讨论，双方都认为待第二项事情向各自的上级汇报确定后，其他问题都好办。

五、这次洽谈，虽未能解决主要问题，但双方都表达了合作的愿望，期望在今后的两个月内再行接触，以便进一步商洽合作事宜，具体时间待双方磋商后再定。

中国××公司××分公司　　　　　××国×××股份有限公司

代表：×××（签章）　　　　　　代表：×××（签章）

（摘自《商务应用文格式及经典范例》，有改动）

第三节　商务意向书

商务意向书指在各类经济活动中，双方或多方针对某一合作项目，就各自的基本态度、初步设想等进行初步谈判，根据协商后达成的一致认识而形成的书面文件，是进行实质性谈判的基础，简称"意向书"。

一、意向书的特点

（一）原则性与意向性

意向书是反映合作当事人对合作事宜的共同的、初步的意向，不是合作时具体的实施方案。但当事人要进一步商洽实质性合作事宜，应该以意向书为基础、为依据，因此，合作意向书是深入合作的原则性文件，可以为以后签订正式的合同或协议书做好必要的准备，能推进合作的顺利进行。

（二）协商性与灵活性

意向书是经过当事人初步的谈判协商后才产生的，如果一方当事人觉得其中有不妥当之处，仍可通过再次协商与合作达成共识。正因为具有这种协商性，所以意向书十分灵活。这一点突出表现在内容上只表述出当事人原则性的合作意向，是一个大的合作框架，十分笼统、粗略，使下一步细节的确定不必受太多的限制，从而使意向书具有了灵活性。意向书的具体操作步骤一般不在书中体现，这就为下一步的实质性谈判留出了足够的斡旋余地。

（三）非法律性与信誉性

由于意向书只是一个临时的、具有导向性的基础性文件，非最终的谈判成果和合作依据，所以不具有法律效力。一旦签订真正有法律效力的经济合同或协议书，它也就完成了自己的使命。不过，虽然意向书无法律强制执行力，但仍有一定的约束力，对于当事人信誉的维护和提升有很大的影响，直接关系到是否有下一次合作或另外的合作方。

二、意向书的作用

（一）使合作意向进一步统一和完善

虽然意向书不具有法律强制力，但它作为最初的合作意向，是经济合作由初期的商洽转向实质性谈判的基础依据，有利于促进谈判的深入。在这个过程中，对于未达成一致意见的条款，各方会在原有基础上互相谅解，不断协商并达成统一观点；对于意向书中不成熟的想法，各谈判方会集众家之长，不断补充，使之更加完善，以便使此次经济合作尽快付诸实施，促成合作的成功和各方利润的最大化。

（二）是签订正式合作合同的基石

意向书的重要作用是为合作单位之间作实质性的谈判、签订经济合同奠定坚实的基础。它可以避免重复话题，引导谈判各方在前期谈判的基础上，坚持互利互惠的原则，就具体条款进行协商，最终确定各方都满意的具体条款，促使正式合同的签订。

三、意向书的结构和写法

意向书的结构一般由标题、正文和落款三部分构成。

（一）标题

意向书的标题有 3 种写法：

1. 完全式标题

由合作单位名称、合作项目名称和文种组成，如《××股份有限公司与××集团技术转让意向书》。

2. 半完全式标题

这种标题常由合作项目名称和文种构成，如《产品研发合作意向书》。

3. 简便式

有时合作项目内容比较简单，这时意向书可以直接以文种即"意向书"为题。

（二）正文

意向书的正文包括引言和主体两部分。

1. 引言

这一部分要介绍以下内容：合作单位的有关事宜，如各自的单位名称（为了正文行文简洁，常在名称后用括号标注出简称），如是涉外意向书，还要写明注册国家、法定地址、营业执照编号和副本、法人代表的姓名、国籍和职务等；合作的原因或目的，该意向书的政策依据或指导思想；商谈的时间、地点及过程等。

引言部分常以承上启下的惯用语句结束，用来引出下文，如"经双方协商，现就××项目达成如下意向"、"现将双方合作意向记录如下"等。

2. 主体

主体部分是意向书的重心，要介绍具体的合作意向和未尽事宜的解决方式，通常要回答三个问题，即"为什么"、"做什么"及"怎么做"。其中，重点是介绍具体的合作意向，主要包括：合作项目的规模，项目投资额度及各自的投资比例、投资方式、利润分配比例，各自的责任和义务等，一般用条文式来表述。这部分内容的表述一定要完整、条理，各条款之间要层次分明，有逻辑性。同时，由于反映的是初步的合作意向，还需进一步的商洽，所以，意向书的内容不必详细阐述，更不能过于琐碎，只需用简洁的语言将大体框架讲明即可。

另外，由于只是初步商谈，合作单位在一些具体的合作步骤上难免会产生分歧，对于这些，初步谈判时要有所预见，协商好解决方案，并反映在意向书中。一般来说，意向书在主体部分的未尽事宜一项中要注明哪些问题需进一步协商、合作单位各自要做的下一步工作、再次商谈的时间、地点等。

有时，有些意向书还要在最后注明意向书文本的文字、数量及保存方式。

（三）落款

意向书落款处应先标明各自单位的法定名称，再由洽谈代表签字并注明签订日期。有时，有的意向书还注明联系人姓名、联系电话、联系地址等。一些要报上级部门批准立项的意向书还要写明报送单位。

总之，意向书在写作时，一定要突出重点、准确用词。同时，为了为下一步的实质性谈判留下斡旋的空间，态度一定要诚恳，语气一定要友好、委婉，不得使用"必须"、"务必"、"否则"、"一定"等有强制、要挟意味的词语。

【例文6-2】

合资成立××医疗机械有限公司的意向书

2002年×月×日至×月×日，上海××医疗仪器厂厂长×××先生、副厂长×××先生（以下称甲方）与德国××有限责任公司常务经理×××先生（以下称乙方），进行了多次洽谈，达成意向如下：

一、双方共同投资组建合资公司，正式名称为"××医疗机械有限公司"。主要生产泌尿外科、耳鼻喉科、妇科、胸腹外科等各种医用硬管内窥镜。

二、××医疗机械公司的投资总额约为650万元人民币。双方投资比例初步定为：甲方投资357.5万元人民币，占投资总额55%；乙方投资292.5万元人民币（以当天外汇牌价折合为德国马克），占投资总额45%。利润按投资比例分成。

三、主要设备由乙方按照双方商定的品牌、型号、价格等，由乙方在国外生产厂家联系购买。

四、乙方提供生产、检验技术，并负责产品在欧洲市场的销售。

五、××医疗机械有限公司设在甲方原厂所在地。厂房的改建、扩建工程由甲方负责。

六、合营期限暂定为20年。

七、甲方应在2002年×月×日前制定项目建议书，并负责在2002年×月×日前上报有关部门立项，争取在2003年×月前正式投资。

甲方：上海××医疗仪器厂　　　　乙方：德国××有限责任公司

厂长：×××　　　　　　　　　　常务经理：×××

　　　　　　　　　　　　　　　　　　×××年×月×日

（摘自《现代企业常用文书写作要领与规范》，有改动）

第四节　经济协议书

经济协议书是指经济活动的当事人各方围绕所合作的经济事务进行协商，达成统一的意见后签订的条款形式的文字性材料，以明确当事人各方的权利和义务，简称协议书。

一、经济协议书的特点

除了作为经济合同补充形式的经济协议书能体现经济主体最终的合作意向及具体的合作条款，实际起到了经济合同的作用外，大部分经济协议书具有以下特点：

（一）初步的意向性

一些经济协议书虽然有一定的法律约束力，但有时不如正式的经济合同的约束力强，因为它们只是体现经济活动主体各方初步的合作意向，具体的合作细节还需要进一步商定，不具有确定性。所以，经济协议书不是经济合作各方实施经济行为的最终依据。

（二）简明性

对于大部分经济协议书而言，它的内容比较简明，因为它只是粗线条地记录了经济主体各方在合作的内容、条件、要求、步骤等方面达成的原则性约定，所以经济协议书的用语简洁、明了。

二、经济协议书的作用

（一）签订经济合同的基础和依据

有些经济协议书形成于正式的经济合同之前，体现的是商谈各方在某一阶段的合作意向，为签订正式合同提供了依据。经济合同要在前一阶段的经济协议书的基础上，经过进一步详细、充分的协商，将具体条款确定下来后签订。

（二）可作为经济合同的补充材料和形式

某些经济合同签订之后，有时会因为一些难以预料的突发事件使某些条款产生争议，经过各方经济主体的协商后找到解决的途径。这时就可以用经济协议书的形式将这些途径记录下来，作为合同的补充材料，而且与原合同具有同等效力。另外，《中华人民共和国合同法》规定的 15 种合同之外的合作形式，其契约文书可以用经济协议书的形式来表现。由此来看，经济协议书是经济合同的补充形式。

三、经济协议书的结构与写法

经济协议书的结构一般由标题、当事人名称，正文和落款四部分构成。

（一）标题

经济协议书的标题一般会标明该协议书的性质。常见写法是由"协议事由"和"文种"组成，如《合同协议书》、《关于设立股份有限公司的协议书》等。有时，也会在事由前出现双方当事人的名称，如《晋华投资公司与睿昌生物技术研究所的合作协议书》。有些标题则只写文种"协议书"三字。

（二）当事人名称

经济协议书的当事人名称一般在标题的左下方列出。有时，也会在正文之后列出，或以文字说明形式置于协议书的开头，并自成一个段落。当事人名称要写全称，并用括号标明其在正文中的简称，如"甲方"、"乙方"等，以使正文行文简洁。如果当事人是企业团体，还应标明法定代表人姓名。如果该协议当事人各有委托人，还要写出委托代理人姓名。

（三）正文

经济协议书的正文一般包括两部分内容：立约缘由、约定内容。

立约缘由主要交代签订协议书的原因或目的，常常由"为了……经双方协商，特订立本协议书，以利于……"等语句说明。

约定内容为协议书的主体部分，需要将双方协商约定的具体事宜按条款分条列项地写出。就以实现经济利益为目的的经济协议书而言，这一部分内容与经济合同相似，主要内容包括：

（1）标的。

（2）数量或质量。

（3）价款或报酬。

（4）履行期限、地点和方式。

（5）违约责任。

（6）解决争议的方法。

（7）协议份数、保管方式及生效日期。

以上几项只是协议书的基本条款，不同性质的协议书所涉及的具体条款各不相同，需要依照当事人协商的结果来补充和细化。

（四）落款

正文结束后，须在正文下方依次写出当事人的名称或姓名，如果当事人为单位组织，除注明单位全称外还要签署法定代表人姓名，同时加盖单位公章。如有委托代理人，也要签署姓名。有的协议书还要加注当事人各自的银行账号。之后，标明协议书的签订日期。如果协议内容为重要事宜，应经公证机关公证，还须在落款处注明公证机关名称，并加盖公证机关公章、公证人姓名及公证日期。

经济协议书在写作时，一定要依据有关的法律政策制定正确的指导思想，表述时各项条款不得有遗漏，而且应条理清晰、内容完整、措辞准确。

【例文6-3】

泛珠三角区域城市科协合作协议书

为全面贯彻落实中国科协六届五次全委会议和地方科协工作会议精神，扩大泛珠三角区域城市科协之间的交流与合作，促进和推动区域科技、经济与社会的持续发展，共同提高为广大科技工作者、经济社会全面协调可持续发展和公众科学文化素质服务的水平，在长沙市科学技术协会的倡议下，经广州、武汉、福州、成都、海口、长沙、昆明、南昌、贵阳、南宁等城市科学技术协会共商，特签署如下协议：

第一条　合作宗旨

遵照《泛珠三角区域合作框架协议》确立的宗旨，充分发挥协议各方的优势和特色，在科协工作领域加强交流与合作，提高学术交流、科普合作和"三个服务"的水平，促进泛珠三角区域科技经济与社会的共同发展。

第二条　合作原则

（一）自愿参与。各方自愿合作，参与本协议全部或部分合作项目。

（二）开放公平。各方在合作框架中享有发展的平等地位和权利，坚持非排他性和非歧视性，促进区域开放。

（三）互动互补。充分发挥各方的积极性、主动性和创造性，促进资源共享，加强优势集成与互补。

第三条　合作要求

（一）各方应主动创造合作条件，落实合作措施，拓宽合作领域，提高合作效益和水平。

（二）充分发挥各自的优势，动员和组织社会各界力量，共同推动和提升泛珠三角区域内科协团体的工作水平。

第四条　合作内容

（一）学术合作。统筹协调各方资源和人才优势，对区域内科技领域面临的共性问题、难点和热点问题及战略性问题，探索有效的解决渠道和措施，以建设区域科技论坛的形式，提升学术交流和合作水平，促进各地学会发展和学术、科研成果转化。

（二）国际及台港澳地区民间科技交流与合作。发挥海峡两岸及毗邻港澳地区的人文、地缘优势，资源共享，优势互补，协作双赢，建立国际及台港澳民间科技交流与合作机制，为祖国和平统一作出应有的贡献。

（三）科普合作。加大科普教育、科普旅游、科普项目、科普产业开发合作力度，实现科普资源共享。开展科普信息公众服务领域的合作，实现科普网站的相互链接和信息互动，促进信息资源共享和优势互补，提高信息服务和公众信息利用水平。

（四）科技活动场馆设施设备合作。区域内科技场馆的展示内容与展品逐步实现资源共享，相互交流、巡展，以提高展示的社会效益与经济效益。

（五）科技成果转让与产业化合作。建立区域科技成果合作机制，推动科技成果产业化，提高泛珠三角区域科技产业的整体竞争力和创新能力。

（六）经验交流。建立定期交流与考察学习机制，及时交流成功经验，增强区域科协系统创新水平。

第五条　合作机制

为保证有效开展合作，各方同意，建立如下合作机制：

（一）建立联席会议制度。联席会议成员由协议各方负责人组成，主要研究和决定区域间合作的重大事宜，每年召开联席会议一次。联席会议由协议各方按排名顺序轮流主持，会议设会议主席，由当年主持会议的城市科协负责人担任。

（二）建立联络员制度。协议各方确定一名联络员，负责成员单位之间的联络、沟通与协调工作。联络员应加强跟踪、落实和情况反馈，畅通各成员单位信息交流渠道，提高工作效率，确保各项合作项目的顺利完成。

（三）建立专题工作小组制度。根据联席会议确定的合作项目，成立相应的专题工作小组，开展具体的专项合作工作。专题工作小组成员由协议各方指派，对具体合作项目及相关事宜制订合作计划，提出工作措施，落实合作事项，并定期向联席会议报告合作项目实施情况。

（四）经半数以上成员单位提议，视合作情况，经联席会议表决通过后可对本协议进行修订。

第六条　本协议签署方各执一份，自签署之日起生效。

签订协议单位签名盖章（略）

××××年×月×日

（摘自《现代企业常用文书写作要领与范例》，有改动）

第五节　经济合同

经济合同是合同的一种。合同，又称为协议或契约，是一种规范性很强的应用文。根据1999年3月15日我国颁布的《中华人民共和国合同法》的规定，合同是平等主体的自然人、法人和其他组织之间设立、变更、终止民事权利和义务关系的协议。其中，最常用、最主要的是经济合同，它在各类商务经济活动中被广泛地应用，有时被简称为合同。

一、合同的分类

合同有很多种类。按照合同的有效期长短，可以将合同分为短期合同（1年以内）、中期合同（2～5年）、长期合同和终身合同。根据法律是否给予特定的名称，合同可以分为有名合同和无名合同。签订有名合同时，要根据法律规定来确定合同的条款和内容，而在订立无名合同时，只需根据惯例，遵循公正、平等、互利的原则即可。

《中华人民共和国合同法》则将合同分为15种类型：买卖合同，供用电、水、气、热力合同，赠与合同，借款合同，租赁合同，承揽合同，融资租赁合同，建设工程合同，运输合同，技术合同，保管合同，仓储合同，委托合同，行纪合同，居间合同。

此外，按形式划分，合同可分为口头合同、书面合同和电子合同；按书写形式分，有表格式合同、条款式合同、填空式合同和条款表格兼有式合同；按合同签订对象所属地区划分，有对内合同和涉外合同。

二、合同的特点

（一）具有法律效力

订立合同是一种法律行为，具有很强的法律制约性，不同于一般的事务文书。因此，签订合同时双方当事人的意思表示必须是真实的、合法的、公正的，在此前提下签订的合同才会被法律认可。而真实的、合法的、有效的合同一旦签订，即产生法律效力，受国家法律的保护，是保障双方当事人正当权益的法律凭证，当事人必须认真执行合同的各项条款，一旦违约，就要追究其法律责任。

（二）遵循公正、平等、互利的原则

订立合同的当事人在法律上地位是平等的。无论是法人还是公民，也不管级别是高还是低，双方在订立合同时，都享有同等的权利，承担同等的义务。任何一方都不得把自己的意志强加给另一方，强迫对方签订不平等的合同，这样的合同是不被法律认可的。唯其如此，才能保障当事人的合法权益，符合市场经济公平竞争、等价有偿的规则。

（三）有明确的经济目的

签订合同主要是为了明确当事人享有的权利和应当履行的义务。这主要围绕经济利益进行，表现的是生产领域和流通中等价有偿的经济关系，经济目标十分明确。

三、合同的作用

在我国这个"依法治国"的社会里，人们的法律意识逐步提高。同时，随着我国社会主义市场经济的发展，经济合同的使用越来越广泛，它在经济领域发挥的作用也越来越重要。这主要表现在以下几个方面：

（一）有效保护当事人的合法权益

首先，合同的签订是一种预防措施。它把合同双方的权利和义务以文字形式固定下来，作为检查履行合同情况的依据。合同中的违约责任一款，是由当事人协商一致后确定的，双方十分清楚违约的后果。这无疑强化了当事人的责任意识，使其能认真、自觉地按合同中的相关条款履行职责，保障了当事人的权益。

同时，经济合同具有法律效力。合同一旦确立，就规定了当事人的权利和义务，双方都要受相关法律的约束。任何一方不履行合同规定事宜而发生纠纷时，另一方可通过法律程序起诉，人民法院会依法按照合同规定对违约一方进行裁决，赔偿或补偿对方的损失，这样就使当事人的合法权益受到保障。

（二）能稳定市场环境，维护社会主义市场经济秩序

经济合同还促进当事人之间的经济协作。合同各项条款严格规范了当事人的经济行为，使其在稳定有序的情况下进行，从而最大限度地实现各自的经济利益。这就促使当事人自觉维护市场秩序，营造稳定的市场环境，保证社会主义市场经济有序进行，还有利于进一步开放市场，搞活社会主义市场经济。

（三）有利于调动合同主体生产经营的积极主动性，提高经济效益

经济合同是促进合同当事人提高经济效益的有效措施。合同主体在签订合同后，都有一种期待意识，希望在这次经济行为中，除实现预期经济目的外，还希望得到预期外的利润。在保证合同顺利履行的同时，合同当事人都会实施有效经营管理，做好经济核算，充分利用自己的人力、物力和科技能力，采取各种方式降低消耗，精打细算，努力提高经济效益。当然，这必须以不损害对方利益为前提。这样，在提高当事人自身经济效益的同时，也促进了整个社会经济利益的提高。

四、合同的基本条款

合同的条款，由当事人协商确定。它们规定了当事人各自的权利和义务，是当事人履行合同约定的主要依据，决定了合同的合法有效性。合同种类繁多，各个类型合同的具体条款都有各自的特点，不同类型的合同，按其相应的需要来规定必要条款。但整体来说，合同一般应包括以下 8 项基本条款：

（一）当事人的名称和住所

这里指的是自然人的姓名、住所以及法人和其他组织的名称、住所。当事人如果是法人，应写明全称、法定代表人的姓名及代理人姓名；如果当事人是其他组织则要写明全称及代表人姓名。不管是法人还是其他组织，其全称指的是经登记机关核准登记的名称。住所，是指当事人的主要办事机构所在地。

（二）标的

标的是指合同当事人权利和义务共同指向的对象。它的表现形式可以是实物、货币、工程项目、劳务或智力成果等。合同类型不同，其标的也不同。例如，买卖合同的标的是产品，建设工程合同的标的是工程项目，而技术合同的标的则是智力成果。

（三）标的的数量

数量是对标的的具体计量，是衡量标的的尺度，它由数字和计量单位组成。其中数字要准确、具体，计量单位要采用国家规定的统一计量单位，计量方法也应按国家标准或双方协商确定的方法，如计量产品重量应明确是毛重还是净重。

（四）标的的质量

质量是检验标的内在品质和外观形态优劣的标尺。它针对标的的类型、规格、性能、等级等。合同中的这一条款一定要做到明确、详细、具体、全面，谨防出现漏洞让对方钻空子。对于标的质量的规定，应遵循国家各部门制定的相关标准

（国家标准、部颁标准或企业标准）或双方协商确定的标的质量的具体标准和检验方法。

（五）价款或报酬

价款指以实物或货币为标的物的合同规定的，在未来履行过程中，取得标的的一方当事人向另一方支付的金钱，以作为获取标的的代价。报酬又称为酬金，是指以劳务为标的的合同中，获取劳务的一方当事人应当向对方当事人支付的货币。在合同中，必须明确写明价款或报酬，以及价款或报酬的计算标准、结算方式或付款程序。如果是对外贸易，合同还需要标明用何种货币支付价款或报酬。

（六）履行期限、地点和方式

履行期限是指当事人履行合同条款的时间限制，也就是当事人提交标的、支付价款或报酬的时间界限。在订立合同时，一定要明确、具体地规定双方履行权利和义务的期限，这一点十分重要。因为它关系到合同能否顺利履行，还关系到当事人的切身利益。

履行地点是指合同当事人提交标的和支付价款报酬的地点，如交货地点、施工地点、交款地点等。履行方式是指合同当事人提交标的和支付价款或报酬的方式，如交款方式、结算方式、验收方式等。

标的不同的合同，履行地点和方式各不相同，订立合同时应根据不同内容作出合情、合理、明确、具体的规定。

（七）违约责任

违约责任是指合同当事人一方不履行合同中规定的义务或履行合同规定义务时不符合约定而应承担的民事责任。违约责任包括支付违约金、赔偿金和其他制裁方法。违约责任这一条款的存在，能督促当事人严格、认真、全面、及时地履行合同，是维护当事人合法权益的保证，也是避免经济损失、维护合同严肃性的重要措施。

应该注意的是，对因当事人无法采取预防措施而发生了意外事件，以致不能按规定履行合同的情况，一般不作违约行为看待。出现这种"不可抗力"事件，可不必承担违约责任，但必须在订立合同时，写明"不可抗力"事件的范围。引起"不可抗力"事件的原因主要有两种：一是自然力量，如地震、水灾、火山爆发、台风等；二是社会力量，如政府政策、战争等。

（八）解决争议的方法

解决争议的方法是指合同当事人解决合同纠纷的手段、地点。订立合同时，要写明当遇到纠纷时，是采用诉讼还是仲裁的方式，以及说明诉讼或者仲裁的管辖机关等。

以上只是合同中必须具备的几项条款。在实际订立合同的过程中，还需要根据合同的类型和内容来确定详细、具体的条款。

五、合同的形式

合同的形式主要有三种：条款式、表格式、两者兼而有之的混合式。

条款式：签订合同的各方将协商一致的事项，按顺序分条列项地写出。条款式合同没有完全统一的模式，可以根据需要灵活确定条款内容。

表格式：订立合同的各方将协商一致的内容和事项逐项填入事先已经制作好的表格中。表格式合同使用比较广泛，而且可以大量反复使用。它多用于签订运输合同、供应水电气的合同或承揽合同的情形。

混合式：合同签订时相关各方将已协商一致的内容以表格和条款的方式写入合同中。其中，表格主要用于填写具体的时间、地点、项目、金额、数量等；条款则用来书写各方的责任、经济活动范围、注意事项等。这种合同灵活、多样、方便，使用频率也比较高。

六、经济合同的结构与写法

经济合同的结构一般由标题、首部、正文和结尾几部分构成。

（一）标题

标题也称合同的名称，一般能说明合同的性质。合同的标题由合同性质和文种组成，书写在第一行的正中位置，如《运输合同》、《租赁合同》、《借款合同》等。

（二）首部

合同的首部指立约人和合同编号。一般情况下，立约人名称书写于标题左下方、正文之上。这个名称必须是各方的全称，不能以简称代之。为了正文行文方便，还应在各当事人全称之后用括号注明甲方、乙方等，或是根据合同内容标注为"借方"、"贷方"、"买方"、"卖方"、"承租方"、"出租方"等。

合同编号应写于标题右下方。

（三）正文

正文是合同的主体部分，包括引言和具体条款两部分。

引言须扼要说明签订合同的目的和依据，是合同的总纲，常以"为了……经双方共同协商，特订立本合同，以资共同遵守"之类话语引出下文。

具体条款是合同内容的集中体现，应将合同当事人共同议定的各方的权利和义务详细、具体、准确地书写清楚。

此外，还应有说明性款项，即在经济合同正文末尾注明合同的生效日期、有效期限、合同份数等情况。如有图纸、表格等附件，还要列出附件条款。

（四）结尾

合同的结尾部分主要包括：当事人署名、签章、日期及附加项目。当事人如果是法人，署名必须是全称，还应加写代表姓名并加盖印章。重要的合同还应写上签证机关名称，并加盖印章。有些合同根据需要，在结尾处注明当事人的单位和地址、电话、开户银行、账号等。之后，标明签订合同的具体日期。

七、电子合同和国际劳务合同

电子合同和国际劳务合同是最近时期才兴起的经济合同，两者分别在存在形式和标的方面有特殊之处，也使得两者的写作和其他合同有所区别。

（一）电子合同

电子合同是经济活动的当事人之间为了实现一定目的，以计算机网络为平台，利用处理系统通过电子邮件和电子数据交换意见，明确相互权利和义务关系的协议。电子合同实质上就是"无纸化的书面合同"，是书面合同在电子商务环境下的特殊形式。但它又不是简单的纸质合同电子化，而是书面合同形式的创新，是大幅度地提升电子商务和传统商务水平的一种新兴信息工具。《合同法》也引入了数据电文的形式，使电子合同在法律上得到了认可。

与传统书面合同相比，电子合同具有以下特点：

1. 订立平台不同

传统合同的交易一般为面对面的行为，在空间上存在一个可以相互了解的可能性。而订立电子合同的当事人是在网络上运作，可以互不见面，以对方的信誉及认证机构的反馈信息为订立合同的出发点。电子合同的内容信息都记录在计算机或磁盘等电子载体中，其修改、沟通、储存等过程均在计算机内进行，十分方便。

2. 安全性能不同

传统合同当事人每一方都保留了加盖印章、不易修改的书面文字合同文本，被改动的机会不多，安全性高。而电子合同则不同，它具有易消失性和易改动性。因为订立电子合同是在计算机网络中操作的，包括设立、变更甚至修改与储存等过程，易受病毒侵害，加上其合同信息以磁性介质保存，利用电子技术修改或者伪造可以不留任何痕迹，具有易改动性。所以电子合同的安全性较低。

3. 分析合同的速度和效率不同

传统合同初步拟定条款后，当事人各方会动用人力，运用各种方法和手段对其进行认真的分析和核对，但速度较慢，而且有些错误之处可能不易发现。而电子合同可以通过计算机智能文档，将业务数据直接导入数据库系统中，当事人可以快速获得信息并作出分析和决策。另外，电子合同还可以利用智能文档对相关数据进行自动检验，可以自动提示错误，避免当事人受到不必要的损失。而传统合同利用人力来分析、核对，很可能会因没能及时发现填错的一个数字，而使当事人遭受难以估量的损失。

4. 合同生效的方式和地点有所不同

传统合同要产生效力，当事人各方必须在纸质合同书上签字盖章。电子合同则采用网络数字签名（即电子签名）的方式，由此生成的文件与传统的签字盖章的文件具有同等的法律效应。

此外，传统合同以合同成立的地点为生效地点，而电子合同的生效地点，依收件人而定。一般以收件人的主营业地为合同成立的地点；收件人没有主营业地的，应以其经常居住地为合同成立的地点。

由上可以看出，电子合同在电子商务快速发展的今天具有很大优势，不过安全性较低是它的不足之处。可喜的是，目前我们国家已开始加强这方面的管理力度，《中华人民共和国电子签名法》的实施就大大提高了电子合同的安全可靠性。随着计算机智能文档、电子印章等技术的不断成熟的，相信电子合同会大幅度提高商务活动的效率，从而整体提升商务经济的水平。

（二）国际劳务合同

在世界经济快速发展的今天，经济全球化成为一个显著特征，国与国之间的交流与交往越来越频繁，我国国内经济主体与国外企业打交道的机会也迅速增多，涉外业务几乎深入各个领域、各个部门和各个单位。涉外商务在我国商务贸易中的比重越来越重，涉外商务文书的使用频率大幅度增强，很大程度上影响着涉外商务的成功与否。目前我国涉外商务业务中很大一部分业务是劳务输出业务，所以，国际劳务合同便成为使用频率很高的一种涉外商务文书。

国际劳务合同是指劳务输出国的劳务输出公司或中介公司与劳务输入国的有关单位就劳务合作问题所签订的、以明确各自权利和义务的协议文书，是各方参与国际劳务合作的有效法律形式之一。

1. 国际劳务合同的特点

国际劳务合同是经济合同的一种，具有普通经济合同的共性特征，但与之相比，国际劳务合同又有以下几点鲜明特征：

（1）国际劳务合同的主体分别属于不同的国家，所涉及的经济行为往往要跨越国境，属跨国行为。

（2）签订和调整国际劳务合同的各项条款时，一定要符合行为主体所在国家各自的相关法律规定，不能只遵循某一国法律而忽视、甚至背离另一行为主体国的法律。

（3）通常情况下，因为行为主体分别属于使用不同语言的国家，所以签订一份国际劳务合同时往往要用两种文字版本。一般情况下，我国劳务输出公司或中介公司签订国际劳务合同时常用中英文两种版本。

2. 国际劳务合同的作用

国际劳务合同的作用参见前面提到的经济合同作用，不过它所影响的地域范围将由某一国扩展为两国或多国。这样，能规范国际经济秩序，有利于全球经济一体化，推动国际经济的发展。

3. 国际劳务合同的格式与写法

国际劳务合同的结构一般由标题、首部、正文和尾部组成。

（1）标题。国际劳务合同标题目前尚无统一标准。在我国，通常情况下，以"进出口劳务合同"或"国际劳务合同"为题目。

（2）首部。和普通经济合同类似，国际劳务合同一般在开头部分要注明合同编号，并介绍签订合同各方的名称（为了正文行文方便，常在其后用小括号标注出简称）、所属国家、法定地址、联系方式、法人代表等情况。这一部分可以用叙述方式，也可以罗列于标题左下方。此外，还应在正文前简述签订合同的背景、时间、地点及目的等。

（3）正文。国际劳务合同正文的基本条款与普通经济合同的基本条款大体相同，只不过因为其标的物非有形的、显性的物品，而是由行为主体——人提供的无形劳动，加之要跨越国境，所以，其条款相对要复杂一些。国际劳务合同的正文一般要根据双方协商的内容，将包括劳务工资、工作时间、生活安排、各种费用的计算方式和收付方法、加班费、医疗费、保险费、动身费、往返旅费、税收、双方责任范围、对不可抗力因素的处理、仲裁方法等具体条款详细写明。

（4）尾部。国际劳务合同在尾部可以衔接正文，以条款形式说明合同的有效期、文字版本和效力、保存方式等。同时，签约双方的代表要签字盖章。

总之，签订国际劳务合同时，一定要先了解有关的国际条约、相关国家的劳动法规，对一些关键词语要深刻理解并作文字解释，以保证劳动者在境外的合法权利。同时，不能遗漏任何一项必要的条款。另外，在运用语言时，一定要用词准确，切不可含糊其辞和模棱两可。

八、经济合同的写作要求

不管签订的是传统的纸质合同，还是新兴的电子合同，都应熟悉与合同有关的专业政策和法律知识，这样才能撰写出受法律保护、切实可行、给当事人带来效益的合同文本，才会体现经济合同平等互利、协商一致、等价交换的原则。

同时，《中华人民共和国合同法》规定："法律、行政法规规定采用书面形式的，必须采用书面形式。"重大经济活动缔约订立合同应采用书面形式，不能用口头形式。如建设工程合同、融资租赁合同，法律规定要用书面形式，若以口头形式订立则无效。

此外，合同条款要准确、完备，因为订立合同的目的，就是要明确合同当事人各自的权利、义务，因此，合同各项条款的表述一定要清晰、准确，整篇文章不应出现含糊不清、模棱两可或容易引起歧义的语句。当然，订立合同时，当事人还需要有预见性，能估计到未来事态的发展变化，并能想到解决的办法，防患于未然。当合同的条款做到如此完备时，一定能减免合同纠纷。

九、经济合同与经济协议书的区别

经济合同与经济协议书有一定的相似性，例如，都是经各方当事人协商约定后签订的、明确各自权利和义务关系的文书；都有法律约束力，当事人应严格按照约定履行各自的义务，否则按违约行为处理等。所以，有时二者可以等同对待。一些小型经济活动或关系比较近的经济活动主体有时为了方便或节省时间，便以协议书代替了合同，这时，二者在法律效力上是相同的。不过二者还有一些区别，不是任何情况下都可以互相代替的。它们的不同之处大致有以下几点：

（一）适用范围不同

经济合同以达到实现一定的经济利益为目的，主要用于经济活动领域，所签订的合同内容以《中华人民共和国合同法》中列名的为主。一般用于只有两方当事人的经济活动中。经济协议书虽然用于经济领域，但不一定以实现当事人各自的经济利益为目的，如可以为捐赠生产机器而签订协议书。所以，协议书的适用范围更广，常用于技术或贸易合作方面，它的当事人可以超过两方。

（二）规范程度不同

经济合同完全以实现经济利益为目的，所涉及的内容以《中华人民共和国合同法》中的规定为主，相对比较简单。为了健全经济秩序，国家颁布了各种有关经济合同的法律法规，对其各个方面加以规范。而经济协议书无论签订目的、内容、适用范围还是使用频率，都比较纷繁复杂，难以系统地整理和规范，所以，虽然在个别法律法规中，某些条款涉及它，但整体来看它的规范程度没有经济合同高。

（三）时效性能不同

经济合同的有效期限不会太长，一般当事人各自的经济利益实现以后，合同的效用也宣告终止。经济协议书则因为其目的超越了经济利益范围，可能会因为是为了国家、社会和人类的利益而具有永久的时效性。

【例文6－4】

商品房买卖合同

出售方（甲方）：××实业集团

地址：四川省成都市××街××号

电话：××××－×××××××

购买方（乙方）

姓名：×××

性别：男

出生日期：××××年×月×日

身份证号码：××××××××××××××××××

电话：××××－×××××××

地址：××大学×栋×室

一、本合同依据中华人民共和国法律和《××市商品房产管理规定》签订。

二、甲方经××市人民政府文件批准，取得位于××市地面占地面积5000平方米的土地使用权，使用期限自2000年1月1日至2030年1月1日止，共计30年，土地所有权属中华人民共和国。

甲方在上述土地兴建楼宇，属混凝土结构，定名为清晖园，由甲方出售。

三、乙方自愿向甲方购买上述楼宇内的第1座（楼）2单元，建筑面积为120平方米，占地（加分摊面积）128平方米，由甲方于2002年10月1日交付乙方使用，如遇特殊原因可延期交付使用，但延期不得超过360天。特殊原因是：

1. 人力不可抗拒的自然灾害。

2. 施工中遇到异常的困难及重大技术问题且不能及时解决。

3. 其他非甲方所能控制的事件。

上述特殊原因有××市有关主管部门的证明文件为依据，方能延期交付使用。

四、甲乙双方同意上述楼宇单元售价为人民币32万元整。乙方在甲方交楼时一次性付清。

五、乙方如未按本合同第四条付款，甲方有权追索违约利息，乙方以应付款之日起至付款之日止，按××市银行当时贷款利率计算利息付给甲方；如逾期30天，乙方仍未付所欠款项和利息，甲方有权单方处理该楼宇，且乙方原认购时所交付定金（2万元）归甲方所有。

六、甲方如未按合同第三条的规定将楼宇单元交付乙方使用，应按合同规定交付日第二天起至交付日止，按定金（2万元）数量，以当时××市银行贷款利率计算利息，以补偿乙方的损失。

七、在乙方交清购楼款时，甲方应将乙方原认购时所交付的定金（2万元）退回给乙方或抵作购楼价款。

八、甲方出售的楼宇须经××市建筑质量检验部门验审合格，如质量不合格时，乙方有权提出退房，退房后甲方应将乙方已付款项在30天内退回乙方。

九、乙方在交清购楼款后，由××市房管部门发给房屋产权证书，乙方即取得出租、抵押、转让等权利，并依照国家和××市的有关规定，享受优惠待遇。

乙方在使用期间，有权享用与该楼宇有关联的公共通道、设施、活动场所，同时必须遵守中华人民共和国法律、法令和社会道德，维护公共设施和公共利益。

乙方所购楼宇只作居住使用，在使用期间不得擅自改变该楼宇结构，如因此而有损坏应自费修缮。

十、乙方所购楼宇，如发生抵押、转让等法律行为，应经××市公证处办理公证后，由××市房产管理部门办理房屋产权转移、登记手续。

十一、本合同用钢笔填写的与打字油印的文字，均具有同等效力。

十二、本合同自签订并经××市公证处公证之日起生效。

如发生纠纷，双方应本着友好精神协商解决。不能解决时，应提请××市仲裁机构仲裁或××市人法院裁决。

十三、本合同共3页，一式三份，甲乙双方各执一份，××市公证处一份，均具有同等法律效力。

甲方：××实业集团（公章）　　　　　　　　乙方：×××

代表人：×××　　　　　　　　　　　　　　代表人：×××

×××× 年 × 月 × 日

（摘自《商务应用文格式及经典范例》，有改动）

【例文6–5】

中国×××公司和×国×××公司劳务合同

以×国×××公司，总部设于×××为一方（以下简称雇主）和以中国×××公司，总部设于中华人民共和国×××为另一方（以下简称中国公司），双方通过友好协商于××××年×月×日在×××签订本合同：

鉴于雇主希望为其在×（国）××（地）（以下简称工地）×××（项目）（以下简称本工程）提供劳务，中国公司愿意为本工程提供劳务。

现双方同意如下条文：

第一条　总则

1. 雇主负责实施本工程，中国公司负责为本工程提供劳务。

2. 本合同自签字之日起生效，直至双方间全部遗留问题，包括财务问题处理完毕之日止。

第二条　人员

1. 中国公司应按本合同附件一"提供劳务明细表"和附件二中商定的工种、人数、技术条件、派遣日期和工作期限，为本工程派出其受权代表、各类技术人员、工作、管理和服务人员（以下简称人员）。

2. 附件一和附件二为本合同的组成部分，其内容在合同签字生效后一般不得变更。在特殊情况下雇主要求变更时，经中国公司同意应按下述规定办理：

（1）人员离开北京之前如需变更时，雇主应将变更内容提前×个月书面通知中国公司。如雇主变更计划未能及时通知中国公司，而中国公司已按计划集中人员和订购机票雇主应负担由此造成的损失。

（2）人员工作期限期满之日前，如需终止雇佣，雇主应在终止雇佣之前，提前×个月书面通知中国公司。

（3）人员工作期限如需延长，雇主应在期满之前，提前每人每月×个月书面通知中国公司。

3. 中国公司受权代表负责组织人员在工地履行本合同规定的中国公司的义务，并负责管理人员的内部事务。

第三条 签证和其他证件

1. 中国公司应按中国政府的有关规定办理人员出入中国国境的一切必要手续，并承担其费用。

2. 雇主应按项目所在国政府的有关规定办理人员出入项目所在国及居留、工作许可证和司机驾驶执照等一切必要手续，并承担其费用。

……

第四条 对中国公司人员的要求

1. 符合双方在附件一中商定的技术条件。

2. 遵守项目所在国的法律和法令，尊重当地的风俗习惯。

3. 尊重雇主人员的技术指导。

……

第五条 对雇主的要求

1. 对人员给予正确的技术指导。

2. 尊重人员的人格、风俗和生活习惯。

……

第六条 工作时间

人员每周工作5天（遇节假日应包括在内），每天工作白班8小时，夜班7小时，每天工作时间安排可由雇主与中国公司授权代表在工地商定。

第七条 合同工资

1. 人员的月合同工资（包括伙食费）在本合同期第一年内按以下标准（美元）支付。

（1）半熟练技工，帮厨，服务人员每人每月×××元。

（2）熟练技工，厨师每人每月×××元。

（3）工长每人每月×××元。

（4）技术员，护士，翻译，会计员每人每月×××元。

（5）驻地经理每人每月×××元。

（6）工程师，医师，会计师每人每月×××元。

（7）高级工程师每人每月×××元。

2. 如本合同期超过1年，人员应自第二年始，每年月合同工资递增××%。

第八条 夜间工作及加班

1. 根据工程的需要，雇主要求人员在夜间工作或加班，应征得中国公司授权代表同意。每月加班工作小时原则上不得超过×小时。

2. 夜间时间系指从当日晚 9 时至次日晨 5 时。人员夜间工作（指正常夜班工作）雇主应按合同工资 150% 支付工资；人员夜间加班（节假日夜班工作），雇主应按合同工资 200% 支付加班费。

第九条 工资和加班费支付人员工资支付应自人员离开中国×之日起至回到中国×日止。平均日工资为月合同工资的 1/25。

第十条 税金

中国公司应负责为人员交纳中国政府所征收的一切税金；雇主应负责为人员交纳项目所在国政府所征收的一切税金。

第十一条 节假日、每周休息日和年度休假

1. 按所在国政府的规定，每周休息日为星期×。

2. 人员应享受项目所在国政府颁布的法定节、假日和中国春节 2 天，国庆节 1 天的休假，共×天。

第十二条 预付工资

1. 雇主在每批人员抵达工地后，即应向中国公司授权代表以当地货币支付每人相当于×××美元的预付工资。

2. 中国公司对上述预付工资从人员抵达工地后第×个月开始偿还，分×个月还清，每月偿还×分之一。

第十三条 动身费

1. 雇主应向人员每人支付×××美元的动身费。

2. 上述动身费应在每批人员抵达工地后由雇主随同人员的机票费以美元一并电汇至中国银行中国公司账号。

第十四条 保险

中国公司为人员自其离开中国×之日起至返抵中国×之日止在中国投保人身意外险，保险费由雇主承担。雇主应当随人员的月合同工资以美元一并向中国公司支付每人每月××美元保险费。

第十五条 医疗和病假

雇主应为人员在整个合同期间因病或因工伤提供免费医疗药品和住院治疗。所需中药中国公司可代购，但药费、包装费和运费由雇主承担。

第十六条 交通、通信工具和差旅费

1. 雇主应负担人员由中国×××（地）至工地间的往返旅费及每人往返随身携带××公斤超重行李费。雇主应于人员合同期满后回中国前××天，将回程旅费及超重行李费支付给中国公司受权代表。

2. 雇主应免费向人员提供驻地至工地间（1.5 公里以外）的上、下班交通工具。

第十七条 生活和膳食设施

雇主应为人员免费提供适宜的住房，每人使用面积的标准工人为××～××平方米；翻译，会计、技术员为××～××平方米；授权代表、工程师、医生、驻地经理为××～××平方米。

第十八条　劳保用品及办公用品

雇主应为人员免费提供一般劳保用品和专用劳保用品以及办公用品，一般劳保用品可由中国公司在中国包干代购，雇主应向中国公司每人支付××美元。专用劳保用品，如需中国公司代购，由雇主据实支付货款，并承担这些物资的包装费及运费。

第十九条　保密（略）

第二十条　涉及第三方的事宜（略）

第二十一条　不可抗力（略）

第二十二条　仲裁　（略）

第二十三条　合同的补充或修改

根据需要，经双方协商，可以对本合同进行补充或修改。修改或补充的条款以书面形式经双方授权代表签字后，即成为本合同的组成部分，与本合同具有同等效力。

第二十四条　生效和文字

本合同自签字之日起生效。

本合同用中英文写成，中英文具有同等法律效力。双方各执一份。

中国×××公司代表（签署）

×国×××公司代表（签署）

（摘自《商务应用文格式及经典范例》，有改动）

第六节　招标书与投标书

关于招标书，一般认为是招标人为达到优选买主或项目承包人的目标，在国内或国际范围内发出公告，明标招标内容，如业务项目、项目标准、价格、条件、要求等的书面文件。有时招标书也叫招标公告、招标文件。

投标书是投标人或投标单位根据招标书的要求，向招标单位报出承办申请、企业情况介绍、总预算表等应招的具体条件，以求中标的书面文件。

投标书是对招标书的应答，为投标人提供了选择方案。

一、招标书与投标书的分类

（一）招标书的分类

招标书种类繁多，划分标准也比较多。常见的有以下几种划分方式：

（1）以发布范围为标准，招标书可分为国际招标书、国内招标公告；系统外部投标书和系统内部投标书。

（2）按招标内容的性质分类，有工程建设招标书、设计招标书、技术引进或转让招标书、商品交易招标书、劳务招标书、选聘企业经营者招标书、企业承包招标书、企业租赁招标书等。

（3）从发布形式的角度来看，招标书可以分为周知性招标书、邀请性招标书、综合性招标书。周知性招标书就是将招标书刊登在发行量大、影响度大的权威性报纸杂志，或点击率高、权威性高的网站上，向所有的人公开告知招标的信息。邀请性招标书常以邀标书的名称出现，是根据招标内容自行确定一些单位为招标对象，将招标书直接送往这些单位，邀请其参加竞标，其他单位无从获知招标信息。

（二）投标书的分类

（1）按投标人的身份分，有国内单位投标书和国外单位投标书两类。

（2）按性质和内容，可分为工程建设投标书、设计投标书、技术引进或转让投标书、商品交易投标书、劳务投标书、选聘企业经营者投标书、企业承包投标书、企业租赁投标书等。

（3）按投标形式划分，可分为单独投标书和联合投标书两种。

二、招标书与投标书的特点

（一）明确性

招标书与投标书都有明确的目的。招标书要明确表述招标单位对项目的主要目的，应达到的质量要求及时限、期限等，以便投标人有的放矢，做好充分的准备与策划。而在投标书这一方面，这一特点则体现在投标人或投标单位按照招标书的要求，在投标书上准确填写标价、有利条件、工期等，争取中标。

（二）竞争性

招标书的竞争性指招标者通过招标书招徕许多投标者，增加了投标者之间的竞争力。投标者要想在激烈的应标者中胜出，就必须正确估量自己的实力，在招标书中充分表达出自己的优势，将自己的强大实力展示给招标者，争取中标。因此，招标书和投标书都带有强烈的竞争色彩。

三、招标书与投标书的作用

招标与投标是世界经济领域内通用的交易形式。我国自20世纪80年代以来，改革开放的脚步不断前进，市场经济在我国获得长足发展，为了适应被引入社会各个行业的竞争机制，招标书与投标书得到大范围的使用。随着市场竞争的日趋激烈，它们发挥的作用也越来越大。1999年8月30日，我国通过了《中华人民共和国招标投标法》，并于2000年1月1日起实施。这就在法律上保护了招标和投标当事人的合法权益，也保障了项目的质量。

招标书与投标书是现代贸易活动的一种公开竞争方式。这种方式能加强企业之间的横向经济联系，有利于打破垄断行为，规范行业竞争，形成正当、合法的市场竞争机制，这对于加快企业改革、发现和任用优秀人才、提高管理水平、调动各方的生产积极性、增强企业的活力、降低企业经营成本、提高经营效益等都有着十分重要的意义。

四、招标书、投标书的结构与写法

（一）招标书的结构与写法

招标书的结构一般由标题、正文和结尾组构成。

1. 标题

招标书的标题一般有三种：一是由招标单位名称、招标项目名称和文种组成，与公文标题相同，如《中华人民共和国山西省铁路局兴建大同经吕梁至临汾高架铁轨招标书》；二是只写招标单位名称和文种或只写招标项目名称与文种，如《中国对外贸易总公司国际招标公司招标公告》、《紫辉宾馆建筑工程招标公告》；三是只写文种，如"招标书"三个字。

2. 正文

招标书的正文一般要介绍招标须知、招标书项目概况、招标范围、项目承包方式、报价计算依据、工期及质量要求、材料供应、投标文件组成、投标单位必需的承诺、评标办法以及招标、送标、开标和评标的时间以及其他事项。有时，因大型招标项目的招标书内容复杂，篇幅长，为了使拟投标者能清楚地了解招标书的内容，通常还在正文前标明目录。

在写作时，招标书的正文一般要按以下顺序来撰写：

（1）前言。说明招标的愿望或诚意。

（2）介绍招标项目的概况。这一部分是招标书的重点和核心部分，要以条文或表格的形式把招标项目的主要内容及要求准确无误地表达出来。每项内容的表述应言简意赅、简洁明确，让人一看便知。

（3）招标说明。这一部分主要说明招标方式、招标范围、招标依据、招标程序、发标时间、投标截止时间、办公时间与地点等，有的还包括招标文件索取方式、双方签订合同的原则、招标过程中双方的权利和义务以及投标书基本格式等，具体条目根据需要而定。这一部分，可以用多种表达形式表述，但不管用何种方式，都要以清楚明白为基本原则。

（4）评标办法、开标时间、开标地点及相关说明。

3. 结尾

结尾部分即招标书的落款，要说明招标单位的名称、地址、邮政编码、联系电话、传真、网址、电子邮箱、招标书制发的日期等。

（二）投标书的结构与写法

投标书的结构一般包括标题、正文和结尾三部分。

投标书的写作内容一般要与招标书的内容相对应。在拟写投标书之前，投标者会组织专门的研究小组，认真研究招标项目内容，充分理解招标书的意思和要求之后再进行撰写。

1. 标题

投标书通常以"投标书"为题，写在首行中间。有的投标书与招标书标题相对应，由招标单位、招标项目、"投标书"或是招标项目、"投标书"组成。如与《紫辉宾馆建筑工程招标公告》相对应的投标书标题就可以写成《紫辉宾馆建筑工程投标书》。有的投标书还专门设计一个封面，在第一行注明招标单位和项目名称，中间竖写"投标书"三个大字，下端写明投标单位、资质等级、法定代表人、投标时间等。

2. 正文

正文主要分为称呼、主体和附件几部分。

称呼指在开头处标明招标单位的相关负责部门。格式与信函的称呼类似。

主体部分首先用简明语言清楚表达出投标者投标的缘起或投标意愿，如"研究了×××项目的招标文件之后，我们决定按招标要求对此项项目投标"之后，介绍投标单位的投标根据、投标资格及有关证明材料，阐明本单位的经营理念，分析投标的基本情况，提出报价及依据，说明工程主要材料的指标、项目质量标准及要求招标单位提供的配合条件等。

正文主体部分所表达的方案与各项指标，是招标者开标后进行评标、议标、选标的主要依据，因此，在语言表达上一定要准确而全面，论证时力求逻辑严密、层次清晰，切记自吹自擂、夸大其辞。

通常情况下，投标书都有附件。主体部分提到的投标资格证明、报价明细表、投标保证书等，都可以附件的形式附在正文之后。

与招标书相似，如果投标项目为大型项目，投标书内容复杂，篇幅长，为了招标单位能清楚地了解投标书的内容和投标单位的竞争实力，通常还在正文前标明目录。

3. 结尾

包括签章、地址、联系电话和日期等内容。签章要求写明投标人或投标单位名称及负责人姓名，并加盖印章。

投标书的书写形式有两种，一是条文式，二是表格式。表格式投标书是把分条列项的条文式投标书内容分门别类地制成表格，并逐一填入表格中。这种表格可以一次印制很多份，便于使用。一旦有类似的招标项目，便能填写投递。既省时、省力，又清楚、条理。

五、招标书与投标书的写作要求

（一）要遵循国家的相关法律法规

无论是招标书还是投标书，必须按《中华人民共和国招标投标法》的规定，在国家金融政策法规允许的条件下撰写。其整个过程都要受到国家有关监督机关和部门的指导和约束，因此，在撰写时必须从实际出发，切不可只为中标而夸大其辞或弄虚作假。如出现与相关法律法规抵触的条文，会被视为违法行为，该次招标与投标将被宣告无效，给国家、招标单位以至自身利益造成难以预料的损失。

（二）所拟条文要符合现实，切实可行

招标方和投标方在拟定相应条款时，必须从实际出发，实事求是。招标方提出的要求要适宜，不能拟定太高的目标，否则会加大投资成本，影响到企业的正常运行，把企业拖入困境。投标方也必须实事求是，结合自身能力，经过科学而严密的研究论证之后再作决策，不能只为中标而作出有损自身利益或形象的承诺。如果最后因此造成违约或毁约，还必须承担法律责任。

（三）语言表述明确、完备

招标书、投标书在表达上一定要做到准确无误、简明完备、没有歧义。因为，双方要通过招标书或投标书来理解对方的项目要求或项目设计，必须保持一致。如果出现歧义旁生、费解难懂等情况，可能会引起纠纷，或导致本次招标、投标失败。

【例文 6 - 6】

上海浦东新区政府采购中心招标书

目　录

第一部分　投标邀请

上海市浦东新区政府采购中心拟对上海市浦东新区×××政府采购项目进行邀请招标。

1. 招标文件编号：××××××。

2. 招标项目内容及要求：详见第三部分。

3. 招标文件将在浦东新区政府采购中心领取。

领取时间：××××年×月×日×时

领取地点：民生路1399号××楼（上海信息城）

电　话：（021）66666666 - 666、67777777

传　真：（021）68500000

联系人：×××

邮　编：200135

4. 投标地点：上海市浦东新区政府采购中心（民生路1399号，上海信息城××楼）。

5. 投标截止时间：××××年×月×日上午×时（北京时间）逾期收到或不符合规定的投标文件恕不接受。

6. 开标时间：××××年×月×日×时。

7. 开标地点：上海市浦东新区政府采购中心（民生路1399号，上海信息城××楼）。

8. 凡对本次招标提出询问，请在××××年×月×日前与政府采购中心联系（技术方面询问请以信函或传真形式）。

第二部分　投标方须知

一、总则

1. 适用范围：本招标文件仅适用于本投标邀请中所叙述项目。

2. 要求

（1）投标方应仔细阅读招标文件的所有内容，按招标文件的要求提供投标方案设计，并保证所提供的全部材料的真实性，以确保投标对招标文件作出实质性响应。

（2）如投标方对招标文件提出澄清，应在投标截止时间前按招标邀请中载明的邮政地址以书面形式（包括信函、电传、电报或传真，下同）通知到招标方，投标截止期前招标方收到客户任何澄清要求时将以书面形式予以答复，如有必要将以不标明查询来源的书面形式答复已购买招标文件的每一投标方。

3. 招标方在授予合同时有权对招标文件中规定的货物数量和服务予以增加或减少。

4. 如果投标方投标标价及产品均不能满足招标方的标底，招标方有权拒绝全部投标，重新组织招标。

二、投标书的编制

1. 投标方编制投标书，应按照招标文件所规定的格式、内容、逐项填写齐全，并提交全部资格证明文件，否则投标无效。

2. 投标书应按照规定填写，一式五份（分别标以正本一份，副本四份），正本和副本如有差别，以正本为准。文字大写的数据与数字表示有差别，以大写为准；单价与总价如有出入，以单价为准。投标标书应装入同一档案袋内，密封后加盖公章和法人代表印章。

3. 投标方必须按招标文件要求对计算机项目进行投标，并附必要的文字说明。

4. 投标方对所投设备只能提出一个不变价格，招标方不接受任何选择价。

5. 投标书需打印，且应字迹清楚、内容齐全、表达准确，不应有涂改增删处，如修改时，修改处须有法定代表人印章。

6. 投标方对技术培训、质量保证措施、售前售后服务等给设备使用方提供的优惠条件，应在文件中说明。

7. 投标方应提供投标设备总报价2%的投标保证金：可以采取现金、保兑支票或汇票，与投标书正本、开标一览表装在同一信封内密封。

如发生下列情况之一投标保证金将被没收：

（1）投标方在有效期内自行撤销投标书；

（2）中标后不按规定签订合同。

8. 投标有效期为开标之日后60天。

三、资格证明文件

1. 投标方企业法人营业执照、税务登记证。

2. 金融机构出具的资信证明。

3. 法定代表人授权书。

4. 产品代理证明。

5. 产品样本、说明书等技术资料。

四、投标书的递交

1. 投标方应把投标书装入信袋内加以密封，并在封签处加盖单位公章。

投标书信袋上应写明：

（1）项目名称；

（2）招标设备名称；

（3）招标文件编号；

（4）投标方名称。

2. 投标方必须在××××年×月×日×时前，将投标书送达到上海市浦东新区政府采购中心，逾期投标将不予受理。

3. 投标方送达投标书以后，要求对投标书进行修改或撤回时，必须在投标截止日前以书面形式送交招标方，修改标书仍需按第 1 款规定进行。

4. 有下列情况之一的，其投标书无效（即废标）：

（1）投标书未按规定密封。

（2）投标书未加盖单位公章和无法定代表人印章。

（3）投标书未按招标文件规定要求和格式编制填写，或内容不全、字迹模糊、难以辨认。

（4）投标书逾期送达。

（5）投标方法定代表人或指定代表未参加开标会议（以法定代表人授权书为准），或虽参加会议但无证件或授权书者。

（6）扰乱会场秩序，经劝阻仍无理取闹的。

（7）未缴纳投标保证金的。

（8）投标单位与被邀请单位不相符的。

五、开标与评标

1. 招标方于××××年×月×日××时，在上海市浦东新区政府采购中心进行公开开标。

2. 为利于投标审查，招标方在开标后可随时请投标方对投标书进行澄清解答，解答时不得对投标书中实质性内容加以修改，且重要澄清答复应是书面的。

六、评标原则

根据下述条件择优选择中标方：

1. 投标书完整无缺，符合招标文件的规定、要求和格式。

2. 满足招标设备的技术要求、保证质量、保证交货期、价格合理。

3. 能提供最佳售后服务。

4. 能提供备品备件和易损件。

5. 评标组认为其能认真地履行合同义务。

6. 其他要求。

七、中标通知

1. 评标结束后，招标方将以书面形式发出《中标通知书》，《中标通知书》一经发出即发生法律效力。

2. 招标方在发出《中标通知书》的同时将向落标的投标方发出《落标通知书》并退还其投标保证金，但不解释落标原因。

3.《中标通知书》将是合同的一个组成部分。

八、签订合同

1. 中标方收到《中标通知书》，按通知书规定的时间签订设备供货合同。在合同中要明确购置价格的支付方式、交货方式、交货期及相应的违约条款、可提供的售后服务和验收方式。

2. 中标方的投标保证金，在合同全部履行完毕后，由招标方无息退还给中标方。

第三部分　招标要求

一、设备清单

（略）

二、质量要求

1. 所有产品均须符合国家产品的有关质量标准，是有品牌的整机产品。

2. 符合产品厂家的出厂标准，并能提供原厂质保书、合格证、文档资料等有关文件。

三、交货地点

中标后，中标方在政府采购中心规定的时间内，须将产品送达浦东新区各预算单位。

四、交货期

自中标后起至×××× 年 × 月 × 日前。

五、安装

所有产品，均须提供安装服务（派员到新区各基层单位进行安装）。

六、维修

1. 所有产品均须提供一周 7 天，每天 12 小时的上门维护。

2. 报修后，在 24 小时内响应，并上门解决问题。

3. 若质保期内，产品严重故障，一时无法修复，需 24 小时内提供备用机，对故障产品进行更换，待维护好后再予以换回。

第四部分　合同条款（略）

第五部分 附件（略）

招标单位：（盖章）××××××

全权代表人：（签字）××××××

××××年×月×日

（摘自：http：//www. jdzj. com/gongcheng/article/2009 - 11 - 5/14534 - 1. htm，有改动）

【例文6 -7】

北京市奥运网络项目工程投标书
目　　录

一、投标书

投 标 书

北京市奥运网络技术有限公司：

我们收到贵公司系统集成项目工程的招标文件，经研究决定参加投标。

1. 我们愿意遵守招标文件中的各项条款及一切有关规定，按总金额10000000元承担该项目。投标产品名称和数量详见投标报价表。

2. 如果我们的投标被接受，保证在合同生效后90天内完成该项目。

3. 我们同意，本投标书自贵公司收到之日起生效，直到开标后90天内保持有效。在此期间，本投标书之规定将始终对我们具有约束力。

4. 若我们的投标被接受，则直至合同履行完为止，本投标书保持有效。

5. 其他条款，在中标后由合同确定。

6. 我们同意提供贵公司要求的有关本次招标的其他资料。

7. 我们理解贵公司关于不保证最低报价中标的申明，也不要求招标单位解释未中标的原因。

8. 所有有关本次招标的一切函电请寄到本司：

地址：北京市北大青鸟亚运村校区　　　　邮　编：100001

电话：010－66666666　　　　　　　　　传　真：99999999

　　　　010－88888888

授权代表：×××　　　　投标商全称（公章）：×××××××××

　　　　　　　　　　　　　　　　　×××ⅹ年×月×日

二、投标人承诺函

投标承诺函

招标编号：010110

项目名称：北京市奥运网络工程项目

北京市奥运网络技术有限公司：

很荣幸能参与上述项目的投标。

我代表北京市ICFM通讯网络技术公司在此作如下承诺：

1. 完全理解和接收招标文件的一切规定和要求。

2. 投标报价为闭口价。即在投标有效期和合同有效期内，该报价固定不变。

3. 若中标，我方将按照招标文件的具体规定与买方签订经济合同，并严格履行合同义务，按时交货，为工程提供优质的设备和服务。如果在合同执行过程中，发现合同设备有质量问题，我方一定尽快修理、更换或退货，并承担相应的经济责任。

4. 在招标过程中，我方若有违规行为，贵方可按招标文件规定给予惩罚，我方完全接受。

5. 若我公司中标，本公司愿意交纳中标服务费。

6. 若我公司中标，本承诺函将成为合同不可分割的一部分，与合同具有同等的法律效力。

7. 无论我公司中标与否，自行承担投标过程中的一切费用。

投标商授权代表（签字）：×××　　　投标商全称（公章）：×××××××

×××年×月×日

三、法人代表授权书（略）

四、投标商公司简介（略）

五、工程实施进度安排（略）

六、网络工程及系统要求应答（略）

七、供货来源及主要供应商

我们用的 PC 机和笔记本电脑都是由国内著名厂家方正集团提供的，所有的交换设备是由美国的 CISCO 公司提供，服务器也是由美国著名的厂家 IBM 公司提供的。所用的操作系统由微软公司提供。

八、产品质量及售后服务承诺

我方保证所提供的设备是全新未使用过的，技术先进且成熟可靠，在各方面符合招标文件规定的质量、规格、性能等技术要求。

我方所提供设备的质量保质期为该套设备安装调试结束后正式投入运行后的36 个月。

在保证期内，若因设备缺陷或性能达不到《技术协议书》所要求的条件，我方将免费提供所需更换的部件和采取必要的改进措施，直至达到合同规定的质量和性能要求，同时延长质量保证期。若仍不能达到技术条件要求的，需方有权提出索赔。

我方提供设备三年保修服务及备件三年更换服务。

九、投标报价表（略）

十、企业营业执照（略）

十一、公安部销售许可证（略）

十二、国际计算机安全协会实验室认证证书（略）

十三、涉及国家秘密的计算机网络工程证书（略）

十四、计算机网络工程贰级资质证书（略）

十五、ISO9001：2000 质量管理体系认证证书（略）

（摘自：百度文库，有改动）

【思考与练习】

一、请指出下面病文的不当之处（至少有 10 处），分析错误原因并予以修改，使之符合经济合同的写作要求

经济合同

立合同人：××食品公司第四车间（甲方）

××第二建筑公司生产科（乙方）

1. 建筑××食品第四车间东厂房，经双方协议，订立合同。

2. 由乙方全面负责建造。

3. 甲方委托乙方建造东厂房一座。全部建造费用共计 577600 元。

4. 甲方在订立合同后先交一部分建造费用。

5. 其余在厂房建成后抓紧时间归还所欠费用。

6. 工期待乙方筹备就绪后立即开始。

7. 力争三个月中旬开工。

8. 力争在十一月份左右完工。

9. 建筑材料由乙方全面负责筹备。

10. 本合同一式四份，双方各一份，各自上级单位备案一份。

立合同人：××食品公司第四车间（公章）　　　××第二建筑公司生产科（公章）

主任：×××（私章）　　　　　　科长：×××（私章）

×××年×月×日

（摘自 http：//zhidao. baidu. com/question/130027640，有改动）

二、请思考下面的句子是否适用于经济合同写作，并解释原因

1. 根据约定，甲方需为乙方制作广告。

2. 如果新建楼房出现漏雨、墙体开裂等现象，乙方应在收到甲方通知后十五天内予以修缮完毕。如乙方未在规定时间内完工，甲方有权不予支付乙方剩余的 5% 的施工款。

3. 自合同签订之日起，甲方应每月为乙方联系一个活动场所，供乙方宣传活动使用。

4. 甲方在合同签订后先预付乙方部分购货款，其余在乙方将货物全部提交后付清。

5. 李××将煤全部运到指定地点后一周内，杨××应支付李××10 吨煤的货款。

6. 甲方在美国纽约市修建的综合大楼施工款总计：×××万元。

7. 甲方必须无条件接受乙方更换产品型号的要求。

8. 如乙方在履行合同过程中出现违法行为，为了实现双方利益，甲方有责任为乙方开脱罪责，逃避法律的制裁。

三、请对以下案例进行分析，并对所提问题作答

1. 沈阳某商店向杭州一扇厂订了几万打扇子，每打××元。等到厂家把扇子运到时，却发现每打只有 10 把，而不是通常的 12 把。商店责问厂家，厂家说他们一贯是按每打 10 把出售的。商店又问你为什么不早说，厂家说，你为什么不早问。告到法院，法院一查，厂家以前确实是按每打 10 把卖的。

（1）这个经济责任应该由谁来负？

（2）经济合同应怎样表达才可避免纠纷？

（摘自《经济应用文写作》）

2. 2010 年 9 月，李××委托张××将李××高考成绩低于国家录取分数线 30 分的孩子录取到××大学。张××接受了李××的委托。双方还签订了一份委托合同，具体内容如下。请详细阅读这份委托合同，分析一下这份经济合同是否符合写作要求，并确定这份合同是否具有法律效力？为什么？

委托合同

委托人：李×× （以下简称甲方）

受托人：张×× （以下简称乙方）

甲方委托乙方将其子×××录取到××大学，为了明确双方权责，避免纠纷，经双方协商，特订立本合同：

一、甲方于×××× 年 × 月 × 日前为乙方提供活动经费 × 万元人民币。

二、乙方在×××× 年 × 月 × 日为甲方孩子×××办妥××大学的录取事宜。

三、乙方在办理此事过程中，应第一时间告知甲方事情的最新进展。

四、甲方受到××大学的录取通知书后十五日内支付乙方 × 万元人民币的劳务费。

五、如果乙方在×××× 年 × 月 × 日前不能办妥录取事宜，甲方有权要求终止本次委托合作，乙方应将所有活动经费返还甲方。

六、其他约定事宜：如遇突发事件，双方可协商处理。

七、本次合同一式两份，订立双方各执一份。

甲方：××× （签章）　　　　　　　　乙方：××× （签章）

二〇一〇年 × 月 × 日

四、请根据下面所提供的材料进行相应文书的写作，具体细节可以虚拟

1. 永青商场的法人代表王××于×××× 年 × 月 × 日与光明电器厂的法人代表赵××签订了一份商品买卖合同：永青商场购买光明电器厂出产的 34 英寸、42 英寸和 50 英寸的液晶电视各 20 台，XQB50－2688G 型全自动洗衣机 50 台。要求一周内到货，由光明电器厂及时送货到永青商场，运输费由永青商场承担。光明电器厂要保证产品质量。产品通过永青商场质检人员检验后的三天内，永青商场将货

款通过银行支付给光明电器厂。如果一年内电器出现故障，光明电器厂应予以免费更换。如果遇到不可抗力因素导致不能如期交货，光明电器厂应及时通知永青商场，并相互协商修订合同。正常情况下，如果永青商场拒绝收货，应处以拒收货物货款的20%的违约金；光明电器厂如不能及时交货，应处以未交货物货款的20%的违约金。合同一式三份，双方各执一份，公证机关留存一份。

　　提示：请按照经济合同的基本内容、格式及写作要求拟写一份买卖合同。

　　2. ××学院与××报社合作在《×××报》开设教育专栏，经双方友好协商，计划围绕学院的教学与报社拟开设的教育专栏开展系列活动。请拟写一份双方开展系列活动的意向书。

第七章　经济宣传文书

第一节　概　述

经济宣传文书，又叫经济传播文书。是指企业在其经济活动中，通过各种大众传播媒介与公开的传播渠道，依靠一些具有宣传报道功能的文体，向公众有目的、有计划地传播与企业生产经营相关的一系列书面材料的总称。

一、分类

对于经济宣传文书的类型，现在有很多分类的方法。以下我们介绍的是在经济宣传活动中常用的几种文书形式，包括经济消息、经济评论、商品说明书、企业简介和经济公示。

二、特点

（一）准确性

经济文书是公司企业制定商务决策的客观依据，是科学预测的表达手段，因此其内容必须真实、确凿，要实事求是、准确无误地反映客观实际情况；否则，哪怕有丝毫的失误和偏差，都会影响经济活动的有效进行。

（二）评析性

经济文书不仅要获取各种信息材料，还必须对获取的事实、数据、现象等进行深入研究、分析、比较、综合和评估，不能仅仅是事实的表述、数据的罗列和现象的堆砌。只有在充分占有材料的基础上作出评析和判断，经济文书才能发挥其应有的价值和功用。

（三）时效性

制作经济文书的目的，在于依据客观情况找出正确对策，指导经济活动的有效进行。因此，经济文书必须注重时效性，做到迅速、及时、适时，否则就会失去其应有的价值和作用。

（四）庄重性

所谓"庄重"，是指在经济文书中对整体风格的把握不要过于诙谐幽默，太多的玩笑会极大地影响文书的严肃性。

（五）规范性

经济文书写作在很多方面还具有规范性强的特点，其中标点符号的规范性就尤为重要但是却往往被大家所忽视。

三、作用

随着市场机制在中国的确立，打破了中国计划经济吃大锅饭的局面，同时也让很多企业真正感受到了市场竞争的压力，如何生存、如何发展成为每个企业面临的问题；同时由于经济全球化成为当今世界经济发展的大趋势，因此，企业间的竞争也由以往的产品竞争、价格竞争、资金竞争、人才竞争等局部竞争发展成为企业的整体性形象竞争。当今一个企业是否在市场竞争中具有潜力的一个很重要的衡量标准就是看这个企业是否具有良好的企业形象，可以这么说，现代管理工作已经进入了"形象战略"时代。因此，如何切实有效地通过企业的公关策划和商务宣传来树立具有良好的个性化的企业形象，也便成为当今企业经营管理的一个重要课题。

经济宣传作为一种信息传播活动，是企业与公众之间的信息交流过程。由于公众与企业的关系密切程度的不同，经济宣传活动要达到预期的效果，对不同的公众就要采取深度不一的信息传播活动。

第二节　经济消息

经济消息是经济新闻的一个方面。是对新近发生或正在发生的具有新闻价值的经济活动或重要经济工作事实的迅速、简明的报道。

一、经济消息的分类

经济消息和一般消息一样，根据报道的内容和写作上的差别可以分为以下五种：

（一）经济简讯

这是一种最简短的经济消息，是经济动态的浓缩和简化，有时简短到只有一句话，叫做"标题新闻"或一句话消息。它以其内容单一、文字简洁、篇幅短小、传播快捷为最大特征，在新闻五要素中只突出何时、何事、何人。一般不交代背景，只用简短的文字报道一件新发生的事情，表达一个主题，用几十个字或一两百字将新近发生的有社会价值的经济活动事实陈述清楚就完成了任务。《经济日报》上的"今日提示"和"快讯"专栏刊登的大多数消息就属于经济简讯。

（二）经济动态消息

这是一种迅速而简要地报道经济活动领域里发生的新动向、新成就、新问题和重大事件的一种消息。它及时向社会传播国内外重大经济事件，或对某部门、单位某一经济事件作概括报道，与简讯相比，动态消息不是事件发展过程中的一个侧面、一个片断、一个阶段，而是一个新闻事件发展的完整过程。它应有情节、场面，甚至还有细节。它的特点是以事实报道为主，文字简洁，表达直接，时效性强。如报刊上开辟的"信息集锦"、"价格动态"、"市场动态"、"市场花絮"、"股市风云"等栏目，便是经济动态消息的集结板块。经济动态消息是经济新闻中最为常见的一种消息，见报量最多，时效性最强，内容最新鲜多彩。

（三）经济综合消息

是指在一个统一的主题下，把发生在不同地区或部门、单位的具有相似性质的经济活动事实综合为一体的报道。动态消息报道的大多是一时一地一人一事，综合消息则是把若干相关信息集中在同一中心下进行报道，反映某一方面情况、成就、经验、动向、问题。因而综合消息是对众多新闻事实、材料进行全面分析和综合，用一个主题统帅的综合报道，它的新闻来源广，报道面宽，情况复杂。它要求既有一般情况的概括，又有典型事例的叙述。它具有纵览全局、涉及面广、声势大、舆论性强等特点。如每年"3·15"前后展开的保护消费者权益活动的报道和元旦春节前后关于全国各地市场供应情况的综合报道，即属于这一类消息。这类综合消息必须要广泛、全面地占有资料，挖掘重大而新鲜的主题，敢于反映新情况、新问题，从而对实际经济生活发挥重大影响。

（四）典型经验报道

又叫经济经验消息。这是对经济活动领域里具有代表性和含有普遍意义的典型人物和典型经验的报道。经济经验消息主要是比较全面地、系统地、深刻地、典型地报道某一行业、部门、单位在经营管理、开辟市场以及提高产品质量和开展优质服务等活动中创造的成功经验，报道某一个人物在某一经济活动中取得新成果的典型做法。经验消息要求在叙述事实的基础上，通过分析、综合，从中归纳出反映经济规律的经验，以指导以后的工作。

（五）经济述评消息

述评性消息是介于消息与评论之间的一种新闻体裁，它兼有消息和评论的两种作用。它针对国内外的经济事件或是国内某一地区、某一部门经济工作中的某种现象、倾向、成绩或问题进行报道和评述。它以报道新闻事实为基础，边叙述边评议，叙事要概括、扼要，评论要深刻犀利，要通过问题分析，以揭示经济事物发展方向，推动经济活动的发展。它近似于经济评论，但又不同于经济评论。经济评论是以评论为主，而述评消息则以报道事实为主，在报道事实的同时穿插议论，以表明作者对某一事实的看法，揭示该事实的本质意义。

二、经济消息的特点

（一）真实性

指内容的真实，真实是新闻的生命。

（二）时效性

指经济消息发布迅速。包括及时性和适时性。及时性是指作者要在最短的时间内把事情报道出来，让读者及时了解相关经济活动中的新人、新事、新情况、新问题、新动向、新成就等；适时性是指选择合适的时机，以求最好的新闻时效。

（三）新颖性

指报道的事实都是最新鲜的，是最近发生或发现的。

（四）简洁性

指经济消息的字数一般都比较少，篇幅简短。

三、经济消息的作用

（1）企业制定经营决策的基础；

（2）提高企业声誉，产生经济效益；

（3）传播经济信息，引导市场消费。

四、经济消息的结构与写法

比较完整的消息一般由标题、导语、主体、背景材料、结尾等五部分组成。经济消息也不例外。其中导语、主体和标题是最基本的，任何消息都少不了，这三项决定了所写的新闻体裁是消息，而不是其他。

（一）标题

标题是用简洁的文字，把消息的内容高度地概括起来，置于正文之上（前），以此吸引读者，帮助读者正确理解报道的事实。标题是消息的"眼睛"，它有着"居文之首，勾文之要"的作用，是吸引读者阅读兴趣的要素之一。通常标题有引题、正题、副题三种。

1. 引题

又叫题眉或肩题。它或者是一个完整的句子，或者是一个短语，放在正题之上，它不能独立存在，只能与正题搭配，是从属于正题的。它或者用以交代背景和原因，或者用以说明正题的意义和内容，或者以鼓动、抒情、讽刺等修辞手法加强正题的气氛和力量，或者表示对本消息的观点和立场，揭示事件的意义，作用是交代背景，烘托气氛，引出正题。

2. 正题

一般地说，消息中最主要的事实和思想都是由它来表示的。正题是一个完整的句子或偏正、动宾词组。正题是标题的主体，它对消息中最重要的事实和意义作出概括和说明，它要求明确、简练、突出而不生硬。

3. 副题

又叫字题或辅题。副题排在正题之后，用以补充正题的不足。它常用于补充交代消息的次重要事实，说明正题的根据、结果和消息等要素，它起着注释、补充、印证正题的作用。消息副题与其他文章的副题不同，它的文字可以较多，并且不加破折号。

消息的标题有时只有正题，有时只有正题副题题式。无论用什么标题，都要求做到准确、鲜明、生动、简洁。

【例文 7 –1】

第一颗原子弹投在日本 (引题)

飞弹当量为二万吨梯恩梯 (正题)
杜鲁门警告敌军将下"毁灭之鱼"(副题)

这个标题中引题用数字"第一颗",交代事件背景,造成悬念,调动读者兴趣,想知道发生了什么?正题用专业术语点明了原子弹的威力,概括了新闻最主要的新闻事实。副题用杜鲁门之语说明原子弹的影响,使正题得以补充和拓展。

(二)导语

导话是消息正文的第一段或第一句话,也是消息正文开头的引导话。导语中的"导"字包含有开始、启发、吸引三个内涵。在"倒金字塔"结构的消息中,它是最具有价值的内容概述。导语的内容主要是交代与新闻事实有关的要素,即五个"W":何时、何地、何人、何事、何故。如果再加上一个"H":何果,则成为6要素。此外导语还可以反映新闻事实的最主要的思想及意义。导语有两个作用:一是用简明的语言把消息的基本的、核心的内容反映出来;二是应该像诱饵一样把读者吸引住,使他们怀着浓厚的兴趣看完全篇。

由于报道的事件、角度不同,导语的写法也不同。通常导语有以下几种写法:

1. 概述式

概述式导语就是用简练的文字将消息的主要事实提纲挈领地、高度概括地加以叙述,使读者一看就知道全文说的是什么事情。这是最常用的一种形式。

例如:"在世界经济已经不景气的情况下,发生了'9·11'恐怖主义袭击事件,使世界经济增长受到危害。"

2. 描写式

这种写法一开始就用简练的语言对一个富有特色的事实或一个生动的场面进行白描,给读者造成一种身临其境的感觉。

例如:"领带 3000 ~ 6000元/条,衬衫 4000 ~ 11000元/件,T 恤 7000元/件,皮鞋 1.92 万元/双,西装则挂在封闭的壁柜里,标价从每件 3 万元到 6 万元不等⋯⋯本月 17 日,顶级服装品牌史提芬劳·尼治和它天价的服饰一起来到了成都。"

3. 提问式

这种导语以提问开始,或先问后答,或自问自答,或无疑设问,发人深省。它一方面增强了报道的论辩性,另一方面还可以设置悬念。

例如:"柯达、联合利华、米其林⋯⋯如果这些世界 500 强企业的名字出现在上海证交所的行情板上,和我们的'老八股'排在一起翻红翻绿时,你是否认为是遥远的梦想？"

4. 评论式

评论式导语对所报道的事实进行简洁、精辟的评论，以揭示事物的性质、特性或作用，从而引起读者重视。

例如："自 2005 年 4 月开始的新一轮调控政策开始，不断有人把调控看成是政府给楼市开出的一剂药，'上海生病，全国吃药'成为流行一时的说法。然而，当时并没有多少人意识到'药多少会有一些副作用'"。

5. 对比式

通过前后对比或者是此事此物与彼事彼物对比，来揭示主题或突出新闻事实的方法。

例如："哈瓦那消息：以出口烟草和生产哈瓦那雪茄著名的古巴，今年将进口烟草。"

导语的形式并不仅限于以上所提到的几种，还有引语式、比兴式、谈话式等。有时导语还会出现几种形式交替使用的现象。但无论采取何种形式写导语，都要从事实出发，观点要鲜明，语言要简洁，少用空洞文字；不要用很多名字、机构和职衔，少用虚词、复句、形容词，越简单明了越好。在此基础上，力求生动，吸引读者。

（三）主体

主体是消息的主干部分，它在导语之后，承接导语，对导语中已披露的消息用足够的、典型的、有说服力的具体材料作进一步的解释，补充和叙述。商务经济消息的质量，关键是看导语和主体写得如何。主体选用的材料必须客观、典型、有说服力和感染力，同时在写作主体时，要求观点鲜明，内容充实，突出主干，结构严谨，层次分明，通俗易懂，与导语呼应。

消息的主体可采用纵式结构，即按事件发生的时间顺序来安排层次，采用这种顺序式写法，要围绕主题，精心选择典型材料，重点突出。也可采用横式结构，即根据事物之间的内在联系或逻辑关系来安排消息的主体结构和层次，层次之间可以体现出因果关系、并列关系、点面关系或主次关系等。这种方法的优点是较能反映出事物的内在规律，揭示事物的本质，做到条理分明，层层深入，具有说服力。还可将这两种结构方式交错使用。主体部分写法尽管灵活多样，但都应紧扣主题，前面照应导语，后面衔接结尾，使全篇浑然一体，同时要力求写得充实具体，波澜起伏。

（四）背景

背景，是个新闻术语，指的是对人物、事件起作用的历史情况和现实环境的介绍。它不属于新闻事实，却有助于读者了解新闻事实。背景材料运用得好，可以烘托主题，揭示事物本质，提高新闻的价值。

常见的背景材料有以下几类：

1. 对比性背景材料

即纵向对比和横向对比的背景材料，如现在与过去、正面与反面、甲地与乙地的对比。对比性背景材料的作用是突出所报道事件的意义。

2. 说明性背景材料

是指与新闻事实有关的政治背景、地理环境、历史演变、经济价值、物质文化条件等材料。它可以帮助读者理解消息报道的意义。

3. 注释性背景材料

即对新闻事实作出评注或诠释。主要是对新闻中出现的不易理解的内容进行解释，目的是让读者看得更明白，如对产品功能、产品特点、专业名词术语、科技知识等所作的解释说明。背景不是独立的结构部分，它可以在导语、主体和结尾中任意穿插，有时也可单独成为一段。如无必要，也可不写。写与不写，置于何处，要根据实际表达需要而定。

（五）结尾

结尾是消息的收束部分，一般比较简短。或小结全文，以加深读者印象；或预示事物发展前景，引起人们关注；或交代次要事实，以增强消息厚度；或对报道的事实加以评论，揭示实质、起画龙点睛作用。如果主体已把意思表达完全，也可不写。

消息的结构安排有相对固定的形式，最常见的是：倒金字塔式、倒叙式和金字塔式。

所谓"倒金字塔式"结构，就是将最重要、最新鲜的事实写在前头，然后是主要事实的展开及次要事实的交代。

"倒叙式"结构与"倒金字塔式"结构有相似之处，即都是将消息中最有新闻价值的材料放在开头，但二者有所不同。"倒叙式"结构是将新闻事实的高潮或结局写在开头，然后再按时间顺序来叙述事实。而"倒金字塔式"结构则往往是打乱时间顺序，根据材料的重要程度，按照由重到轻的顺序安排材料。"倒叙式"结构的结尾一般要与开头相呼应，而"倒金字塔式"结构则不必如此。

"金字塔式"结构则是相对于"倒金字塔式"结构而言的，即按照时间顺序或事物发展的逻辑顺序来安排材料，最重要的内容要到最后一段才显示出来。此种结构一般没有导语。它适宜报道情节较强的新闻事实。

另外，还有一种"倒金字塔式"和"金字塔式"相结合的结构。这种结构写法比较复杂，要求既要有好导语，将重要的新闻放在开头，又要由远及近、由次到主地展开主题，最后还要有个精彩的结尾。

五、经济消息的写作要求

（一）事实要真实准确

真实是新闻的生命。经济消息所报道的经济事实必须是完全真实、确凿无误的，这是经济消息本身所应具有的基本品格。如实公正地报道，即不浮夸、不武断、不造谣、不作虚假报道。对商务经济活动中的有关数据、产销情况、市场变化、产品功能的介绍，必须完全真实、客观，不能以偏概全、以点代面。事实的真实准确除了指所报道的人或事真实外，还指对真实人物或事件的选择要有典型性。

（二）导向要正确

经济消息在报道经济活动、传播经济信息的同时，必然要反映党和国家的经济建设的方针、政策，反映人民群众在经济生活中的要求和愿望，正确的舆论导向也将促进经济的发展。因而正确地引导舆论是经济消息不可推卸的责任。

（三）报道要迅速及时

经济消息具有很强的时效性。市场经济瞬息万变，新事物、新经验、新模式、新问题层出不穷，经济消息应充分发挥自己便捷及时的特长，将经济生活领域中的最新消息报道出来。

（四）把握七要诀

一般新闻都应具备五要素，即时间、地点、事件、人物、原因。经济新闻也不例外，根据英国著名公关专家杰弗金斯的研究，经济新闻除了要具备五要素之外，还要把握好以下七个要诀：

（1）主题：报道什么？

（2）组织：组织的名字叫什么？

（3）地点：组织的地点。

（4）优点：一种产品或服务的新的特殊地方及其他优点。

（5）用途：使用方式及使用对象。

（6）详细情况：产品的色彩、价格、型号等方面的详细介绍。

（7）来源：发布新闻的组织地址。

这七要诀在内容上与五要素有雷同，对于经济写作而言，七要诀也是经济写作的基本要素。

【例文 7 -2】

传统企业试水电子商务成功 融合出现新问题

中广网北京 4 月 4 日消息 据经济之声《财经早报》报道，近日闭幕的 2011 网商大会上透露出的信息显示，随着我国网络零售的迅猛发展，一批传统的生产商和外贸企业开始尝试网络销售模式并获得初步成功。但随着传统企业纷纷试水电子商务，线上线下如何融合带来了一系列新的问题。

艾瑞研究院在此次网商大会上公布的《2010 网络零售报告》称，2010 年中国整个网购交易规模接近 5000 亿元，增长率同比 2009 年接近 89.4%，占社会消费品零售总额比重的 3.2%。网购客户在网上购买过一次的总数达到 1.48 亿，同比增长 35.8%，占网民比重的 35.8%。

艾瑞研究院院长曹军波说，网购改变了传统行销模式，以前的生产商和品牌商、渠道商和零售店是层层的链条，现在这个链条被扁平化了，品牌商不必再经过经销商、零售店，可以直达自己的用户。最近两年，从品牌零售商和零售企业发力来看，这个过程可能会影响中国的网络零售格局的走势。

据了解，特步于 2009 年 12 月成立电子商务部门，安踏和鸿星尔克于 2010 年 3 月成立了电子商务部门。安踏电商副总监徐斌说，目前企业有 16 人从事电子商务，传统企业开展电子商务的优势在于后端的运营也就是货品的运营已有很好的基础，但网络销售方面还需要更加了解消费者的需求。

徐斌说，安踏的网络销售效果并不理想，首先要解决一个线下和线上的销售渠道融合的问题，这需要一个合理的商业模式。其次要从技术层面来解决消费者从线上采购的订单可以去直营店拿货的问题。最后是物流体系的搭建问题，利用传统商业的优势把物流体系搭建好。

第三节　经济评论

经济评论，是一种以议论说明为主要表达方式，对各类经济领域中存在的现象或发生的各种问题进行分析、探讨、评论，从而表明作者观点和态度的文体。这种文章一般都是缘事而发，重分析说理，内容具有很强的针对性。经济评论的写作目的是针对当时经济领域突出的、被普遍关注的问题，以短篇议论文的方式，及时地发表评论性意见，从而提高人们的思想认识，促进有关问题的解决，使经济活动更加正常地运转，推动经济体制改革，提高经济效益。

一、经济评论的分类

对于经济评论的类型，现在有若干种不同的分类方法。按照评论的形式来分，有社论、评论员文章、短评、按语、编后和一些经济专栏评论等；按照评论的属性来分，有理论性评论、驳论性评论、阐述性评论和提示性评论等；按照评论的作用来分，有解释性评论、批评性评论、指导性评论、建议性评论、总结性评论等；按照评论的写作者、文章内容来分，可以分为国家权威性经济评论、专业人员探讨性经济评论、生产与消费阶层的反馈性经济评论以及经济杂文等；按照评论的样式来分，有报刊评论、广播评论、电视评论和网络评论；按照评论的对象及目的，可以分为经济形势评论、经济政策评论、经济动向评论、经济问题评论、经济综合评论。

二、经济评论的特点

经济评论，除了具备一般评论所具有的以议论说理为主、篇幅短小精悍、形式灵活多变等特点外，还有其独特的特点：

（一）对象的针对性和导向性

经济评论的针对性包含两个层面的意思：一是指评论的对象必须具有典型性，即所评论的对象必须有代表性。二是指评论的对象应该是人们关注的事情，是关乎民生的事情。只有评论人民关心之事，才能加强评论的针对性。同时经济评论还应具有导向性，经济评论与经济消息不同，它不仅是提出问题，更重要的是要通过说理议论的方式分析问题，找出解决经济生活中出现的问题的方法。因此，经济评论的指导性就表现在通过评论，使读者对某个经济现象、经济问题或某项经济措施的认识得到提高，从而更加促进经济的发展。既然评论要具有指导性，就要求经济评论写作应该注意理论与实际的结合，同时也要讲究说理的艺术，使评论文章具有更强的说服力。

（二）内在的原则性

经济评论的写作必须坚持原则性，即必须以科学的经济理论和经济政策为基础，以确凿的经济事实为依据，这是对经济评论写作的基本要求。

（三）评论的科学性

经济评论的写作不能脱离经济发展的客观规律，因此，对有关事实作实事求是的评价，遣词造句准确、科学是经济评论写作的基本态度。

（四）内容的时效性

经济活动瞬息万变，经济评论是反映现实生活和当前经济活动中存在的现象和问题，它所评论的对象也往往是正在发生或者是最近一个时期发生的问题和现象，这就决定了经济评论的内容必须具有时效性。

三、经济评论的作用

经济评论通过对经济形势、经济工作、经济思想、经济事件等的评论使读者了解事实的真实本质和背后隐藏的经济规律，用辩证的思维对这些经济的相关问题进行深入的揭示，让读者提高认识，分清是非，发挥经济评论的引导和输导的作用。同时帮助政府及有关单位发现问题、制定政策、采取措施，从而促进工作的发展。

四、经济评论的结构与写法

经济评论有多种，其写法没有固定的格式和套路，但经济评论的基本结构一般由标题和正文两部分构成。

（一）标题

经济评论的标题可以直接或简要地点明作者所论述的观点；也可以提出所评论的经济问题；还可以概括出评论的主要内容和重要意义。一般有单标题和多标题两种形式，以单标题居多。

（二）正文

正文一般由引言、主体和结尾三部分组成。

（1）引言即开头，是整篇文章提纲挈领的部分，主要担负提出商务经济问题或表达经济观点的作用。写作时应注意叙述尽量简洁明了，重点突出，脉络清楚。

（2）主体是经济评论的核心，要围绕引言提出的问题，有针对性地展开议论，详尽地阐述并深化主旨。它可以是就某一新闻事实进行多角度、多层次的剖析，也可以是用简短的语言对所报道的事实材料的"画龙点睛"。评论时，分析要透彻、精当，结论要中肯、客观。

（3）结尾一般是对主要内容作归纳总结，突出主旨。也可以作展望，或作号召，或作强调，或突出具体建议，视需要而定。有的评论在主体部分把问题讲清楚了，也就没必要再加一个结尾。

五、经济评论的写作要求

（一）重视评论选题

是否为一篇优秀的经济评论文章，首先取决于它的选题。在经济领域中存在的现象和出现的问题层出不穷，在众多的问题当中，哪些可以作为评论的课题？这就需要评论者敏锐独特的辨析力了。在进行经济评论的选题时，应注意以下几个方面：首先，抓方向性问题，根据不同时期呈现出的不同的经济发展重点，有针对性、方向性地进行评论；其次，抓倾向性问题，在经济活动中不时会产生各种倾向，其中有好的倾向，也有不好的倾向，抓住倾向性问题进行评论，可以让经济发展向着更加良性的方向发展；再次，抓普遍性问题，这里说指的"普遍性"包括选题内容的典型性和议论的针对性这两个方面；最后，抓亟待解决的问题，在我国经济的发展过程中，在不同时期会出现不同问题，在这些问题中有主要矛盾也有次要矛盾，抓主要矛盾、分析亟待解决的问题是经济评论选题时着重考虑的重要因素。

（二）掌握好政策

经济评论要有针对性、指导性、还要有一定的权威性。这就要求经济评论者把好政策关，以政策为依据，对评论对象作具体分析。只有评论者具有坚实的经济理论基础，对各种经济政策谙熟于胸，这样写出的评论才能评价适当，褒贬得体。

（三）评论对象要典型

评论对象要典型，指的是经济评论的写作，既针对的是特殊的个案，但通过它又能解决某个时期经济活动中相似的带倾向性的普遍问题。因此，这就要求评论者要有敏锐的观察力和敏感的经济嗅觉，在把握经济理论政策的前提下，大量搜集资料，进行周密调查，最终揭示出经济活动中的规律或存在的问题的本质。

（四）形象议论，生动活泼

经济评论，贵在篇幅短小，以精粹的文字进行分析，得出深刻的见解。写评论就是讲道理，但讲道理并不等同于生硬死板，烦琐拖沓。好的评论应该是清楚易懂、自然朴素、深入浅出的，要多用平易近人的商讨性语言，少用深硬短语和深奥术语，使评论写得生动活泼，有说服力。

【例文7-3】

财政收入预算保守的背后

第一财经日报评论：近日，全国财政工作会议再次为2011年的预计财政收入设下了增长8%的阀值。这是全球金融危机以来，财政部连续三年把全国财政收入增长率预设为8%。然而，即使是在2009年，全国财政收入的实际增长率也达到了11.7%，而今年前11个月全国财政收入增长率已高达21.1%。

应该说，政府财政收入增速低于GDP增速虽属稀缺，但2009年上半年确实出现过。需要指出的是：其一，由于税制结构和各税种在税收收入中所占比重与各经济部门对GDP的贡献比重并非呈完全匹配关系，因此确实会出现GDP增速与财政收入增速相若的可能；其二，目前推动全国财政收入增长的主要是非税收收入，而非税收收入是相对不稳定的收入，这可能会显著影响明年全国财政收入。毕竟，近年来政府财政收入快速增长的重要推手是地方财政收入，而地方财政收入的主要推动因素是非税收入，如土地收益。

有充足的理由认为，明年的全国财政收入增幅可能要高于预设增幅。长期以来，几乎每年的政府预计财政收入增长率都会显著低于实际增长率。

然而，令人迷惑的问题还不只是这个预设阀值是否保守，而是财政部如此保守的8%情结背后，牵涉到的政府管理能力绩效和财政预算绩效的评价、财政预算收支的科学合理性，以及如此"保守"的预算所带来的年底财政突击花钱痼疾等问题。

无须讳言，当前中国实行的是以部门预算为主的量入为出、适度赤字的财政预算理念。财政部对财政预算收入预计的科学合理，直接决定着政府财政预算支出的合理性和财政赤字的是否适当问题；而财政预算收支的质量则直接影响各界对政府财政预算绩效和政府管理绩效的合理评价，以及政府对自身工作绩效的自我评价问题。

财政预算收入过于保守，预算支出将在赤字率下量入为出，这将很可能出现预算支出的不合理匹配；而在预算内支出博弈中获得份额较少的部门，将面临"巧妇难为无米之炊"的局面，如社保福利、医疗、教育等公共服务部门。长期以来政府在关系民生的公共服务领域的缺位与政府预算质量不高，有着直接的关联。毕竟，当前财政支出更倾向于增长效应，而非保障效应，这就导致不直接产生增长效应的部门在财政预算支出的分配中优势不足，从而导致这些部门由于财政经费不足而去寻找第二增收来源，甚至利用手中权力寻租，进而提高了这些领域的行政成本和与其相匹配经济部门的交易成本。

鉴于此，笔者以为，首先是需要改革当前以部门预算为主的格局，构建和完善国家会计制度，并尽快推出政府财务报表体系，透明化政府资产负债表、现金流量表等，使社会各界能够如看企业资产负债表一样有效解读出政府的收支状况，以及政府财政预算绩效和政府管理绩效。

同时，应完善《预算法》和《预算法实施条例》等法律体系，构建科学合理的政府预算体系。如当前《预算法》和《预算法实施条例》规定，政府超收收入的使用由政府自行决定，只需将执行结果报告全国人大。这种预算体制，使得财政部门等倾向于低估财政收入而高估财政支出，从而导致产生各级政府部门年底突击花钱的长期痼疾。

因此，全国人大若能通过修改《预算法》收回财政超收收入的政府自由支配权，并通过立法推进政府会计制度的建构，那么至少可以从制度上限制这种低报财政收入、年底突击花钱现象的发生。

第四节　商品说明书

商品说明书是生产企业或商业企业向广大用户和消费者介绍产品名称、产地、原理、性能、特点、制作工艺、主要技术参数、用途、功效、使用方法和保养维修方法等的一种书面材料。产品说明书是企业生产产品、推销产品必不可少的资料，常随产品附送。它可以指导用户理解商品的性能，了解商品的用途，掌握商品的使用、保养方法。消费者通过商品说明书能够获得有关某一产品的知识，加深对某产品的认识，为购买和使用产品创造便利的条件。同时一些企业借助商品说明书进行技术改造、产品研制，它的价值已日益受到工商企业、科研机构的重视。

一、商品说明书的分类

由于商品的性能、功用和消费者了解商品的需要不同，推销商品的方法也不一样。不同的需求对应于不同的商品说明书的制作，目的不同，方式各异，因此商品说明书的种类大致可以分以下几种：

（1）按照商品说明书存在的形态可以分为包装式说明书和内装式说明书。包装式说明书即将商品说明书直接印在商品的外包装上，多用于常见的、普通的、简单的商品。内装式说明书多用于复杂的、贵重的、科技含量高的新产品中，除详尽的文字外，往往附有图片、照片、数据表、线路图等。

（2）按照推销商品的目的和方式的不同可以分为：梗概型商品说明书、描述型商品说明书、说明型商品说明书和析疑型商品说明书。梗概型商品说明书，是指运用简明扼要的文字，说明商品的主要特征或概况，使消费者能在最短的时间内了解商品的基本情况，如饮料食品的说明书，只需简要介绍该产品的使用方法和保质期即可。描述型商品说明书，是指运用优美流畅的笔法，介绍、渲染商品的特点和风格，以加强其形象性和个性化。此类说明书可以运用描写与说明相结合的手法介绍商品特征，也可以运用比喻、拟人等修辞手段，寓知识于趣味中，给读者留下深刻鲜明的印象。说明型商品说明书，主要运用说明的方法对商品的各方面情况进行分类介绍。此种类型的说明书是最常见的说明书。析疑型商品说明书，通过说明和议论相结合的方式，对商品的性能、特点等作出恰如其分的解释和评价，以消除消费者因不熟悉商品特性而造成的疑虑。其目的不在于要说明这是什么，而是在于说明为什么和怎么样。

（3）按照商品说明书的内容和用途划分，可以分为：民用商品说明书、专业商品说明书、技术说明书等。民用商品说明书，主要是针对日用轻工商品、家用电器、医药等商品的说明，目的是向用户介绍商品的性能、特点、使用、维修等方面的知识，方便用户选购。专业商品说明书，主要指各行各业使用的工业产品的说明书，它突出说明工作原理、技术数据、设备装置，有时还有线路图、结构框架图、零部件机械图等。技术说明书，主要是简要介绍技术原理、技术内容、用途、特点、适用范围等方面的指示，给消费者一个初步印象，以便进一步研究或购买。

（4）按照商品说明书表述的内容，可以分为两大类：一类是介绍商品的功能、特点、效果等，吸引消费者购买；一类是介绍商品的操作、使用方法和保养维修方法，往往省去商品成分、构造和制作过程的介绍。

二、商品说明书的特点

商品说明书作为生产单位推销商品的一种重要宣传工具，作为向读者推荐商品的终结，它有其区别于其他书面材料的独特的特性。

（一）真实性

内容真实是商品说明书的基本特性，也是商品说明书写作的一个基本原则。一般来说，需要作详细说明的商品多是消费者不太熟悉的产品，如何使用、如何保养的说明性材料是消费者进行使用时必须依据的资料。只有内容真实，商品说明书才能真正发挥它的作用，才能帮助消费者正确掌握使用方法，达到指导消费的目的，否则就会损害消费者的利益。

（二）知识性

一种新产品问世，要让读者了解商品、接受商品，商品说明书就必须以传递知识作为基础。每一位生产商都希望通过传播商品知识来扩大其产品的社会影响力、广开销路。因此，商品说明书的知识性是商品说明书的内在属性。同时，在注重知识性的同时也必须要有科学的态度，这直接关系到商品的使用价值和消费者的切身利益，所以介绍商品知识必须合乎科学性的要求。

（三）灵活性

是指商品说明书的形式可以灵活多变。商品说明书既然是生产者向消费者和所有社会成员介绍商品的，它就必须给读者架起一座认识商品、了解商品的桥梁，在介绍商品知识的同时就必须兼顾到读者的接受程度，如何更有效地接受信息，如何更方便于读者的理解，因此，商品说明书也应具有新鲜感、趣味感和一定的艺术感。为了吸引读者，常把文字与图画、照片等综合使用，图文并茂，使说明书制作得更加新颖、美观，是当前商品说明书不断改进的重要方面。

三、商品说明书的作用

商品说明书是消费者的好朋友、好帮手、好向导，引导消费者消费。说明书对商品或服务内容进行客观的介绍、科学的解释，可以使消费者了解产品的特性、掌握产品的操作程序，从而达到科学消费的目的。

当商品说明书伴随着产品走向消费者的时候，它所包含的新知识、新技术，也为群众所了解。

商品说明书还能起到产品促销的作用。有时消费者对某一商品缺乏全面深入的了解，购买时就会犹豫不决，说明书让消费者加深了解，消除疑虑，下决心购买，这就能增加销量，在引导消费方面，说明书的作用有时胜于广告。

商品说明书又是生产厂家、商店和消费者之间互相沟通的桥梁，说明书的正文固然很重要，但其附项的厂址、电话、电子邮箱、联系人等，更为彼此之间的联络提供了方便。

四、商品说明书的结构与写法

商品说明书有印在包装上的，有印成专页的，也有印成小册子的。在写法上虽无固定的格式，但其基本结构却都相似，一般由标题、封面、目录、前言、正文、落款、外文对照等七部分构成。

（一）标题

商品说明书的标题大致有以下三种写法：一种是直接写商品名称，如"三九胃泰"；一种是由商品名称、文种构成，如"××牌电冰箱使用说明书"；一种是由品牌、规格、型号、产品名称加"说明书"构成，如"三星 X828 手机使用说明书"。

说明书的标题一般与商标共同印制，一般字体较大，置于显要位置，给消费者留下深刻影响。

（二）封面

封面有产品名称、型号、商标、厂标、实物照片、规格、经销单位、厂址、注册商标、批准生产文号、生产厂家及生产日期等。有的厂家或商家对商品说明书的封面非常重视，辅以产品照片或说明图，装帧讲究，往往利用鲜艳的颜色、新奇的图案和艺术化的书写形式来吸引消费者的眼球。

（三）目录

较长的商品说明书有目录，以便于使用者能够更便捷地了解商品知识。

（四）前言

一般用简洁的语言说明商品的设计目的、工作原理、性能特点、适用范围，从而给消费者留下一个总体的印象并引起正文。

（五）正文

正文是商品说明书的主体和核心部分，在正文中要介绍商品最重要的信息。正文的写作主要有以下两个方面：一是对商品本身情况的介绍，如商品的性能、技术规格、构成、用途、主要技术参数指标、工作原理和保养等。二是对商品的使用说明，如商品的使用方法、保养维修知识、售后服务和有关的注意事项。

正文的写法因商品的不同而不同，一般使用的是以下三种结构方式：

1. 条款式

即对商品的有关指示逐条列项加以说明，此类写法一般适用于程序性的内容说明，如对商品的特性、功能、原理、规格、使用方法等内容作分项说明，家用电器的说明书常采用这种形式。这种方式的特点是层次清楚，详细严谨，客观可信。

2. 概要式

即对商品的有关知识作概括而简要的介绍。一气呵成，有利于突出商品的特性，也容易给消费者留下深刻的印象。

3. 图文式

即采用文字、照片或图示相结合的方式介绍商品。

（六）落款

落款部分应注明生产厂家、经销企业和售后服务部的名称、地址、电话、邮政编码、传真等，以便消费者联系。

（七）外文对照

如果产品要打进国际市场，或者方便外国消费者的使用，说明书还需要有外文说明。

五、商品说明书的写作要求

商品说明书所针对的受众是消费者，这就要求说明书的写作必须站在用户的立场上考虑问题。如何写好说明书，如何让说明书真正成为用户的顾问，是每个厂家或商家需要考虑的问题。

（一）正确把握说明对象

撰写商品说明书，应深入了解商品的设计、用料、制作、包装的全过程，只有把握了商品的特性，才能突出产品特征，才能更好地介绍商品的特色和优势，使用户产生清晰深刻的印象。

（二）内容要真实准确

真实是撰写产品说明书必须遵循的基本准则，也是《消费者权益保护法》对说明书的最起码的要求。因为说明书有极强的实用性，所以应该让消费者了解的知识，说明书都必须准确可靠地加以说明，不能省略，不能含糊，不能虚夸，不能隐瞒，只有这样才能保证消费者安全地使用商品，才不至于对消费者产生误导。

（三）条理要清晰，突出说明重点

商品说明书的表述应力求清楚明了，使消费者一目了然，因此商品说明的写作首先要注意表述的条理，分列式和条文式是说明书最常采用的形式。同时，每个商品都有其自身的特点，消费者对不同商品信息的获取要求是不一样的，比如药品说明书的重点应该是它的疗效，对于电器产品的说明书，安全性和使用方法则是说明的重点。突出重点，关键在于从用户的实际需要出发。

（四）语言要通俗规范

由于商品是向社会推销的，而商品说明书的阅读对象水平不一，这就要求文字必须通俗易懂，不应过多地使用专业术语。为了帮助用户正确理解和使用，有的商品说明书还应配合图表，给用户以直观的说明。同时，商品说明书的写作还应当有一定的规范性，即说明书应当符合一定的说明标准及次序，包括必不可少的说明项目。这就要求商品说明书在对商品进行说明的同时，应该准确和具体。含混、模棱两可的表述只会让用户困惑，也会让消费者对商品的品质产生怀疑。

【例文7-4】

保婴丹说明书

请仔细阅读说明书并按说明使用或在药师指导下购买和使用。

【名称】：保婴丹

【汉语拼音】：Baoying Dan

【成分】：防风、天竺黄、钩藤、全蝎、蝉蜕、川贝、牛黄、珍珠、郁金、天麻等。

【性状】：本品为黄褐色的粉末，味辛凉微苦，气香。

【功能主治】：痰热内闭，外感风寒引起的面赤耳热，痰多气促，睡眠不安，腹痛吐泻，夜啼惊跳。

【用法用量】：温水调服，6个月~1岁，每次1瓶，一日1次；1岁以上~2岁，每次1瓶，一日2次；2岁以上，每次1瓶半，一日2次。

【禁忌】：忌食生冷荤腥、油腻燥热之物。

【注意事项】：若病情需要，须由医生指导使用。

【规格】：0.34g/瓶

【贮藏】：密闭，置阴凉干燥处。

【包装】：塑料瓶包装，6 瓶/盒。

【有效期】：36 个月

【执行标准】

【批准文号】

【说明书修订日期】

【生产企业】

企业名称：　　　　生产地址：　　　邮政编码：

电话号码：　　　　传真号码：　　　网址：

如有问题可与生产企业联系

第五节　企业简介

企业简介是企业自我推介文稿的一种，它是把企业的历史、经营特色、经商业绩、服务宗旨、技术力量以及职能范围等用简洁的文字介绍给社会公众的文书材料。

一、企业简介的分类

根据使用目的的不同，企业简介大概分为以下几类：

（一）企业形象和企业文化简介

主要说明企业历史、企业重大活动、企业传奇故事、企业商标、法定代表人、企业经营理念、企业的风格、特色、企业荣誉等内容。

（二）企业的规模和实力的简介

主要说明企业的组织系统、集团规模、资产资金、实力范围等。

（三）企业生产和技术力量简介

主要说明企业的设备、技术、产品开发、优势等。

（四）综合简介

综合说明上述各项内容。

二、企业简介的特点

（一）具有说明内容的综合性

企业简介的对象是企业。企业本身是一个完整的系统。为此要对企业整体情况作系统、综合介绍。这与商品说明书只说明商品的单一性是不同的。

（二）更注重企业的形象和企业文化的说明

企业简介不仅要说明企业的外在的品质，而且还要塑造企业内涵的文化素质——企业文化和企业形象。

（三）具有商品经营的间接性

这与商品说明书的营销直接性是有一定区别的。

三、企业简介的作用

现代社会是个竞争的社会，每一个企业要在严酷的商战中谋求自己的一席之地，如何赢得知名度和信誉度成为决定企业成败的关键，而企业简介就是企业对外扩展知名度的途径。企业简介如同企业的详细名片，通过它让社会公众和消费者知晓企业自身的存在，同时，企业也通过这种简介的方式，全方位、多角度地把自身企业的基本情况告示全社会。

四、企业简介的结构与写法

企业简介一般由标题、正文、附项三部分构成。

（一）标题

企业标题主要有三种写法：一是指书写企业名称，如《××婚纱摄影中心》；二是企业名称加"简介"的文体名称，如《××××股份有限公司简介》；三是在企业名称前或后加上形容词，以突出主题或增强宣传效果，如《前进中的×××××企业》。

（二）正文

正文部分一般包括以下几个方面的内容：企业的地理位置、企业的发展简史（重大事件和成就）、企业的性质、企业员工人数和素质、企业的规模和设施、企业经营管理的特色、企业的制作工艺、企业的主要产品、企业的服务方式、企业的科研成果、企业在同行业中所处位置、企业的展望等。内容很多，但并不要求面面俱到，也需要有重点有选择地进行说明，目的在于突出企业的个性，加深社会公众对企业的印象。

（三）附项

附项主要写企业的联系方式，如企业地址、邮政编码、电话传真、邮箱、网址等。

五、企业简介的写作要求

（一）要有明确的对象性

一般而言，企业简介是写给公众看的。但公众却又是个包含着无数个性的个体的总和，每个受众的接受能力会因其所接受教育程度、环境、文化多方面的影响而不同，因此，企业简介采用喜闻乐见、通俗平易的写作方法是最佳的方式。无论对于哪种类型的公众，避免古奥生僻的用字，减少专业术语的使用，而使用通俗朴实的语言，则是企业简介首先应该注意的方面。

（二）内容要真实准确

企业简介的目的在于自我推介，其中带有很大的主观性，自我标榜、自我吹嘘，是企业简介写作常犯的毛病。企业简介作为企业对外战略的一个重要窗口，就是要给公众一个良好的印象，"准确、真实、客观"无疑是取得公众信任的不二法宝。只有在实事求是的基础上，巧妙地推销自己，多用事实、数字说话，才能令公众信服。所以，要避免夸大事实、自吹自擂。

（三）篇幅要短小精悍

企业简介不宜过长，它需要用最有效的文字给公众留下深刻的印象。因此，对内容的概括、精炼的能力是企业简介写作不可缺少的要素。要想做到精炼，可以从两方面着手：一是选择最具典型意义的材料表现主题；二是要去除枝蔓，只留主干。

【例文7-5】

新浪简介

新浪（NASDAQ：SINA）是一家服务于全球华人社群的领先在线媒体及增值资讯服务提供商。新浪拥有多家地区性网站，以服务大中华地区与海外华人为己任，通过旗下五大业务主线：新浪网（SINA. com）、新浪无线（SINA Mobile）、新浪热线（SINA Online），新浪企业服务（SINA. net），新浪电子商务（SINA E-Commerce），为广大网民和政府企业用户提供网络媒体及娱乐、在线用户付费增值/无线增值服务和电子政务解决方案等在内的一系列服务。

新浪在全球范围内注册用户超过1.8亿，各种付费服务的常用用户超过4200万，日浏览量最高突破4.5亿次，是中国内地及全球华人社群中最受推崇的互联网品牌。

新浪已成为国内最大的网络内容服务及无线增值服务提供商，两项收入均居行业之首。在多项调查评比中，新浪也均被称为最有价值的品牌、最受欢迎的网站。在2003年和2005年社科院最新发布的互联网调查报告中，新浪网均被评为网民首选网站。新浪公司全球拥有2500名员工，遵循"以客为尊、突破创新、回馈社会、永续经营"的核心价值观，新浪在2003年和2004年连续两年荣获由北京大学管理案例研究中心和《经济观察报》评出的"中国最受尊敬企业"称号。新浪还被《南方周末》评选为2003年度和2004年度华文媒体。

第六节　经济公示

经济公示就是工商企业为寻求社会公众的理解、支持和帮助，为了增进与社会公众的联系与沟通，向不同范围内的社会公众表明立场、态度、观点而发表的篇幅短小、格式编排自由的文字材料。

一、经济公示的分类

常用的经济公示文书有商用公告、商用通告、商用声明、商用启事四种。

（一）商用公告

公告本属行政公文。公告由政府领导机关或业务领导机关发布，用来向国内外宣布重大事项或紧急事件的公文，使用的机关级别较高，如全国人大常委会、外交部等。这里介绍的是商用公告，它是工商企业用来宣布有关企业合并、兼并、破产、经营管理上的重要举措，以及重要人事变动等事项，一般不轻易使用。具有以下特点：

（1）告知的事项单一，告知的是重大事项。

（2）只让公众周知，无须公众参与。

（3）篇幅简短，直陈其事，无须论证说理。

（4）一般在报纸、电台等传播范围广的媒体上发布。

（二）商用通告

通告本来也是行政公文的一种，是政府及政府下属部门在一定范围内公布应当周知或遵守的公文。通告适用范围较广，企业、机关等均可使用。这里介绍的是商用通告，它是工商企业用来向社会公众告知与业务经营活动有关的具体事项的一种公示性文书。与商业公告相比，它告知的事项不是特别重大，但使用频率高。它具有以下特点：

（1）使用的广泛性和经常性。大小企业均可使用，而且凡是需要公众知道的事项均可使用。

（2）内容的专业性。由于商用通告大多用于业务经营活动，所以专业性较强，常用到专业术语。

（3）既需要公众周知，又需要公众参与。

（三）商用声明

商用声明是企业就某个问题，向社会公开表明立场、观点、态度而发表的一种文告。作为经济公示文书的声明通常是工商企业对经营活动中涉及法律问题，而且可能构成纠纷的事项表明立场、观点、态度，以解脱不应承担的责任。也有的是对自己某一易受侵犯的权利的重申。声明可以由工商企业直接发布，也可委托法律顾问（律师）发布。它具有以下特点：

（1）严正性。声明常用来表明立场、观点、态度，必须严肃、郑重，并符合有关法律规定。

（2）用语明确有力，绝不含糊其辞、拖泥带水，一般多用短句。

（四）商用启事

启事，党政机关、企事业单位和公民个人均可使用。它是用来向社会公众说明某个事项并请求参与或帮助办理的应用性文书，可登载于报纸杂志上，也可张贴于公共场所。

在经济活动中，启事的应用范围十分广泛，常见的有招聘启事、招商启事、招生启事、征集广告语启事、征集商标设计图案启事、征文启事、报刊征订启事、寻物启事、开业启事、迁址启事、更换厂名或商标启事等。它具有以下特点：

1. 事务性

启事告知的事项一般不是十分重大的事项，而是平常事务（重大事项告知多用公告或通告）。

2. 求助性

大多数启事不仅有所告知，还有要求参与或请求给予帮助的意向。在要求参与这一点上与通告很相近，所以有些事项既可用启事，又可用通告，如招商、招租、征集广告语和商标设计，用通告、启事均可。但带有求助性质的事项，如寻物、寻人等，只能用启事而不可以用通告。

3. 一事一启

启事内容单一，不可将几件不相关的事纳入一则启事中。

二、经济公示的特点

经济公示具有以下几个特点：

（一）公示性

即经济公示以公开发表的形式，向广大公众，表示立场、态度、观点，以期扩大影响，寻求帮助，获得支持。这是经济公示最基本的特点。

（二）针对性

即经济公示的写作目的不外乎解决企业生产经营活动中的具体事务，如在生产过程中对产品形象的设计，在销售过程中扩大企业的知名度的一些活动，在售后服务过程中对有损于企业形象的问题出现后进行的应急处理等。当然这些活动的开展离不开宣传艺术和技巧，但这些技巧的运用都不能脱离企业的基本相关资料，因而经济公示的写作必须有针对性。

（三）新闻性

经济公示作为一种公开发表的文字材料，它所借助的媒介大多数是报纸，因此在很多方面经济公示须具有新闻的特点，因而从某种意义上来说它更贴近于新闻。

（四）真实性

由于经济公示具有新闻性，它更贴近于新闻，所以经济公示的写作也必须遵循实事求是的原则。同时，经济公示是为了提升企业的形象和知名度、解决企业实际面临的困难，因而经济公示的真实就不仅体现在基本情况的真实上，还体现在细节的真实上，如时间、地点、引用数据的真实。

（五）简练性

经济公示因与新闻相似，所以经济公示的写作应具备高度精练的特点，一般由一两段文字加上事项要点构成，篇幅短小，不分章节。

（六）超然性

经济公示不同于商业广告，在内容上除了应具有某种新闻的特点外，还应尽量避免推销商品的痕迹，也就是要具有超商品意识。这就要求企业经济公示的策划者首先要在充分了解本企业发展特点的基础上，以社会和公众的视角进行商务公示写作；其次，策划者应具有超然的眼光，站在企业发展的高度，把企业形象的树立作为企业战略性发展的重要一环，而避免一种急功近利、片面追求暂时效果的观念。

三、经济公示文书的作用

（一）法规作用

就是指这些经济公示文书及文件都具有法定效力和法定约束力，都是党和国家机关依法治国、依法办事的体现形式和重要工具。

（二）交流信息作用

就是指机关上下左右之间进行公务信息交流的重要手段。交流信息，一方面是上情下达，一方面是下情上达，另一方面是友邻单位互通情报。有了公文作为信息流通的渠道，上下级机关都有可能做到耳聪目明，不至于闭目塞听。

（三）凭据与记载作用

就是指经济公示文书处理相关工作时作为凭据与依据的作用。

四、经济公示文书的结构与写法

经济公示文书一般由标题、正文、落款三部分构成，具体写法如下。

（一）商用公告类

1. 标题

单位名称加文种，如"××公司公告"，或直接标明"公告"。

2. 正文

公布需要公众周知的事项。

3. 落款

发布公告单位的名称和发布日期。

（二）商用通告类

1. 标题

全称标题由企业名称、事由、文种构成，如《×××公司关于×××的通告》。如事由较长，可省去事由，即由企业名称加文种。有时只要标明"通告"即可。

2. 正文

正文一般由原由、告知事项、结束语构成。告知事项较多时，可分条列出。

3. 落款

写上发布通告的单位名称和时间。单位名称如已在标题中出现则可不写。

（三）商用声明类

1. 标题

常以"商务声明"二字作标题。"商务声明"之前还可加上"郑重"、"严正"等字样，以引起读者注意。也可在文种前加上事由，或加上单位名称。

2. 正文

即商用声明的内容。一般用直陈的写法，就某事表明某种态度。有的声明很简短，如遗失声明、除名声明，仅一两句话，只要说明什么证件遗失，宣布作废，或什么人被除名、今后一切活动与本组织无关即可。有关侵权、冒名顶替等法律纠纷的声明稍复杂，先要指出侵权、冒名顶替等现象，再表明态度。授权委托发布的声明还应交代授权的情况。正文末尾常用"特此声明"作结。

3. 落款

写出发布声明的单位名称和时间。

（四）商用启事类

1. 标题

可直接标明"商务启事"，也可加上事由，如"招聘启事"。也有的在标题中不出现"启事"二字，只写事由，如"××公司招聘"或"征集商标图案设计"。

2. 正文

正文就是商用启事的内容，应将有关事项表述清楚，并提出具体要求。正文写法因事而异，常见的有两种写法。一为直陈式，即直接式，即直接陈述有关事项及要求，或一段写成，或分段写出，简明扼要。简单事项多采用这种写法。二为总分式。先总述原由、目的和主要内容，再分别交代有关要求、条件、注意事项等，分段分条表述。启事行文可活泼一些，不必如公告、声明那样庄重。

3. 落款

写上发布商用启事的单位名称和时间。如标题上已出现单位名称，此处可省略。

五、经济公示文书的写作要求

（一）慎用商用公告

公告本是行政公文，而且是用来向国内外宣布重大事项的，工商企业可以借用，但必须慎用，一般大型企业需要向社会公众告知重大事项时方可采用，如果中小企业或一般事项用了公告，便是小题大做，有欠妥当。现在公告有滥用现象，应当注意。在拿不准时，宁可用通告，也不用公告。

（二）防止混用

经济公示文书中公告与通告、通告与启事、启事与声明容易混用。在选用文种时应根据意愿表达需要及文种特点准确选择。一般向公众告知一个事件的结果，如抽奖、评奖结果时，肯定要用通告。涉及名誉、专利、商标侵权以及解除合同、除名等事项需表明立场、态度、观点的，则用声明。只有既有所告知又请求参与或帮助时，才用启事。当然有的情况既可用启事又可用通告，则可根据习惯，或用启事，或用通告。

（三）力求简练、准确

经济公示性文书大多刊登于报刊之上，如同广告一样是要交费的，除了有意扩大影响用大版面外，一般情况下应尽可能简短，以减少版面的占用，节省开支。另外，还要注意内容表达的完整和准确。有的将"启事"写成"启示"，应予纠正。

【例文 7 - 6】

关于禁止在面粉生产中
添加过氧化苯甲酰、过氧化钙的公告

【发布单位】卫生部工业和信息化部　　商务部　　国家工商行政管理总局
国家质量监督检验检疫总局　　国家粮食局　　　国家食品药品监督管理局
【发布文号】公告 2011 年第 4 号
【发布日期】2011 - 03 - 23

根据《食品安全法》关于食品添加剂应当在技术上确有必要且经过风险评估证明安全可靠，方可列入允许使用范围的规定，经审查，食品添加剂过氧化苯甲酰、过氧化钙已无技术上的必要性，现决定予以撤销并公告如下：

一、自 2011 年 5 月 1 日起，禁止在面粉生产中添加过氧化苯甲酰、过氧化钙，食品添加剂生产企业不得生产、销售食品添加剂过氧化苯甲酰、过氧化钙；有关面粉（小麦粉）中允许添加过氧化苯甲酰、过氧化钙的食品标准内容自行废止。此前按照相关标准使用过氧化苯甲酰和过氧化钙的面粉及其制品，可以销售至保质期结束。

二、面粉生产企业和食品添加剂生产企业要按照本公告要求依法组织生产经营，做好自查自律工作。相关行业协会要加强行业管理和行业自律，引导企业不断规范面粉和食品添加剂生产经营活动。

三、各级食品安全监管部门要加大监督执法力度，加强食品安全监督检查，依法查处将过氧化苯甲酰、过氧化钙作为食品添加剂进行生产、销售和使用的违法行为。

特此公告。

【例文7-7】

关于力补精秋胶囊的通告

近期，省卫生监督所接到投诉称，广州三合生物科技有限公司冒用其他生产厂的卫生许可证号生产"力补精秋胶囊"。经我所核实，粤卫食证字〔2004〕第0000A00338号是一间从事食品添加剂生产企业的卫生许可证号，广州三合生物科技有限公司属无证生产企业。

各地食品经营单位不得销售该产品，消费者如有发现上述产品请向有关部门投诉。

二○○四年九月二十日

【例文7-8】

东方药林药业有限公司声明

根据国务院颁布实施的《直销管理条例》及其相关配套法规规章要求，东方药林药业有限公司已向商务主管部门报送了相关材料，正式申请《直销经营许可证》。我公司郑重声明，如获国家商务部批准，将严格履行如下承诺：

1. 严格遵守《直销管理条例》和《禁止传销条例》及相关配套法律法规规章，不从事传销活动。

2. 按照《直销管理条例》要求建立完善的信息报备及披露系统。按照《直销企业信息报备、披露管理办法》及时准确向政府报备并通过信息披露网站（www. kingold-hosp. com/ye/）向社会公开披露相关信息。

3. 严格执行相关法律法规规章公开直销员计酬制度，公司支付给直销员的报酬只按照直销员本人直接向消费者销售产品的收入计算，报酬总额（包括佣金、奖金、各种形式的奖励以及其他经济利益等）不超过直销员本人直接向消费者销售产品的30%；禁止团队计酬。

4. 严格执行《直销管理条例》及国家商务部、国家工商行政管理局〔2005〕第72号文件《直销产品范围公告》对直销产品规定的范围和要求，符合国家认证、许可或强制性标准。

5. 依法规范经营，严格自查分支机构、服务网点及直销员行为。保证直销员只在其一个分支机构所在的省、自治区、直辖市行政区域内已设立服务网点的地区开展直销活动；坚决杜绝任何欺骗、误导等宣传行为和推销行为，严厉查处各类违规经营行为。自觉接受政府相关部门的监督与管理。

6. 切实保护消费者权益，为顾客提供全面购货保障，通过公司直销员及服务网点为消费者提供优质产品及退换货等相关服务，依法对服务网点的经营行为及直销员的直销行为承担连带责任，能够证明其行为与本公司无关的除外。

7. 严格依照《直销管理条例》和《直销员业务培训管理办法》，对拟招募的直销员和公司直销员进行国家相关法律法规规章、直销基础知识等各种培训，未取得直销员证，任何人不得从事本公司直销活动。对直销员进行业务培训的直销培训员应当是本公司的正式员工，公司对直销员业务培训的合法性、培训秩序和培训场所的安全负责，公司和直销培训员对直销员业务培训授课内容的合法性负责。公司进行直销员业务培训和考试不以培训费、入门费等形式收取任何费用。

特此声明！

东方药林药业有限公司

二〇〇九年三月

【例文 7 - 9】

纯粹高尔夫高薪招聘启事

高尔夫电子商务领导者，年销售额逾 2000 万，国内唯一一家以互联网＋手机网站＋目录＋体验店的高尔夫零售企业。

任职要求：2 年以上 PHP 编程经验，懂电子商务，对 UI、SEO、SNS 有深刻理解，熟悉 ECshop 程序者优先。

工作地点：北京万达广场

底薪 6000 起，上不封顶。

公司网址：chuncui. cn

有意者联系：deloubi@163. com

【思考与练习】

一、根据所学知识，分析下面这则经济消息的结构，并为其拟写标题

第一财经日报 6 月 17 日讯 印刷设备制造商——美国高斯国际公司近日表示，上海电气（集团）总公司（下称上海电气集团）将购买高斯国际的增发股，完成交易后上海电气集团将成为高斯国际的第二大股东。

中国证券报 日报 6 月 17 日讯 印刷设备制造商——美国高斯国际公司近日表示，上海电气（集团）总公司（下称上海电气集团）将购买高斯国际的增发股，完成交易后上海电气集团将成为高斯国际的第二大股东。高斯国际的新闻稿中写道，上海电气集团与高斯国际的主要股东，包括大股东——美国专业投资公司

MatlinPatterson Global Opportunities Partners 已达成了收购协议。由于交易还要等待批准，因此该交易的相关条款不能披露。昨天，上海电气集团下属的上海电气（601727. SH，02727. HK）高层对 CBN 记者表示，这一收购属于集团层面，未来集团是否会转让其可能持有的高斯国际股份，需由集团讨论决定。高斯国际与上海电气集团早已有渊源，双方在 1993 年成立的一家合资企业——上海高斯印刷设备有限公司，目前是中国印刷机制造行业中最大的一个中外合资企业，主要生产卷筒纸转轮胶印机和单张纸多色胶印机等。高斯国际 CEO Jochen Meissner 表示，上海电气集团有一个具备全球视野的、强大的印刷部门，投资高斯国际之后，上海电气集团将增加高斯国际的实力以及财力。2006 年至 2008 年三年间，高斯国际的销售额超过 33 亿美元。

二、以本书【例文 7 - 1】为例，拟一则综合消息的标题，并写出每行标题的名称

三、到附近的企业或市场、商店采访，写一篇 500 字左右的经济动态消息，要求至少是双行标题，用倒金字塔结构

四、经济评论与经济论文有何区别

五、以网上购物与"免费送货"的关系为内容，写一篇四五百字的经济短评或经济杂文，题目自拟

六、为你所熟悉的一件家用电器（如电视机、录像机、手机、电脑等）写一篇商品说明书

七、按照企业简介的要求，请为你所知道的某企业写一份企业简介

八、本章所讲的经济公示中，在现实生活中你接触过哪些？是在哪个场合接触的

九、试述商用通告与商用公告的区别

十、请拟写一份招聘启事

第八章　经济诉讼文书

第一节　概　　述

经济诉讼属于民事诉讼范畴。经济诉讼，是指当事人依法将发生的争议请求法院运用审判权解决经济争议的一种方式。人民法院审理经济争议案件在程序上依照《中华人民共和国民事诉讼法》。

经济诉讼文书是在经济活动中，诉讼当事人按照法律规定的诉讼程序，为解决各类经济纠纷所制作的诉讼文件、公文的总称，是法律文书的重要组成部分。诉讼文书包括两大类：一类是司法部门写作，体现司法机关依法行使的权利，主要有判决书、裁定书、调解书等；另一类是经济诉讼当事人写作的，体现法律赋予当事人的权利，主要有起诉状、上诉状、申诉状、答辩状和申请书等。

一、经济纠纷诉讼文书的特点

经济纠纷诉讼文书是一类比较严格的规范性文书，在名称和形式上要符合法定格式，在内容写法上要符合法定要求，在诉讼请求上要符合实体法的规定，在提出的时间和办理的手续上要严格按照程序法的规定办事。具体特点有：第一，真实性。经济纠纷诉讼文书要求准确地揭示纠纷案件事实的本来面貌，对于诉讼所依据的事实，必须准确地如实叙述。第二，合理合法性。这是诉讼文书制作的基础和前提。首先，制作的程序要合法，不能有任何随意性；其次，诉讼的内容要合法，事实、证据、理由和处理意见等不能违反法律的要求。第三，规范性。这是诉讼文书的显著特点。它首先表现为提交时间和程序的特定性。诉讼文书必须在法定的时间内提交，否则将丧失诉讼权利；必须按一定的法律程序提交，否则将无法依法执行。其次表现为结构的固定性。诉讼文书一般都有固定的结构，要严格按照司法部的《诉讼文书样式》中各种诉状的固定结构写作。第四，特定性。诉讼文书的写作对象是司法机关（一般是人民法院），应根据诉讼性质、诉讼程序以及司法管辖分工等不同，相应递交不同的司法机关。

二、经济纠纷诉讼文书的作用

随着经济活动方式越来越丰富多样，人们经济交往的深度和广度越来越强，交往的层次越来越复杂，人们在经济活动中更容易发生争执和纠纷，甚至造成经济损失。为了能及时弥补经济损失，维护合法权益，也为了维护正常的经济秩序，治理好经济环境，就必须诉诸法律，进行诉讼活动。因此，学习经济诉讼文书的写作就显得十分必要，其具体作用表现在：第一，维护社会经济的正常秩序，繁荣社会主义市场经济；第二，记录经济诉讼活动的公正性、合法性，保护当事人的合法权益；第三，体现诉讼活动的严肃性，维护法律的尊严；第四，诉讼文书是法制宣传的重要教材。

第二节　经济纠纷起诉状

经济纠纷起诉状是指经济纠纷案件中公民、法人或其他组织在其民事权益受到侵害或者与他人发生争议时，为维护自身的合法民事权益，依据事实和法律，按照法定程序向人民法院提起诉讼，从而引起诉讼程序开始的一种诉讼文书。

一、经济纠纷起诉状的特点

经济纠纷起诉状是诉讼程序发生的根据，也是人们法院审理或调解经济纠纷案件的根据和基础，具体的特点如下：

（1）提起诉讼的直接性。机关、团体、企事业单位和公民个人，在认为自己的合法经济权益受到侵犯或与他人产生经济纠纷时，都依法享有起诉权，当事人或其法定代理人都可以直接向人们法院递交起诉状。

（2）适用范围的特定性。经济纠纷起诉状针对的是归人民法院管辖并且是未被审理过的案件。

（3）起诉状格式的固定性。1992 年最高人民法院颁布了《法院诉讼文书样式（试行）》，规范了起诉状的格式。所以，起诉状的制作应该按照规范的格式，有秩序地展开，不得前后颠倒或相互混淆。

二、经济纠纷起诉状的结构与写法

经济纠纷起诉状的结构一般由标题、首部、正文、尾部四个部分组成。

（一）标题

标题有两种形式，一种是标明文书的性质和文种，如"经济纠纷起诉状"；另一种则是仅标明文种，如"起诉状"。

（二）首部

首部要写明当事人的基本情况，应当按照原告、被告及其委托代理人的顺序分别列写。

如果当事人是具有民事行为能力的公民，依次写明当事人的姓名、性别、年龄、民族、籍贯、职业、工作单位和住址及联系电话。如果当事人是机关、团体、企事业单位，则应写出其全称、所在地、法定代表人姓名、职务等。如果在经济纠纷中有若干个原告或被告，则要按其在经济纠纷中的地位、作用的重要程度从主到次、依次写明其基本情况。当事人有诉讼代理人时，应写明代理人的姓名、单位、职务及代理权限。

（三）**正文**

正文包括案由、诉讼请求、事实和理由三部分。

1. **案由**

案由提示经济纠纷案件的性质特征。如"经济赔偿纠纷"、"房屋租赁纠纷"等，这是对诉讼内容的高度概括。

2. **诉讼请求**

诉讼请求是原告向法院告状的目的所在，写明原告在诉讼中提出的请求人民法院依法解决的有关经济纠纷问题的具体事项，如赔偿损失、清偿债务、履行合同、归还产权等。诉讼请求事项应当写得明确、具体，切忌笼统、含糊；提出要求要合法、合情、合理。

3. **事实和理由**

事实与理由是经济纠纷起诉状的主体部分，是人民法院裁判量刑和解决纠纷的重要依据，故须交代清楚。这部分内容包括事实、证据和理由，一般要分开叙写。

（1）纠纷事实部分。是提出诉讼请求的事实根据。应写明原告、被告民事法律关系存在的具体事实，以及当事人双方权益争执的具体内容，包括时间、地点、涉及的人物、起因、发展过程、造成的结局；当事人双方争议的关键和主要分歧等。叙述事实一般以时间为顺序，突出主要情节和关键部分。叙述事实应实事求是，原告如在争执中也有一定责任时，也应客观写出。

（2）证据。是证明案件事实的真实性、可靠性的依据，是人民法院审理案件时认定事实的基础。原告对自己所提起诉讼的案件，负有举证责任。证据主要包括：书证、物证、证人证言、视听材料等。列写证据应当注意：第一，证据的名称应当规范，必须符合法律规定；第二，不仅要写明证据的名称，还要写明证据的来源；第三，涉及证人证言的，应当写明证人的姓名、职业、单位、住址等。

（3）理由部分。是根据民事权益争执的所叙事实和所列证据，分析被告人违约或侵权行为的性质、造成的后果以及应承担的责任。在叙述理由时要以法律规定为诉讼请求依据，恰当地援引法律条款。在叙述事实阐明理由之后，常用"综上所述，原告人×××请法院依法判决"收束正文。

（四）**尾部**

尾部包括呈文对象、具状人签名并盖章、具状时间和附项。

（1）呈文对象。即起诉状致送的人民法院名称，用"此致××人民法院"句式表示。位于正文下一行，且"××人民法院"要顶格书写。

（2）具状人签名盖章要写明单位名称并加盖公章或个人姓名并签字盖章。如请人代写，应在起诉人之下写明代书人的姓名、职务，如"代书人：××律师事务所律师×××"。

（3）具状时间在具状人下一行，要写全年月日。

（4）附项。附项是交代起诉的补充材料的，在落款下一行空两格写明"附"字，按顺序依次列出：本状副本×份、物证×件、书证×件。必要时，此处还要列出出证人的姓名、住址等。

三、经济纠纷起诉状的写作要求

（1）诉讼请求应明确、具体；请求应合情合理，切实可行。

（2）诉讼事实要真实可靠，并且应以双方争议的焦点和实质性的分歧为重点，事态过程应概述，与争议或纠纷无关的情节不要写。

（3）诉讼理由要有法律依据。必须依照法律和政策的有关规定，而且援引法律条款和政策条文时要具体明确，不能断章取义。

（4）诉讼证据要确凿无误。无论是物证、书证和其他证明材料，都要在认真查对后使用。

（5）行文简明，层次清楚，语言表达得体，遣词造句准确，特别是专门的法律术语有固定的解释，在使用时应恰如其分。

【例文 8 –1】

经济纠纷起诉状

原告：××市房屋开发有限公司

地址：××市××街××号

法定代表人：×××　　　职务：董事长

被告：××市钢铁公司

地址：××市××街××号

法定代表人：×××　　　职务：董事长

请求事项：

1. 要求被告立即返还货款拾捌万元。

2. 要求被告赔偿上述款项银行利息（从收款之日起到实际返还全部货款日止计算）。

3. 由被告承担本案诉讼费。

事实和理由：

原告因建筑施工急需，于 2010 年 10 月 15 日与被告在××厂签订一份购销合同，由被告向原告提供 60 吨×型钢筋，总计价款人民币 180000 元。按照合同规定，2010 年 10 月 30 日原告已将全部货款汇入被告账户，可是被告不仅没有按合同约定在 2010 年 12 月底全部交清钢筋，而且原告至今仍未收到被告的任何货物。

本着友好协商的原则，原告没有强行要求被告履约，只提出将 180000 元货款如数退还原告。经过三次交涉，被告表示承诺退款，但却以签约经办人现在押为由一再推脱，时至今日仍分文未还。

　　原告认为，被告对货款拖而不付，实属不法行为。不仅使原告工程受到影响，还造成原告经济损失，已令人无法忍受。为此，根据我国《民法通则》第 84 条、第 106 条、第 112 条之规定，特向人民法院提起诉讼，请求予以依法裁决，以维护社会主义市场经济秩序、维护原告的合法民事权益。

　　此致
××人民法院

具状人：××市房屋开发有限公司

法定代表人：×××（签章）

二〇一一年×月×日

　　附：1. 本状副本×份

　　　　2. 购销合同书 1 份

　　　　3. 汇款收据 1 份

第三节　经济纠纷上诉状

　　经济纠纷上诉状是指经济纠纷诉讼当事人或其法人代表不服地方人民法院第一审的判决或裁定，依照法定程序，在法定的上诉期限内向上一级人民法院提出上诉，请求撤销、变更原审裁判或重新审理而提交的一种诉讼文书。

一、经济纠纷上诉状的特点

　　经济纠纷上诉状是上诉人提起上诉的法定形式，也是第二审人民法院接受上诉请求的依据，具体特点如下：

（一）明确的针对性

　　上诉状是因不服法院的第一审裁决而写的，因此要明确提出上诉人认为一审裁决的错误或不当之处作为上诉的理由。

（二）使用的特定性

　　上诉状的提出者必须是一审程序中的当事人或其诉讼权利承担人、法定代表人、特别授权委托代理人。

（三）法定的时限性

　　上诉的时间有严格限制。在经济纠纷诉讼中，不服判决的上诉期限为 15 日，不服裁定的上诉期限为 10 日。

二、经济纠纷上诉状的结构与写法

　　经济纠纷上诉状一般由标题、首部、正文、尾部四部分组成。

（一）标题

　　标题一般标明文书的性质和文种，如"经济纠纷上诉状"或"经济纠纷上诉书"；也可以直接写文种，如"上诉状"。

（二）首部

首部写明当事人的基本情况。

当事人基本情况的写法与起诉状中当事人基本情况的要求相同，是指分别写明上诉人和被上诉人的姓名、性别、出生年月日、民族、职业、工作单位和职务、住地等，但在上诉人和被上诉人后面要分别用括号注明他们在原审中的地位。如上诉人（原审原告）×××、被上诉人（原审被告）×××。如果有第三人，应写明第三人的基本情况；如果当事者是法人或其他组织，应写明法人或其他组织的基本情况，如名称、所在地址、法定代表人（或主要负责人）的姓名和职务；如果委托律师代理诉讼，应在上诉人基本情况后或上诉人的法定代理人基本情况后写明律师姓名及律师所在的律师事务所名称。

（三）正文

正文包括案由、上诉请求和上诉理由三部分。

1. 案由

写明上诉的原因，即不服一审法院判决或裁定的缘由。一般由固定格式文字组成的，内容包括罪名、原审人民法院名称、判决或裁定的时间、文书名称、编号以及上诉表述等。具体表述为："上诉人因××（案由）一案，不服××人民法院于××××年×月×日×字第×号的判决（或裁定），现提出上诉，上诉的请求和理由如下……"

2. 上诉请求

上诉请求是提起诉讼的目的要求，上诉人认为原审判决或裁定有什么不当、错误或不合理、不合法之处，应明确、具体写出上诉人请求二审人民法院依法撤销或者变更原审裁判，以及如何解决本案经济纠纷争议的具体要求。如"请求撤销××人民法院于×年×月×日〔×〕×字第×号×民事判决，判决被上诉人……"

3. 上诉理由

上诉理由是上诉人提起上诉请求的根据，这是上诉状的核心内容，也是上诉成败的关键。其主要功能是根据事实和法律，针对原审判定或裁决的不当之处，进行有理有据的分析与反驳，从而达到全部或部分推翻裁决的目的。上诉理由的论述，主要是针对原审判决，而不是像起诉书那样完全针对当事人的无理之处，这是两者之间的根本区别。

上诉理由应当先用概括的语言指出一审裁判的错误，然后进行反驳。原审裁判有数项错误的，可以总体指出错误，然后逐项予以反驳；也可以指出一项错误后即予反驳。一般来说，对一审判决的异议可从以下几方面进行论述：第一，针对原审认定事实的错误进行论证；第二，针对原审适用法律的错误进行论证；第三，针对原审违反法定程序进行论证。

（四）尾部

尾部包括呈文对象、具状人签名并盖章、具状时间和附项。

（1）呈文对象。即上诉状致送的人民法院名称，用"此致××人民法院"句式表示。位于正文下一行，且"××人民法院"要顶格书写。

（2）具状人签名盖章要写明单位名称并加盖公章或个人姓名并签字盖章。如请人代写，应在上诉人之下写明代书人的姓名、职务，如"代书人：××律师事务所律师×××"。

（3）具状时间在具状人下一行，要写全年月日。

（4）附项。附项是交代上诉的补充材料的，在落款下一行空两格写明"附"字，按顺序依次列出：本状副本×份、物证×件、书证×件。必要时，此处还要列出出证人的姓名、住址等。

三、经济纠纷上诉状的写作要求

（一）抓住关键，有的放矢

上诉状主要应针对一审判决书或裁定书中在认定事实、判断定性、适用法律及法律程序等方面的错误或不当提出不服的理由，而不是针对对方当事人。

（二）引述原判，方法适当

上诉理由的写法类似于反驳性文章，一般先将原判的错误或不当之处写出来，再加以反驳。引述原判的内容，根据具体需要，可引用一审判决书或裁定书的原文，也可以用归纳、概况方式，引述一审判决书或裁定书的大意。

【例文 8-2】

经济纠纷上诉状

上诉人（原审被告）：××市××县××乡××村民委员会。

代表人：李××，男，42岁，汉族，××市××县××乡××村村民，住××村×街×号。

被上诉人（原审原告）：王××，男，35岁，汉族，××市××县××村农民，住××村××街×号。

上诉人因王××诉××市××县××乡××村民委员会果园承包合同纠纷一案，不服××市××县人民法院一九八九年六月十二日〔1989〕经字第 182 号判决，现提出上诉。上诉的请求和理由如下：

一、一审法院认定事实有误。一审法院在判决书中称村民委员会"单方面终止合同"，这与事实不相符。一九八二年，我村民委员会与王××签订的果园承包合同，曾明确规定"承包期间如遇特殊情况，经双方协商，可以变更或解除合同"。一九九七年因干旱，收成不好，被上诉人欲自行终止承包合同，后来村民委员会与其协商，减了他当年承包的百分之三十，他才又继续承包。村民委员会就是根据合同上述规定才这么做的。从一九八八年开始，苹果等价格上调幅度较大，果树也进入生产旺期，产量逐年增加，王××的实际收入是原先的两倍还多。群众纷纷反映承包费偏低，应增加王××的承包费，经村民大会讨论一致通过，一九八九年至一九九二年增加王××百分之二十的承包费。与王××协商时，王××不同意增加承包费。在承包费明显偏低，村民委员会又与被上诉人就增加承包费这一问题协商不成的情况下，村民委员会才做出"王××增加百分之二十承包费，方可继续承包"的决定，同时声明在增加百分之二十承包费的前提下，仍优先承包给被上诉人。并不是一审法院所认定的我村民委员会"单方面终止合同"。

二、一审法院判决我村民委员会支付被上诉人一千二百元违约金缺乏依据，由于我村民委员会不存在违约的问题，所以让我们承担违约金是缺乏事实根据和法律依据的。

三、一审判决没能有效地保护集体利益。一审法院判决原合同有效，双方继续按原合同履行。这一判决是不合理的，也是与法律相悖的。合同规定"承包期限自一九八二年起至一九九二年止"。承包人王××每年向村民委员会"交纳承包费一万二千元"。因为当时果树产量尚低，果价亦较低，所以承包费也定得较低，考虑到产量受气候等自然条件影响较大，及市场价格变动等因素，特别在合同中规定："承包人在承包期间如遇特殊情况，经双方协商，可变更或解除合同。"正是为了保护双方利益才做上述规定的。现在果树已进入生产旺期，而价格已趋稳定，如果继续按原合同规定的承包费履行，那合同就显失公平了，集体利益就得不到有效的保护。我村民委员会与被上诉人王××协商增加承包费的百分之二十，就是为了维护集体的合法利益，根据合同"承包期间，如遇特殊情况，经双方协商可变更或解除合同"的规定而为的。现在，有的村民提出在增加承包费百分之五十的条件下承包果园，在这种情况下，一审法院判决双方仍按原合同履行，就没能有效地保护集体利益，与实际相脱离，与法律相悖。

综上所述，一审法院在认定事实和适用法律上均有不当之处，为维护集体组织的合法权益，保证法律的准确适用，特上诉你院。请重新审理，撤销原判，给予公正判决。

此致
××县人民法院转送
××市中级人民法院

上诉人：××村民委员会（盖章）

县法律顾问处律师××代书

第四节　经济纠纷申诉状

经济纠纷申诉状是指经济纠纷当事人及其法定代理人对已经发生法律效力的判决、裁定，认为确有错误表示不服，按照审判监督程序提出申诉，向人民法院或人民检察院提出申请复查纠正或重新审理案件的一种书状。

一、经济纠纷申诉状的特点

（一）申诉状的提出不受时间的限制

不论有关的裁决是否经过上诉，也不论这些裁决是否已经执行完毕，只要是针对已经发生法律效力的判决裁定中的错误，都可提交申诉状。

（二）申诉期间不停止原裁决的执行

申诉状的提出并不能停止判决、裁定的执行。

（三）申诉状只能是引起审判监督程序的主要参考材料

申诉状是申诉人维护自己的合法权益的一种补救性文书，但申诉状的提出并不一定引起审判监督程序的发生，它只能作为主要参考材料，而不能作为引起法律审判监督程序的主要依据。

二、经济纠纷申诉状和经济纠纷上诉状的区别

经济纠纷申诉状与经济纠纷上诉状同属于认为原判决或裁定有错误而要求依法重新处理的诉讼文书，但二者有以下明显的区别：

（一）制作主体不同

经济纠纷申诉状的制作主体可以是自诉案件的当事人、公诉案件的被害人及其法定代理人，也可以是案件的利害关系人（含有独立请求权的第三人或无独立请求权的第三人）；经济纠纷上诉状的制作主体是当事人或授权上诉的代理人，或者有独立请求权的第三人，范围相对较小。

（二）针对对象不同

经济纠纷申诉状是针对已发生法律效力的判决或裁定，包括二审终结的甚至已经执行完毕的判决、裁定；经济纠纷上诉状只限于尚未发生法律效力的第一审判决或裁定。

（三）呈送的对象不同

经济纠纷上诉状只能向原审人民法院的上一级人民法院呈送（可通过原审人民法院转送）；而经济纠纷申诉状既可向原审人民法院呈送，也可向上一级人民法院呈送，还可提交人民检察院。

（四）受理与否不同

经济纠纷申诉状递交后法院是否受理，取决于法院的复查结果，只有在复查后认定原判决、裁定确有错误时，才能引起审判监督程序的发生；而经济纠纷上诉状

递交后则必然会引起上诉审判程序。

（五）受理期限不同

经济纠纷上诉状必须在规定的上诉期限内提交才具有法律效力，超过期限则无效；经济纠纷申诉状的撰写和提交没有时间限制，只要认为已发生法律效力的判决或裁定有错误，就可以提起申诉。

三、经济纠纷申诉状的结构与写法

经济纠纷申诉状的结构包括标题、首部、正文和尾部。

（一）标题

标题标明文书性质和文种，如"经济纠纷申诉状"或"经济纠纷申诉书"；也可以只标明文种，如"申诉状"。

（二）首部

首部写当事人的基本情况。申诉人是公民的，写明姓名、性别、年龄、民族、籍贯、职业、单位、住址等；申诉人是法人或其他组织的，写明单位名称、所在地址、法定代表人或代表人的姓名、职务。

（三）正文

正文包括案由、事实和理由、申诉请求三部分。

1. 案由

写明申诉人不服原审裁决的事由，包括原处理机关名称、处理时间、处理文件的名称与编号以及提出申诉的意愿等内容。具体表述为："申诉人×××因××一案，不服×××人民法院〔×〕×字第××号刑（民）事判决（裁定），特提出申诉"。

2. 事实和理由

这是申诉状的关键部分。可以从以下几个方面有选择地阐明申诉理由：或者指出原审认定事实有误，或者提供新发现的事实和证据，或者提出原审裁决适用法律不当，或者指出原审过程违反诉讼程序。

3. 申诉请求

即申诉目的，明确提出是要求撤销原判，变更原判，还是要求重新审判，以纠正原判中的不当之处。一般常用"为此，特向你院申诉，请求依法撤销（变更）原判决（或裁定），予以改判（或重新审理）"来收束正文。

（四）尾部

尾部包括呈文对象、具状人签章、具状日期、附项。

1. 呈文对象

经济纠纷申诉状呈递的人民法院名称，用"此致××人民法院"、"此致××人民检察院"、"此致××人民法院（原审法院）转送××人民法院（上一级人民法院）"等句式表示。位于正文下一行，且"××人民法院"要顶格写。

2. 具状人签章

由申诉人在落款处签名盖章。如果仅委托申诉人代书经济纠纷申诉状，可在最后写上代书律师的姓名及其所在律师事务所名称。

3. 具状时间

应在具状人下一行写全年月日。

4. 附项

是提交原审判决书或裁定书复印件等相关证明材料。一般是在具状时间下一行空两格写"附"字，按顺序依次列出：本状副本×份、物证×件、书证×件。必要时，此处还要列出出证人的姓名、住址等。

四、经济纠纷申诉状的写作要求

（一）叙事清楚，注意新证

要想达到申诉的目的，关键是要引起人民法院的重视，才能进行重新审理。因此，在制作经济纠纷申诉状时，应特别注意将申诉的事实与原裁判对事实的认定和处理加以对照，叙写清楚。尤其要特别注意使用新的事实和证据，因为新证可能全部或部分地推翻、改变已经产生法律效力的裁判。

（二）驳证结合，依法行文

辩驳方法是经济纠纷申诉状中最常用、最有效的方法。它往往结合论证方法，以事实和法律为依据，抓住原审判决、裁定中的关键性错误，如抓住认定事实的主要证据不足，适用法律不当，违反法定程序，审判人员在审理该案件时有贪污受贿、徇私舞弊、枉法裁判行为等问题不放，有理有据地进行申辩，以使得自身的合法权益得到保障。

【例文 8 - 3】

经济纠纷申诉状

申诉人（原审被告）：××市××商场

地址：××市××路××号

法定代表人：李××　职务：经理　电话：××××××

被申诉人（原审原告）：××市××鞋业有限公司

地址：××市××路××号

法定代表人：王××　职务：董事长　电话：××××××

申诉人因货款纠纷一案不服××市××区人民法院法经裁字〔2004〕12 号民事裁定，认为该裁定书认定事实不准，裁定不公，特提起申诉。

申诉请求：请求××市人民法院依法受理申诉人与××鞋业有限公司因货款纠纷致使申请人遭受经济损失一案，要求撤销原判，重新审理，做出合法、合理、公正判决。

事实和理由如下：

申诉人与被申诉人于 2003 年 3 月 12 日签订了两份购销合同：一份是申诉人向被申诉人订购各款女式皮凉鞋 600 双；另一份是订购各款女式皮夹克 500 件。合同约定女式皮凉鞋要在 2003 年 4 月 25 日前发至××市，女式皮夹克要在 2003 年 9 月 25 日前发至××市。

但被上诉人对上述两大类商品均未按协议约定时间发货至××市，其中，女式凉鞋于 7 月 26 日才到，拖延时间长达三个月之久，早已过了销售旺季，成了积压商品；女式皮夹克发到××市已是 2004 年 1 月 30 日。至今两类商品中尚有女式皮凉鞋 352 双、女式皮夹克 296 件积压在库房卖不出去，共折合人民币 6900 余元。这种状况不仅影响了商场资金的周转，也给商场的经济效益带来很大损失。

申诉人为顾全彼此之间的同业关系，曾于 2004 年 5 月 18 日出具《经济纠纷答辩状》，详细说明了拖延货款的原因并主动提出偿还货款的计划。

不料，贵法院在未进行调查研究的情况下，不仅没有及时追究被申诉人的违约责任，竟然判令"……依法采取诉讼保全措施……冻结我商场在××市××区××银行的存款 10 万元"。这个判决是不公平的。申诉人重申：仍然按照 2004 年 5 月 18 日提出的还款计划执行。对于目前库存积压的商品，积极采取按惯例削价处理措施，将实收货款付给被申诉人；或将积压商品退回被申诉人，退回途中发生的运杂费，可由申诉人负担。

鉴于上述事实和理由，申诉人请求××市人民法院依法重新开庭审理，以保护公民的合法权益。

此致
××市人民法院

申诉人：××市××商场（公章）

法定代表人：×××（签章）

二〇〇四年××月××日

附：1. 本申诉状副本×份

　　2. 原审裁定书复印件×份

　　3. 书证×份

第五节　经济纠纷答辩状

经济纠纷答辩状是经济纠纷诉讼中的被告或被上诉人针对原告提出的诉讼请求或上诉人提出的上诉请求在应诉时作出答复，并依据事实与理由进行答复和辩解的法律文书。

答辩是应诉行为，是法律赋予被告人、被上诉人和被申诉人的诉讼权利。经济纠纷答辩状是与经济纠纷起诉状、经济纠纷上诉状、经济纠纷申诉状相对应的法律文书。从诉讼程序看，答辩状可分为一审答辩状和上诉二审答辩状。一审答辩状是被告对原告的起诉状予以答复和辩驳的书面文书。上诉二审答辩状是被上诉人针对上诉人的上诉状进行答辩和辩驳的书面文书。

《民事诉讼法》第113条规定："人民法院应当在立案之日起五日内将起诉状副本发送被告，被告在收到之日起十五日内提出答辩状。"第150条规定："原审人民法院收到上诉状，应当在五日内将上诉状副本送达对方当事人，对方当事人在收到之日起十五日内提出答辩状。"可见，不论是对起诉的答辩，还是对上诉状的答辩，都须在收到之日起15日内提出。在答辩中，提出答辩的一方称为答辩人，另一方称为被答辩人。

一、经济纠纷答辩状的特点

简单而言，经济纠纷答辩状有以下两个特点：

（一）答复性

答辩状的提出是一种应诉的法律行为。诉讼程序的发生是原告人或上诉人引起的，原告人或上诉人在诉状或上诉状中对被告人进行指控，为维护自身权益，被告人或被上诉人就要对这种指控进行回答，因此，答辩状的答复性特点是很明显的。

（二）论辩性

起诉状或上诉状提出原告人或上诉人的诉讼请求，并为证明请求的合理性和合法性陈述事实讲明理由。而起诉状和上诉状提出的请求，与被告人或被上诉人的切身利益相抵触，就要运用答辩状批驳对方，申诉自己的理由，以证明对方请求的荒谬性。这本身就是一种辩论，因此，答辩状具有鲜明的辩论色彩。

二、经济纠纷答辩状的结构与写法

经济纠纷答辩状由标题、首部、正文、尾部四部分组成。

（一）标题

标题写明文书性质和文种，如"经济纠纷答辩状"或"经济纠纷答辩书"；也可只写文种，如"答辩状"。

（二）首部

这部分具体写法与起诉状中的当事人基本情况的要求相同。需要注意的是，不同审级的答辩状，此栏目所写的要求不同：一审答辩状只写答辩人的个人基本情况，不写被答辩人；二审答辩状，除了写明答辩人的个人基本情况外，还应写明被答辩人的个人基本情况，并注明他们在原审中的诉讼地位。

（三）正文

这部分经济纠纷答辩状的核心内容，包括答辩案由、答辩事实及理由、答辩意见。

1. 答辩的案由

写明答辩人因××案进行答辩或反驳。对何时收到起诉状副本，可写可不写。一审答辩状写"因原告×××（姓名）诉答辩人×××（姓名）提起××（案由）诉讼一案，现提出答辩如下……"或写"答辩人于××××年×月×日收到×××人民法院送来被答辩人×××（姓名）经济纠纷起诉状副本一份，现答辩如下：……"二审答辩状写"因×××（姓名）诉答辩人（姓名）××（案由）一案，现就上诉状所列各点提出答辩如下：……"

2. 答辩的事实及理由

这是答辩状的关键部分，答辩人应针对原告或上诉人在起诉状或上诉状中所提出的诉讼请求，予以明确回答，同时清楚地阐明自己对案件所持的观点和理由。一般可以从以下几个方面入手：

（1）就事实部分进行答辩。即针对起诉状或上诉状中提出的违背客观实际的那些事实和证据，列举确凿证据，澄清事实，揭示真相。在具体写作时，一般可先概括或摘引对方原话，然后逐条据实答辩。如果所诉事实全部不能成立，就全部予以否定；部分不能成立，就部分予以否定。

（2）就适用法律方面进行答辩。一是如果事实有出入，当然就会引起适用法律上的改变，论证理由自然可以从简；二是如果事实没有出入，而原告对实体法条文理解错误，以致提出不合法的要求，则可据理反驳；三是在程序方面，如果原告起诉违反民事诉讼法的规定，没有具备引起诉讼发生和进行的条件，则可就适用程序法方面进行反驳。

3. 答辩意见

在充分阐明答辩理由的基础上，答辩人要明确提出自己的答辩意见。一般应归纳为：

（1）依据法律条文说明自己答辩理由的正确性。

（2）以确凿的事实和证据说明自己答辩的合理性。

（3）从答辩中摆出的事实出发，说明对方当事人提出起诉或上诉要求的不合理性。

（4）最后提出请求人民法院依法公正合理裁决。

（四）尾部

尾部包括呈文对象、具状人签章、具状时间和附项。

（1）呈文对象。呈递答辩状的人民法院的名称。用"此致××人民法院"句式表示。位于正文下一行，且"××人民法院"要顶格书写。

（2）具状人签名及盖章。

（3）具状时间。在具状人签章下方写全年月日。

（4）附项。附项是提交原审判决书或裁定书复印件等相关材料。在落款下一行空两格书写"附"字，按顺序依次列出：本状副本×份、物证×件、书证×件。必要时，此处还要列出出证人的姓名、住址等。

三、经济纠纷答辩状的写作要求

（一）要尊重客观事实

各类诉讼案件的案情往往较复杂，之所以诉诸法院，是因为争议分歧较大。因此，尊重纠纷的客观事实，如实地、全面地反映案情，是答辩人帮助法院分清是非曲直、依法断案的前提和基础。要用真相和事实来充分证明自己的答辩理由，而不是对事实隐瞒、掩饰或者歪曲，更不能无力诡辩。要切忌使用诬蔑、谩骂之类的语言对原告人或上诉人进行人身攻击。

（二）要有鲜明的针对性

被告或被上诉人在答辩状中，要特别注意原告或上诉人在起诉状或上诉状中提出的诉讼请求、事实、理由及根据，明确自己承认哪些、否认哪些、否认的理由和依据是什么，针对起诉状或上诉状中的无理之处进行辩驳，并提出自己的理由、证据及具体要求。写答辩状要避免离开起诉状或上诉状所提出的问题，不能按主观愿望写自己认为有用的东西，要切实保证答辩状的针对性。

（三）要紧扣争议的焦点来答辩

答辩状既然是针对起诉状或上诉状来回答的辩驳，就应当根据双方当事人在纠纷中的争议焦点，以事实和证据为根据，以法律为准绳，来反驳原告或上诉人关于实体权利的请求；而不能回避焦点，纠缠枝节，或面面俱到，不分巨细，赘述案情，不得要领。

【例文 8－4】

经济纠纷答辩状

答辩人：××市第××金属机械厂

住址地：××市××区××街××号，电话：×××××××，邮政编码：××××××。

法定代表人：金××，系本厂厂长。

委托代理人：吕××，男，1945 年出生，系本厂法律顾问，联系地址：××市××区××街××号。

被答辩人：××市××轻纺机械厂，厂址：××市××区××街××号。

法定代表人：安××，男，系该厂厂长。

案由：加工承揽合同纠纷。

答辩人现就××市××轻纺机械厂诉××市第××金属机械厂加工承揽合同纠纷一案，答辩如下：

2006 年 7 月 18 日，我厂与被答辩人签订了铝轴套的加工合同，并订有协议书。

合同规定，由被答辩人供应铸铝毛坯，由我厂按约加工，每件加工费用 1.20 元。我厂先后两次从被答辩人处取来铸铝毛坯 2800 件，加工后，交回成品 2300 件。交货时，被答辩人经过验质、核实数字后，已收受入库。20 天后，被答辩人却口头通知我厂，说明加工的零件全部不合格，要求我厂按协议赔偿。我厂曾要求被答辩人提出不合格的检验数据。例如：如果是尺寸超差，应指出超差的部分和测量的数据；如果是光洁度精度等级不合格，应提出具体部位，况且光洁度与材质有关，亦应提出零件材质物理及化学性能的分析报告。我厂将上述意见通知被答辩人后，被答辩人至今未提出任何数据和报告。所以，被答辩人只凭笼统的通知，就要求我厂赔偿，其理由是不充足的。我厂的要求是合理的，如果被答辩人能够提出所有技术数据报告，有充分理由说明他们的测量方法是正确的，测量数据是准确的，我们的材质是不符合国家标准的，有根据说明我厂违反合同规定的质量要求，那么，我厂愿按协议第 5 条规定，承担全部违约金，并予以赔偿。否则，我厂不能承担任何违约责任。相反，根据《经济合同法》第 35 条规定，被答辩人应承担我厂因中止合同而造成的全部损失××万元，并要求被答辩人继续履行合同。

此致
××市××区人民法院

答辩人：××市第××金属机械厂

法定代表人：金××（签章）

委托代理人：吕××（签章）

二〇〇六年三月十八日

【思考与练习】

一、填空题

1. _____是经济纠纷起诉状的主体部分，是人民法院裁判量刑和解决纠纷的重要依据。

2. 在经济纠纷诉讼中，不服判决的上诉期限为_____日，不服裁定的上诉期限为_____日。

3. 经济纠纷上诉状只能向原审人民法院的上一级人民法院呈送，而经济纠纷申诉状既可向原审法院呈送，也可向_____呈送，还可提交_____。

4.《民事诉讼法》第 113 条规定："人民法院应当在立案之日起五日内将起诉状副本发送被告，被告在收到之日起_____日内提出答辩状。"

5. 答辩状是与_____或_____相对应的一种诉讼文书。

二、选择题

1. （　　）是发动整个经济纠纷诉讼程序的第一步。

   A. 经济纠纷起诉状　　　　　B. 经济纠纷申诉状

   C. 经济纠纷上诉状　　　　　D. 经济纠纷答辩状

2. 经济纠纷上诉状的正文应该包括（　　）三部分。

   A. 当事人基本情况　　B. 案由　　　　　C. 上诉请求　　D. 上诉理由

3. 上诉请求是针对（　　）的判决和裁定而提出的。

   A. 被上诉人　　　　　B. 第一审人民法院　　C. 上诉人　　　D. 人民检察院

4. 申诉状中的申诉理由，一般采用证明法和（　　）。

   A. 反驳　　　　　　B. 推理　　　　　C. 说明　　　D. 论证

三、材料写作题

1. 根据下列案情介绍，拟写一篇起诉状。

2008 年 3 月 15 日，××市东方家园建材有限公司（公司所在地：××市黄河路 66 号；法定代表人：朱德发）与××市红太阳建筑工程有限公司（公司所在地：××市山屏街 23 号；法定代表人：吴义清）签订了一份《钢材购销合同》。合同约定：东方家园建材有限公司向红太阳建筑工程有限公司购买价值 356000 元的各种钢材，2008 年 3 月 25 日由红太阳建筑工程有限公司到东方家园处提货，运费由其负担；红太阳建筑工程有限公司分两次付款，首次付 250000 元，余款在 2008 年 5 月 30 日前付清，逾期按月息 1% 支付逾期付款利息。结果，红太阳建筑工程有限公司按约定提走了货，并支付了第一笔款，但是余款 106000 元一直拖而不付，多次催缴无效后，××市东方家园建材有限公司把红太阳建筑工程有限公司告上了法庭，要求对方支付余款以及逾期付款利息。

请你代××市东方家园建材有限公司拟写起诉状。

2. 根据下列材料拟写答辩状。

大众电子元件厂与东盛公司订了加工承揽合同，双方约定：由大众电子元件厂为东盛公司加工装配吸尘器的电子元件，材料由东盛公司来提供，大众电子元件厂在规定的期限内交货。但是，东盛公司的原材料晚于合同规定的时间提供，且不是一次性提供，而是陆续送到。再加上大众电子元件厂的实际情况是：厂子规模小，必须充分发挥加工电子元件设备机器的利用率，只好在东盛公司的原材料断货后接其他单位的活。而其他单位的订货上机之后，又不能中间停顿，待完成部分成品后，方能再上东盛公司的加工产品。因此，大众电子元件厂交货的时间迟于合同规定的时间两周。现在东盛公司就大众电子元件厂交付延迟提起诉讼，要求追究其违约责任。

大众电子元件厂现欲提交答辩状。请你代为拟写一篇答辩状。

第九章　日常交际文书

第一节　日常交际文书概述

日常交际文书是服务日常生活的工具，它在当今的日常活动中发挥着不可轻视的作用。正确地理解、合理地运用各种日常交际文书，可以有效地发挥这些文书在处理日常事务中所起到的信息交换和信息传递作用。

在人们的日常生活中，日常交际文书是最基本、最广泛的实用文体。日常交际文书包括的分类很多，主要有感谢信、介绍信、证明信、开幕词、闭幕词、演讲稿、海报、声明、启事、招聘书、应聘书等。日常交际文书不受职业限制，几乎各行各业的人都要用到它，应用面极为广泛，因而我们必须掌握这种文体。

在现今社会的交际中，日常交际文书有着不可替代的重要作用。第一，日常交际文书可以起到传递信息的作用。日常交际文书是信息的载体，人们在传递信息的时候，常常会利用感谢信、介绍信、证明信、演讲稿等常用交际文体。这种生活化、情感化的文体所承担的传递信息和表示交际的功能是其他各种文书形式所不能取代的。第二，日常交际文书可以起到交流感情的作用。在日常的来往过程中，往往会遇到人员交流的问题，日常交际文书中的礼仪文书能够很好地解决这类问题，保证日常活动的正常运行。通过日常交际文书来传递彼此间的思想和感情，增进双方的进一步了解和信任，以一种友善的方式来建立双方的良好关系。第三，日常交际文书可以起到告知事项的作用。海报、声明、启事和招聘书都具有告知事项的功能，海报、声明、启事可将多彩的内容以多样的形式广而告之，招聘书可将单位的招聘岗位、招聘标准等信息公之于众。

日常交际文书具有的特点可以概括为：适用广泛、对象明确，约定俗成、格式固定，内容真实、实事求是，讲究时效、重视办理，形式严肃、风格独特。

本章所要介绍的日常交际文书主要有四类：书信类文书，演讲稿，海报、声明、启事，招聘书、应聘书。

第二节　书信类文书

书信类文书是指人们在各种社会交往、礼仪活动过程中经常使用的书信，常见的有介绍信、证明信、请柬、聘书、开幕词和闭幕词等。

一、感谢信

感谢信是得到某人或某单位的帮助、支持或关心后答谢别人的书信。感谢信对于弘扬正气、树立良好的社会风尚，促进社会主义精神文明建设有着重要意义。根据寄送对象的不同，感谢信可以分为三种：一种是直接寄送给感谢对象，一种是寄送对方所在单位有关部门或在其单位公开张贴，还有一种是寄送给广播电台、电视台、报社、杂志社等媒体公开播发。

（一）感谢信的分类

1. 按感谢对象的特点来分

（1）写给集体的感谢信。这类感谢信，一般是个人处于困境时，得到了集体的帮助，并在集体的关心和支持下，自己最终克服了困难，渡过了难关，摆脱了困境，所以要用感谢信的方式表达自己的感激之情。

（2）写给个人的感谢信。这类感谢信，可以是个人也可以是单位也可以是集体，为了感谢某个人曾经给予的帮助或照顾而写的。

2. 按感谢信的存在形式来分

（1）公开张贴的感谢信。这种感谢信包括可在报社登报、电台广播或电视台播报的感谢信，是一种可以公开张贴的感谢信。

（2）寄给单位、集体或个人的感谢信。这种感谢信直接寄给单位、集体或个人。

（二）感谢信的特点

1. 感谢对象要明确

感谢信都有确切的感谢对象，以便让大家都清楚是在感谢谁。

2. 表述事实要具体

感谢别人是有具体的事由的，否则就会显得抽象空洞。

3. 感情色彩要鲜明

感动和致谢的色彩强烈鲜明，言语里充满感激之情。

（三）感谢信的结构与写法

感谢信的结构一般由标题、称谓、正文、结语、署名与日期五部分构成。

1. 标题

可只写"感谢信"三字；也可加上感谢对象，如"致张××同学的感谢信"、"致平安物业公司的感谢信"；还可再加上感谢者，如"赵宇全家致××社区居委会的感谢信"。

2. 称谓

写感谢对象的单位名称或个人姓名，如"××交警大队"、"刘××同志"。

3. 正文

主要写两层意思：一是写感谢对方的理由，二是直接表达感谢之意。

（1）感谢理由。首先准确、具体、生动地叙述对方的帮助，交代清楚人物、时间、地点、事迹、过程、结果等基本情况；然后在叙事基础上对对方的帮助作恰当、诚恳的评价，以揭示其精神实质、肯定对方的行为。在叙述和评价的字里行间要自然渗透感激之情。

（2）表达谢意。在叙事和评论的基础上直接对对方表达感谢之意，根据情况也可在表达谢意之后表示以实际行动向对方学习的态度。

4. 结语

一般用"此致敬礼"或"再次表示诚挚的感谢"之类的话，也可自然结束正文，不写结语。

5. 署名与日期

写感谢者的单位名称或个人姓名和写信的时间。

（四）感谢信写作的注意事项

（1）叙述对方对自己或本单位的帮助，一定要把人物、时间、地点、原因、结果以及事情经过叙述清楚，便于组织了解和群众学习。

（2）信中要洋溢着感激之情。在叙述事实的过程中，除了要突出对方的好思想和表示谢意外，行文要始终饱含着感情。这感情要真挚、热烈，使所有看到信的人都受到感染。

（3）感谢信用语要适度，叙事要精练。感谢信的用语要求是精练、简洁，遣词造句要把握好一个度，不可过分雕饰，否则会给人一种不真实、虚伪的感觉。

（4）感谢信以说明事实为主，切勿不着边际地大发议论。内容要真实，评誉要恰当。感谢信的内容必须真实，确有其事，不可夸大溢美。感谢信以感谢为主，兼有表扬，所以表达谢意时要真诚，说到做到。评誉对方时要恰当，不能过于拔高，以免给人一种失真的印象。

【例文 9 –1】

教师感谢信

尊敬的老师们：

今天我们就要毕业了，感谢你们在四年大学学习和生活中孜孜不倦的关爱和循循善诱的教导，我们感谢你们，我们敬重你们，你们是我们最好的导师，你们也是我们最好的朋友。有你们这样一批尽心尽职的教师，农大的前途一定会更加辉煌鼎盛。在农大生活的四年，学校老师耐心细致的关怀和指导，让我们具备了扎实的科学文化知识，为我们打开了科学探索的大门，使我们成为今后可以在社会上独当一面的人才，这对我们而言是何等贵重的一笔财富！而今，毕业在即的我们，手捧这无形却沉甸甸的收获，感激之情难以言说。毕业在即，我们不禁泪流满面，告别教育我们成才的母校，我们将担负起天下的兴亡，踏上社会的征途，我们无法舍弃这四年如歌如血的情怀，我们也无法忘记这四年难舍难分的记忆，中国农大是我们永远的光荣，中国农大是我们永远的骄傲！感谢我们的母亲：中国农业大学！

感谢教导我们的全校老师！

电子001班全体同学

二〇一〇年六月十五日

二、介绍信

介绍信是国家机关、社会团体、企事业单位派人员到其他单位联系工作、了解情况或参加有关活动时，由派出人员随身携带的专用信函，具有介绍和证明的双重作用。

（一）介绍信的分类

按照介绍信的使用情况，可以将其分为三种类型：

（1）用一般公文纸书写的介绍信。

（2）印刷成文、不留存根的介绍信。

（3）印刷成文、留有存根的介绍信。

（二）介绍信的特点

一般来讲，介绍信具有以下几个特点。

1. 证明的特性

介绍信是机关团体必备的具有介绍、证明作用的书信。持介绍信的人，可以凭借此信同有关单位或个人联系，商量洽谈一些具体事宜，而收看介绍信的一方则可以从对方的介绍信中了解来人的职业、身份、要办的事情、要见的人、有什么希望和要求等。介绍信是联结双方关系的一个桥梁，其目的在于证明来人的身份，以便防止假冒。

2. 时效的特性

介绍信就相当于一个在一定时间内的有效证件，它可以帮助对方了解你的身份、来历，同时也赋予了你一定的责任和权利，所以介绍信一般都开列出一定的时日期限，这是一种在限期内才具备有用性的专用文书。

（三）介绍信的作用

（1）介绍信主要用于联系工作、洽谈业务、参加会议、了解情况时的自我说明。

（2）对于持信人而言，介绍信具有介绍、证明双重作用。

（四）介绍信的结构与写法

1. 用一般公文纸书写的介绍信

（1）标题。在第一行居中用较大字体写上"介绍信"三个字。

（2）称谓。顶格写收信单位名称或收信人姓名，要写全称；若属单位领导，还应写明其职务。名称或姓名后加冒号。

（3）正文。另起一行空两格写介绍信的内容：介绍持信人的姓名、身份、随行人数。随行人数的数字要大写。必要时还应注明被介绍者的政治面貌、职务、级别等，以便于对方接待；介绍要接洽的具体事宜及对收信者的要求。这部分要写得具体周全、简明扼要。最后以书信体的"此致敬礼"作结束语。

（4）落款。在正文的右下方写上出具介绍信的单位名称和日期，并加盖公章。

2. 印刷成文、不留存根的介绍信

（1）第一行的正中印有"介绍信"的字样。

（2）称谓、正文、结束语、落款均按一定的格式印好，只需在相应的空白处填写清楚有关的内容即可。

3. 印刷成文、留有存根的介绍信

这种介绍信，由"存根"、"间缝"、"本文"三部分组成。

（1）介绍信存根部分的右下方印有"××字××号"（例：党字05号）。

（2）介绍信存根部分的正文，按其格式将内容填入相应空白处即可。

（3）介绍信存根部分的落款，只署日期即可，不必署名，因为存根是仅供本单位查考的。

（4）介绍信的间缝部分。存根与介绍信本文之间，有一条虚线，虚线上印有"××字××号"字样，依照存根部分的有关内容填写，但数字要用大写的"壹贰叁"等写法，且字体要大些，以便于裁开后各留一半字迹。在虚线正中要加盖公章。

（5）介绍信本文部分中的"××字××号"要与存根相同。第三行要顶格写上收信单位的名称，后加冒号。其余部分按格式将空白处的内容填写清楚即可。

（6）介绍信的有效期限。有效期限可视情况而定。

（五）介绍信写作的注意事项

（1）要填写持信人的真实姓名、身份，不得冒名顶替。

（2）接洽和联系的事项要写得简明扼要、一目了然。

（3）要经过领导过目或在存根上签字，以示慎重负责。

（4）重要的介绍信要留存根或底稿，内容要和介绍信本文完全一致，以备查考。

（5）书写要工整，不得涂改。若有涂改，涂改处必须加盖公章，否则，对方可以不予接待。

（六）介绍信使用情况

介绍信适用于单位与单位之间的工作来往所需，是一种较为正规的具有一定凭证作用的信件，主要适用于以下情况：

（1）学生到某单位实习或搞什么活动时，由所在院系开据介绍信。

（2）国家机关人员外出调查或前往其他单位商讨大事时要带上介绍信。

（3）一些商业单位在派人到别的单位推销宣传自己的产品时，也要带上介绍信。

（4）一些单位在同其他单位进行业务交流时，若派新手前往接洽，则须带上介绍信。

（5）推荐他人入学、为他人推荐工作或向他人求教问题而相互并不认识时，可写份介绍信。

【例文 9 - 2】

介绍信

×××厂：

　　兹介绍我厂技术科科长××同志（系中共党员）等×人，前往贵厂参加×××会议并联系×××等事宜，请接洽。

　　此致

敬礼

×××厂（印章）

××年××月××日

三、证明信

证明信是国家机关、社会团体、企事业单位或个人为证明有关人员的身份、经历及其与某事件的关系而出具的函件，它用可靠的材料表明或断定人或事物的真实性，证实和说明人和事物的具体表现或特性。证明信又称"证明"。

（一）证明信的分类

证明信有两种：一种是以组织名义发出的证明信，用来证明某人的身世、经历或某一事件的真相；另一种是以个人名义发出的，用来证明某人或某一事件的真相。以个人名义发出的证明信，证明人要对所证明的内容完全负责，除个人签名外，还须由证明人所在单位签署意见，以增强证明信的可靠性和严肃性。

（二）证明信的特点和作用

1. 凭证的特点

证明信的作用贵在证明，是持有者用以证明自己身份、经历或某事真实性的一种凭证，所以证明信的第一个特点就是它的凭证的特点。

2. 书信体的格式特点

证明信是一种专用书信，尽管证明信有好几种形式，但它的写法同书信的写法基本一致，它大部分采用书信体的格式。

证明信对了解和考察有关人员和事件的真实情况，有着重要的证明、参考作用。

（三）证明信的结构与写法

证明信虽有两种，但写法大致相同，一般由标题、称谓、正文、落款四部分组成。

1. 标题

在第一行居中以较大的字体写"证明信"三个字，或"关于×××同志××问题的证明"。

2. 称谓

顶格写上需要证明信的单位名称，后加冒号。

3. 正文

这是证明信的主体部分，要另起一行，空两格写明被证明人或事件的全部真实情况，内容要翔实，语言要准确肯定、简明扼要。正文之后常用"特此证明"作为结束语。

4. 落款

在正文右下方写上证明人（或单位）名称、日期，并加盖公章。

以个人名义出具的证明信，所在单位须签署意见，内容大致包括：

（1）对写证明人的客观评价，以便于对方了解此人的基本情况，由此判定证明材料的真伪和可信度。

（2）对证明信内容的态度，如不太熟悉，可注明"仅供参考"；签署意见后，要署上单位名称、日期，并加盖公章。

（四）证明信写作的注意事项

（1）实事求是。无论单位还是个人，所出具的证明信材料都必须客观、真实、可靠。

（2）措辞严谨。证明信的用词一定要准确严谨，避免歧义；态度要庄重严肃，语气要肯定，令人信服。

（3）最好留存底稿，以备查考。

【例文 9 - 3】

证明信

×× 局党委：

×××同志，男，现年××岁，××××年×月考入我校中文系，××××年×月毕业，由于档案丢失的原因，毕业时未能及时发给学位证书，现即将补发。特此证明。

　　此致

敬礼

　　　　　　　　　　　　　××大学校长×××（签名）

　　　　　　　　　　　　　××××年×月×日

四、请柬

　　请柬也称请帖、邀请书或感谢信，是邀请客人参加某项活动而发出的一种特殊的通知书。

（一）请柬的特点

1. 格式固定、篇幅短小

　　请柬格式固定，一般把称谓、时间、地点、活动内容和邀请语这几项固定内容依次写出即可。正是因为内容固定简洁，所以，请柬的篇幅比较短小。

2. 语言雅致、庄重

　　请柬是以书面形式发出邀请，所以在用词上比较讲究，在语言风格上追求文学的质朴典雅，又不失庄重。因为文雅、庄重的语言能表现出对对方的尊重，也体现出事情的严肃性。

3. 外形自由、款式精美

　　请柬一般都有经过艺术加工的外封皮。这些封皮，或用名家字画，或用烫金雕刻等。精美的请柬能让被邀请者感受到主人心情的愉快和邀请的热情真挚。

（二）请柬的作用

　　请柬可用于各种会议、庆典、仪式等活动中，使用方便又有礼貌。它既表示了对被邀请者的尊敬，又反映出了人的道德修养、审美意识和社会的文明程度。在日常生活中，它能维系人与人之间的感情，使人和人的感情更加融洽、和谐。

（三）请柬的结构与写法

　　请柬一般由标题、称谓、内容、致敬语、落款五部分组成。

1. 标题

　　双页请柬在封面写"请柬"两字，并可作艺术加工；单页请柬，"请柬"两字则书于首行，居中而置，字体略大于正文。

2. 称谓

　　在正文的顶格处写被邀请者的名称。被邀请者可以是个人，也可以是一个单位或集体。有些请柬则把被邀请者的名称放在最后一行，顶格写。

3. 内容

　　这一部分常用"兹定于"或"谨定于"等话语引出活动的时间、地点和活动的内容。

4. 致敬语

请柬结尾处，要用"恭请光临"、"顺致敬礼"、"敬请莅临指导"等敬语发出邀请。

5. 落款

写明邀请单位的名称或邀请人的姓名以及发出请柬的时间。以单位名义发出的请柬还要加盖公章。

（四）请柬的写作注意事项

1. 根据活动性质发送请柬

不是所用活动都可以用请柬邀请人的。如以下几种情况就不宜发送请柬：很普通的、经常性的、规律性的活动或聚会；十分严肃、郑重的活动，且又不是邀请对方作为客人出席的，如审判会、法院开庭、追悼会等。

2. 语言要谦逊、庄重而有蕴涵

请柬用语忌平淡、浮华，也不能一味堆砌辞藻或套用公式化语言。一定要有韵味、具有文字美感，这样能充分表现邀请者的热情与诚意。

3. 设计要有艺术性

请柬文面要整洁，文字要美观，在整体设计上要大方，富有艺术美感。

【例文 9 - 4】

请　柬

××同志：

为了纪念×××100周年，我市决定于××年×月×日至×日在本市举行学术研究讨论会。您对×××素有研究，我们很希望您能莅临指导。如蒙应允，请在×月×日前来我市报到。报道地点：××路×号

×××市文化局
××年××月××日

五、聘书

聘书，也叫聘请书，是聘请有关人员担任某种职务或参与、从事某项活动、工作时而发出的专用信件，是一种协议文书。用聘书的形式请人，一方面表示郑重其事，信任守约；另一方面可以增加受聘者的荣誉感和责任心。聘书记载了聘任双方的权利、责任，一经签发双方必须严格遵守。

随着社会的发展，聘任制越来越普遍。一般来讲，它既包括对本单位人员的聘任，比如大学教师的聘书，就是所在学校对任职教师的聘任文书；也包括聘请外单位人员任职或从事某项工作，如从外单位聘请大学教授等，都可以使用聘书。

（一）聘书的特点

1. 只用于工作过程中

与感谢信、慰问信、表扬信相比，聘书的使用范围要窄一些。它只用于工作当中，为解决工作问题而用。

2. 具有协商性

聘书一般是在聘请者与被聘请者协商一致以后才发文的，是对协定适宜的证明。

（二）聘书的作用

1. 推动工作的进程

聘书可以把人才和用人单位很好地联系起来，也可以加强不同单位之间的协作，做到相互支援、促进人才和技术交流，进而加快双方工作的速度。

2. 促进受聘者发挥才智

受聘者收到聘书，在心理上会有得到信任和尊重、受到重视的感觉，自信心随之增强，为聘请单位竭尽全力奉献自己才华的责任心也随之加大。在这种心态下，受聘者会充分发挥自己的才干，与聘请单位一同前进。

3. 提高聘请单位的知名度

聘请书常常发给专业的、有名望的人。将这些人聘请到单位，有助于提高自身的知名度、扩大影响，能够更好地开展工作。如聘请名人作顾问、指导或评委等均属于这种情况。

（三）聘书的结构与写法

1. 标题

标题就是"聘书"或"聘请书"字样。标题或者在有封面的折页纸的上面用较大的字书写，或者在单页的聘书上方第一行居中用较大的字书写，或者封面和里面正文都写有标题。

2. 称谓

称谓就是被聘请者的姓名加尊称，如"×××先生"、"×××女士"等，有时将它写在正文之上一行的顶格处，有时就连写在正文中，对此没有严格要求，可以灵活把握。

3. 正文

正文是聘书的主体部分，正文应写明聘请的详细情况，比如被聘请担任何种职务、从事什么工作、聘请期限多长、聘请期间报酬如何等，都可以在聘书正文中写明，使被聘请者心中有数。

4. 结束语

一般要表示敬意和祝颂，用"此致敬礼"或"此聘"等。

5. 落款

写清聘任单位和发出聘书的时间，并盖上公章。有些重要的聘书，还应由主管领导亲自签发，以示郑重。

（四）聘书写作的注意事项

1. 语言精练，篇幅短小

聘书一般只用一页纸，字体较大，所以写作时一定要注意语言的简洁明了，篇幅要短小精悍，不能太长。

2. 措辞要严谨，语气要诚恳热情

被聘请者是否应聘、是否心情愉快地接受聘请，在很大程度上取决于聘书写作是否成功。成功的聘书写作应是用词考究、严谨，而且语气中要透出热情、诚恳之意。

3. 要字迹工整，书面清洁

聘书填写具体姓名、职位时应使用毛笔或钢笔，用工整的小楷书写。字迹工整、书面清洁是表示对被聘请者的尊敬。因此，这也是写作聘书的要求和技巧。

【例文9-5】

聘　　书

××教授：

为提高我校的教学水平，促进我校的科研工作，特聘请您为我校管理系兼职教授，聘期自2006年9月1日至2007年9月1日。年薪五万元。

此聘

××大学（印章）

二〇〇六年七月五日

六、开幕词、闭幕词

（一）开幕词与闭幕词的作用

开幕词是大型会议开始的时候，由组织召开会议的机关的主要领导人向大会全体代表发表的讲话。开幕词的内容主要是阐述会议的指导思想、宗旨、重要意义，向与会者提出开好会议的要求，或对会议的成功表示祝愿。

开幕词是大会正式召开的标志，主要领导人亲临大会并发表开幕词，显示了组织者对大会的重视。开幕词所提出的会议宗旨，是大会的主导思想，所阐明的目的、任务、要求等，对于会议有着重要的指导作用。会议结束之后，与会者传达会议精神时，开幕词也是其重要的依据之一。

开幕词是会议开始时由专程请来到会的上级领导、知名人士或会议主办单位的领导向大会所作的带有介绍性、指导性、方向性的讲话,一般用于较大型、较隆重的会议。

闭幕词与开幕词相对应,是会议结束时由主要领导人向全体会议代表所作的总结性讲话。致闭幕词的领导人,和致开幕词的领导人一般不是一人,通常与致开幕者身份相当或略低。闭幕词的主要内容是对会议作概括性的评价和总结,并向与会者提出贯彻落实大会精神的要求,向与会单位提出奋斗目标和希望。

办任何事情都不能虎头蛇尾,大会有一个隆重的开头,也应该有一个郑重的结尾。会议能否给人圆满的印象,闭幕词起着重要的作用。闭幕词是会议结束时由会议主办单位领导或会议主席团主席所作的具有总结性、评估性、号召性的重要讲话,与开幕词形成首尾呼应,标志会议的善始善终。

(二) 开幕词与闭幕词的写作宗旨

开幕词是宣布会议正式开幕,是大会的序曲,它的主要内容是说明召开这次会议的背景和意义、会议的组织工作、会议的参加人员、会议的目的和中心任务、会议主要议程及对大会的希望和要求等。开幕词对开好会议具有重要的指导作用。闭幕词的主要内容是回顾并宣布会议圆满完成预定议程和任务、阐述和评价会议成果、展望会议结束之后的形势与趋势、提出对会议议定事项贯彻执行要求、宣布会议闭幕。

从开幕词到闭幕词,颇像计划到总结的过程。

(三) 开幕词与闭幕词的结构与写法

开幕词的结构一般由标题、时间、署名、称呼、正文五部分组成。

1. 标题

开幕词和闭幕词的标题一般都是会议名称 + 文种名称,如"×××××会议开幕词"、"×××××会议闭幕词"。有的采取正、副标题相结合的方式,正标题用精练、扼要的评议提示内容的主题,副标题则由会议名称和文种名称构成如"全民动员　强身健体(正标题)××市首届全民运动会开幕词(副标题)"。

2. 时间

开幕词和闭幕词都要把时间即讲话的日期写在标题之下,用圆括号括注。年、月、日要写完整。

3. 署名

开幕词和闭幕词通常都应标明致词人姓名,如果致词人的姓名已经在标题中出现,则署名可以省略。一般情况下还应在致词人前面标明其职务。署名位于日期下面一行的居中位置。

提示:开幕词和闭幕词的标题、日期及署名都是只写不念,发言人直接从称呼开始讲话。

4. 称呼

开幕词和闭幕词的称呼是一致的。最常用的如"女士们　先生们"、"各位代表"、"同志们"等。称呼，可根据与会人员情况，选择合适的有针对性的称谓，如老师代表大会用"各位老师"，青年会议用"青年朋友们"，妇女会议则用"姐妹们"，显得亲切、自然。

称呼位于署名之下，空一行居左顶格书写。

5. 正文

开幕词的正文，一般首先宣布会议正式"开幕"；然后代表上级组织或会议主办单位向大会表示祝贺，向来自各方的会议代表表示欢迎与问候；接下来是开幕词内容的主体部分，即阐述会议意义、目的，说明会议任务、主要议程，提出开好会议的希望与要求；最后预祝会议圆满成功，向与会代表表示问候。

闭幕词的正文，一般首先肯定经过与会代表及全体工作人员的共同努力，会议取得了成功，完成了预定任务，达到了预期的效果；接下来是闭幕词内容的主体部分，回顾与评价会议预定议程的执行过程、任务完成情况、会议成效及对今后的影响等；最后发出号召，提出要求和希望，宣布会议胜利"闭幕"，并祝与会代表工作一帆风顺，旅途一路平安。

（四）开幕词与闭幕词的写作要求

在完成开幕词和闭幕词时，篇幅要求简短，内容切忌重复，语言要求简练且富有感情色彩，语气要诚挚友好。

值得注意的是，写闭幕词要从会议实际情况出发，紧密结合中心议题进行阐述，不能泛加议论；同时要注意高度概括，富有鼓动性和号召力。无论总结成果，还是提出要求，都要简洁明了、点到为止。行文要热情，语调要激昂，号召要有力。

【例文 9 - 6】

《中国历史文化中的关羽学术研讨会》开幕词

（××年××月××日）

中国社会科学院副院长　王洛林

女士们、先生们、朋友们：

由中国社会科学院学术交流委员会主办的《中国历史文化中的关羽学术研讨会》今天顺利开幕了，我谨代表中国社会科学院向专程从台湾来涿州出席会议的张平沼团长和关中监督，向世界龙冈亲义总会、世界关氏总会和台湾民主基金会的学者、关氏宗亲和有关人士，表示热烈的欢迎，并致以新春的祝贺。

历史上的关羽是一位战将。在中国传统文化、文学作品、民间信仰和传统宗教中，关羽气宇轩昂、能武能文、忠义双全。他的形象广泛流传于民众之中，从古至今，流传不息。许多中国百姓，包括旅居海外的华侨和华人，多以兴建庙宇、在工厂、店堂和家中设置神坛牌位等方式，将关羽供奉其中，表示对他的热爱和崇敬，寄托对祖国的向往和对中国文化的思念，期待风调雨顺、事业平安。关羽的形象已经成为中国文化的一个独特部分，也是连接海峡两岸中国人和海外华侨华人的一种精神纽带。我们这次研讨会的目的是通过历史、文学和神坛三个方面对关羽进行学术探讨，从中找出中国传统文化的精华，挖掘中华传统文化的起因和内涵，以便进一步推动我们对中华优秀传统文化的研究，弘扬中华传统文化的优秀精神，为祖国统一大业和振兴中华服务。相信学者们的共同探讨之后，一定会取得良好的学术成果，这将把关羽和中华传统文化的研究向前推进。

这次以关羽为主题的会议，选择在河北省涿州市举行，具有特别的意义。涿州是历史上刘关张桃园三结义之地，张飞的故乡，这为与会学者和代表提供了学术考察的对象，也为刘关张赵的后人提供了凭吊先人的场所。这种实地考察参观，能够加深与会者的印象，对推动这方面的探索研究是有益的。在此，我要向为会议提供许多帮助和支持的涿州市政府、台办和其他部门表示由衷的感谢。我也希望来自台湾和海外的学者和刘关张赵的后人，能够在涿州这一历史胜地感到愉快、舒适。

祝愿学术研讨会圆满成功。

谢谢大家。

【例文9-7】

人大会议闭幕词

各位代表、同志们：

在党的十六大精神鼓舞下，经过全体代表的共同努力，××省第三届人民代表大会第一次会议圆满完成了各项预定任务。各位代表不负重托，忠实履行了人民代表的光荣职责。这次会议开得很成功，是一次继往开来、与时俱进的大会，求真务实、谋划发展的大会，发扬民主、团结奋进的大会。

会议审议批准了政府工作报告和其他报告，明确了今后5年我省全面建设小康社会的目标、任务和主要措施。大会选举我担任省人大常委会主任，×××同志担任省人民政府省长，选举产生了新一届省人大常委会组成人员、省政府领导人员、省两院主要领导和省人大法制委员会组成人员，选举了第十届全国人大代表。我们衷心感谢全体代表和全省人民的信任和支持。我们决心不辱使命和责任，不负重托和信任，为加快××发展，全面建设小康社会扎扎实实做好各项工作。

人民代表大会制度是我国的根本政治制度，是实现人民当家做主的最好的政权组织形式。省二届人大及其常委会在过去 5 年中，扎实工作，勇于开拓，做了大量富有成效的工作，对促进我省经济发展和社会的全面进步做出了重要贡献。我们要在以往工作的基础上，把省人大的工作做得更好。由于年龄原因，省二届人大有不少人大代表和人大常委会组成人员离任，一些省政府组成人员转岗。在这里，我代表三届人大及其常委会，向二届人大及其常委会和二届人大代表，表示衷心的感谢和崇高的敬意！对这次换届离任和转岗的同志所付出的辛勤劳动和做出的积极贡献，表示衷心的感谢和崇高的敬意！

各位代表，未来 5 年，是我们贯彻党的十六大精神，落实省第四次党代会提出的各项任务，努力开创××改革开放和现代化建设新局面，全面建设小康社会的重要时期。为了实现这次大会确定的奋斗目标，我们必须坚持以邓小平理论和"三个代表"重要思想为指导，认真贯彻党的十六大精神，紧紧抓住发展这个第一要务，围绕全面建设小康社会这一总体目标，分阶段、有重点、有步骤地加以实施，努力做到速度与结构、质量、效益的统一，促进经济、政治、文化的协调发展。

我们要坚持解放思想、实事求是、与时俱进的思想路线。既要有加快发展的紧迫感，又不能急于求成。要遵循市场经济规律，想问题、办事情、做决策都要从我省的实际出发，确保经济持续稳定健康发展。

我们一定要从××人民的长远利益出发，把可持续发展战略作为我省首要的发展战略，坚持人口、环境、资源与经济社会协调发展的方针，坚决遏止对生态环境的任何破坏，保护好、利用好××的蓝天碧水、优美环境和得天独厚的资源，把××建设成为人与自然和谐共存的生态大花园。

我们必须把改善投资环境作为一个至为紧迫的任务切实抓紧抓好，以优良的环境促进经济的发展。各级党委、人大、政府、政协，各类企业和全省人民，都要充分认识自己在环境建设中的责任，共同创造一个具有投资吸引力的法制环境、行政服务环境、司法服务环境和市场环境，共同致力于信用建设，为树立××人的信用、××市场的信用、××投资环境的信用添砖加瓦，贡献力量。

我们要坚持把改革开放作为××发展的根本动力，深化以社会主义市场经济为取向的各项改革，大力推进体制创新，坚决扫除一切阻碍发展的思想和体制障碍，进一步解放和发展生产力。要在国有企业和国有资产管理体制改革、农垦改革、农村经济体制改革、政府机构改革等方面有新的、更大的作为。

实现全面建设小康社会的目标，关键在人，关键在干部。我们要用"三个代表"重要思想武装干部的头脑，不断提高各级干部的执政能力和领导水平。各级领导干部要倍加珍惜人民赋予的权力，不负众望，不辱使命，为全省人民掌好权，用好权。要发扬艰苦奋斗的延安精神，廉洁从政，执政为民。人大代表是国家权力机关组成人员，要学习和掌握宪法、法律知识，正确行使代表权力，履行代表职务，密切联系群众，切实提高素质，真实反映人民的愿望和要求，更好地代表人民的意志和利益。

各位代表，尽管我们还面临着这样那样的困难和挑战，但只要我们心往一处想，劲往一处使，办法总比困难多。只要我们持之以恒，咬住发展不放松，××的明天一定会更加美好。让我们紧密团结在以胡锦涛同志为总书记的党中央周围，高举邓小平理论伟大旗帜，全面贯彻"三个代表"重要思想，解放思想，与时俱进，开拓创新，埋头苦干，为开创××改革开放和社会主义现代化建设事业的新局面而努力奋斗！

现在，我宣布：××省第三届人民代表大会第一次会议胜利闭幕！

谢谢大家。

第三节　演讲稿

演讲稿是进行宣传经常使用的一种文体。它是指演讲者在各种集会上，真实而系统地阐述自己的观点和主张，用来引起听众共鸣的文稿。通常情况下，演讲者事先都要认真撰写演讲稿，以使演讲达到预期的目的。

一、演讲稿的分类

根据演讲稿的写作内容，演讲稿可以分成：课堂演讲稿、社会生活演讲稿、学术演讲稿、政治演讲稿。根据演讲稿的写作形式，演讲稿可以分为以下几种：

（一）叙述式

向听众陈述自己的思想、经历、事迹，或转述自己看到、听到的他人的事迹时使用叙述式。叙述当中，也可夹用议论和抒情。

（二）议论式

摆事实、讲道理，既有事实材料，又有逻辑推断，立场坚定，旗帜鲜明。

（三）说明式

对听众说明事理，通过解说某个道理或某一问题来达到树立观点的目的。

二、演讲稿的特点

演讲稿是一种最为实用的文体，它具有以下四个特点。

（一）针对性

演讲是一种社会活动，是用于公众场合的宣传形式。它为了以思想、感情、事例和理论来晓谕听众，打动听众，"征服"群众，必须要有现实的针对性。所谓针对性，首先是作者提出的问题是听众所关心的问题，评论和论辩要有雄辩的逻辑力量，要能为听众所接受并心悦诚服，只有这样，才能起到应有的社会效果；其次是要懂得听众有不同的层次，而"公众场合"也有不同的类型，如党团集会、专业性会议、服务性俱乐部、学校、社会团体、宗教团体、各类竞赛场合，写作时要根据不同场合和不同对象，为听众设计不同的演讲内容。

（二）通俗性

演讲的通俗性是由听讲者决定的。由于演讲要诉诸口头，拟稿时必须以易说能讲为前提。如果说，有些文章和作品主要通过阅读欣赏，领略其中意义和情味，那么，演讲稿的要求则是"上口入耳"。一篇好的演讲稿对演讲者来说要可讲，对听讲者来说应好听。因此，演讲稿写成之后，作者最好能通过试讲或默念加以检查，凡是讲不顺口或听不清楚之处（如句子过长），均应修改与调整。

（三）鼓动性

演讲是一门艺术。好的演讲有一种激发听众情绪、赢得好感的鼓动性。要做到这一点，首先要依靠演讲稿思想内容的丰富、深刻，见解精辟，有独到之处，发人深省，语言表达要形象、生动，富有感染力。如果演讲稿写得平淡无味，毫无新意，即使在现场"演"得再卖力，效果也不会好，甚至相反。

三、演讲稿的作用

演讲稿写作与其他文体的写作有着不同的意义和作用。

（一）演讲稿是达到演讲目的的保证

演讲的目的就是向听众宣传自己的观点并力争使听众接受。在写演讲稿的过程中，首先是确立主旨、选择论题、选取材料、组织结构；其次是把这一切按它们的内在逻辑组合成一个有机完整的系统；最后用标准的演讲语言把它们记写下来，用文字固定在纸面上。只有有了经过这样充分准备的演讲稿，在演讲时才能做到主题突出、思维严密、有的放矢，才能顺应听众的心理和情绪，达到预期的目的。

（二）演讲稿是形成演讲者演讲思维模式的关键

演讲稿写作对演讲者形成演讲思维模式起关键作用。这个作用可从一般和特殊两方面来看：从一般作用看，写演讲稿是为参加一次演讲活动所作的准备；从特殊作用看，就在于它能为以后的演讲和演讲稿写作打下坚实、雄厚的基础。演讲稿写作所需要的也正是它所能给予人的——它需要而又使人形成演讲的思维模式，即能加工、处理构成演讲的各种要素并使之相互关联及容纳万事万物于演讲范畴和轨道之中，且符合演讲要求的那种思考能力和方式、方法。这种能力和方法是在演讲稿写作实践中形成和练就的，所以说演讲稿写作对于形成演讲思维模式起着关键的作用。

由此可见，写好演讲稿是演讲成功的关键，也是一个成功的演讲者所应具备的能力。

四、演讲稿的结构与写法

演讲需要形成或创造现场的情绪氛围，所讲的内容应该较为集中，通常一篇演讲稿最多只能讲两三个问题，而且这两三个问题还得很紧密地在逻辑上串联起来，以层层推演的方式，一环扣一环地展开，这时最忌的是平面罗列：甲乙丙丁，1234，abcd，尤其成为大忌的是先亮论点、后举例子。这只能使听众停止思考，甚至昏昏欲睡。分散的论点和被动的（亦即无分析的、不能发展论点的）例子，无异于催眠曲。而在演讲比赛中，尤其要求集中论点，因为时间的限制更严。

演讲稿的结构一般由开头、主体、结尾三部分组成，其结构原则与一般文章的结构原则大致一样。但是，由于演讲是具有时间性和空间性的活动，因而演讲稿的结构还具有其自身的特点，尤其是它的开头和结尾有特殊的要求。

（一）开头

开头要抓住听众，引人入胜。演讲稿的开头，也叫开场白。它在演讲稿的结构中处于显要的地位，具有重要的作用。瑞士作家温克勒说："开场白有两项任务：一是建立说者与听者的同感；二是如字义所释，打开场面，引入正题。"好的演讲稿，一开头就应该用最简洁的语言、最经济的时间，把听众的注意力和兴奋点吸引过来，这样，才能达到出奇制胜的效果。

演讲稿的开头有多种方法，通常用的主要有：

1. 开门见山，提示主题

这种开头是一开讲就进入正题，直接提示演讲的中心。例如，宋庆龄《在接受加拿大维多利亚大学荣誉法学博士学位仪式上的讲话》的开头为："我为接受加拿大维多利亚大学荣誉法学博士学位感到荣幸。"运用这种方法，必须先明晰地把握演讲的中心，把要向听众提示的论点摆出来，使听众一听就知道演讲的中心是什么，注意力马上集中起来。

2. 介绍情况，说明根由

这种开头可以迅速缩短与听众的距离，使听众急于了解下文。例如，恩格斯在1881年12月5日发表的《在燕妮·马克思墓前的讲话》的开头为："我们现在安葬的这位品德崇高的女性，在1814年生于萨尔茨维德尔。她的父亲冯·威斯特华伦男爵在特利尔城时和马克思一家很亲近；两家人的孩子在一块长大。当马克思进大学的时候，他和自己未来的妻子已经知道他们的生命将永远地连接在一起了。"这个开头对发生的事情、人物对象作出必要的介绍和说明，为进一步向听众提示论题作了铺垫。

3. 提出问题，引起关注

这种方法是根据听众的特点和演讲的内容，提出一些激发听众思考的问题，以引起听众的注意。例如，弗雷德里克·道格拉斯于1854年7月4日在美国纽约州罗彻斯特市举行的国庆大会上发表的《谴责奴隶制的演说》，一开讲就能引发听众的积极思考，把人们带到一个愤怒而深沉的情境中去："公民们，请恕我问一问，今天为什么邀我在这儿发言？我，或者我所代表的奴隶们，同你们的国庆节有什么相干？《独立宣言》中阐明的政治自由和生来平等的原则难道也普降到我们的头上？因而要我来向国家的祭坛奉献上我们卑微的贡品，承认我们得到并为你们的独立带给我们的恩典而表达虔诚的谢意么？"

除了以上三种方法，还有释题式、悬念式、警策式、幽默式、双关式、抒情式等。

（二）主体

主体要环环相扣，层层深入。这是演讲稿的主要部分。在行文的过程中，要处理好层次、节奏和衔接等几个问题。

1. 层次

层次是演讲稿思想内容的表现次序，它体现着演讲者思路展开的步骤，也反映了演讲者对客观事物的认识过程，演讲稿结构的层次是根据演讲的时空特点对演讲材料加以选取和组合而形成的。由于演讲是直接面对听众的活动，所以演讲稿的结构层次是听众无法凭借视觉加以把握的，而听觉对层次的把握又要受限于演讲的时间。

根据听众以听觉把握层次的特点，显示演讲稿结构层次的基本方法就是在演讲中树立明显的有声语言标志，以此适时诉诸听众的听觉，从而获得层次清晰的效果。演讲者在演讲中反复设问，并根据设问来阐述自己的观点，就能在结构上环环相、层层深入。此外，演讲稿用过渡句，或用"首先"、"其次"、"然后"等语词来区别层次，也是使层次清晰的有效方法。

2. 节奏

节奏是指演讲内容在结构安排上表现出的张弛起伏。演讲稿结构的节奏，主要是通过演讲内容的变换来实现的。演讲内容的变换，是在一个主题思想所统领的内容中适当地插入幽默、诗文、轶事等内容，以使听众的注意力既保持高度集中而又不因为高度集中而产生兴奋性抑制。优秀的演说家几乎没有一个不长于使用这种方法。演讲稿结构的节奏既要鲜明，又要适度。平铺直叙、呆板沉滞，固然会使听众紧张疲劳；而内容变换过于频繁，也会造成听众注意力涣散。所以，插入的内容应该为实现演讲意图服务，而节奏的频率也应该根据听众的心理特征来确定。

3. 衔接

衔接是指把演讲中的各个内容层次联结起来，使之具有浑然一体的整体感。由于演讲的节奏需要适时地变换演讲内容，因而也就容易使演讲稿的结构显得零散。衔接是对结构松紧、疏密的一种弥补，它使各个内容层次的变换更为巧妙和自然，使演讲稿富于整体感，有助于演讲主题的深入人心。演讲稿结构衔接的方法主要是运用与两段内容、两个层次有联系的过渡段或过渡句。

（三）结尾

结尾要简洁有力，余音绕梁。结尾是演讲内容的自然收束。言简意赅、余音绕梁的结尾能够使听众精神振奋，并促使听众不断地思考和回味；而松散疲沓、枯燥无味的结尾则只能使听众感到厌倦，并随着事过境迁而被遗忘。怎样才能给听众留下深刻的印象呢？美国作家约翰·沃尔夫说："演讲最好在听众兴趣到高潮时果断收束，未尽时戛然而止。"这是演讲稿结尾最为有效的方法。在演讲处于高潮的时候，听众大脑皮层高度兴奋，注意力和情绪都由此而达到最佳状态，如果在这种状态中突然收束演讲，那么保留在听众大脑中的最后印象就特别深刻。演讲稿的结尾没有固定的格式，或对演讲全文要点进行简明扼要的小结，或以号召性、鼓动性的话收束，或以诗文名言以及幽默俏皮的话结尾。但一般原则是要给听众留下深刻的印象。

五、演讲稿的写作要求

（一）了解对象，有的放矢

演讲，首先要了解听众，注意听众的组成，了解他们的性格、年龄、受教育程度、出生地，分析他们的观点、态度、希望和要求。根据不同的听众采取不同的方式来吸引听众，说服听众。

（二）观点鲜明，感情真挚

一篇演讲稿只能有一个中心，全篇内容都必须紧紧围绕着这个中心去铺陈，这样才能使听众得到深刻的印象。听众反感那些没有主题、内容杂乱的演讲。

演讲稿观点鲜明，显示着演讲者对一种理性认识的肯定，显示着演讲者对客观事物见解的透辟程度，能给人以可信性和可靠感。演讲稿观点不鲜明，就缺乏说服力，就失去了演讲的作用。

（三）行文变化，富有波澜

构成演讲稿波澜的要素很多，有内容，有安排，也有听众的心理特征和认识事物的规律。如果能掌握听众的心理特征和认识事物的规律，恰当地选择材料、安排材料，也能使演讲在听众心里激起波澜。换句话说，演讲稿要写得有波澜，主要不是靠声调的高低，而是靠内容的有起有伏，有张有弛，有强调，有反复，有比较，有照应。

（四）语言流畅，深刻风趣

要把演讲者在头脑里构思的一切都写出来或说出来，让人们看得见、听得到，就必须借助语言这个交流思想的工具。因此，语言运用得好还是差，对写作演讲稿影响极大。要提高演讲稿的质量，不能不在语言的运用上下一番工夫。

【例文 9 - 8】

走出悲痛，天佑中华

"5·12"已成为一连串沉痛的数字，它饱含了人们心中的痛与悲怆。这一天，天崩地裂，地动山摇，八级大地震在汶川降临！来得那么快，那么突然！转瞬间，十万平方公里秀美的山川变成荒凉的废墟，上百万同胞的生命危在旦夕！

震后，暴雨夹杂着泥石流，致使山体滑坡，道路阻断。复杂的地势加上恶劣的天气为救援带来极大的阻碍。蜀道难，难于上青天！但任何艰难也难不倒中华儿女！紧要关头，一场惊心动魄的生死搏击迅速展开：十几万官兵、20余个兵种紧急出动；8.6万医务工作者、88支医疗防疫队伍从四面八方驰援灾区，党中央、国务院及全国各族人民同心协力，各种救灾物资多路调运，十几天的奋战感天动地、气壮山河！一次又一次生命的极限被超越，救生的记录不断被刷新，一个又一个同胞劫后重生：被困124小时后生还！164小时后生还！216小时后生还！生命的奇迹见证了"决不放弃"！救援人员在废墟中与钢筋水泥、砖石滚木搏斗，与死神抗争，哪怕双手鲜血淋漓，哪怕肩头皮开肉绽，更不畏惧一次次余震带来塌方的危险！他们在一座座孤城中筑起了一条条生命的道路，给灾区人民带来了生的希望！凤凰涅槃，浴火重生！在烈火中新生的凤凰，其羽更丰、其音更清、其精神更抖擞！经过这场地震劫难考验的四川人民，在全国以及世界人民的援助下，凭自己艰苦卓绝的努力，必将把一个更加美丽富饶的四川展现在世人面前！而我们的国家——一个能够出动十余万救援队伍的国家，一个企业和私人捐款达到246亿的国家，一个因人民争相献血令血库饱和的国家永远不会被灾难打垮！

灾难无情地夺走了五万多同胞的生命：那些小小的、戴着红领巾对未来充满憧憬的孩子；那些花样年华、青春勃发的准备高考的学生；那些为救学生舍弃了自己的老师们；那些上有父母下有儿女、担当家庭和岗位双重重任的中年人；那些留守在家、本应安享晚年的老人……生命的气息就这样化为乌有，老天，你怎么忍心！

震惊与悲痛只是枉然！逝者安息，生者坚强！我们在为你们凝神祈祷！5月19～21日全国哀悼日，祖国为所有地震及救援中的遇难者下半旗；汽车、火车、轮船鸣笛，防空警报鸣响。震恸之下，举国哀悼；悲痛之中，全民默立！这是对那五万五千多遇难者的祭奠，这是对那二十九万两千多伤者的抚慰，这是对那三千六百多个受灾村落的祈福与祝愿！此时此刻，无数英雄的中华儿女用爱诠释了团结的力量，用爱谱写着感人的篇章！灾难无情人有情。我们会走出悲痛，我们会坚持到底！因为我们相信，我们的国家日益强大！我们的同胞无比坚强！

第四节　海报　声明　启事

一、海报

海报是主办单位在一定范围内向广大群众报道或介绍有关戏剧、电影、体育、展销、报告会等消息的事务文书。

（一）海报的特点

海报具有张贴性、宣传性和灵活性的特点。据《中国实用大全》介绍，"海报"这一名称，最早起于上海。旧时，人们通常把职业性的戏剧表演称为"海"，从事职业戏剧表演，即称为"下海"。由于这个缘故，便将剧目演出信息的张贴物叫做"海报"。现在，"海报"一词的含义已不仅仅是职业性戏剧演出的专用张贴物了。

（二）海报的分类

海报根据内容的不同，可分为戏剧海报、电影海报、文艺活动海报、体育比赛海报、报告会海报等几种。根据形式的不同，可分为文字海报和艺术海报两种。

（三）海报的结构与写法

海报的结构一般由标题、正文、落款三部分组成，同时需要适当的美术设计。

1. 标题

标题是海报的关键，它是海报内容的集中体现，所以海报一般都有一个醒目的大标题。但是海报的标题形式十分灵活，既可以是活动的名称，又可以是活动的一个鲜明特点，同时还可加副标题，说明活动的具体内容。

2. 正文

海报的正文要用简洁的文字写清楚活动名称、内容、时间、地点、参加办法等，文字要求简练，篇幅不宜过长。海报正文内容简单的，常用一两句话概括之；内容、事项多的，可分条列项，逐一说明清楚。

正文的结尾可以用惯用语，如"欢迎踊跃参加"、"敬请光临"等。

3. 落款

落款主要是要求写明主办单位、海报制作时间等。如正文已交代清楚，可以不设落款。

（四）海报写作要求

写海报要注意内容必须真实，文字力求简明。允许适当地夸张，但不可失实。要张贴在易为群众注意的公共场所。海报还可以配上鲜明的图画和装饰，引人注目。

【例文9－9】

"大学生辩论赛"海报

这是青春的精彩

这是精英的擂台

这是热情的澎湃

激情　　比拼

时间：2006年12月9日15：00

地点：阶梯教室一

欢迎参加

文学院

2006年12月2日

二、声明

声明是告启类文书的一种。声明是国家机关、社会团体、企事业单位、其他组织或公民个人就有关事项问题表明其立场或主张而发表的一种文体。

由国家或政党的最高领导人或发言人发表的声明，称"最高级声明"；由政府或有关部门发言人发表的，称"政府声明"、"×××部声明"、"×××政府发言人发表声明"；由两个以上国家政府、政党、团体或其领导人共同发表的，称"联合声明"或"共同声明"。

现实生活中，我们接触比较多的是某些组织、企业、团体或个人对某些事件发表的声明，主要是为了表明其对待某件事情的态度、解决问题的办法等，如"遗失声明"。

（一）声明的特点

1. 知照性

声明是将重要的问题通过声明让公众知晓。如遗失声明、版权声明等。

2. 适用范围广

声明是个可大可小的事务性文书。国家、政党团体、部门乃至个人均可发表声明。而国与国之间、政党与政党之间、国家与地区之间等也可以联合发表声明。

声明的内容可以是关于很严肃、很重大的事项；可以是关于带有强烈的政治性、表达国家意志的问题；也可以是关于常规性的一般事项，如声明单位撤销、声明脱离某种关系等。另外，通常情况下，票据、证件、印鉴等遗失，也用声明宣布作废，这种声明与启事很相似，但比启事要严肃、正规，要写清证件的名称和编号。

（二）声明的结构与写法

声明一般由标题、正文和结尾三部分组成。

1. 标题

声明的标题可以有三种写法：第一种是只写文种"声明"或视情况写"严正声明"、"郑重声明"、"联合声明"等；第二种由事由和文种构成，如"遗失声明"等；还有一种采用发文机关名称、授权事由、文种三项结构的形式，如"××××股份有限公司股份变更声明"。

2. 正文

正文是声明的主体，也是声明的具体内容。正文内容要简洁，逻辑要严谨，把要声明的问题叙述清楚。首先交代基本事实让公众知晓，然后表明态度和立场，最后提出制止事件继续发展而采取的措施和方法。由于声明代表着声明者的立场、主张和态度，因此拟写声明的主体内容时，要是非分明、态度明确、语言准确、措辞严谨。如果是一般性事项可以使用"启事"这一文体，而不用"声明"。

声明的正文篇幅可长可短，视内容需要而定。声明的事项复杂的，可以采用条文式、总分式或直述式结构；声明的事项简单、单一的，则可以一个段落一贯到底。

3. 落款

声明的结尾要注明发表声明者的单位名称或个人姓名及声明日期。有的声明还应在署名项目的右下方附注自己单位的地址、电话、传真号码以及邮政编码，以便联系。

（三）语言要求

声明的写作，词语要求简洁明了，语言要严谨，把事情表达清楚。

【例文 9 – 10】

遗失声明

本单位因工作人员不慎，将商业银行分理处 31581314 号现金支票遗失，现声明作废。

×××× （章）

××年××月××日

三、启事

启事是机关、团体、企事业单位或个人，需要向公众说明某事或希望公众协助办理某事时使用的一种事务文书。启事的本意是公开陈述事情。"启"，即叙说、陈述之意；"事"即事情。启事多刊登在报纸杂志上，有时张贴在人口流动量很大的公共场所，有时在电视、广播等媒体上播放。无论启事以何种形式出现，其写作结构和要求是基本一致的。

（一）启事的分类

启事的分类很多，根据其内容可以分为以下三分类型：

一类是寻找启事，主要有寻人启事、寻物启事等。

一类是征召启事，主要有征集启事、招聘启事、招领启事、招标启事等，如征订、征文、征物、征婚、招工、招生、工程招标等。

另一类是声明启事，这类启事具有声明性质，有时就以声明的形式出现。主要有迁址启事、遗失启事、更名启事、更正启事、除名启事、聘用（解聘）启事、开业（停业）启事、结婚（离婚）启事等。

（二）启事的特点

1. 告知性

启事面向大众告知事宜，它只具有知照性，一般是请求大众给予协助和配合。启事不具备法令性、政策性，因此也不具备强制性和约束力。启事的对象可以参与启事所要求的事，也可以不参与。

2. 简明性

启事要求写得简洁明了。无论是登报、广播、电视或张贴，启事都必须写得十分简明。有的启事一两句话，有的启事用单行单句排列内容。

启事的简明性，除了为读者提供方便之外，同时也受篇幅版面限制。张贴的启事不允许写得很长。电台、电视、报刊启事，是要付费刊登的，这就更要节俭字数，压缩版面，力求用最少的费用达到最优的告知效果。

（三）启事与海报的区别

启事与海报虽然都具有告知性和张贴性，但二者还是有明显的区别。

1. 使用范围不同

启事的内容涉及社会生活的各个方面，海报则多以报道文化、娱乐、体育消息为主。

2. 制作形式不同

启事以文字说明为主；海报除文字说明以外，还可以运用美术手段配以图片、图画等，以增强艺术效果。

3. 公布方式不同

启事除张贴外，还可以用报刊、广播、电视等形式传播；海报则只在公共场所张贴或悬挂。

（四）启事的结构与写法

启事的结构一般由标题、正文、结尾三部分组成。

1. 标题

标题有多种写法，具体为：

一是直接用文种作标题，如"启事"。

二是用内容作标题，如"征稿"、"寻求合作伙伴"等。

三是用内容和文种名称组成标题，如"寻人启事"、"招工启事"、"迁址启事"等。

四是由启事者和文种两要素构成标题，如"××公司启事"等。

五是由启事者、事项、文种三要素构成标题，如"××酒店招聘大堂经理启事"。

2. 正文

启事正文内容一般都很简短，说明启事的原因、目的、事项、要求就行了。有的启事只写事项；有的启事根据内容需要，还要写清楚联系方式，如联系人、联系地点、联系电话、通讯地址、邮政编码等。另外，有的启事因为十分重要，在自愿情况下，还写上酬谢的内容。这部分内容文字要仔细斟酌，力求周全、具体、准确，不能含糊或有歧义。

另外，正文写作视具体情况而定：启事内容简单的，通常一段成文；启事内容较为复杂的，通常采用条文式结构。

3. 结尾

启事的结尾一般包括联系地址、电话、联系人姓名或者签署启事者姓名、时间等。

（五）几种常见启事的写作要求

1. 招领启事的写作要求

为了防止有人冒领失物，写这种启事时，只写拾到的物品名称、拾到的时间与地点、让失主去何处认领，不要写具体数量和名称。具体数量和名称，要失主在认领时自己说明，经过核对属实后才准其取走，以免出错。

2. 寻人、寻物启事的写作要求

由于这类启事是用来寻觅已丢失的人、物，因此在正文中务必将下列三项内容交代清楚：

（1）所寻找的人或物的特征（包括人的姓名、性别、年龄、身材、衣着、口音；物的名称、外观、规格、数量等），寻人启事一般还应附上照片。

（2）丢失的时间、地点或者出走的原因。

（3）联系办法或送还的地点。

正文最后还应写上几句酬谢之类的话语。

3. 招聘启事的写作要求

招聘单位和事由，可在标题中交代，以引起读者注意，如"××工厂招聘技工"。在启事正文中必须重点交代下列几项内容：

（1）招聘的职务及待遇。

（2）招聘的人数及应招人员必须具备的条件，如年龄、性别、专业、特长、文化程度等。

（3）应招人员应交验的证件和应办理的手续。

（4）招聘的起止时间及办理的地点。

4. 征文、征稿启事的写作要求

征文、征稿启事的标题，可以只写"征文启事"或"征稿启事"四个字，也可以在前面加上报刊或专辑名称以及征文的体裁。征文启事的正文，其内容包括：举办单位及征文的意图；对征文的要求，如作者的条件，征文的体裁、题材及字数要求等；评选的方法及对征文的奖励、处理办法；征文起止日期，投递的要求及地点等。结尾的署名和日期，写在正文右下方。

启事是一种告启性、知照性的文书，目的是让公众知晓某事以遵照执行或给予支持协助，没有强制约束力。同时，启事在行文过程中语气一定要礼貌，让人倍感亲切，不能盛气凌人、以强迫的口吻叙述，避免使用"必须"、"一定要"等命令式词语。

【例文 9 - 11】

招领启事

本校管理系学生昨日下午在操场捡到钱包一个，内有人民币若干、磁卡若干。望丢失的同学前来认领。

学工部办公室

××年××月××日

第五节 招聘书 应聘书

一、招聘书

它是各类机关单位、企业集团或个体经营者向社会招聘人员时使用的一种应用文体。招聘制是当前社会的一种基本的用工制度，招聘书随处可见。

（一）招聘书的分类

招聘书从征招的人员来看可分为两类，一是招贤类，一是招工类。招贤类指用人单位需要招聘的人员要求素质高、能力强，具有别人无法替代的经营、管理、组织领导等能力，这类招聘书又称"招贤榜"、"招贤启事"。招工类启事则只是需要一般的工作人员，一般无须具有什么特殊的才能或技能，用工的条件一般要求也不高，这类启事可称为"招工启事"。

（二）招聘书的结构与写法

一般来说，招聘书都是由标题、正文和落款三部分组成：

1. 标题

招聘书标题有多种写法，具体为：

一是直接用文种作标题，如"招聘"。

二是用招聘单位和文种作标题，如"××办事处招聘书"。

三是用招聘单位、事项作标题，如"××学院招聘办公室主任"。

2. 正文

招聘书的正文内容一般都很简短，说明招聘的专业、人数、日期以及其他条件就可以，有的招聘书还会标明应聘人员的酬金范围，这部分内容要具体、准确，不能含糊或有歧义。所有的招聘书都要写清楚联系方式，如联系人、联系地点、联系电话、单位网站、通讯地址、邮政编码等。概括来说，招聘书的正文必须包括以下内容：单位名称、性质和基本情况；招聘人才的专业与人数；应聘资格与条件；应聘方式与截止日期；其他的要求注意的相关信息。

正文写作视具体情况而定：招聘内容简单的，通常一段成文；招聘内容较为复杂的，通常采用条文式结构，把招聘内容分条分款地列出来，做到一目了然。

3. 落款

招聘书的落款一般包括招聘单位的名称以及日期等内容。

(三) 写作招聘书的注意事项

(1) 招聘书要遵循实事求是的原则，对所招聘的各项内容，均应如实写出，不可夸大其词。

(2) 招聘书的各项内容，可分条列出，使之醒目。也可用不同的字体列出以求区别。

(3) 招聘书的语言要简练得体、要庄重严肃又礼貌热情。

【例文 9 - 12】

思腾思特·远卓管理顾问中国公司招聘书

远卓管理顾问公司组建于 1998 年，主要合伙人具有在国际著名管理咨询公司（麦肯锡、罗兰贝格、波士顿咨询、埃森哲、正大）和跨国集团工作的丰富经验。经过五年的发展，远卓相继成立上海、北京、深圳、香港等四个分支机构，并通过与海外一流的战略伙伴的紧密联盟辐射欧洲和北美市场。80 余人的专业咨询团队均是来自国内外顶尖大学的博士、MBA、相关专业硕士和学士。

远卓作为中国一流的战略和管理咨询顾问公司，以对中国企业及其环境的精准认识和综合的专业咨询能力，为中国企业客户提供高附加值的战略、组织运营、绩效管理、信息系统实施等咨询服务。伴随公司业务增长，远卓成为 PeopleSoft（仁科）ERP 管理软件中国第一家本土战略合作伙伴，为中国企业提供战略目标管理模块、人力资源管理模块、客户关系管理模块、财务管理和供应链管理模块等信息系统实施咨询。

思腾思特公司（Stern & Stewart co.）是国际知名的管理咨询公司，是 EVA-经济增加值管理体系的创造者和商标持有人，也是最重要的 EVA 推动者。现在，远卓与思腾思特联手合作，成立了思腾思特·远卓管理顾问中国公司。思腾思特·远卓基于世界领先的 EVA 理念，为广大中国客户提供定制化咨询服务，致力于帮助客户理解和探寻创造财富的条件和方法，应用现代财务理念和管理方法，改善公司经营，提高创造财富的能力，并进而提升公司市场价值。

思腾思特·远卓成立之际诚聘英才，欢迎您来加入我们充满活力的团队，在这里您的付出不仅会得到回报，更会有多种机遇来挑战您的职业目标！

应聘的同学请向 BMBA 职业发展部申请；或在招聘会上直接投递简历；或将

简历邮寄至公司人力资源部，并通知职业发展部。

邮寄地址：北京市海淀区科学院南路 2 号融科资讯中心 A 座 305，100080

联系电话：010 - 22222222

远卓管理顾问公司

××年××月××日

二、应聘书

应聘书是求职人员为达到寻求工作的目的向用人单位介绍自己，用来谋求工作的一种应用文书。应聘书又叫自荐信、自荐书、求职信等。应聘书在如今推行人才双向选择的制度下，对求职者找到一份称心的工作有很大的帮助。

（一）应聘书的分类

（1）从应聘书的使用者身份来看，有高校毕业生应聘书、下岗和待业人员的应聘书以及调换工作人员的应聘书。

（2）从应聘书的投向看，应聘书分为有针对性的应聘书和通用的应聘书。有针对性的应聘书指有明确的投向单位或应聘岗位，应聘书只是根据该单位或这一岗位的特点进行写作。通用应聘书指求职者没有确定的求职单位或求职岗位，应聘书一般以常用的用人标准来写作，并且可以大量复制，能够投向不同的单位。

（二）应聘书的特点

1. 推荐性

应聘书的主要内容就是向用人单位介绍推荐自己在所申请的工作或职位方面的特长和经历，展示自己胜任该项工作或职位的资格和能力。

2. 突出性

用人单位一般只需知道每位求职者与它们的业务或要求有关的事情，因此，应聘书只需简明地对本人的经历和特长加以描述，或逐项列举即可。要避免全面陈述，做到突出特点、重点，以使用人单位一目了然。

3. 针对性

应聘书的主要内容可以根据招聘单位的不同进行针对性的填写，做到有的放矢。切忌用一篇应聘书应付所有招聘单位，毫无目的、毫无章法的乱投简历，这样只会事倍功半。

（三）应聘书的作用

1. 让招聘单位了解求职者的特点和优势

应聘书是招聘单位和求职者的第一次沟通，目的是让用人单位了解求职者所拥有的特点和是否具有胜任招聘岗位的能力，以获得面试机会。在应聘书中，求职者一般都要介绍自己的客观情况，将自己的知识水平、专业技能、精神品质等情况展示给招聘单位，为获取面试机会做好准备。

2. 获得招聘单位的面试机会

应聘书能让用人单位真切感觉到求职者的实力和诚意。一封好的应聘书能将求职者的所有能力和精神展现给招聘单位，能吸引招聘单位的注意力，从而得到面试机会。很多求职者就是因为没有应聘书或者应聘书较差，失去了招聘单位的面试机会，求职者也就失去了获得工作的机会。

（四）应聘书的结构与写法

应聘书一般由标题、称谓、正文、附件和落款组成。

1. 标题

标题一般写"自荐信"、"应聘书"，位置在第一行居中，字体要比正文的字体稍大一些。

2. 称谓

称谓是应聘人对读信人的称呼，同普通书信的各式一样，称谓要顶格书写。应聘书若写给用人单位，称谓就直接写明用人单位名称；若写给用人单位的有关负责人，则可写"尊敬的××经理"、"尊敬的××领导"。

3. 正文

（1）开头。首先要对招聘单位接收或阅读应聘书表示感谢，其次用简洁明确的语言概述求职的原因和目的。也可说明如何通过某种渠道获知招聘单位的用人信息，或是看好用人单位的发展前景，认为它能为自己提供一个很好的发挥个人能力的平台等。避免使用令人讨厌的开头方式，以提高求职成功率。

（2）主体。主要介绍求职者本人的基本情况，如姓名、性别、年龄、政治面貌、学历、职务、职称等，并表明求职的目标、意图，明确提出求职者本人所要谋取的具体岗位或职务的名称。紧扣用人单位的岗位或职务所要求的条件介绍，突出求职者本人的优势，着重叙述自己的经历和成绩以及爱好、专长等，以充分展示求职者对所谋求工作职务具备的资格和能力。如果是刚毕业的学生，在这一部分可以介绍自己所学的专业以及与所谋求的工作职务相关的课程，也可以附带说明自己曾获得的某些专业等级或有关荣誉、奖励。如果曾做过一些兼职或参加过一些社会活动，也可以写一下，以供用人单位参考，让用人单位了解求职者除了具有扎实的专业理论基础外还具有一定的实践经验。总之，这部分内容要有针对性，要有所侧重。

（3）结束语。求职者在后面一般要写明个人的求职愿望或对用人单位的真挚希望。此外，还应用致敬语和祝颂语。如"此致敬礼"、"工作顺利"、"事业蒸蒸日上"等。同时也可注明求职者本人的联系方式，以便用人单位联系。

4. 附件

应聘书往往有证明求职者身份和能力的履历表、学历学位证书、资格证书、获奖证书、发表作品等资料的复印件。这些资料可采用附件的形式出现，在正文下一行空两格写上"附件"二字，将所有的附件名称一一罗列。附件本身则按序整理，装订在应聘书之后。

5. 落款

即署名和日期，写在正文的右下角。日期要标注规范，不能用简略方式。例如，"2006 年 12 月 15 日"不能写做"06. 12. 15"。

（五）应聘书写作的要求

1. 针对性

应聘书的目的是让对方相信你能胜任所谋求的岗位，因此，向对方推荐、介绍自己的内容一定要有针对性，要有的放矢、突出重点。

2. 客观真实

应聘书的内容必须真实可靠，对自己的学识和能力要如实表述，不能夸大，也不能作假。自信而不自大是成功求职的一个重要因素。

3. 言辞恳切

求职者要想得到一个满意的职位，在求职的过程中就要心怀诚意，用词要礼貌、得体，态度要谦逊、自然。

【例文 9－13】

自荐信

尊敬的领导：

感谢您垂阅我的自荐信。贵校重教尊师，名播于世，"天下谈士，依以扬声"。

我是××师范大学文学院 2010 届一名本科毕业生，四年来，在领导、老师的敦促关爱和自己的刻苦钻研下，全方面地充实锻炼自己，系统地学习和掌握了较为扎实的专业基础知识，顺利地通过了计算机国家二级、英语四级、"三字一话"等等级考试。获得荣誉有校优秀团员、校社会实践奖、校"三下乡"社会实践先进个人、学院优秀学生干部等。

"学而不思则罔，思而不学则殆"。我深知仅仅学习书本上的知识是不够的，必须在工作实践中不断磨炼自己、丰富自己、提高自己，真正做到全面发展。因此，我发挥所学之长，积极参加各种社会活动。自进校以来，在院学生会我由一名青年志愿者到学生会主席，勤勤恳恳地工作，组织开展了诸如毕业生晚会、女生文化节、模拟招聘会等各种丰富多彩的学生活动，得到领导、老师的一致好评；在担任班级副班长、班长期间诚挚为同学服务，认真负责，方法得当。并成功组织策划一系列集体活动，如《天涯共此时》、《我们的路》等文艺活动；组织"荷塘夜色"年级秋游活动，组织开展讲课小组及讲课比赛活动；利用假期积极投身社会实践：先后在南京做义务家教，进行社会调查，并参加学校的暑期"三下乡"社会实践队且获得"社会实践先进个人"的荣誉。在工作中，我不断总结，不断探索，积累起了宝贵的经验，同时也培养了我的组织协调能力，磨砺了我的意志品质，丰富了我的学习生活。

在生活中，我本着踏实、热情、乐观的人生态度，尊师重道，待人真诚大方，树起了勇于挑战、不惧挫折的信心及不断探索攀登的信念；培养起了较强的沟通能力、全局意识及创新精神。同时我热爱生活，尊重生命，兴趣广泛，积极参加棋类、旅游等各种活动，感受生命之美、人生之美。

2010年9月至10月在中学实习期间，我兢兢业业，勤奋钻研，进一步锻炼、充实、丰富了自己，得到了领导及老师的鼓励、赞誉。现在作为一名应届毕业生，我真诚地希望加入贵校，相信贵校团结上进的工作学习氛围一定能给我一个崭新的世界。如果真的成为贵校的一员，我不仅要以扎实的专业知识成为学生学习的榜样，还会在思想上以一个党员的身份成为学生的楷模，在生活中我会以我的真诚和热情成为学生的朋友。

也许，我不是最优秀的，但我有一丝不苟的态度、不灭的激情、不认输的精神和坚忍不拔的毅力。将我的真诚溶入这几页薄薄的纸里，等待着您给我一个舞台，让我演绎另一段缤纷人生。

　　此致
敬礼

　　　　　　　　　　　　　　　　　　　　　　　　××敬呈

　　　　　　　　　　　　　　　　　　　　　　　二〇一〇年十月

【思考练习】
　　一、试为学校春季运动会分别写篇开幕词和闭幕词
　　二、请为文学院的迎新晚会写一张宣传海报
　　三、以寝室为单位完成一篇演讲稿，并在课堂上进行集体演讲
　　四、假设自己是一名全日制的本科毕业生，独立设计一份应聘书

第十章 经济论文

第一节 概 述

经济论文，是研究经济现象、探讨经济规律、发展经济理论、指导经济工作实践的学术论文。它既是进行经济研究的一种手段，又是描述科研成果、进行学术交流的一种工具。

在经济领域中，对某些现象提出新的见解，或在实践中有新的发现、新的主张，或对某些材料加以整理、分析，得出新的结论，都可写成经济论文。它所涉及的范围极广，宏观微观，古今中外，在辽阔的经济领域里，分析问题，总结规律，指明方向，推动经济事业向前发展。

一、分类

经济论文从研究深度上来说大致可以分为经济学术论文和毕业论文两大类。

二、特点

（一）科学性

科学性是经济论文的基本属性。经济论文的科学性，表现在两个方面：其一，要有正确的命题，即提出的论点能反映客观经济规律。因为经济论文写作，正是从对具体经济现象的分析、研究中，发现客观规律作为自己立论的基础。这样，它才能正确指导经济活动实践，并经得起实践的检验。其二，论证要系统、严密、合乎逻辑，即论据与论点之间有必然联系。一篇论文，如果只是论点正确，而论证过程颠三倒四、破绽百出，或牵强附会、不合逻辑规律，也不能说有科学性。

（二）创造性

创造性是科学研究的生命，也是经济论文的生命。经济论文的创造性，就是其提出的理论或方法，是前人未曾提过的新发现。创造性要求作者不作简单的重复，不拾人牙慧，不做"文抄翁"。但也不是说每篇论文都要创造出新的理论体系，只要在前人的基础上前进一步，哪怕一小步，作锦上添花的补充，也还是有意义的。

（三）实用性

理论要能指导实践，才有意义，才有价值。因此，经济论文要从经济现实出发，有针对性地提出指导实践的理论或解决问题的办法措施，阐述相关的看法和意见。无论是探讨理论的经济论文或是探讨实际问题的经济论文，都要立足于瞬息万变的现实，探讨现实中需要解决的问题。这样，科研成果才能转变为生产力，为实践服务，才有价值。

三、作用

（一）是开发智能、培养高素质人才的手段

进行经济科学研究是一种复杂的脑力劳动，必须探索事物的内在联系和必然规律，要求研究者具备较强的思维能力，特别是逻辑思维能力与创造性思维能力。而经济论文写作，从选题至表达都是一种严谨的逻辑思维活动，一种创造性的思维过程。每写一次，作者对客观事物的看法便会进一步，思维能力与创造能力就得到一次锻炼。

（二）是用来表达经济科研成果、进行学术交流的工具

经济论文是经济研究成果物化的呈现形式。无论何种领域，其研究活动的最终归宿，总是先用论文来表达，然后才能进行学术交流，才能形成百花齐放、百家争鸣的局面，经济科学才能繁荣。

（三）为经济活动决策提供理论依据，是指导经济活动的理论武器

经济论文写作目的性很强，它使研究成果物化为商务经济理论，其最终目的不是供人欣赏或消遣，而是指导经济活动。没有理论指导的实践是盲目的实践。为避免经济活动的盲目性，为国家、为社会经济建设作出科学的决策，就必须要有先进的理论作为指导。

经济论文就能担负起这个指导作用，为领导决策提供理论依据。

第二节　经济学术论文

经济学术论文是经济论文的一种。它是系统和专门讨论、研究社会活动中各种经济关系和经济活动规律的文章，是对各类经济现象、经济问题进行科学研究并且表述这种研究结果的文章。经济论文既是探讨经济问题、进行经济科学研究的一种手段，又是表述经济科研成果、进行学术交流的工具，是对客观经济规律的解释和真理的发现，一般在论述上都具有经济价值。

经济学术论文既然是经济论文的一个分支，也就决定了经济学术论文的性质和特点与经济论文的性质和特点是相同的。

一、经济学术论文的分类

经济学术论文的种类很多，从不同角度、按照不同的标准可以分出不同的类型：

（1）按课题研究所涉及的范围和性质分，有专题性经济论文和综合性经济论文。

（2）按经济理论体系的层次分，有宏观经济论文和微观经济论文。

（3）按研究对象的性质分，有理论型经济论文和应用型经济论文。

二、经济学术论文的特点

从写作的表达方式上来看，经济学术论文具有一般议论文的特点，即要有论点、论据和论证过程三个基本要素，都要以概念、判断和推理为主要手段。但与一般的论说文相比，经济学术论文又有自己的特点。拿论证的对象来说，经济学术论文不是仅就某一具体事件议论得失、发表评论，而是对某类带有普遍性的经济现象加以研究。再拿写作的目的来说，经济学术论文一般总是站在一定的理论高度观察和分析带有重要研究价值的问题，从而为制订、论证、修改或否定相关部门的重大经济决策提供理论依据或参考。因此，如果我们拿经济学术论文与其他以经济活动为对象的议论文体相比，就不难发现经济学术论文的三个突出特点——创新性、学术性和实用性。

（一）创新性

创新性是所有学术论文的生命根源，它是衡量学术论文价值的根本标准。经济学术论文的创新性是指经济学术论文的立论要新，要有独到的见解。经济学术论文的宗旨是探索经济运动规律，指导经济实践，这就要求它必须在理论上有独到见解。表现在经济学术论文的写作中，既可以是观点新颖、独辟路径，也可以是角度新颖、论述别致。当然，这里所说的创新性，与那种"标新立异"、不经严密准备就匆忙提出来的东西是有原则区别的。

（二）学术性

经济学术论文的学术性中的"学术"是指系统和专门的学问，是指有较深厚的实践基础和一定的理论体系的知识。经济学术论文的学术性主要体现为两种作用：一是它对经济规律的研究作用，即其理论价值。它立足于前人的研究成果和对现实经济活动的观察分析，或是揭示出新的经济规律，或是对已为前人所认识到的经济运动规律作出新的解释，从而促进社会经济的发展。二是它的论争性，或曰商榷性。这一方面是指经济学术论文往往有自己理论上的"对立面"。无论是以立论为主（即主要是提出并论证一种新的见解），或是以驳论为主（即主要是反驳或否定某种观点），还是以综合在某个问题上的各种见解为主的经济学术论文，经常是在两种互相对立观点的论争中，展开自己的论理过程的。另一方面，经济学术论文的作者既然要得出自己的某种结论，那就要准备不同意见的争鸣与商榷，准备随时对自己的论点进行辩解或修改。因此，经济学术论文与其他经济论文一样既要结论明确，又要留有一定余地，力求逻辑严谨，经得起推敲。

（三）实用性

经济学术论文的实用性，主要指它对经济实践活动有着重要的指导作用。它的论题往往是从经济实践中产生的，反过来，它又直接服务于经济现实。经济学术论文与经济实践的关系，较之其他学术领域的学术研究文章，显得更为直接、更为密切。脱离现实、空泛论理的经济学术论文，是没有多少意义的。

三、经济学术论文的作用

（1）为正确决策提供可靠依据。

（2）指导经济建设健康发展。

（3）传播经济信息，推广科研成果，交流经济建设经验。

（4）体现学识水平，培养开拓精神，提高创新能力。

四、经济学术论文的结构与写法

（一）标题

要能够正确而恰当地选题，首先要明确选题的原则。明确了选题原则，就能比较容易地选定一个既有一定学术价值，又符合自己志趣、适合个人研究能力，因而较有成功把握的题目。标题是文章的眉目。各类文章的标题，样式繁多，但无论是何种形式，总要以全部或不同的侧面体现作者的写作意图、文章的主旨。商务经济学术论文的标题一般分为总标题、副标题、分标题几种。

总标题是文章总体内容的体现。常见的写法有：揭示课题的实质（这种形式的标题，高度概括全文内容，往往就是文章的中心论点）、提问式（这类标题用设问句的方式，语意婉转，需要读者思考，因其观点含蓄，容易激起读者的注意）、交代内容范围（这种形式的标题，只对文章内容的范围作出限定，看不出作者所指的观点）、用判断句式（这种形式的标题给予全文内容的限定，可伸可缩，具有很大的灵活性。文章研究对象是具体的，面较小；但引申的思想又须有很强的概括性，面较宽）、用形象化的语句。标题的样式还有多种，作者可以在实践中大胆创新。

为了点明论文的研究对象、研究内容、研究目的，对总标题加以补充、解说，有的论文还可以加副标题。特别是一些商榷性的论文，一般都有一个副标题，如在总标题下方，添上"与××商榷"之类的副标题。另外，为了强调论文所研究的某个侧重面，也可以加副标题。

设置分标题的主要目的是清晰地显示文章的层次。有的用文字，一般都把本层次的中心内容昭然其上；也有的用数字编码，仅标明"一、二、三"等顺序，起承上启下的作用。需要注意的是：无论采用哪种形式，都要紧扣所属层次的内容，以及上文与下文的紧密联系。

（二）作者署名

署名是文权所有和文责自负的体现。只有直接参加了研究工作并且能对论文内容负责的人，才有权利、也有必要在论文上署名。至于专家、领导或非研究者挂名，则属于不正常现象，是学术研究中的不正之风，必须予以杜绝。

（三）目录

篇幅较长的论文应编写出简单的目录。论文目录也就是论文中的各级小标题的依次排列。排出小标题，并标明标题所在页的页码，便于读者从整体上把握文章的逻辑体系，也为读者选读论文的有关部分提供了方便。其写法和格式与一般书刊的目录格式相同。

（四）摘要

摘要是论文内容不加注释和评论的简短陈述，是一篇与论文主要信息量等同的完整短文，重点要说明论文的最终结论。内容摘要的写作要求可以概括为"全、精、简、实、活"。具体说来：

具有完整性。即不能把论文中所阐述的主要内容（或观点）遗漏。摘要应写成一篇完整的短文，可以独立使用。

重点要突出。内容摘要须突出论文的研究成果（或中心论点）和具有结论性意义的内容，其他各项可写得简明扼要。

文字要简练。内容摘要的写作必须字斟句酌，用精练、概括的语言表述，每项内容不宜展开论证说明。

陈述要客观。内容摘要一般只写课题研究的客观情况，对工作过程、工作方法以及研究成果等，不宜作主观评价，也不宜与别人的研究作对比说明。一项研究成果的价值，自有公论，大可不必自我宣扬。因而，实事求是也是写作内容摘要的基本原则。

语言要生动。摘要既要写得简明扼要，又要生动活泼、引人入胜，在词语润色、表达方法和章法结构上要尽可能体现文采，以求唤起读者阅读正文的欲望。

（五）关键词

为了便于计算机系统对各类论文的收集整理，以供读者检索和引用，学术性的经济论文要列出 4~6 个关键词。关键词通常是从论文的题目、摘要和正文中选取出来的，是对表述论文的中心内容有实质意义的词汇。

（六）正文

正文包括绪论、本论、结论三个部分。这三个部分，一般在行文中不必明确地表示出来，但若论文的主体部分分为若干个章节或部分来论述，则应尽可能加上小标题表示出各个部分的论述内容。

绪论（引言）是论文的开头部分，要言简意赅地说明以下几个方面的内容：首先，说明论文写作的目的、意义，对所研究的问题的认识；其次，提出问题。

本论是指论文的主体，是论文中最重要的部分，整个论证过程在此部分展开。本论一般包括：首先，根据中心论点的需要，确定分论点并安排好文章层次、段落；其次，提出分论点。

结论是论文的结尾，主要可写三部分内容：首先，提出或强调得出的结论；其次，对论题研究的未来发展提出展望；最后，对有关问题作简要说明。

（七）注释

在经济学术论文的写作中，有些问题需要在正文之外加以阐释，这就需要论文有另一项内容——注释。它是经济学术论文的一个有机组成部分，而不是文章之外的项目。论文的注释有补充内容的注释和注明资料出处的注释两大类。

（八）致谢

谢辞是向在本篇论文的撰写过程中，曾给予自己帮助的人表示谢意。它可以写在正文的结论部分，也可以单列出来，使之成为论文中的一个项目。

（九）参考文献

经济学术论文的正文之后要列出使用过的主要参考文献目录。这是作者产生创见的依据，把它列示出来，既是对他人劳动成果的尊重，又能加大论文的信息量，使研究相同课题的读者从中得到启发。

（十）附录

附录是对论文正文内容的补充。不便于放在正文中的资料性内容，可以放到附录中去，如全文或几个部分共同使用的图表，帮助读者理解、消化文章内容的补充性资料等。

五、经济学术论文的写作要求

经济学术论文无论在内容或形式上都有一定的要求，这也是考核学术论文优劣的基本依据之一。经济学术论文写作的一些原则要求如下：

（一）坚持理论联系实际的原则

撰写学术论文必须坚持理论联系实际的原则。理论研究，特别是社会科学的研究必须为现实服务，为社会主义现代化建设服务，为两个文明建设服务。理论来源于实践，又反作用于实践。科学的理论对实践有指导作用，能通过人们的实践活动转化为巨大的物质力量。科学研究的任务就在于揭示事物运动的规律性，并用这种规律性的认识指导人们的实践，推动社会的进步和发展。因此，学术论文在选题和观点上都必须注重联系社会主义现代化建设的实际，密切关注社会生活中出现的新情况、新问题。

要坚持理论研究的现实性、做到理论联系实际，就必须迈开双脚，深入实践，进行社会调查研究。这也是我们正确认识社会的基本途径。人们只有深入实践当中，同客观事物广泛接触，获得大量的感性材料，然后运用科学的逻辑思维方法，对这些材料进行去粗取精、去伪存真、由此及彼、由表及里的加工制作，才能从中发现有现实意义而又适合自己研究的新课题。在我国改革开放的实践中，新情况、新问题、新经验层出不穷，需要研究的问题遍布社会的方方面面，只要我们对现实问题有浓厚的兴趣和高度的敏感性，善于捕捉那些生动而具有典型性的现实材料，通过深入的思考和研究，就能从中引出有利于社会主义现代化建设的规律性认识，提高学术论文的价值。当然，撰写学术论文可选择的课题十分广泛，并不只限于现实生活中的问题，也可以研究专业基本理论、中西方比较研究等；但无论选择什么研究课题，都必须贯彻理论联系实际的原则，做到古为今用、洋为中用、从历史的研究中吸取有益于现实社会发展的经验教训，或从对外国的研究中，借鉴其成功经验和失败教训，为我国的对外政策提供某些依据。

贯彻理论联系实际的原则和方法，必须认真读书，掌握理论武器。李瑞环同志指出："强调联系实际，绝不意味着否定读书的重要，恰恰相反，更要认真地读，反复地读，深钻苦研，做到真正读懂弄通。否则，没有掌握理论，怎么谈得上理论联系实际？"（《求是》杂志1989年第24期）认真读书包括两个方面的内容，一是具备坚实专业基础知识。这是写好学术论文的前提和必要条件。经验告诉我们，只有具备了相应水平的知识积累，才能理解一定深度的学术问题；同时，也只有具备了某一特定的知识结构，才能对某学科中的问题进行研究。正如黑格尔所说，在讨论学术问题之前，必须"先有具备某种程度的知识"，否则，"没有凭借作为讨论出发的根据，于是他们只能徘徊于模糊空疏以及毫无意义的情况中"（《小逻辑》第三版序言）。二是要认真学习马克思主义的基本原理，学会运用马克思主义的立场、观点和方法分析问题、解决问题。马克思主义正确地揭示了自然界、人类社会和思维发展的最一般规律，成为无产阶级和革命人民认识世界和改造世界的强大思想武器。马克思主义作为伟大的认识工具，虽然并不直接提供解决各种具体问题的答案，但它对我们正确地发现问题、分析和解决问题提供了正确的立场、观点和方法，因此，在撰写学术论文时，应当努力学习和掌握马克思主义基本理论，自觉地用马克思主义的立场、观点和方法来指导学术论文的写作。

（二）立论要科学，观点要创新

1. 立论要科学

经济学术论文的科学性是指文章的基本观点和内容能够反映事物发展的客观规律。文章的基本观点必须是从对具体材料的分析研究中产生出来，而不是主观臆想出来的。科学研究的作用就在于揭示规律，探索真理，为人们认识世界和改造世界开拓前进的道路。判断一篇论文有无价值或价值之大小，首先是看文章观点和内容的科学性如何。

文章的科学性首先来自对客观事物的周密而详尽的调查研究。掌握大量丰富而切合实际的材料，使之成为"谋事之基，成事之道"。

其次，文章的科学性通常取决于作者在观察、分析问题时能否坚持实事求是的科学态度。在科学研究中，既不容许夹杂个人的偏见，又不能人云亦云，更不能不着边际地凭空臆想，而必须从分析出发，力争做到如实反映事物的本来面目。

最后，文章是否具有科学性，还取决于作者的理论基础和专业知识。写作学术论文是在前人成就的基础上，运用前人提出的科学理论去探索新的问题。因此，必须准确地理解和掌握前人的理论，具有广博而坚实的知识基础。如果对学术论文所涉及领域中的科学成果一无所知，那就根本不可能写出有价值的论文。

2. 观点要创新

学术论文的创新是其价值所在。文章的创新性，一般来说，就是要求不能简单地重复前人的观点，而必须有自己的独立见解。学术论文要有创新性，是由科学研究的目的决定的。从根本上说，人们进行科学研究就是为了认识那些尚未被人们认识的领域，学术论文的写作则是研究成果的文字表述。因此，研究和写作过程本身就是一种创造性活动。从这个意义上说，学术论文如果毫无创造性，就不成其为科学研究，因而也不能称为学术论文。

当然，对学术论文创造性的具体要求应作正确的理解。它可以表现为在前人没有探索过的新领域、前人没有做过的新题目上做出了成果；可以表现为在前人成果的基础上作进一步的研究，有新的发现或提出了新的看法，形成一家之言；也可以表现为从一个新的角度，把已有的材料或观点重新加以概括和表述。文章能对现实生活中的新问题作出科学的说明，提出解决的方案，这自然是一种创造性；即使只是提出某种新现象、新问题，能引起人们的注意和思考，这也不失为一种创造性。国家科委成果局在发布的《发明奖励条例》中指出："在科学技术成就中只有改造客观世界的才是发明……至于认识客观世界的科学成就，则是发现。"条例中对"新"作了明确规定："新"是指前人所没有的；凡是公知和公用的，都不是"新"。这些规定，可作为我们衡量毕业论文创造性的重要依据。

衡量学术论文的创造性，可以从以下几个具体方面来考虑：

（1）所提出的问题在本专业学科领域内有一定的理论意义或实际意义，并通过独立研究，提出了自己一定的认识和看法。

（2）虽是别人已研究过的问题，但作者采取了新的论证角度或新的实验方法，所提出的结论在一定程度上能够给人以启发。

（3）能够以自己有力而周密的分析，澄清在某一问题上的混乱看法。虽然没有更新的见解，但能够为别人再研究这一问题提供一些必要的条件和方法。

（4）用较新的理论、较新的方法提出并在一定程度上解决了实际生产、生活中的问题，取得一定的效果；或为实际问题的解决提供新的思路和数据等。

（5）用相关学科的理论较好地提出并在一定程度上解决本学科中的问题。

（6）用新发现的材料（数据、事实、史实、观察所得等）来证明已证明过的观点。

科学研究中的创造性要求对前人已有的结论不盲从，而要善于独立思考，敢于提出自己的独立见解，敢于否定那些陈旧过时的结论，这不仅要有勤奋的学习态度，还必须具有追求真理、勇于创新的精神。要正确处理继承与创新的关系，任何创新都不是凭空而来的，总是以前人的成果为基础的。因此，我们要认真地学习、研究和吸收前人的成果。但是这种学习不是不加分析地生吞活剥，而是既要继承又要批判和发展。

（三）论据要翔实，论证要严密

1. 论据要翔实

一篇优秀的学术论文仅有一个好的主题和观点是不够的，它还必须要有充分、翔实的论据材料作为支持。旁征博引、多方佐证，是学术论文有别于一般性议论文的明显特点。一般性议论文，作者要证明一个观点，有时只需对一两个论据进行分析就可以了，而学术论文则必须以大量的论据材料作为自己观点形成的基础和确立的支柱。作者每确立一个观点，必须考虑：用什么材料做主证，什么材料做旁证；对自己的观点是否会有不同的意见或反面意见，对他人持有的异议应如何进行阐释或反驳。学术论文要求作者所提出的观点、见解确确实实是属于自己的；而要使自己的观点能够得到别人的承认，就必须有大量的、充分的、有说服力的理由来证实自己观点的正确。

学术论文的论据要充分，还须运用得当。一篇论文中不可能也没有必要把全部研究工作所得，古今中外的事实事例、精辟的论述，所有的实践数据、观察结果、调查成果等都引用进来；而是要取其必要者，舍弃可有可无者。论据为论点服务，材料的简单堆积不仅不能证明论点、强有力地阐述论点，反而给人以一种文章拖沓、杂乱无章、不得要领的感觉。因而在已收集的大量材料中如何选择必要的论据显得十分重要。一般来说，要注意论据的新颖性、典型性、代表性，更重要的是考虑其能否有力地阐述观点。

学术论文中引用的材料和数据，必须正确可靠，经得起推敲和验证，即论据的正确性。具体要求是，所引用的材料必须经过反复证实。第一手材料要公正，要反复核实，要去掉个人的好恶和想当然的推想，保证其客观、真实。第二手材料要究根问底，查明原始出处，并深领其意，而不得断章取义。引用别人的材料是为自己的论证服务，而不得作为篇章的点缀。在引用他人材料时，需要下一番筛选、鉴别的工夫，做到准确无误。写作学术论文，应尽量多引用自己的实践数据、调查结果等作为佐证。如果文章论证的内容，是作者自己亲身实践所得出的结果，那么文章的价值就会增加许多倍。然而在进行科学研究中难免重复别人的劳动，在学术论文中引用别人的实践结果、数据等，在所难免。但如果全篇文章的内容均是间接得来的东西的组合，很少有自己亲自动手得到的东西，那也就完全失去了写作学术论文的意义。

2. 论证要严密

论证是用论据证明论点的方法和过程。论证要严密、富有逻辑性，这样才能使文章具有说服力。从文章全局来说，作者提出问题、分析问题和解决问题，要符合客观事物的规律，符合人们对客观事物认识的程序，使人们的逻辑程序和认识程序统一起来，全篇形成一个逻辑整体。从局部来说，对于某一问题的分析、某一现象的解释，要体现出较为完整的概念、判断、推理的过程。

学术论文是以逻辑思维为主的文章样式，它诉诸理解并大量运用科学的语体，通过概念、判断、推理来反映事物的本质或规律，从已知推测未知，各种学术论文都是采用这种思维形式。学术论文往往是用已知的事实，采取归纳推理的形式，求得对未知的认识。要使论证严密、富有逻辑性，就必须做到：（1）概念判断准确，这是逻辑推理的前提；（2）要有层次、有条理地阐明对客观事物的认识过程；（3）要以论为纲，虚实结合，反映出从"实"到"虚"，从"事"到"理"，即由感性认识上升到理性认识的飞跃过程。

此外，撰写学术论文还应注意文体式样的明确性、规范性。学术论文、调查报告、科普读物、可行性报告、宣传提纲等都有各个的特点，在写作方法上不能互相混同。

一般来说，文章采用的基本推理形式，决定着文章的内在结构形式。例如，如果一篇文章主要是想探讨某一事物产生的原因，反映在结构上，则必然有因果关系的两个部分，或者由结果推断原因，或者由原因推断结果，缺一不可。

第三节　经济毕业论文

毕业论文是高等学校应届毕业生针对某一问题，综合运用自己所学专业的理论基础、基本知识和基本技能，进行探讨和研究后写出的，阐述或解决某一问题、发表自己学术见解的文章。毕业论文是对毕业生所学的专业基础知识和研究能力、自学能力以及各种综合能力的检验，是高级专门人才人文素养、科学素质和实践能力培养的重要环节。它是高等院校应届毕业生必须完成的大型综合性的独立作业，是大学阶段全部学习成果的总结，也是高等院校的一个重要的教学环节。通过做毕业论文的形式，可以使学生在综合能力、治学方法等方面得到锻炼，使之进一步理解所学专业知识，扩大知识面。经济、社会和科技的发展，对高等学校人才培养质量和培养模式提出了新的、更高的要求，需要相应提高本科毕业论文的质量和要求。毕业论文的目的是在教师指导下，运用已学知识，独立进行科研活动，初步掌握分析和解决某一学科问题的能力，同时也是学校全面检验学生素质的一个重要方面。在此过程中要进一步巩固和加强学生的基本知识的掌握和基本技能训练，加强对学生的多学科理论、知识与技能综合运用能力的训练，加强学生创新意识、创新能力和获取新知识能力的培养，鼓励毕业生运用所学知识独立完成课题，培养其严谨、求实的治学方法和刻苦钻研、勇于探索的精神。如果一个高等院校的应届毕业生能够运用自己已有的知识，加深对有关资料的理解，从中有了新的发现，提出独到见解，解决一定实际问题，这就表明论文作者已初步掌握了科研方法，初步具有了独立解决专门问题的能力，其课程学习和毕业论文（毕业设计或其他毕业实践环节）的成绩合格；表明该学生已较好地掌握了本学科的基础理论、专门知识和基本技能，并且有从事科学研究工作或担负专门技术工作的初步能力。

总之，毕业论文的撰写，对于巩固和检验学生的学习成果，对于锻炼学生独立分析问题和解决问题的能力，对于培养学生具备一定的科研能力，为将来的工作打好扎实基础，都是大有好处的。同时，毕业论文评审和答辩是否合格，也关系到学生能否获得毕业证书。

毕业论文不是一种独立的文体，毕业论文是学术论文的一种，因而毕业论文具有学术论文性质，应能表明作者在科学研究工作中取得的新成果或提出的新见解，是作者的科研能力与学术水平的标志。毕业论文具有学术论文所共有的一般属性，应按照学术论文的格式写作。学位论文和学术论文的区别是学位论文是为了申请到学位而公开发表的报告。而学术论文是发表在杂志或学术会议上阐明自己学术观点的文章

一、经济毕业论文的分类

毕业论文是学术论文的一种形式，为了进一步探讨和掌握毕业论文的写作规律和特点，需要对毕业论文进行分类。由于毕业论文本身的内容和性质不同，研究领域、对象、方法、表现方式不同，因此，毕业论文就有不同的分类方法。

按内容性质和研究方法的不同可以把毕业论文分为理论性论文、实验性论文、描述性论文和设计性论文。后三种论文主要是理工科大学生可以选择的论文形式，这里不作介绍。文科大学生一般写的是理论性论文。理论性论文具体又可分成两种：一种是以纯粹的抽象理论为研究对象，研究方法是严密的理论推导和数学运算，有的也涉及实验与观测，用以验证论点的正确性。另一种是以对客观事物和现象的调查、考察、观测所得资料以及有关文献资料数据为研究对象，研究方法是对有关资料进行分析、综合、概括、抽象，通过归纳、演绎、类比，提出某种新的理论和新的见解。

按议论的性质不同可以把毕业论文分为立论文和驳论文。立论性的毕业论文是指从正面阐述论证自己的观点和主张。一篇论文侧重于以立论为主，就属于立论性论文。立论文要求论点鲜明，论据充分，论证严密，以理和事实服人。驳论性毕业论文是指通过反驳别人的论点来树立自己的论点和主张。如果毕业论文侧重于以驳论为主，批驳某些错误的观点、见解、理论，就属于驳论性毕业论文。驳论文除按立论文对论点、论据、论证的要求以外，还要求针锋相对、据理力争。

按研究问题的大小不同可以把毕业论文分为宏观论文和微观论文。凡属国家全局性、带有普遍性并对局部工作有一定指导意义的论文，均称为宏观论文。它研究的面比较宽广，具有较大范围的影响。反之，研究局部性、具体问题的论文，是微观论文。它对具体工作有指导意义，影响的面窄一些。

另外还有一种综合的分类方法，即把毕业论文分为专题型、论辩型、综述型和综合型四大类：

（一）专题型论文

这是分析前人研究成果的基础上，以直接论述的形式发表见解，从正面提出经济学中某一学术问题的一种论文。

（二）论辩型论文

这是针对他人在经济学科中某一学术问题的见解，凭借充分的论据，着重揭露其不足或错误之处，通过论辩形式来发表见解的一种论文。另外，针对几种不同意见或社会普遍流行的错误看法，以正面理由加以辩驳的论文，也属于论辩型论文。

（三）综述型论文

这是在归纳、总结前人或今人对经济学科中某一学术问题已有研究成果的基础上，加以介绍或评论，从而发表自己见解的一种论文。

（四）综合型论文

这是将综述型和论辩型两种形式有机结合起来写成的一种论文。

毕业论文无论在内容或形式上都有一定的要求，这也是考核论文成绩的基本依据之一。关于毕业论文写作的具体要求，在以后的有关章节中将作详细论述，这里先说说毕业论文写作的一些原则要求。

二、经济毕业论文的特点

（一）学术性

要求学生对经济领域中纷繁复杂的现象和理论研究现状进行分析、归纳，从中找出以往研究的不足和问题，并提出自己的想法与对策。

（二）科学性

要求研究内容准确，思路清晰，结构完整，材料的收集、整理、分类、取舍科学，结论可信。

（三）规范性

在篇幅、格式、文献、内容、装订等方面都有特殊要求。

（四）学习性

在总结所学知识的基础上，还要学习更多的知识，掌握更多的学习方法，提高研究能力。

（五）独立性

相信自己，依靠自己，在教师的指导下独立思考、独立撰写。

三、经济毕业论文的写作程序

（一）选题

经济毕业论文除了其特定的研究对象外，其写作方法与一般学术论文基本相同。写毕业论文，必须具备相应学科的基础理论知识，必须掌握大量的资料文献，还必须要有一定的写作能力和写作条件。选题，就是确立一个合适的研究方向。这是撰写经济毕业论文时首先碰到的问题，也是论文写作成败的关键。下文着重从写作的角度，谈谈经济毕业论文写作的一些基本要求。

论题是论说文的灵魂。它不但代表着作者的研究方向、论述范围，而且有时甚至就是作者在本文中研究解决的主要论点。它凝聚了作者在某一领域或某一专题内研究的基本成果。因此选择和确立论题时，一定要舍得下工夫。那么，究竟怎样选择和确立论题呢？一般应遵循这样几个原则：

1. 论题应是经过认真的调查研究、刻苦钻研之后的自然结果

选题要在一定的研究基础上进行。就是说，选题之前，作者要先对某一方面的问题有比较深入系统的了解。在做了大量调查或搜集、整理工作，查阅了大量材料之后，有一定的心得体会，然后再确定论文题目。一般来说，经济毕业论文的论题都是经过思考之后自然形成的结果。只有先进行必要的调查研究之后，确有发现，确实形成了自己的看法，感到确有东西可写时，论题才比较容易产生，选定的题目写作起来才比较容易、比较顺畅。当然，也有的作者是先确定题目后再去加以研究的，即根据经济现实的需要，先确立一个主攻方向，然后据此去搜集资料，展开研究，最后写出论文。但这样选题的难度较大，不如前一种方法来得自然、方便。其实，纵使采用后一种方法，也得首先具有必要的理论根底。否则，连哪些问题有研究价值都无从知道，就更谈不上如何去确定题目了。

2. 选题应注意扬长避短，发挥优势

选题应从自己的实际出发，选择自己"家底"较厚、近期内通过研究又能得到解决的那一部分问题。题目的大小要恰当，难易要适度。对于初学经济论文写作的人来说，要想在不太长的时间内去做一些生题目、大题目、难题目，往往事倍功半，甚至劳而无功。

3. 论题应深刻、独到、有创见

前文已经说过，经济毕业论文的特点之一是有创见性。而创见性可以说首先要体现在论文的论题上，要求选用的论题必须深刻、独到、新颖，要见人之所未见，发人之所未发，开掘出规律性的东西。为此，在选择和确定论题的时候，不仅要对将要研究问题的自身规律有清晰、明确的了解，而且还应对与此问题相关联、相对立的诸事物作尽可能全面的了解。例如，如果你准备研究某个经济问题，那么，凡是涉及这一问题的理论与现实的各个方面你都要了解。必须搞清楚：这个课题前人涉及过没有？解决了没有？有哪些论点可资借鉴？有无争议？争议的焦点在哪里？有几种代表性意见？哪种意见占多数？研究它对指导当前实践的意义大不大？还有无研究、争议的必要？等等。这些问题搞清楚了，就可以发现前人没有解决或没有解决好的问题，就可以据此提出自己独到的见解。总之，凡是与之相关的问题，不论大小，都要尽量了解；了解得越详细、越透彻，主动权就越大。

4. 选题还应注意角度

经济毕业论文之所以会有不同的内容，除了主要取决于论文的观点、材料各不

相同外，在很大程度上还由于确定和选择论题的方法也不同，这就是选题的角度问题。角度，即我们看问题的出发点。古诗云："横看成岭侧成峰，远近高低各不同。"同一事物，由于观察它的角度不同，观察的结果也就会有很大的不同。因此，角度问题不可小看，它直接关系到论文写作的好坏。在充分占有写作论文的材料并初步确定论文主题之后，论题的角度选得好，就好像找到了解决整篇文章的钥匙，写文章就有了突破口。否则，论证角度不好，文章就很难展开，思路也很难贯通。例如，关于发挥沿海中心城市作用的理论研究，可以从战略高度去分析论证它在整个国民经济建设中的战略地位、作用；也可以着重从分析它的自身特点入手：或对它的"内联外挤"、区域经济的方针进行论述，或研究论证它的管理体制。总之，选择论题一定要从自己的专业特长和手头掌握的资料出发，尽量找到适合自己的论证角度。

5. 论题还应符合科学性和指导性的要求

这一点对选择和确定论题也是十分重要的，应贯穿整个选题过程。

首先，论文的论题必须是一个科学的判断，而不能是反科学或伪科学的判断。这是因为，按照马克思主义的认识论原理，经济毕业论文的论题只能与人类一切知识一样，是客观事物在人的头脑中的反映。既然是一种反映，那么就有反映得正确与否的问题。我们虽不敢绝对地说，任何一篇经济论文在动笔之初就必须保证天衣无缝，不出任何差错。但至少应该指出，经济毕业论文的论题应该尽可能做到符合经济科学的原则、原理，符合客观实际。选择论题时一定要以十分严肃认真的态度反复推敲，严密思考，直到确有把握时才动笔。这样写出的论文才能经得起实践的检验。

其次，经济毕业论文还必须具有指导性。毕业论文的指导性是指选题时要站在一定的理论高度去观察和分析手头所掌握的材料，从中提取那些带有重要现实意义或亟待解决的经济问题。离开了这一点，论文写得再好，也是没有多少价值的。

（二）资料收集

1. 经济毕业论文资料收集的途径

要写好经济毕业论文，必须特别注意收集经济类以及与经济有关的社会方面的材料，其基本的收集途径主要有两个：

（1）通过社会调查从经济实践工作中获取第一手资料。这是由经济毕业论文的现实性和实用性所决定的。进行社会调查应遵循客观性、全面性和科学性的基本原则；调查的基本方法有普遍调查法、典型调查法、个案调查法、决策调查法、追踪调查法等；调查的具体方法又有问卷调查法、统计调查法、观察调查法、访谈调查法、试验调查法、文献调查法等。

（2）从报刊、文件、著作等文献中获取资料。查找经济类论文时，首先应注意使用有关索引，如《社会主义经济理论报刊文章目录索引》、《经济体制改革资料索引》、中国人民大学报刊复印资料中心编的"报刊资料索引"等；其次，充分利用好中国人民大学报刊复印资料中心编的《社会主义经济理论与实践》、《理论经济学》、《区域经济学》、《国际经济学》、《财政与金融》、《农村经济问题等》；另外，应充分利用好《经济学动态》、《新华文摘》、《改革》、《经济研究》、《中国社会科学》、《经济学消息报》、《改革时报》、《经济日报》等。

2. 经济毕业论文资料收集的过程

（1）制定调查研究、收集资料的计划。计划内容包括：在所研究的论题范围内，应收集哪些方面的资料；这些资料，哪些需要着重研究，哪些只要一般了解和掌握，事先分条分项地列出来，以便于资料的研究和论文的写作。

（2）借助现代目录学的成果查寻资料。现代经济科学日益发达，资料浩如烟海，逐篇直接收集资料比较困难，可借助现代目录学成果查寻资料。凡与研究题目有关或相关的论文目录索引、研究资料索引等书刊，无论是分类的、编年的还是专题的都要看，有用的就抄下来。这样做既节省时间，又不浪费精力，而且资料还比较集中。

（3）做卡片。做卡片的方法很多，可根据自己的习惯和需要安排。可以做目录索引卡，将所需参考的材料的题目抄在卡片上，再将作者、译者、书刊名称、卷、期、年月等逐一抄写清楚。做这种卡片，一定是所要参考的材料较多、容易查找。

也可以做内容摘录卡，将所参考的文章的主要论点、书的核心内容按主次、详略摘记下来。这种卡片做多了，各类文章的主要论点及论据、有价值的精华论述就都变活而易被掌握了。

（4）做笔记。做笔记就是边看书，边把书中一些重要的东西随手记在一个本子上。这种笔记，可以是摘要式笔记，就是不加褒贬，按照原书或原文顺序简明扼要地将其要点摘录下来。这种笔记要简明扼要，主要观点要忠实于原文，不得遗漏或进行修改。

还可以做评注式笔记，就是不单纯摘抄，而是边摘抄，边根据自己的心得体会加以评注。

经过以上这样一个过程以后，就可以收集到大量"活"的资料，这些资料都是"第一手"的资料，可以放大胆地使用了。

3. 整理资料

整理资料就是对所收集到的资料进行分析研究、归纳概括，这实际上是个确立提纲的过程。在对材料进行通盘考虑和分析研究后，应围绕下列几点整理资料：

（1）论题是什么？

（2）这个论题分几个方面或几个层次来阐述？

（3）每个方面或每个小论点都准备用哪些材料？

这几个项目理顺了，粗略的提纲就形成了，就可以据此再补充资料、调整顺序、增删纲目，组成的正式写作提纲。论文的写作就可以按此提纲下笔了。

还有个资料的引用问题。在论文的写作过程中，经常要引用一些事实或理论材料，来印证和补充论文的观点。引用这些材料时必须注意：所用的材料必须绝对真实，不得想象、虚构和任意拔高。不仅事实材料要真实、准确，所引理论材料也要经过反复核实，要忠于原著，不得断章取义。有时为说明问题，还要引用一些数字作为事实材料来证明观点，所引数字也要准确无误。精确的数字若不易得到，可引用约数，或加上"据不完全统计"的字样。

较短的引文无须独立（一般称为段中引文），较长的引文最好另起（一般称为提行引文）嵌在文中。原则上凡引文必须注出处，专用术语也要加注释。注释的办法有文中夹注、页下注、尾注等。注释要准确、完整，作者、原名、版本、页数都应注出。

（三）编写提纲

在毕业论文的写作过程中，指导教师一般都要求学生编写提纲。从写作程序上讲，它是作者动笔行文前的必要准备；从提纲本身来讲，它是作者构思谋篇的具体体现。所谓构思谋篇，就是组织设计毕业论文的篇章结构。

1. 编写提纲的意义

毕业论文的写作不像写一首短诗、一篇散文、一段札记那样随感而发、信手拈来，用一则材料、几段短语就表达一种思想、一种感情；而是要用大量的资料、较多的层次、严密的推理来展开论述，从各个方面来阐述理由、论证自己的观点。因此，构思谋篇就显得非常重要，于是必须编制写作提纲，以便有条理地安排材料、展开论证。有了一个好的提纲，就能纲举目张，提纲挈领，掌握全篇论文的基本骨架，使论文的结构完整统一；就能分清层次，明确重点，周密地谋篇布局，使总论点和分论点有机地统一起来；也就能按照各部分的要求安排、组织、利用资料，决定取舍，最大限度地发挥资料的作用。

有些学生不大愿意写提纲，喜欢直接写初稿。如果不是在头脑中已把全文的提纲想好，而心中对于全文的论点、论据和论证步骤还是混乱的，那么编写一个提纲是十分必要的，是大有好处的，其好处至少有如下三个方面：

第一，可以体现作者的总体思路。提纲是由序码和文字组成的一种逻辑图表，是帮助作者考虑文章全篇逻辑构成的写作设计图。其优点在于，使作者易于掌握论文结构的全局，层次清楚，重点明确，简明扼要，一目了然。

第二，有利于论文前后呼应。有一个提纲，可以帮助我们树立全局观念，从整体出发，检验每一个部分所占的地位、所起的作用，相互间是否有逻辑联系，每部分所占的篇幅与其在全局中的地位和作用是否相称，各个部分之间的比例是否恰当和谐，每一字、每一句、每一段、每一部分是否都为全局所需要，是否都丝丝入扣、相互配合，成为整体的有机组成部分，都能为展开论题服务。经过这样的考虑和编写，论文的结构才能统一而完整，很好地为表达论文的内容服务。

第三，有利于及时调整，避免大返工。在毕业论文的研究和写作过程中，作者的思维活动是非常活跃的，一些不起眼的材料、从表面看来不相关的材料，经过熟悉和深思，常常会产生新的联想或新的观点，如果不认真编写提纲，动起笔来就会被这种现象所干扰，不得不停下笔来重新思考，甚至推翻已写的从头来过；这样不仅增加了工作量，也会极大地影响写作情绪。毕业论文提纲犹如工程的蓝图，只要动笔前把提纲考虑得周到严谨，多花点时间和力气，搞得扎实一些，就能形成一个层次清楚、逻辑严密的论文框架，从而避免许多不必要的返工。另外，初写论文的学生，如果把自己的思路先写成提纲，再去请教他人，人家一看能懂，较易提出一些修改补充的意见，便于自己得到有效的指导。

2. 拟定提纲的原则

如何落笔拟定毕业论文提纲呢？首先要把握拟定毕业论文提纲的原则，为此要掌握如下四个方面：

（1）要有全局观念，从整体出发去检查每一部分在论文中所占的地位和作用。看看各部分的比例分配是否恰当，篇幅的长短是否合适，每一部分能否为中心论点服务。例如，有一篇论文论述企业深化改革与稳定是辩证统一的，作者以浙江××市某企业为例，说只要干部在改革中以身作则、与职工同甘共苦，就可以取得多数职工的理解。从全局观念分析，我们就可以发现这里只讲了企业如何改革才能稳定，没有论述通过深化改革，转换企业经营机制，提高了企业经济效益，职工收入增加，最终达到社会稳定。

（2）从中心论点出发，决定材料的取舍，把与主题无关或关系不大的材料毫不可惜地舍弃，尽管这些材料是煞费苦心费了不少劳动搜集来的。有所失，才能有所得。一块毛料寸寸宝贵，若舍不得裁剪，也就缝制不成合身的衣服。为了成衣，必须裁去不需要的部分。所以，我们必须时刻牢记材料只是为形成自己论文的论点服务的，离开了这一点，无论是多少好的材料都必须舍得抛弃。

（3）要考虑各部分之间的逻辑关系。初学论文撰写的人常犯的毛病，是论点和论据没有必然联系，有的只限于反复阐述论点，而缺乏切实有力的论据；有的材料一大堆，论点不明确；有的各部分之间没有形成有机的逻辑关系。这样的毕业论文都是不合要求、没有说服力的。为了有说服力，必须有虚有实，有论点有例证，理论和实际相结合，论证过程有严密的逻辑性，拟提纲时特别要注意这一点、检查这一点。

3. 编写提纲的步骤

编写提纲的步骤可以是这样：

（1）确定论文提要，再加进材料，形成全文的概要。经济毕业论文提要是内容提纲的雏形。书籍一般都有反映全书内容的提要，以便读者一翻提要就知道书的大概内容。我们写论文也需要先写出论文提要。在执笔前把论文的题目和大标题、小标题列出来，再把选用的材料插进去，就形成了论文内容的提要。

（2）原稿纸页数的分配。写好毕业论文的提要之后，要根据论文的内容考虑篇幅的长短、文章的各个部分、大体上要写多少字。例如，计划写 20 页原稿纸（每页 300 字）的论文，可以考虑绪论用 1 页，本论用 17 页，结论用 1 ~ 2 页。本论部分再进行分配，如果本论共有四项，可以第一项 3 ~ 4 页，第二项用 4 ~ 5 页，第三项 3 ~ 4 页，第四项 6 ~ 7 页。有这样的分配，便于资料的配备和安排，写作能更有计划。毕业论文的长短一般规定为 5000 ~ 6000 字，由于过短，问题很难讲透；而作为毕业论文也不宜过长，这是由一般大专、本科学生的理论基础、实践经验所决定的。

（3）编写提纲。论文提纲可分为简单提纲和详细提纲两种。简单提纲是高度概括的，只提示论文的要点，如何展开则不涉及。这种提纲虽然简单，但由于它是经过深思熟虑构成的，写作时能顺利进行。没有这种准备，边想边写是很难顺利地写下去的。

下面再简单阐述一下编写毕业论文提纲的方法：

①先拟标题；

②写出总论点；

③考虑全篇总的安排，从几个方面、以什么顺序来论述总论点，这是论文结构的骨架；

④大的项目安排妥当之后，再逐个考虑每个项目的下位论点，直到段一级，写出段的论点句（即段旨）；

⑤依次考虑各个段的安排，把准备使用的材料按顺序编码，以便写作时使用；

⑥全面检查，作必要的增删。

（四）撰写成文

这一阶段包括撰写初稿、修改定稿、誊清文稿等主要环节。

1. 撰写初稿

撰写初稿是把构思的内容和盘托出，定型成篇。无须作过多的文字表达方面的修饰。

2. 修改定稿

修改定稿是使论文臻于完善的关键环节。通过认真仔细、严肃求精的修改，确保论文质量。

3. 誊清文稿

注意稿纸及书写要规范。

四、经济毕业论文的结构与写法

本科毕业论文的结构一般由题目、摘要、引言、本论、结论、参考文献六个部分构成。

（一）题目

应简洁、明确、有概括性，字数不宜超过 20 个字。

（二）内容提要（摘要）

是全文内容的缩影。摘要要勾画出全文的整体面目和结构，陈述论文的主要论点和研究成果，所以摘要要有高度的概括力，语言精练、明确，中文摘要约 100～200 字。

（三）引言（绪论）

是论文的开头部分，主要说明论文写作的目的、现实意义、对所研究问题的认识，并提出论文的中心论点等。前言要写得简明扼要，篇幅不要太长。

（四）本论

这是展开论题、表达作者个人研究成果的部分。它是毕业论文的主体部分，必须下工夫把它写充分、写好。

（五）结论

结论部分是论文的归结收束部分，要写论证的结果，做到首尾呼应，即引言中提出的问题和观点在这里得到回答和重述。同时可以展望课题研究的未来，提出进一步探讨的问题或可能解决的途径等。

（六）参考文献

参考文献是毕业论文不可缺少的组成部分，也是作者对他人知识成果的承认和尊重。参考文献应按文中引用出现的顺序列全，附于文末。

五、经济毕业论文的写作要求

通常来说，客观公正、论据翔实、论证严密等是毕业论文写作中的基本原则。总体来说，毕业论文在写作时要遵循的原则主要包括：

（一）理论客观，具有独创性

文章的基本观点必须来自对具体材料的分析和研究，所提出的问题在本专业学科领域内有一定的理论意义或实际意义，并通过独立研究，提出了自己一定的认识和看法。

（二）论据翔实，富有确证性

论文要做到旁征博引、多方佐证，说明自己对所用论据持何看法。论据有主证和旁证之分。论文中所用的材料应做到言必有据，准确可靠，精确无误。

（三）论证严密，富有逻辑性

作者提出问题、分析问题和解决问题，要符合客观事物的发展规律，全篇论文形成一个有机的整体，使判断与推理言之有序、天衣无缝。

（四）体式明确，标注规范

论文必须以论点的形成构成全文的结构格局，以多方论证的内容组成文章丰满的整体，以较深的理论分析辉映全篇。此外，论文的整体结构和标注要求规范得体。

（五）语言准确，表达简明

论文最基本的要求是读者能看懂。因此，要求文章想得清、说得明、想得深、说得透，做到深入浅出、言简意赅。

【思考与练习】

一、通过自己的观察与思考，对你感兴趣的经济领域或现象中的某些问题写一篇经济学术论文。

二、从高校优秀学士论文中，选择一篇篇幅较长、写法较规范的经济毕业论文，试着从文体特征、课题选择、观点确立、材料选取以及结构安排、段落组织、语言运用等角度入手，对其进行评析，然后根据论文的现有内容和形式，为其拟写一份写作提纲。

参考文献

［1］张浩．新编经济文书写作格式与范本［M］．北京：蓝天出版社，2005.

［2］郝维．应用文写作教程［M］．北京：商务印书馆，2004.

［3］徐寒．最新文秘写作［M］．广州：广州出版社，2004.

［4］蔡践．新编公务员实用写作［M］．北京：中国国际广播出版社，2006.

［5］朱悦雄．新应用写作［M］．广州：广东高等教育出版社，2001.

［6］艾明．商务文书现用现查［M］．呼和浩特：内蒙古人民出版社，2001.

［7］高奇志，王国庆．涉外文书写作［M］．哈尔滨：哈尔滨出版社，2006.

［8］崔文凯，王琰．商务文书写作［M］．北京：中国言实出版社，2005.

［9］王继忠．商务应用文格式及经典范例［M］．北京：光明日报出版社，2006.

［10］张宇，赵华，姜媛．现代企业常用文书写作要领与范例［M］．北京：中国纺织出版社，2009.

［11］张元忠，张东风．经济应用文写作与评析［M］．武汉：华中科技大学出版社，2008.

［12］刘杰，付胜．经济文书写作与范例［M］．北京：人民出版社，2005.

［13］李笑．公司实用文体写作工具箱［M］．北京：化学工业出版社，2009.

［14］周小其．经济应用文写作［M］．成都：西南财经大学出版社，2006.

［15］金常德．常用应用文写作规范与技巧［M］．南宁：广西人民出版社，2009.

［16］杨文丰．现代应用文写作［M］．北京：中国人民大学出版社，2006.

［17］吴慧媛．经济应用文写作［M］．成都：西南交通大学出版社，2008.

［18］姚国建．应用文写作［M］．合肥：合肥工业大学出版社，2009.

［19］王敏杰，徐静．财经应用文写作［M］．北京：科学出版社，2010.

［20］叶润平．应用写作［M］．合肥：合肥工业大学出版社，2005.

［21］赵爱华，姚远方，孙宗胜．实用文书写作［M］．北京：清华大学出版社，2005.

［22］赵爱华，姚远方，孙宗胜．实用文书写作［M］．成都：西南财经大学出版社，2002.

［23］钟加泰．商务文书现学现用［M］．广州：暨南大学出版社，2004.

［24］张浩．新编经济文书写作格式与范本［M］．北京：蓝天出版社，2005.

［25］陈纪宁．现代应用文写作大全［M］．北京：中华工商联合出版社，2003．

［26］方瑾．新编应用文写作一本通［M］．北京：企业管理出版社，2007．

［27］程大荣．商务文书写作理论与实务［M］．杭州：浙江大学出版社，2004．

［28］王凤仙，刘艳芬．现代应用文写作［M］．青岛：中国海洋大学出版社，2003．

［29］范兰德．新编应用文大全［M］．广州：广东经济出版社，2005．

［30］娄永毅．经济应用文写作教程［M］．上海：立信会计出版社，2004．

［31］魏嘉逸，倪玉．现代文案技巧与范例丛书［M］．哈尔滨：哈尔滨出版社，2004．

［32］俞纪东．经济写作［M］．4 版．上海：上海财经大学出版社，2009．

［33］董小玉．现代实用写作训练教程［M］．北京：高等教育出版社，2006．

［34］秦言．跟我学应用写作［M］．北京：中国商业出版社，2002．

［35］于凡．办公好帮手常用问题规范写作总汇［M］．北京：企业管理出版社，2004．

［36］洪坚毅，张玲，赵爱华．实用文书写作［M］．北京：清华大学出版社，2008．

［37］刘德强．世界演讲名篇鉴赏辞典［M］．上海：上海辞书出版社，2000．

［38］潘桂云．实用文体写作［M］．北京：首都经济贸易大学出版社，2005．

［39］杨锋，周蓓新．秘书实用写作［M］．广州：暨南大学出版社，2007．

［40］赵华，张宇．应用写作教程［M］．北京：高等教育出版社，2009．

后　记

　　经济活动从来都是人类社会生活中最基本、最重要的社会活动。鲁迅先生说过，人类的需求有三个层面，即一要生存，二要温饱，三要发展。但是，无论是生存，还是温饱，抑或是发展，都离不开经济的支撑，没有经济，人类的一切社会活动都无从谈起。然而，在新中国成立之初的相当长的一个历史阶段内，人们却在相当程度上忽视了经济在社会生活中的重要地位，忽视了经济活动。在这个历史阶段内，中国经济的发展滞后于世界经济的发展成为必然，然而，这个"必然"却违背了人类社会发展的客观规律，也违背了马克思主义的经济是基础的根本原理。

　　1978 年党的十三届三中全会上，党确定了"以经济建设为中心"的基本路线，改革开放，发展经济，受到了人们的高度重视。从此，中国的经济活动开始活跃起来，中国的经济也进入了一个快速发展的新时代。2001 年，中国作为经济发展相对滞后而处于高度发展中的大国加入了 WTO，中国的经济发展又迎来了一个更高速发展的新时期。时至今日，中国的经济总量已超越日本而成为世界第二经济大国，可以预计，在不久的将来，中国将超越美国成为世界第一经济大国。可以毫不夸张地说，中国的经济发展固然离不开世界，而世界的经济发展更离不开中国。

　　中国经济的高速发展，使中国的社会生活发生了深刻的变化。这种变化，必然要影响到高等院校尤其是高等经济类院校的大学语文的教学改革。邓小平同志指出："教育要面向世界，面向现代化，面向未来。"中国的社会现实要求高等经济类院校培养大批高素质的、从事经济活动的理论型人才和应用型人才，这里的高素质，既包括懂理论、会管理、善经营，更包括能够规范地写作有关经济活动的各种应用文章。同时，高等经济院校的大学生，在学习专业理论、专业知识的同时，也在尝试着从事诸如炒股、创业、经营门市等规模不大的经济活动。在这些经济活动中，他们开始实践着诸如请示、报告、广告、合同等关涉经济活动的应用文写作。但是，由于大多数专业的学生没有学习过经济应用文写作，他们写作应用文不规范是在所难免的。因此，他们迫切地要求学习有关经济应用文写作的基本理论、基础知识和写作技能。市场经济发展的需要、教学改革的深入发展、大学生的迫切要求，就是我们编写这本教材的动因。

　　2007 年 8 月，我们曾编写出版了《商务经济应用写作》，并在教学中使用。使用该教材的教师告诉我们，该教材可讲性强，教师愿意使用；学习该教材的学生也告诉我们，学习本教材受益匪浅，乐于学习。同时他们也提出一些宝贵的修改意见。我们认为，演员演得好不好，观众说了算；教材好不好，教师和学生说了算。

基于这样的理念，我们决定重新编写教材，定名为《实用经济应用写作》。

本教材的第一个特点是新。经济活动的新发展产生了一些新的应用写作文种，本次重编教材，将有关新文种的写作知识、写作要求和例文编入本教材中；同时，在教学实践中，我们有些新体会、新观点，也融入了本教材中。经济应用文章的写作，是一种实践性很强的能力，重在实践，重在动手。因此，在本教材的编写过程中，我们强调培养学生的动手能力，在"思考与练习"中，特别加重了写作实践的练习。所谓"学而时习之"，"习"者，"鸟数飞也"，也就是实践、实练。我们认为，不下水，永远学不会游泳；不握方向盘，永远学不会驾驶。同样，不动手写文章，永远学不会写文章。这是本教材的第二个特点。作为教材，必须具有较强的可讲性，必须要使教师喜欢讲、学生喜欢听，这是本教材的第三个特点。我们认为，经济应用写作的有关基本理论、惯用格式、写作要求等知识固然要讲，但更重要的是师生就这些基本理论和相关知识共同分析，讲解好正面、反面的例文。为了给教师在教学中留下足够的空间，充分展现每位教师的个性特点和教学风格，本教材没有对所选例文进行评析、讲解；同时，为了活跃课堂气氛、增加师生互动，教师也可以组织课堂讨论，最后教师可以对讨论的情况进行综合、归纳、总结，讨论完就完了，由学生自己去想，充分让学生的脑子动起来、活起来。这样，不仅增强了本教材的可讲性，而且也改变了"满堂灌"的教学方式，是真正实践了孔子"启而不发，跃如也"的启发式教学方法。我们有理由相信，这样做教学效果会更好。

《实用经济应用写作》，本质上还是写作，但又不同于基础写作，它的突出特点是更贴近经济专业。据此，我们在编写过程中，还注意了有关经济专业知识的讲解，并力求全面涉及经济活动中应用到的文种。我们说"注意到了"，并不是说把它编写成专业教材；我们说"力求全面"，其实很难做到"全面"。马克思主义认识论告诉我们，人们的认识永远落后于实践，更何况人们的经济活动在不断地发展着、变化着，应用于经济活动的新的写作文种也在不断地产生，要做到"全面"，当然是不可能的。

尽管本教材有它突出的特点，但我们始终认为，不能说学习了本教材就能得心应手地写好经济应用文章，也不能把学生写作能力差归罪于本教材和我们的语文老师。道理很简单，提高写作能力、写好经济应用写作文章，要求作者具有较好的综合素质，诸如较高的理论政策水平、敏锐的观察认识能力、较强的分析研究能力、缜密的逻辑思维能力、较高的语言文字表达能力等；而提高这些多方面、全方位的水平与能力，绝不是经济应用写作这一门课程的教学所能承担的，更不是一朝一夕就能奏效的。

我们重编经济应用写作教材的初衷，是为本院经济类专业作为专业基础课教学教材使用的，同时也是我们编写组申报的山西省普通本科高等教育教学改革研究项目（项目题名：独立学院应用写作开放式教学研究与实践）课题的一项研究成果。当然也希望对其他经济院校的同仁的大学语文教学有些微裨益，倘如此，甚感欣慰。

本教材由山西大学商务学院张春宝教授主审，吴瑞玲副教授主编，陈丽荣、王涌米、贾志刚、赵玲丽、陈飞、王文涓老师参加编写。全书共 10 章。具体分工为吴瑞玲编写第一、二、三章；陈丽荣编写第六章；王涌米编写第五章；贾志刚编写第八章；赵玲丽编写第四章；陈飞编写第九章；王文涓编写第七、十章。

在编写过程中，我们参考了已出版的有关专著和教材，在此谨向原作者和编撰者表示诚挚的谢意。同时，从筹划到编写，我们得到了院、系领导和本系教师的大力支持，在此一并表示谢意。

由于时间紧张、编写者的水平有限，错误以及不妥之处在所难免，恳请师长、同仁不吝赐教。

编写者

2011 年 5 月 2 日